デカルトの知性主義

デカルトの知性主義

— 分析的方法の精神化とその基づけ —

小沢明也 著

知泉書館

この書を坂井昭宏先生に捧ぐ

略　記　号

- デカルトの著作に関しては，略記号として次のものを用いる。
    - **RG**：*Regulae ad Directionem Ingenii*『発想力指導の規則』
    - **DM**：*Discours de la Méthode*『方法序説』
    - **MP**：*Meditationes de Prima Philosophia*『省察』
        MP の「反論」「答弁」に関しては，例えば「第二反論」は MO. II,「第二答弁」は MR. II のように示す。
    - **PP**：*Principia Philosophiae*『哲学原理』は次に巻と項を記す。
    - **PA**：*Passions de l'Âme*『情念論』は次に項のみを記す。
    - **RV**：*Recherch de la Vérité*『真理の探求』
    - **EB**：*Entretien avec Burman*『ビュルマンとの対話』
    - **DC**：*Description du Corps Humain*『人体の記述』
    - **LM**：*Le Monde*『世界論』
    - **LH**：*L'Homme*『人間論』
    - **LG**：*Le Géométrie*『幾何学』
    - **LD**：*La Dioptrique*『屈折光学』
- これらの記号の後，Adam et Tanner 版の記号 **AT** と巻を記す。
- 書簡の訳は『デカルト全書簡集』全 8 巻，知泉書館を参照にした。
- 著作の訳はおおよそ『デカルト著作集（増補版）』全 4 巻，白水社を参照し，「邦訳」として示す。

はじめに

　アリストテレスはプラトンを曲解し，デカルトはアリストテレスを曲解し，カントはデカルトを曲解することによって，自らの哲学を構築していった。アリストテレスはプラトン研究をしているわけではないし，デカルトはアリストテレス研究をしているわけではないし，カントはデカルト研究をしているわけではない。これに対して，これから行う試みはデカルト研究である。したがって，その研究はテクストを整合的に解釈することを目的とするのが正統である。本研究はそのことを踏まえながらも，重点を研究自体の哲学性に置こうと思う。もしくは，いかに解釈の整合性に哲学を取り入れるかを問題にしたい。
　序章において，フランスにおけるデカルト研究史を通覧することを通して，研究者が自らの哲学をデカルト研究に反映しようとしたかを示す。彼らは過去の枠組みを乗り越えることによって自らの哲学を構築しようとしたのである。第Ⅰ部「方法」において，デカルトまでの方法が方法の精神化と仮定的方法の歴史を経ていることを確認する。第1章において，ベイコンまでの方法論史を通覧することを通して，プラトンの精神の誘導からアリストテレスの三段論法と中項の発見法への歴史，アリストテレスの方法論からの脱却を通覧する。その場合に形式的な方法が精神の運用方法に変化していくことを確認する。第2章において，新たな数学的方法が分析的方法として現れ，それがデカルトの方法の形式的核となりあらゆるものを対象として，扱いやすいものとして分類し，問題を解けたと仮定して進めるものであったことが確認される。この著作においては，デカルトの方法全体を「分析的方法」と名付け，特殊な「分析」は『方法序説』の方法の「第二準則」の意味で用いることにする。「分析する」は方法全体の行使と分解の実践という両義的意味

で用いることにする。第3章においては、デカルトの三段論法に対する批判を分類することを通して、彼の方法自体の核が理性の運用にあることを確認する。対象を取り扱う方法自体が精神化したと言えよう。第Ⅱ部「懐疑」において、デカルトの懐疑も方法に則って行われるとする。その方法を用いるレベルの危うさを問題にしたのが第4章である。方法の使用者は絶対的な根拠をもたず、不安定な存在であるが、知性・理性に則って進んでいる。生理学を用いてまで理性の正当性を保持しようとしている。第5章において、デカルトの懐疑対象がトマス・アクィナスの抽象理論にあることを見出して、懐疑全体の目的が精神の感覚からの引き離しにあることを確認する。このことは第4章における理性の正当性の確保に繋がるものである。第Ⅲ部「コギトとエゴの存在」において、コギトとエゴの構造を問題として、それらの観念化を論ずる。第6章において、コギトと数学の要素が含まれている『規則論』の「直観」の例を取り上げ、その順序関係を問題にする。『規則論』において、「自分は存在する」と「自分は思惟する」は分かたれて直観されており、「自分」は存在や思惟という縁にかたどられているかのように必然的に結合して直観されている。自分の存在は最も単純に直観される例として捉えられており、存在が思惟に先立つという実体が属性に先立つ順序が捉えられている。第7章において、コギトという自意識の確実性からスムという自己存在への必然性を捉えた。この確実性と必然性が学構築の鍵となっていることが確認される。第8章において、コギト・エルゴ・スムの確実性と必然性が短い持続においてのみ成り立つことが確認される。自己が非時間的存在に転化するには、自己や世界の観念化が必要となる。その際に、第7章における自己の存在が属性の思惟に先立つ順序が確認される。ただし、それら観念でさえまだ永遠なるものではないのである。第Ⅳ部「デカルト形而上学の構造」はデカルト形而上学全体における知性を問題にする。第9章において、今までの見解をまとめて、分析的方法が精神化した過程から、デカルトの思惟実体の核が知性にあることを主張する。第10章において、「第四省察」が判断論を扱う際、弁神論や意志論というよりも知性の純化論を問題にしていることを主張する。第11章において、デカルトの学の基づけにおける構造と方法が循環的であることを確認する。終章においては、デカルトにおける情念

の規定の目的がトマス・アクィナスの「欲求の存在論」の解任にあることを突き止めることによって，知性主義が知性と隔たりのある情念においても貫かれていることを確認する。

　本研究はデカルトの哲学の構造が分析による円環構造にあり，その構造がその基づけの循環を結果することを確かめる。この循環的な構造はデカルト特有のものであるとともに，哲学自体が自らを基づけようとすると避けられない結果であることも示すことになる。デカルトのテクストを整合的に解釈すること，デカルトの思想を整合的に表現すること，これにはレンズを通して得られた像をそのまま見せるのではなく，信号化した上でその信号を増幅させて映像化する必要がある。そのために，構造主義，分析哲学を用いることにする。あと問題なのがテクストを見るレンズであるが，対象によってカットする線を決めなくてはならない。それはデカルトの場合，屈折の法則を見出した方法が示しているように，彼の方法自体であり，それは以下に示されるように分析の方法である。分析の方法とは次の通りである。
　問題を解くために明晰判明で必要な要素を分解して探し出し，問題を解けたと仮定し，それら要素に順序関係を見出し，いわば方程式を作る。解を見出し，当初の問題に照らして，再確認する。
　この方法が自らを基づけようとするとき，いわゆる「デカルトの循環」が生じる。以下，研究方針の確認，方法の確立から循環までを考察し，最後にデカルトの知性主義と分析的方法が情念においても貫徹されていることを確認する。

目　次

略記号 …………………………………………………………………… v
はじめに ………………………………………………………………… vii

序章　哲学者研究の哲学 …………………………………………… 3
　序 ……………………………………………………………………… 3
　1　社会思想史説 ……………………………………………………… 5
　2　科学者 vs. 形而上学者 …………………………………………… 7
　3　解釈の実在論 ── 哲学的経験としての哲学 …………………… 10
　4　経験か体系か ── 科学・芸術・形而上学 ……………………… 17
　5　マリオン説
　　　── 解釈の否定神学論，ないしは「存在 – 神 – 論」のプリズム ………35
　結 ……………………………………………………………………… 41

第 I 部
方　　法

第 1 章　方法の誕生 ── 方法の新たな精神化の歴史 ……………… 51
　序 ……………………………………………………………………… 51
　1　自由七科の消失と論証法としての論理学（dialectica）……… 52
　2　自由七科としての論理学と論理学の起源 ……………………… 53
　3　方法への意志 ── 弁証的方法・普遍的理性 …………………… 64
　結 ……………………………………………………………………… 82
　参考資料 ……………………………………………………………… 83

第2章　数学のモデル——数学的方法と方法の精神 …… 93
　序 …… 93
　1　デカルト以前の数学的記号と普遍数学 …… 94
　2　デカルトの数学的方法の方法化 …… 98
　結 …… 113

第3章　推論と理性
　　　　——デカルトの三段論法批判から形而上学の方法へ …… 115
　序 …… 115
　1　外延説 …… 117
　2　形式説 …… 119
　3　数学モデル …… 121
　結 …… 125

第Ⅰ部　結論 …… 127

第Ⅱ部
懐　疑

第4章　作者の発作ないしは方法の危機 …… 131
　序 …… 131
　1　「蒸気」の歴史 …… 136
　2　作者の発作，もしくは作者の危機 …… 149
　結 …… 157

第5章　精神を感覚から引き離すこと
　　　　——トマスの抽象とデカルトの懐疑 …… 161
　序 …… 161
　1　数学の懐疑をめぐる諸見解 …… 162
　2　トマスの抽象 …… 166
　3　デカルトの数学の懐疑 …… 172
　4　デカルト的理性の誕生 …… 177

結 ……………………………………………………………… 181

第Ⅱ部　結論 ……………………………………………………… 183

第Ⅲ部
コギトとエゴの存在

第6章　『規則論』における "Ego sum" と "Ego cogito" の
　　　　順序関係について ………………………………………… 187
　　序 ……………………………………………………………… 187
　1　直観（intuitus）と導出（deductio）……………………… 188
　2　セールによる順序 ………………………………………… 189
　3　セール説の検討と展開 …………………………………… 193
　4　形而上学 …………………………………………………… 200
　　結 ……………………………………………………………… 203

第7章　ソクラテス的反転
　　　　――ドゥビトの確実性からスムの必然性へ …………… 205
　　序 ……………………………………………………………… 205
　1　コギト・エルゴ・スム推論説 …………………………… 206
　2　コギトを条件とするスムの必然性 ……………………… 208
　3　ドゥビトからコギトの確実性へ ………………………… 209
　4　ヒンティカのパフォーマンス説 ………………………… 215
　　結 ……………………………………………………………… 216

第8章　エゴの持続と観念の永続 ……………………………… 219
　　序 ……………………………………………………………… 219
　1　観念と時間 ………………………………………………… 219
　2　懐疑の病から〈コギト・エルゴ・スム〉の瞬間の復帰へ ……… 226
　3　エゴの同一性 ……………………………………………… 233
　　結 ……………………………………………………………… 237

第Ⅲ巻　結論 ·· 238

第Ⅳ部
デカルト形而上学の構造

第 9 章　方法と第一哲学——エゴの覚醒とコギトの論理構造の展開 ···· 243
　　序 ·· 243
　　1　第一哲学における方法 ·· 246
　　2　単純本性と第一哲学 ·· 248
　　3　コギトの論理構造とその確証 ································ 252
　　4　精神と知性 ·· 257
　　結 ·· 259

第 10 章　知性弁護論——反意志主義的解釈の試み ···················· 263
　　序 ·· 263
　　1　「第四省察」をめぐる諸見解 ································ 264
　　2　能力論としての「第四省察」と意志主義神話の崩壊 ········ 275
　　結 ·· 281

第 11 章　デカルトの循環——失われた記憶を求めて ················ 283
　　序 ·· 283
　　1　記憶説の陰り，もしくは明証性の画一性 ··················· 285
　　2　仮説演繹法，もしくは失われた記憶 ······················· 287
　　3　永遠真理創造説，もしくは本質の不変性 ·················· 289
　　4　神の存在証明，もしくは宝庫の発見 ······················· 291
　　結 ·· 295

　第Ⅳ部　結論 ·· 297

終章　「欲求」（appétit）の左遷 ·· 299
　　序 ·· 299

　　　　　　目　次　　　　　　xv

　1　デカルト周辺の情念規定と
　　　トマス・アクィナスの欲求の存在論……………………………300
　2　デカルトにおける機械論的かつ記号論的な情念……………304
　結　　………………………………………………………………310

全体の結論………………………………………………………312

あとがき………………………………………………………………318
参考文献………………………………………………………………321
人名索引………………………………………………………………335
事項索引………………………………………………………………337

デカルトの知性主義

――分析的方法の精神化とその基づけ――

序　章
哲学者研究の哲学

──────────

「デカルトの人生はこの上なく単純なものであるのに，フランス人はそれを歪めてしまうだろう。」[1]

序

　これから行う研究の中心は文献における事実や実在を求めるものというよりも，それらを生み出す思想・構造を解釈することにある。これから紹介するフランスにおけるデカルト研究史が示すように，哲学研究は文献研究である以上に哲学の実践だからである。
　セヴィニェ夫人は娘に「あなたの父」としてデカルトをあげた[2]。フランス人の精神的父（支柱）はデカルトであったし，現在もそうである[3]。そればかりか，ヨーロッパ思想の父，もしくは「英雄」である[4]。

──────────

　1)　A. Baillet, *La Vie de Monsieur Des-cartes*, V. I, Olms, 1972(Chez Daniel Horthemels, 1691), p. XXX；cf. アドリアン・バイエ『デカルトの生涯』上，山田弘明・香川知晶・小沢明也・今井悠介訳，工作舎，2022，p. xxx；アドリアン・バイエ『デカルト伝』井沢義雄・井上庄七訳，講談社，1979，p. 295；P. Valery, *Monsieur Teste*, Gallimard, 1946 (1896).
　2)　Cf. A Madame de Grignan, 24 octobre 1679, *Madame de Sevigne LettresChoisies*, Ed. R. Duhene, Gallimard, 1988 (premiere edition 1725), p. 151.
　3)　Cf. A. Glucksmann, *Descartes C'est la France*, Flammarion, 1987. 18 世紀におけるデカルト主義の運命については，山口信夫「演劇に現れたデカルト像（下）――十八世紀フランスにおけるデカルト主義の運命に関する思想的考察 (3)」，『岡山大学文学部紀要』no. 17, 1992 を参照。
　4)　Cf. G. W. Hegel, Vgl., *Vorlesungen über die Geschihite der Philosophie*, OPP, hrsg. von Glockner, XIX, S. 331；所雄章『人類の知的遺産 32　デカルト』講談社，1981, p. 6．

事実，デカルトはフランス思想の父，近代哲学の父と言われる。なぜ父と言われているのか。それはコギトという近代哲学の原理を始めて打ち立てたからである。それに，近代科学を産み出す幾何学的方法の発見，前時代の学を根本的に壊滅したこと，物体の本質を延長とみなす機械論的科学論などに起因している。言うなら，ヨーロッパの近代思想の原点と未来の行く末はデカルト的理性主義を見極めることにあったとも言える。もしくは，スピノザ，マルブランシュ，ライプニッツの時代から，デカルト哲学を哲学研究の対象とすることに，ヨーロッパ哲学が哲学である所以であったと言える。以下，19世紀後半以降，デカルト研究者達がデカルト哲学を捉える方法を考察することによって，フランス（ヨーロッパ）において哲学者の説を研究・解釈することとその研究が哲学作品となる条件を探求していくことにする。しかし，現代において，ヨーロッパ哲学はデカルト哲学というアイデンティティを失った結果，自己喪失に陥っている。かつては世界や人間や自己の探求は哲学特有の場であったが，いまやその場は社会学や人類学や精神科学などに奪われている。哲学は終焉したのか。否。哲学とはそもそも何であったのかという起源の探求は，哲学のみに託され，いま哲学することに直結している。新たな哲学が見出せない今だからこそ，近代哲学の父と言われたデカルトについて研究することがいかなる意味で哲学することかを探求すべきであろう。まず，この問題をフランスのデカルト研究の観点から考えてみたい。

　哲学史を研究する者は，非反省的に研究対象を考察しているだけで哲学していることになるのだろうか。哲学の本質が批判的精神に存するとしたら，哲学者研究も自らの研究のあり方を反省した上で以前の研究法を顧みて，自らの研究法を構築することによって初めて哲学の名を得るであろう。まず，哲学者研究の哲学性も研究の反省と批判にあることを踏まえた上で，フランスのデカルト研究者の白眉が示した哲学者研究法を素描することによって，彼らがいかにして自らの研究（ガラス）を哲学（レンズ）として磨き上げて新たなデカルト像や哲学を見せたかを考察する。その上で，これから採るべき研究法を提示する。

1 社会思想史説

　デカルト思想が後世に与えた影響が科学主義と理性主義にあるならば，デカルト哲学もその影響にしたがって解読することが正しいのであろうか。アランの言うように，このような言葉は或る思想を打ち立てた創始者を讃えているとともに，その思想を創ったときのデカルトの判断を回想しなければ，その思想は滅びてしまう[5]。誠に「思想の源泉に遡ること」が重要である。もし思想の源泉に遡るのなら，デカルトの時代に社会状況なしにはデカルトの形而上学は解釈できないのではないか。マルクス主義者のアンリ・ルフェーヴルはデカルトのテクストにおける内在的解釈が不毛なことを指摘して，デカルト思想を産み出した客観的基準，社会的条件を分析すべきだと提唱した[6]。彼によれば，「『方法序説』は上昇期にある階級，すなわち第三階級の革命的宣言とみなされるべきである。この階級はまた，いつも根本的なイデオロギー上の矛盾——その実践的唯物論（経済的関心—技術と科学との発達）と理論的観念（形而上学的・宗教的正当化…）を示していた。この矛盾こそまさしく，一方，デカルトの唯物論的物理学や生理学と，他方，その形而上学的観念論との間に，のちに指摘される矛盾である」[7]。例えば，心身分離と結合の矛盾は，革命以前の過渡的社会・経済状況にあった下部構造からの必然的結果である。しかし，下部構造が上部構造を決定するというマルクス主義的解釈は偏った解釈としか言えない。
　それでも，マニュファクチャーと近代科学・哲学との間には関連があるのではないか[8]。マニュファクチャーが中世のギルドにおける手工業

　5）Cf. Alain, *Idées – Introduction à la Philosophie. Platon, Descartes, Hegel, Comte*, Flammarion, 1983(Paul Hartmann, 1939), p. 97（邦訳：『アラン著作集6』渡辺秀訳，1980，白水社，p. 132）．
　6）Cf. H. Lefébvre, *Descartes*, Hier, 1947（邦訳：ルフェーヴル『デカルト』服部英次郎・青木靖三訳，岩波現代叢書，1953）；竹田篤司『デカルトの青春』勁草書房，1965，p. 287。
　7）Lefébvre, op. cit., pp. 42–43（邦訳 p. 31）．
　8）Franz Borkenau, *Der Übergang vom Feudalen zum Bürgerlichen Weltbild – Studien zur Geschichite der Philosophie der Manufakturperiode*, Felix Alcan, 1934（邦訳：ボルケナウ『封建的世界像から市民的世界像へ』水田洋・他訳，みすず書房，1965）．

や労働能力を駆逐するに至る。芸術家のような職人にのみ限られていた労働が，マニュファクチャー的分業によって一般人の一般的な労働に変えられたからである。中世における質としての労働が近代における量としての労働に変えられたわけである。そのマニュファクチャー的分業を理論的に裏付けたのが，近世における機械論的世界観と言えないこともない。事実，デカルトは「人生に有用な学」を終生求め続けた。木から果実が得られるのは枝の先からであるように，枝たる機械学が学問の有用性において非常に重要であることは間違いがない[9]。なるほど，社会構造が哲学思想に影響を及ぼす要素は十分ある。しかし，その影響を実証することは極めて困難であり[10]，歴史や社会が思想を決定するという決定論に左右されることになる。

「時代精神」は存在するかもしれないが，それは「哲学説の偶然的で一時的な諸要素を説明しようとも，その恒久的な必然性を説明することはない。この種の説明の難点はそれが説明の用をなさないということではなく，むしろそれがいつも間違いなく成功するという点にある」[11]。時代，発生地，歴史的背景，経済構造によって或る哲学説をある程度説明できたとしても，同じような風土や社会構造を持つ哲学者たちが相互にまったく逆の説を提唱しているという事実を説明できない[12]。当時の社会の仕組みやイデオロギーではなく，当の哲学者の思想それ自体，哲学者が哲学した経験自体に遡ることが重要ではないか。このことはフーコーにも言えるであろう。というのも，17世紀における非理性的なものの「大監禁」をデカルトの懐疑に読み込もうとしたからである[13]。実際，施療院への非理性社の閉じ込めと方法的懐疑における狂気の排除と

---

9) Cf. PP, Préface, AT-IX-2, pp. 14–15.
10) ボルケナウのマニュファクチャー的分業の理論に関しても同様である（Cf. ヘンリク・グロスマン「機械論哲学の社会的基礎とマニュファクチャー」，ボルケナウ，op. cit., pp. 675–741）。
11) E. Gilson, *The Unity of Philosophical Experience*, Sheed and Ward, 1938 (1955), p. 309；三島唯義訳『理性の思想史——哲学的経験の一体性』行路社，1976, p. 359。
12) ジルソン自身は，社会的，政治的，神学的，哲学的，…といった総合的なコンテクストから哲学者の見解を取り出すことを哲学者研究の方法としている（Cf. *Dictionaire des Philosophes*, directeur de la publication : Denis Huisman, PUF, p. 1037）。
13) M. Foucault, *Histoire de la Folie à l'Âge Classique*, Gallimard, 1972 (Plon, 1961), Première Partie, chap. v；田村俶訳『狂気の歴史——古典主義時代における』新潮社，1975。

の因果関係は確証できない。さらに,デリダの言うように,哲学的に語ること自体は理性から逃れることはできないのであって,17世紀という時代に関係はない[14]。問題は時代背景や社会状況の考察のみによってデカルト自身が悩み苦しんだ懐疑という思想そのものや彼の哲学体系に至れるのかということである。

2 科学者 vs. 形而上学者

では,機械論的な自然学(科学)が思想の源泉であるのか。もしくは,デカルトを形而上学者というよりも科学者と捉えるべきなのか[15]。そもそもデカルトは学問研究を始めたときから終わりまで科学者であり続けたのではなかったのか。事実,彼の処女作は『音楽提要』であり[16],晩年の大著『哲学原理』は全4部のうち3部が自然学に関するものである。しかし,形而上学が自然学(科学)を基づける点では,形而上学の

---

14) フーコーとデリダの論争については,本書第Ⅱ部第4章と次の論文を参照のこと。J. Derrida, "Cogito et histoire de la folie", *L'Ecriture et la différence*, Editions du Seuil, 1967, pp. 51–97;野村英夫訳「コギトと『狂気の歴史』」,『エクリチュールと差異』上,法政大学出版局,1977, pp. 56–121;田島節夫「デカルトの理性と狂気」,『哲学誌』no. 15, 1972;J. -M. Beyssade, "« Mais quoi ce sont des fous » Sur un passage controversé de la « Première Meditation »", *Revue Métaphysique et de la Morale*, 1973;伊藤勝彦「コギトと狂気の歴史」,『夢・狂気・愛』新曜社,1977, pp. 29–56;財津理「懐疑と〈コギト・エルゴ・スム〉」『中央大学文学部紀要』no. 32, 1986;増田一夫「フーコーの狂気 デリダの狂気」,『岩波講座現代思想5 構造論革命』岩波書店,1993, pp. 227–64;箱石匡行「フーコーとデカルト――理性と狂気」,『岩手大学教育学部研究年報』no. 55 (1) , 1995, pp. 1–21.;本多英太郎「〈悪しき霊〉と狂気――デカルトの懐疑をめぐるフーコーとデリダの論争について」,『愛知県立大学外国語学部紀要』(言語・文学編) no. 29, 1997, pp. 235–262;井原健一郎「いかに身体を疑うか――フーコー・デリダ論争を手掛かりに」,『フランス哲学・思想研究』no. 6, 2001, pp. 101–18;「理に適った懐疑と常軌を逸した懐疑――方法的懐疑の二つの顔」,『倫理学年報』no. 50, 2001;P. Guenancia, "Foucault/Descartes:la question de la subjectivité", *Archives de Philosophie*, no. 65, 2002, pp. 239–54.

15) この説の代表者は,その著作名からしても,G. Milhaud, *Descartes Savant*, Librairie Felix Alcan, 1921 であろう。古くは,Liard, L. Levy-Bruhl が形而上学に対する自然学の優位を主張した。その影響を受けた研究に次のものがある。L. Laberthonnière, *Œuvres de Laberthonnière Etudes sur Descartes*, t. II, Vrin, 1935;E. Gilson, *La Liberté chez Descartes et La Théologie*, Vrin, 1913.

16) 『音楽提要』の中に後のデカルトの哲学思想すべての萌芽が見られる (Cf. 名須川学『デカルトにおける〈比例〉思想の研究』哲学書房,2002)。

方が思想の源泉と言えるのではないか。そもそも，デカルトにおいて，自然学は形而上学なしにありえるのだろうか。

(1) リアール説 ── 理性から意志へ

リアールはデカルト精神史と体系を次のように説明した。もしデカルトが形而上学的研究を始めた年が 1629 年であるとしたならば，それ以前の段階でデカルトは自然学の研究に着手し，その原理をおおよそ見出していたのだから，自然学は形而上学に依存せずに見出された。さらに，光学などの自然学の原理は方法によって見出されたのだから，自然学は方法に依存する[17]。リアールによれば，デカルトの精神の歩みは，方法から自然学へ，自然学から形而上学へと進んでいる。事実，自然学の主要な命題は，あらゆる物体が延長であり，物質世界においてはすべてが運動している。『世界論』も『哲学原理』もこれらの命題を明晰判明な観念を土台とする方法から取り出している。運動法則は神の不動性に基づくとしても，運動法則は明晰判明な観念に還元され，正当化されるのである。実際，物質は延長しており，自然現象が運動に帰着することは神の本質からは導き出され得ない[18]。したがって，デカルトは明晰判明知を求める方法から出発したのである。デカルト哲学の根底には，二つの顕著な方向性がある。すなわち，方法の規則や普遍学や形而上学という体系に沿った結果として現れる「方法の諸源泉」に向かう面と，理性的なものを超えて「道徳的要素」にまで至る「伝統的起源」に向かう面である。後者は前者の数学的必然性を超えて「必然的存在者を絶対的自由に同一視する」が，後者は前者に飲み込まれるようにして基づけられる[19]。リアールはデカルト哲学全体を方法の展開とみなす体系とそれから抜け出した意志の哲学という二面性から捉えたのである。

---

17) Cf. L. Liard, *Descartes*, Librairie Germer Bailliere, 1882, pp. 108–09 ; O. Hamlin, *Le Système de Descartes*, Felix Alcan, 1911, p. 28 ; Geneviève Rodis–Lewis, *L'Oeuvre de Descartes*, Vrin, 1971, t. I, p. 9 （邦訳：G. ロディス＝レヴィス『デカルトの著作と体系』小林道夫・川添信介訳，紀伊國屋書店，1990, p. 3）；河野勝彦『デカルトと近代理性』文理閣，1986, pp. 18–19；桂寿一『デカルト哲学とその発展』東京大学出版会，1966（1982），p. 16。

18) Cf. Hamlin, op. cit., pp. 25–26.

19) Cf. Liard, op. cit., p. 294.

(2) アムラン説——形而上学という根

アムランはこのリアール説に反論する。デカルトは1629年以前にも形而上学研究を行っていた。事実,『発想力指導の規則』[20]（*Regulae ad directionem ingenii*, 1618–28）は形而上学要素を多分に含んでいる[21]。なるほど自然学研究は形而上学的研究に先行するが,その場合の自然学は体系化されてはいない。事実,自然学を体系化した『世界論』（1633年に出版断念）は1629年の形而上学的省察より後である。また,『省察』（1641年）は純粋な形而上学的著作であり,それは完成に近い自然学体系を記した『哲学原理』（1644年）に先立っている。さらに『哲学原理』「序文」における哲学の木が示すところでは,デカルトの形而上学（根）が自然学（幹）を体系的にも基づけている[22]。したがって,形而上学は時代的にも体系的にも自然学に先立ち,デカルト自然学の体系化を可能にする[23]。さらには,明晰判明知の規則が認められるのは形而上学においてであり,その規則を基にする方法では自然学を基づけられないことになる[24]。アムランが「デカルト哲学研究において従おうとした順序」とは,時間的・歴史的にデカルト自身の著作を追うことによって,デカルト哲学全体の体系の土台を見極めようとする順序である[25]。アムランはベルクソンに対抗して,哲学者の著作の進展を考察しつつも,対象とする哲学の体系的構成を捉える重要性を訴えたのである[26]。

---

20) 通常, *Regulae ad directionem ingenii* は,『精神指導の規則』ないし『知能指導の規則』と訳されてきた。しかし,本書では,このデカルトの著作は,いかに問題を的確に見つけ,いかにそれを的確に解くかの精神の習得にあると見定める。そこで, ingunium を,今までの意味の広い訳語である「精神」などより狭めて,方法論史において問題解決能力として用いられてきた「発想力」と訳し,書名を『発想力指導の規則』と訳して,以下『規則論』と略記する。

21) Cf. O. Hamlin, op. cit., p. 27；河野, op. cit., p. 19。
22) Cf. Hamlin, op. cit. p. 21；河野, ibid。
23) Cf. Hamlin, op. cit., p. 27.
24) Cf. Hamlin, op. cit., p. 29.
25) Cf. Hamlin, ibid.
26) Cf. 池辺義教「オクターヴ・アムラン」,澤瀉久敬編『現代フランス哲学』雄渾社, 1968, pp. 135–40。

3 解釈の実在論
──哲学的経験としての哲学──

(1) ジルソン説 ── 病理学と経験の統一性の解釈

以上のアムラン説に対して，ジルソンはデカルト形而上学内部を病理学的に分析し，その根底に伝統的スコラ哲学との不幸な結婚をする「数学主義」が横たわっていることを見出した。デカルトの「キリスト教哲学」がいかに病的であるかを明らかにしたのである[27]。

ジルソンは，『デカルトにおける自由と神学』(*La Liberté chez Descartes et La Théologie*, Vrin, 1913) において，「体系の内的構造」を見出すのではなく[28]，デカルトが置かれた当時の社会状況の考察からデカルトの思想を取り出す実験をした。デカルトは新たな形而上学を構築しようとしたのではなく，新たな自然学を構築しようとしたのであり，形而上学は自然学を認めさせるためにのみ役立つにすぎない[29]。実際，『省察』のデカルトは「ソルボンヌの博士達」による自著の公式的認可を得るため，その主要メンバーの一人，オラトリアンのジビュ神父やジャンセニスムの自由説を採り，意志決定の自由を尊重し，非決定の自由を「最も低い段階の自由」とみなした。これに対して，『哲学原理』のデカルトは，ジャンセニスムが邪説とされる風潮を考慮して，モリナ説を採り，非決定の自由を重視した。このことから，デカルトは置かれている状況に合わせて自説を変えているのであり，デカルトに一貫した自由論はない[30]。ルロワの言うように，デカルトは「仮面の哲学者」のように見え

---

27) この病理学的方法は，トマス哲学研究にも適用され，アクィナスとカントを結合しようとした当時の批判的実在論がいかに病的であるかを明らかにした (Cf. Gilson, *Réalisme Thomiste et Critique de la Connaissance*, Vrin, 1939 (1983))。

28) Cf. Gilson, *La Liberté chez Descartes et La Théologie,* p. 1.

29) Cf. J. -L. Marion, « L'instauration de la rupture : Gilson à la lecture de Descartes » in *Etienne Gilson et Nous: La Philosophie et Son Histoire*, Vrin, p. 15. 同じような考えに則った論文に次のものがある。J. Maritain, *Le Songe de Descartes, suivi de quelques Essais* , Correa, 1932, pp. 133–44 ; G. Milhaud, *Descartes Savant*, Alcan, 1921, p. 248 ; Laberthonière, *Oeuvres de Laberthonière Etudes sur Drscartes*, t. II, Vrin, 1935, pp. 234–35.

30) Cf. Gilson, op. cit., II, chap. 3–4 ; 野田又夫『デカルト』岩波書店，1966 は，ジルソ

る[31]。根本的に，デカルトは新自然学に影響を与えない形而上学説には無頓着なのである。ジルソンはさらにはデカルトの使用した言葉とスコラの用語の類似・連続性を見出す[32]。この研究は一見するとスコラとデカルトとの連続性のみを主張しており，それらの不連続を説くことに矛盾しているように見える。しかし，デカルトはスコラの思想を発展／後退させて自説を打ち立てたのであり，この著作の目的も当時の思想状況からデカルトの新しさが神学ではなく，実体形相や目的因の排除に起因する幾何学的世界観にあることを示すことにある。「デカルトの基本的な構想は自然学の形而上学的原理を定めることであったろう」[33]。一見すると，ジルソンの研究方法は先に述べた時代背景の重視にあるように見える[34]。しかし，ジルソンのこの見解は，「時代精神」「歴史主義」の軽視とは逆ではないのか。なるほど後者はグイエの反論を受け入れて自己修正した見解ではあるが，それらは統一化できそうである。すなわち，ジルソンがデカルトを取り巻いた細かな状況を重視したと同時に背景となる社会状況を軽視するようになったことは，彼がもともと哲学者の生きた哲学的体験を重視していたことに繋がるのである。グイエが理解するように，ジルソン的な哲学者研究は諸哲学者説を超えて諸思想の人生を理解して描くことなのである[35]。哲学者の思惟が表される様々な表現形式を超えて，それらの形式を産み出し，それらに不可分の統一を与え

ンの説に反対して，デカルトの懐疑の方法における二面性と捉えている（Cf. p. 129）。山田弘明『デカルト『省察』の研究』創文社，1994，p. 281；河西章「デカルトに於ける「人間の自由」について」，『北大文学部紀要』no. 5，1956，pp. 41-84 では，自由論をめぐるアルキエまでの研究者の見解の綿密な検討とデカルトのテクストの厳格な分析を通して，非合理主義的解釈の矛盾点をつき，ヘーゲルの弁証法を産み出す原点であるとともに，主体の自由に内容を与えるものとして科学の重要性を説いている。

31) Cf. M. Leroy, *Le Philosophe ou Masque*, Rieder, 1929.
32) Cf. Gilson, *Index Scolastico–Cartésien*, Felix Alcan, 1913 (Vrin, 1979).
33) Gilson, *La Liberté* …, p. 175.
34) ジルソンの師 L. Levy-Bruhl こそ社会学的方法をとり，デカルトを形而上学者というより科学者とみなした（Cf. Gilson, *La Liberté* …, p. 95；*God and Philosophy*, New Haven, 1941, XIII；"Le Descartes de L. Levy-Bruhl", *Revue Philosophique de la France et de l'étranger*, 1957/4, vol. 147, pp. 432–51；G. R.-Lewis, "L'Apport d'Etienne Gilson et de Martial Gueroult aux études sur Descartes ", *Archives de Philosophie*, vol. 42, 1979, p. 4；Marion, op. cit., p. 31)。
35) Cf. H. Gouhier, *Etudes sur L'Histoire des Idées en France depuis le XVIIe Siècle*, Vrin, 1980, p. 168.

る純粋な運動を取り戻す者こそが，哲学史家である[36]。この哲学的経験の統一性こそ哲学者研究を哲学と成す哲学者研究のレンズなのである。哲学としての哲学者研究におけるジルソンはベルクソン主義者だったのである[37]。例えば，グイエの主張では，永遠真理創造説は動力因の自然学の形而上学的基礎なのに，ジルソンもレヴィ＝ブリュルも全能なる神の観念と目的因排除の自然学とを並行して論じ切れていない[38]。真の形而上学が重要であり，仮面の神学は重要ではなくなった。ジルソンはグイエの見解を受け入れ，デカルト形而上学の特殊性と形而上学そのものを考察するようになる[39]。ジルソンにおいて，形而上学の問題とは，本質と実在（existentia）との差異と同一性の問題である。「ありてあるもの」である神，啓示神学における神は，本質と実在が同一である存在者，「存在の純粋現実態における存在者」である。その神を出発点として，「存在者としての存在」は考察される[40]。ジルソンは，本質よりも存在を重視する形而上学，哲学・理性と信仰・啓示とを調和しようとする「キリスト教哲学」の典型としてトマス・アクィナスの思想を中心に据える[41]。ジルソンにとって，デカルトは自然学の対象を存在論的に先立たせることにおいて，神学的に後退した者の一人と見なされる[42]。

　ジルソンの哲学説に対する解釈法／哲学とは，各哲学説に対して「キ

---

36) Cf. G. Belgioloso, "Gouhier lecteur de Descartes", *Le Regard d'Henri Gouhier*, sous la direction de D. L. -Fayette, Vrin, 1999, p. 134.

37) 以下述べるように，ジルソンの弟子であるグイエこそベルクソン主義者であった。彼は自然学や神学と独立した形而上学の重要性を主張した（H. Gouhier, *La Pensée Religieuse de Descartes*, Vrin, 1924；Marion, op. cit., p. 19）。

38) Cf. Gouhier, op. cit., p. 81；Marion, ibid.

39) Cf. Gilson, *René Descartes Discours de la Méthode Texte et Commentaire*, Vrin, 1925；*Etudes sur le Rôle de la Pensée Médiévale dans la Formation du Système Cartésien*, Vrin, 1930. etc.

40) Cf. Marion, op. cit., p. 29；*Dieu sans L'Être*, PUF, 1982, pp. 109–22. 神の本質を存在とみなす解釈はジルソンのトマス解釈からして当然である。

41) Cf. Gilson, *L'Esprit de la Philosophie Médiévale*, Vrin, 1932 (1943)［邦訳：ジルソン『中世哲学の精神』上・下，服部英次郎訳，筑摩書房，1974–75］；宮崎隆「ジルソンの哲学史観」，渡辺二郎監修『西洋哲学史観と時代区分』昭和堂，2004, pp. 202–243；川添信介「ジルソン，エティエンヌ」，『フランス哲学・思想事典』弘文堂，1999, pp. 525–27。

42) Cf. Marion, op. cit., p. 30. マリオンによれば，ハイデガーは，形而上学を存在者の存在の差異から出発して考えることことによって，存在者を「対象／知得されたもの」としてのみ認識する方へ形而上学を方向付けた者の一人としてデカルトを位置づける（Marion, ibid.）。

リスト教哲学」という理想との隔たりを診断するという病理学を行いつつ，歴史や社会状況を踏まえた上で研究対象たる哲学者の生きた思想の「存在」を捉えることである。デカルト哲学は体系としては「数学主義」であるが，それよりも重要なのは当の哲学者がそのような統一を与えた思想の運動を捉らえ直すことである[43]。この考え方は，形而上学の問題を本質と実在の差異と同一性の問題とみなした『存在と本質』[44]に通じるもので，フランスの文献学的伝統，トマス的実在論，師レヴィ＝ブリュルの人類学，ベルクソン哲学に由来している。対象とする哲学の形式的体系よりも哲学者自身の動く思想を精確に再現することが哲学的解釈において重要である。ジルソンはこの研究法と哲学によって科学者デカルト像を映し出す。デカルトは新たな形而上学を構築しようとしたのではなく，新たな自然学を構築しようとしたのであり，形而上学は新自然学を認めさせるためにのみ役立つにすぎない。実際，デカルトに一貫した自由論はない[45]。根本的に，デカルトは新自然学に影響を与えない形而上学説には無頓着なのである。デカルトの使用した用語を見ても，デカルトはスコラ・キリスト教哲学の思想を発展／後退させて哲学を打ち立てたことがわかる。ジルソンの哲学レンズはキリスト教哲学という枠を設定した上で，中世哲学の模倣者であり，実体形相や目的因の排除に起因する幾何学的世界観を打ち立てようとした生きた科学者としてのデカルト像を見せるものであった。

(2) グイエ説――等身大画像法による人間デカルト

ジルソンとは逆に，エスピナスは17世紀における神学的危機を重視してデカルトを護教家としてみなした[46]。エスピナスの関心は社会学を確立することなので，彼の哲学史の見方は，各時代や社会の状態と繋

---

43) Cf. E. Gilson, *The Unity of Philosophical Experience*, Sheed and Ward, 1938 (1955), p. 309（ジルソン『理性の思想史――哲学的経験の一体性』三島唯義訳，行路社，1976, p. 359）.

44) Cf. J.-L. Marion, « L'Instauration de la rupture:Gilson à la lecture de Descartes », *Etienne Gilson et Nous*, Vrin, 1980, p. 15；E. Gilson, *L'Esprit de la Philosophie Médiévale*；*L'Etre et l'essence*, Vrin, 1948 ［ジルソン『存在と本質』安藤孝行訳，行路社，1981］.

45) Cf. E. Gilson, *La Libertè chez Descartes et La Thèologie*, Vrin, 1913 (1987), II, chap. 3.

46) Cf. A. Espinas, *Descartes et la Morale*, Bossard, 1925；Gouhier, *La Pensée Religieuse de Descartes*, Vrin, 1924, p. 168.

がっている[47]。17世紀に生まれたデカルト主義は当時のフランス社会のあり方に関わっている。その社会状態とはカトリシズム対プロテスタンティズムの戦争状態（三十年戦争，1618-48）であり，その時代は無神論者が多くなってきた時代である。王政がいかにその戦争を終結させ，宗教・社会的に統一するかが重要だったのである。デカルトの政治理論・道徳理論もこのような秩序化へと向かう国家の運動に連動している[48]。デカルトはカトリックによる統一のために設立されたイエズス会のラ・フレーシュ学院で教育されたので，その宗教を守るために著述しようと夢見たとも言える。さらには，彼が交友関係を持っていた人たちには，ベリュール，メルセンヌ，ジビュがいるが，彼らすべて護教家であった[49]。これらの護教的な影響のもとに，デカルトは聖体の秘蹟の科学的説明も行い，動物機械論を提唱し，新科学を打ち立てていったというわけである。「デカルトが公の論争を神と精神という二つの問題に切りつめるのは，後者が前者によって外面上は凌駕されるからなのであり，つまりはこうして自由思想家に対して決定的な優位を勝ち取りたいからなのである」[50]。エスピナスにとって，デカルトは，徹頭徹尾，護教家だったのである[51]。

　しかし，デカルトは護教を目的として数学を研究したのか。ガリレオの断罪を知ったデカルトが自然学の体系を記した『世界論』の出版を断念したように，デカルトの自然学は明らかに当時のキリスト教の教義とかけ離れているように見える。当時の社会状況とデカルト思想には護教的要素はあったが，それはデカルトにとって二次的なことだったのである。形而上学と自然学を結びつけるものとして，護教という宗教的・社会的要因を設定するという考えは参照すべき仮説であるが，デカルトの考えに完全には適合していない。

---

47) Cf. Espinas, op. cit., v. I, avertissement.
48) Cf. Espinas, op. cit., v. I, p. 9；Gouhier, op. cit., p. 25.
49) Cf. Espinas, op. cit., v. I, p. 72；Gouhier, op. cit., p. 28.
50) Cf. Espinas, op. cit., v. I, p. 247.
51) エスピナスの意志を継いだ弟子に，Blanchet がいる（L. Blanchet, *Les Antécédents Historiques du:je pense, donc je suis*, Alcan, 1920）。ただし，Blanchet は師の説を和らげ，自然学における思想形成は護教的関心とは別物とした（Cf. Blanchet, op. cit., p. 92；Gouhier, op. cit., p. 32）。

デカルトは科学者であったのか護教家であったのか。この問いはデカルトという人間を一面的にしか捉えていないことから生じたものである。1619年のデカルトは1639年のデカルト，1647年のデカルトではない。若い時代のデカルトに対する場合，それより後の時代のデカルトを読み込んではいけない。時代ごとのテクストが強調する思想に従うことが重要であり，デカルトの知的人生に従うことが重要である。その知的人生たる彼のテクストを見る限り，「真なる自然学を基づけることと神という原因を弁護することは同一の務めである」。実際，『世界論』の内容も神を自然学の基礎とするものだし，デカルトはいずれローマが地動説ないし自説（ガリレオ説）を認めてくれることを期待していた[52]。キリスト教の神の存在なしにはデカルトの全哲学はないのだから，その哲学は「キリスト教哲学」なのである[53]。グイエの解釈は護教家説に近いが，それは生きたデカルトの知的人生をテクストによって追うことによって，科学者としてのデカルトと護教家としてのデカルトとの二側面を非時間的な体系において整合的に総合するのではなく，その矛盾した二面性を引き受け，生きたキリスト教哲学者の「世界観」(vision du monde)として叙述することであった[54]。デカルト自身の言葉を援用すれば，レトリック・言語表現としての「説得」(persuasio)を分析することを通して哲学的経験における判断としての「同意」(assensio)に至ることがグイエにおいて重要なのである[55]。

　グイエの哲学者研究の態度については，次のように言えよう。哲学は結果ではなく，或る哲学者の思索の過程とその反省にある点で，科学と異なる。また哲学が多様な解釈を許さない点で，芸術とも異なる。哲学者研究は生きた哲学者の思索の歩みを忠実に再現しなくてはいけない。そのためには，自らの哲学的見解に対して対象とする哲学を一体系とみ

---

[52] Cf. Gouhier, op. cit., p. 88；A Mersenne, avril 1634, AT-I, p. 285；『デカルト全書簡集1』p. 246。

[53] Cf. Gouhier, op. cit., p. 168.

[54] Cf. G. Belgioloso, op. cit., pp. 144–45；Gouhier, *La Pensée Métaphysique de Descartes*, Vrin, 1962 (1978), p. 9；中村雄二郎・原田佳彦はグイエの解釈を斟酌して，グイエの著作（論文集）*Essais sur Descartes*, Vrin, 1937 を適切にも『人間デカルト』(白水社，1981) と訳している。

[55] Cf. G. Belgioloso, op. cit., pp. 16；Gouhier, op. cit., pp. 91–104.

なす探求法だけではなく,対象とする哲学者の思索の非体系的で複雑な流れをも探求する方法が必要である。この二方法から導き出されるのは,対象とする哲学者が自らの哲学理論を形成するための生きた直観を探求することである。この直観はベルクソン的なものではあるが,ベルクソンのようにその直観は時代や環境を超えるものではなく,それらの中にあるものなので,時代や環境といった世界内に於ける探求も必要となる[56]。

　グイエはデカルト形而上学自体に独自性や一貫性なしと弾劾する師ジルソンの誤りを見破った。グイエのレンズは神学者・形而上学者たるデカルト像を客観的に見せるためのものだった。ジルソンのレンズはジルソン自身の視点に合わせて作られたのであり,デカルト自身に合っていなかった。グイエは師ジルソンの見解と同じく西洋哲学をキリスト教的理性論と捉えた上で[57],対象の哲学者の歩み・「実在性」に客観的に迫ろうとする。デカルト哲学全体は科学と形而上学とを統合した「護教論」であるが[58],それは非時間的な整合性を持った体系という結果に過ぎない。なるほど哲学説の理論的整合性を捉えることは学性を保持しているようだが,研究者の見解がその把握に入り込めば,解釈は主観的となってしまう。重要なのは,生きたデカルトの知的人生を実証的に遡ることによって,矛盾した面をそのまま引き受けて,生きた哲学者の「世界観」として叙述することであった[59]。グイエにおいて,哲学は結果ではなく或る哲学者の思索の過程とその反省にある点で科学と異なり,哲学が多様な解釈を許さない点で芸術とも異なる。グイエのレンズは,デカルトその人の思想をキリスト教の枠に嵌めた上で等身大に映すものであった。問題として,その枠の嵌め込みが正当であり,対象の実在を限

---

　56) Cf. 三輪正「アンリ・グーイエ」,澤瀉久敬編『現代フランス哲学』雄渾社,1968, pp. 105–25。このような実存主義的探求法を受け継いだのがアルキエであるが,アルキエ自身は実存主義もベルクソンの持続も批判している(Cf. 清水誠「アルキエ」,澤瀉久敬編『続・現代フランス哲学』1970, pp. 295–326)。

　57) Cf. H. Gouhier, *La Philosophie et son Histoire*, Vrin, 1947, ch. I.

　58) Cf. Gouhier, *La Pensée Religieuse de Descartes*, Vrin, 1924, p. 168.

　59) Cf. 三輪正「アンリ・グーイエ」,澤瀉久敬編『現代フランス哲学』雄渾社,1968, pp. 105–25；G. Belgioloso, op. cit., pp. 144–45；Gouhier, *La Pensée Métaphysique de Descartes*, Vrin, 1962 (1978)；佐々木健一「グイエ,アンリ」,『フランス哲学・思想事典』弘文堂,1999, pp. 487–90。

界づけていないか，という点と，等身大画像法によって対象物の哲学と
レンズ自体の哲学の焦点・色合い・実在性がぼやけて薄れていないかと
いう点が上げられる。

4　経験か体系か
――科学・芸術・形而上学――

（1）アルキエ説 ―― 理性の形而上学的経験と精神分析

　アルキエはブレイエの見解を受け入れて，或る哲学説の原因として歴史的時代背景や哲学者の気質をのみ探求する人々を非難している。「哲学者の投企とは自らを歴史から解放すること」なのである。アルキエにおいて，デカルトの順序は二つある。生きた実存としての歩みである「時間」の順序と客観的価値から判断することによって得られる観念連合の総体たる「体系」の順序である。哲学が科学のように客観的真理の集成ではない以上は，人間として生きられた時間を通してデカルト哲学を考察すべきである[60]。アルキエはデカルトという生きた人間の歴史（時間）を重視することによって，デカルト哲学に二つの次元と発展を見た。仮説演繹的次元（科学）と存在論的次元（形而上学）である。『規則論』におけるデカルトは科学者であり，事物の世界を究明することが課題であるが，『省察』におけるデカルトは形而上学者である。両者は全く違う次元にあり，依存関係はない。科学研究から形而上学的研究への過程には断絶がある。アルキエはグイエと同じような言葉を言う。20歳の時に50歳になったときの思想を考えていたはずもない[61]。しかし，1629年における形而上学的省察，1630年における永遠真理創造説と『世界論』，1637年の『方法序説』における形而上学と自然学の関係をいかに説明すべきだろうか。まず，1629年の形而上学的省察に関しては，そ

　60）　Cf. F. Alquié, *Descartes L'Homm et l'Œuvre*, Hatier, 1957 (1988), pp. 6-7（アルキエ『デカルトにおける人間の発見』坂井昭宏訳，木鐸社，1979，pp. 10-12）；香川知晶「アルキエ」，『フランス哲学・思想事典』弘文堂，1999，pp. 459-60。
　61）　Cf. Alquié, *La Découverte Métaphysique de l'Homme chez Descartes*, PUF, 1950 (1966), p. 10.

の省察は40年の『省察』と異なり,「このときのデカルト的人間は自己を意識せず,外的実在を信じ,生が実在的なものについて与える知覚の延長として科学を構成する生ける人間なのである」[62]。では,永遠真理創造説はどうか。この教義こそデカルト形而上学の神髄ではないのか。事実,アルキエにおいても,この教義は形而上学的次元における世界の非実在化を表している。この次元において,『規則論』が与える科学的必然性ないし普遍学的必然性は偶然性に貶められる[63]。永遠真理創造説の段階においても,科学の知性主義は揺るぎないのである。この科学主義は『方法序説』の形而上学にまで及んでいる。その証拠に,『方法序説』には欺く神は現れず,その懐疑は事物が存在するかどうかを疑うのではなく,事物が感覚されたとおりにあることを疑う懐疑である。『方法序説』は実体形相を基にする学問を疑っているのであり,あくまで機械論的科学を維持している[64]。このような科学主義の次元を疑って越えるのが『省察』の形而上学である。「デカルトは単なる科学者として思惟するのをやめる」[65]。もしくは,彼は,科学的理性から存在論的理性へ,純粋に概念的な理性からそれを基づける意志へと移行したのである[66]。したがって,アルキエにとって,コギトとは意志することであり,あらゆることを疑いうる無限な自由が,あらゆる思惟の基礎である[67]。これに対して,思惟が有限を自覚するときに,無限という真なる「存在」へと超越する。すなわち,「思惟そのものの条件としての「存在」を再発見すること」は,コギトが神によって創造されたものであり,神の観念(しるし)であるということを見出すことを意味する[68]。こうして,人間は神の観念であるという人間の形而上学的規定の一つが作られていくとともに,コギトや永遠真理を創造した神が見出されることによって,科学が基礎づけられていく。というのも,「存在」に経験的に出会うこと

---

62) Alquié, op. cit., p. 83.（アルキエ「デカルトの形而上学の構成における存在論的経験と体系的演繹」香川知晶訳,『現代デカルト論集I』勁草書房, 1996, p. 151）

63) Cf. Alquié, op. cit., p. 94；『現代デカルト論集I』p. 152。

64) Cf. Alquié, op. cit., pp. 146–48；『現代デカルト論集I』pp. 153–54。

65) Alquié, 1957, p. 79；『現代デカルト論集I』p. 104。

66) Cf. Alquié, 1950, p. 177.

67) Cf. Alquié, 1950, p. 195.

68) Cf. Alquié, 1957, pp. 98–99；『現代デカルト論集I』p. 129。

によって，神の誠実が見出され，科学における非実在化された物質的な対象は存在論的基礎を得るからである。科学と形而上学は別々に進行しつつも，「存在」を経験することを通して，形而上学は科学を基づけることになる。形而上学的に発見された人間とは，科学と形而上学，認識論と存在論，永遠真理創造説における本質と「存在」との間に投企されたものなのである[69]。形而上学は科学における存在を基づけるが，二つは独立に進んでいる。事実，「存在」の発見が自然学の進歩に影響を与えたとは言えないからである。

　アルキエ自身の哲学的作品に対する解釈は，「芸術史家が，詩をその創造の中にたどることによって見出そうするのと似ている」[70]。哲学者が到達する真理は科学的秩序にはなく，「判断を作り上げる主体」が真理を生みだそうとする運動，経験を思い出すことにある[71]。「科学のあゆみは無視することが可能だが，哲学のあゆみは，ひとたびその結果が与えられれば，無視することは不可能である。むしろ，証明を与えられた真理は，このあゆみの真理にほかならない。真理はそれを生み出す思想の運動と一致する」[72]。

---

69) Cf. 香川知晶「解題・解説」『現代デカルト論集I』p. 156。
70) クロード・ピゲ『言語表現の哲学』宇波彰訳，せりか書房，1972, p. 156：J.-C. Piguet, *L'Œuvre de Philosophie,* Edition de la Baconnière, 1960. 原書は入手できなかった。
71) Cf. Alquié, « Psychanalyse et histoire de la philosophie », *Études Philosophiques*, 1956, p. 598.
72) Alquié, op. cit., p. 598；cf. ピゲ前掲書 p. 157。ジルソンからアルキエまでの見解はベルクソンを想起させる（ブレイエもベルクソンよりの見解をとっている。Cf. M. Gueroult , *Histoire de l'Histoire de la Philosophie*, t. 3, chapitre. 36）。ベルクソンにおいて，数学は「量の科学でしかなく，数学の手続きは分量へのみ適用しうるに過ぎないとしても，しかしその分量とは，いつでもまさに生まれようとする状態における性質の分量であることが忘れられてはならない」（H. Bergson, "Introduction à la métaphysique", *La Pensée et le Mouvant*, PUF, 1938 (1996), pp. 214–15（『形而上学入門』坂田徳男訳，〈世界の名著53〉中央公論社，1969, p. 98］。すなわち，数学発展の根拠たる記号の発見が固定されて使用される以前において，発見されようとする動の段階が重要なのである。他方，形而上学は「数学を生み出した思想」を全性質，実在一般へ広げる。ただし，形而上学は記号化・量化する普遍数学とならず，記号化しにくい対象を取り扱うことになる。形而上学は「実在の連続性と動性とに接触する」。数学（科学）と形而上学が出会うのは，「動きつつあるものに入り込み，事物の生命そのものをわがものとする」直観においてである。この直観を極限にまで推し進めることに形而上学の意味があるのなら，「形而上学は経験の一般化とは何の共通点も持たない。しかも形而上学は〈全面的に経験〉(expérience intégrale) と定義されてよいであろう」(Bergson, op. cit., p. 227；邦訳 p. 108. 一部訳語を変えた)。ベルクソンにおいては，形而上学的作品を生み出そうとする動的経験・直観が重要であり，知性によって記号化された静的なものは重要ではない。

アルキエもベルクソンの生きられた時間の哲学を受け継ぎ，哲学的経験を重視している。哲学が目指す真理は科学的秩序にはなく，判断を形成する主体を忘却したところにはない。主体が見出されるには，世界に埋没させ自己を忘れさせる日常的態度から脱却する必要がある。科学と異なり，哲学が明らかにした真理は結果ではなく，哲学の歩みそのもの，真理を産み出す思惟の運動と一体である。それゆえ，デカルトは自らの哲学を推論の順序の客観的演繹としてではなく，生きられた時間を持つ構造として示したのである。形而上学において重要な問題は，世界の秩序化ではなく，「存在」(l'Être)，我々の存在なのである。我々の存在は，意識自体が現実に感受していることに由来する。アルキエが考える哲学の指標とは，意識という存在（主体）が現実に参与している道程である。したがって，アルキエの哲学ないし哲学史解釈・作業とは，テクストにシステムを見つけて科学的に分析することではなく，生きた著者の意識の道程を理性によって感受することである[73]。

ただし，アルキエはジルソン＝グイエにおける意識における哲学的歩みとその結果の体系という二面性をも拒否した。そのような意識に現れる二面性を映し出すレンズはデカルトの心の奥底を暴き出すことはできない。デカルト哲学・精神史は結果としても体系ではないのである。彼は哲学説の原因として歴史的時代背景や哲学者の気質をのみ探求する人々を非難するが，哲学が科学のように客観的真理の集成ではない以上は，意識として生きられた時間を通してその意識を産み出す無意識の領域にまで入っていこうとする[74]。アルキエは生きた人間精神の歴史（時間）を重視することによって，仮説演繹的次元（科学）と存在論的次元（形而上学）の発展を見た。科学主義の次元を疑って越えるのが『省察』，『哲学原理』の形而上学であり，科学的理性から存在論的理性へ，概念的な理性からそれを基づける意志（欲求）へと移行していったのである[75]。これらの次元の移行は体系ではなく，永遠なる真理への欲求に

---

73) Cf. Alquié, op. cit., pp. 594–604.
74) Cf. Alquié, *Descartes L'Homme et L' Œuvre*, Hatier, 1957 (1988) pp. 6–7（アルキエ『デカルトにおける人間の発見』坂井昭宏訳，木鐸社，1979, pp. 10–12）.
75) Cf. Alquié, *La Découverte Métaphysique de l'Homme chez Descartes*, PUF, 1950 (1966), troisième partie（アルキエ「デカルトの形而上学の構成における存在論的経験と体系的演繹」香川知晶訳，『現代デカルト論集I』「解題・解説」勁草書房，1996）.

よって生まれる。

　言うなら，アルキエはテクストを対象としながらも，生きられた時間を知性的に捉え直した上で，研究対象となる哲学者の存在論（哲学）的経験と欲求を取り出そうとした[76]。科学と異なり，哲学が明らかにした真理は結果ではなく，真理を産み出す思惟の運動と一体である。それゆえ，デカルトは自らの哲学を推論の順序の客観的演繹としてではなく，真理探求の歩みとしての時間を持つ哲学として示したのである。アルキエの哲学ないし哲学史解釈とは体系を見出すことではなく，生きた著者の存在論的道程を知的に分析（精神分析）することによって，その道程を作る無意識領域の欲求を暴くことにある。アルキエのレンズによって見えるデカルト像は，デカルトその人の精神の歴史そのものであり，その精神を動かす欲求の支配する無意識の世界に浮かび上がる姿であったと言える。

　以上の見解は，前の説を批判することによって生まれた説であると同時に，彼のレンズの示す像が生きた哲学者の存在自体であることを目指した哲学説であると言えよう。

(2) ゲルー説 ── 「哲学説学」

　以上の見解に対して，形而上学と科学との非時間的一致を説き，実際に思惟することに由来する哲学経験や欲求は事実として絶対的なものかも知れないが，あくまで事実にすぎないと批判する研究が出現する。哲学的経験の感受だけでは，哲学ではない。哲学はその経験を理論的に説明して初めて哲学となる。アルキエのように哲学説解釈を精神分析に準え，無意識の欲求を取り出すとしても，その欲求は分析による説明によって初めて像として見え，さらにその像が哲学者本人の真の姿であるとみなせる構造が必要となる。対象となる経験や解釈を権利の上で産み出すシステムの探求が哲学・哲学者研究においては重要であり，そのシステムを見出すことが哲学の本質であるとみなす解釈が生まれる。

　ゲルーによれば，他の学問と区別して哲学作品が持つ実在性を探求す

---

[76] アルキエにおける理性の「感受性」に関する論文は，N. Grimaldi, "Les dimensions de la conscience affective", in *La Passion de la Raison Hommage à Ferdinand Alquié*, PUF, 1983, pp. 3–17 を参照。

る学,「考えられ得る歴史の対象としての哲学説（dianoema, doctrine）の可能性の諸条件を対象とする学」[77]たる「哲学説学」（dianoématique）が必要である[78]。思惟（認識）一般の可能性の条件ではなく，歴史上実在する形而上学（哲学）に認められるべき客観的価値が考察対象なのである。歴史上に現れる哲学説は，「存在」「認識」などの「共通の存在」を問題としながら，自説を真として主張する。その場合に，美術作品と同じく，なぜ哲学説が一つではなく，相対立し多様であるかが問題である。その理由は，各哲学説が個々の整合的な哲学システムを持っているからであり，このシステムこそ哲学固有の実在性を生み出しているのである[79]。この哲学史観を哲学者解釈に応用すると次のようになる。哲学説の実在性には，二種類のものがある。哲学する思惟作用とは異質の理解すべき対象の実在性と，哲学する思惟作用に由来する各々の説にある実在性である[80]。これらはそれ自体ではお互いに無関係であるが，それらの実在性を結びつける条件・原理が，「説明的-知性理解」（intellection-explicative）である。前者の「実在」は諸哲学説が等しく理解・説明すべき実在であり，諸説の外にあり，あらゆる説に適用されうる無規定の実在で「共通の実在」と呼ばれる。後者は，各説が規定する独自の実在であり，「哲学的実在」と呼ばれる[81]。前者は哲学の外部にある哲学の条件であるが，哲学はそのような存在を疑いながらも基づけるものなので，本来の哲学の実在性は前者にはない。独断的観念論が哲学する思惟の存在を前提にして思惟一般の可能性を探求し，自らが捉える対象が絶対的であると主張するのに対して，ゲルーはその対象の絶対性をも退けて哲学する思惟の可能性を問う「徹底的観念論」（l'idéalisme radical）を提唱する[82]。その観念論に従えば，実在性は各哲学が捉える対

---

77) M. Gueroult, « Le problème de la légitimité de l'histoire de la philosophie », in *La Philosophie de L'Histoire de la Philosophie*, articles de E. Castelli ... [et al.], Vrin, 1956, p. 68.

78) M. Gueroult, *Dianoématique Livre I : Philosophie de L'Histoire de la Philosophie*, Aubier–Montaigne, 1979, p. 65.

79) 日本におけるdianoématiqueの説明は，『フランス哲学・思想事典』の小林道夫「ゲルー」の項目（p. 498）を参照のこと。

80) Cf. Gueroult, op. cit., p. 96.

81) Cf. Gueroult, op. cit., p. 104.

82) Cf. Gueroult, op. cit., p. 106. ただし，「徹底的観念論」も「哲学説学」の一つに過ぎない。

象にはなく，各システムのうちにある。では，いわゆるデカルトのコギトのように，哲学する思惟作用が実在を生み出すことを認めるとしても，これだけでその作用から生まれるあらゆる哲学説に実在を与えるのに十分であるのか。コギトは精神的実在性が存在するという確証に至るが，その実在性は無規定なままであり，その実在性が定まった形で現れるためには「哲学説」（doctrines）が必要である[83]。すなわち，哲学説に実在性を与えるための規則が必要である[84]。なるほど，オリジナルであるコギトは哲学する思惟が捉える実在性（コピー）に先立っているように思われる。ところが，本当の実在性は説明すべき事物の内ではなく，説明する思惟の内にある。実際，デカルトは，コギト発見以前に懐疑する思惟として哲学（反省）する思惟について意識している[85]。より正確に言えば，コギトにおいて直接に捉えられた哲学しているという活動性は，哲学的経験の実在性ではあるが学的な説明としては無規定なものである。その活動性ないし実在性を正確で具体的な仕方で把握するためには，或る哲学的なシステムにおいてその実在性を規定しなくてはならない[86]。例えば，複数の人が共通の対象を知覚するという場合，その対象の色などの具体的知覚は各人の経験によってのみ規定されたものになると同様に，理論的に解明されてその実在が説明されるのであって，複数の哲学説によって説明が可能である。共通の実在に実在性を付与できるのは，その共通の実在が各哲学説の目指すものだからである。すなわち，その実在性は，非存在としての共通の実在と存在としての哲学的実在を差異化することから生じる。実在性は哲学説（システム）によって規定されていなければならない。したがって，実在性とは哲学システムによって規定されたものであり，最高の実在性とはあらゆる可能的な規定を総合したものとなる[87]。

これに対して，否定神学もしくはスピノザ的には，「あらゆる規定は否定」であると反論できるかも知れない[88]。規定（限定）されたものは

---

83) Cf. Gueroult, op. cit., p. 111.
84) Cf. Gueroult, op. cit., p. 107.
85) Cf. Gueroult, op. cit., p. 113.
86) Cf. Gueroult, op. cit., p. 114.
87) Cf. Gueroult, op. cit., p. 117.
88) Cf. Gueroult, op. cit., p. 124.

存在しないものであり，規定され得ないものこそが存在するとも言える。したがって，「抱懐不可能な」神こそが真に存在するものである。しかし，そのような否定的な存在の開示（啓示）は，哲学する思惟のために措定されたものである。オリジナルとコピーとの完全な一致，もしくは内部と外部との完全な一致があるとすれば，それは説明の進展に起因するものであり，それを哲学の究極目的とするのも哲学する思惟なのである。したがって，内部と外部との一致は思惟内部自体における思惟の完全な完成に他ならない[89]。このように，哲学する思惟が実在を創造するわけであり，あらゆる規定の総合，内部と外部との総合が無としての「共通の実在」に対してシステムが持つ実在性の「基準」（criterium）となる[90]。「共通の実在」は哲学する思惟以前にその外部にあるにせよ，単なる概念としてあるにせよ，そのように想定されるという意味では，「共通の実在」は説明作用の条件ないし法則となる。すなわち，その「共通の実在」という外部は哲学する思惟内部における対象という内部としての外部に取り込まれることになってはじめて規定されるという条件で，それは哲学的意味ないし説明条件とみなされるのである。

　哲学は哲学者が事物の説明であると信じているシステム（「閉じられた思惟の世界」[91]）の知性的理解に存する訳で，いわば哲学の実在性（哲学があるということ）はアプリオリな措定判断に由来している。哲学する思惟は自らの判断を自由に行えるが，自説の展開は自由ではなく，或る法則に必然的にしたがって自説を説明しなくてはならない[92]。例えば，観念論や経験論といった個々のシステムを選ぶのは自由であるが，その説明の展開は必然的でなければならない[93]。考察対象において，哲学する思惟は自らの法則にしたがって無意識に作られるのに対して，システムを考察対象とする哲学する思惟たる主体において初めて，対象を構成する法則（すなわち自らの構成的活動の法則）を意識する。このような主体と客体との総合をもたらす形式的な法則は必然的な「説明的‐知性理

---

89) Cf. Gueroult, op. cit., p. 139.
90) Cf. Gueroult, op. cit., p. 153.
91) Gueroult, op. cit., p. 234.
92) Cf. Gueroult, op. cit., p. 275.
93) Cf. Gueroult, op. cit., p. 235.

解」であり[94]，哲学の目的のための手段となる[95]。内容に関しては無規定の「共通の実在」を基に個々のシステムの実在性を（哲学の）様々なカテゴリーによって理論的に導き出したり，連関づけたりして，システムに裏付けられた新たな哲学概念や説を創造することが哲学の営みなので，哲学説は多様となる。

　ゲルーの意図とは，対象そのものや哲学者の経験自体を実在的内容としてアプリオリに導き出すこと（独断的観念論）は不可能なので，哲学的経験の諸条件をシステムに求めて規定しようとすることである。この条件こそが心理学的や社会学的や技術的な条件ではなく，アプリオリに認めるべき条件である。あらゆるシステムの可能性の条件である「共通の実在」は形式的なものにすぎないので，このことだけからでは個々の哲学の多様性は導き出されない。その多様性は知性の自由な発意による。したがって，「共通の実在」へと向かう「説明的‒知性理解」の役目は多様性を生み出すことではなく，知性の自由な発意から生み出された特殊な実在を哲学的に妥当な実在性として正当化することである[96]。哲学研究は，「説明的‒知性理解」を法則として，その作用において対象と主体が合一する点で[97]，美学研究と異なる。したがって，端的なコギトの経験や主観的な働き自体には哲学的実在・理念はない。オリジナルとコピーとの完全な一致は哲学の究極目的であるかもしれないが，オリジナルの実在を論証的に再構成せしめる法則の探求が哲学者研究を哲学と成しているのである。すなわち，選ばれたシステム内部の説明は必然性と「整合性」（cohérance）を持っていなくてはならず，システムは「整合性」を持っていなくては実在性を手に入れられないのである[98]。

　したがって，ゲルー説はディルタイの「解釈学」とは異なる[99]。後者においては，カント的な対象に関わるカテゴリーでは，著者の「生」や

---

　94)　ゲルーは explication を démonstration とも言い換えている（Cf. Gueroult, op. cit., p. 157)。

　95)　Cf. Gueroult, op. cit., pp. 245–46.

　96)　Cf. Gueroult, op. cit., p. 273.

　97)　Cf. Gueroult, op. cit., p. 245.

　98)　Cf. F. Bruner, « Gueroult » in *la Dictionnaire des Philosophies*, directeur de la publication:D. Huisman, P. U. F, p. 1102–1103.

　99)　Cf. Gueroult, op. cit., p. 274.

「体験」を「理解」できない。その「理解」が可能になるのは，個人の生自体が存在するあり方に関わる「生のカテゴリー」によってであり，自己移入や追体験によってである。著者と解釈者の「説明」「理解」も「生」を基に作られたものなのである。すなわち，「個々人の形づくられる意識に基づいて，全く別の性質をもつ他人の個性がいかにして客観的に認識されうるのか」という問題は，人間の生が根本的に同じタイプだからであるということで解決される[100]。ゲルーは逆に，そのような「生」は直接には捉えられないものとみなすであろう。事実上，思惟内部と外部，オリジナルとコピーはズレを生じているのである。ゲルーにおける問題は，事実問題ではなく，権利問題であり，つまりは哲学する思惟の条件であり，哲学的経験の条件なのである。その消極的条件が哲学対象や哲学的概念といった「共通の実在」であり，積極的条件が「説明的－知性理解」である。解釈する思惟の内部と思惟が設定する限りでの外部との総合によって，システムや哲学の実在性は構成されていく[101]。そのシステムの多様性が哲学史に現れる哲学説の多様性なのである。

　ヘーゲルは歴史の実在性を演繹するためにアプリオリなシステムから出発してしまい，哲学史自体に哲学的実在性を否定することになった。逆に，ゲルーはアプリオリなシステムから出発せずに，実在すると措定された哲学史から出発することによって，哲学史を歴史としても哲学としても保証しようとした[102]。すなわち，個々の哲学者がどのシステムを取るのかは自由であり，偶然的であり，時間的であるということにおいて，ゲルーは哲学史の歴史性を説明し，「共通の実在」と「説明的－知性理解」を基にして，或るシステムを必然的に演繹するということにおいて，ゲルーは哲学史の哲学性を説明するのである。

　ただし，「哲学説学」も一つの哲学説（システム）である以上，別の「哲学説学」が存在しうる。したがって，ゲルー説は相対主義に陥らざるを得ない[103]。実際，哲学は真実在を言い当てることも永遠にできない

　　100）Cf. ハインリッヒ・アンツ「個性の解釈学――ヴィルヘルム・ディルタイの解釈学的立場とそのアポリア」三国千秋訳，ヘンドリック・ビールス編『解釈学とは何か』山本書店，1987。
　　101）Cf. Gueroult, op. cit., p. 159.
　　102）Cf. G. Dreyfus, "Martial Gueroult", *Kant Studien*, t. 69/4, 1978, p. 375.
　　103）Cf. C. Giolito, *Histoire de la Philosophie avec Martial Gueroult*, L'Harmattan, 1999,

し，自らを規定することもできず，絶えずズレを生じ流動している。しかし，哲学は哲学を生成するものである以上，哲学者研究という哲学も新たな解釈・哲学概念を生成することに意義があるだろう[104]。

　ゲルー説によれば，デカルトの生きた経験をこそ真の実在とみなし，「存在」そのものを捉えられるとみなすアルキエ説は拒絶しなくてはならない。さらに，アルキエが科学的方法と形而上学的方法とを区別したことは，ゲルーにとって認められるはずもない。それらの統一的方法こそデカルト哲学説の実在性を解く鍵だからである。したがって，ハイデガーの「存在の解釈学」も拒否されるべきであろう。というのも，ゲルーは哲学を「存在–論」と限定することを拒否するであろうし，ゲルーがディルタイにおける生による生の把握という二重性を否定すると思われるように，ハイデガーの学的方法も世界内における現存在という「先存在論的な」存在構造，「先理解」に基礎を置いているからである[105]。ただし，ハイデガーにおいて，問い自体が問われるものに予め方向付けられているという「解釈学的循環」に対して「先理解」の解明に向かった点は，ゲルーにおける「共通の実在」と「哲学的システム」との循環に似ている[106]。ゲルーにおいては，哲学する思惟は数学において方程式を解いている思惟であり，哲学的システムも数学的システムと類似し，哲学説の実在性は，そのシステムが設定する法則による対象と思惟との総合がもたらす質である。

　以上の「哲学説学」をデカルト形而上学に対して適用した結果が（著作の順序は逆であるが），『理由の順序に従ったデカルト』（*Descartes selon l'Ordre des Raisons*, 2vol, Aubier, 1953）という作品である。それは，『省察』内部の構造（システム）がいかなるものかを客観的に分析することによって，デカルト形而上学の哲学的実在性を論証しようとしたものである。構造分析こそが，文芸作品や宗教や科学理論とは対照的に哲学の名に値する。その構造は数学の証明のように論証的であるた

---

pp. 225–57；G. Drefus, op. cit. pp. 373–77.
　104)　Cf. Gilles Deleuze &Felix Guattari, *Qu'est–ce Que la Philosophie ?*, Minuit, 1991；財津理訳『哲学とは何か』河出書房，1997。
　105)　Cf. 麻生建『解釈学』世界書院，1985，pp. 179–85。
　106)　事実，Bréhier が Gueroult の原稿を見てこのようなアンチノミーを投げかけた（Cf. Gueroult, op. cit., pp. 268–75）。

め，その構造を小説風に解釈することは間違いであり，その論証に適した特徴を見つけることが必要である[107]。その特徴は想像力ではなく知性によって理解され・説明されること（「説明的-知性作用」）によって客観的となるのである。その論証的特徴はデカルト哲学の価値の必要条件であり，推論の順序・結合（「説明的-知性作用」）として現れる。総合的順序で書かれた『哲学原理』第一部などの形而上学的作品は「真の途」を示していない[108]。総合的順序とは，幾何学的証明のような定義，公理，定理の順序で進む順序であり，「題材の順序」，「存在理由の順序」[109]である。デカルト形而上学の真のシステムはデカルトが形而上学を構築していく方法によって演繹されるべきである。その方法とは，「確実性を可能にする諸条件の連鎖」による方法，真理発見の途を示す「分析的方法」，「認識理由の順序」による方法である[110]。その順序とは，「より単純なものからより複雑なものへ，より容易なものからより困難なものへと進む」順序，「条件から条件へと上っていく」順序である[111]。今までの研究はこの順序を混同したが為に，デカルト形而上学にシステムを見出せず，その真の実在性を捉え損ねていたのである。コギトという主観的真理から神の存在証明を経て客観的（ものの）真理へと至る学知を確立していくシステムがデカルト形而上学の実在なのである。したがって，ゲルー解釈によれば，デカルトの主観とは，経験に絶えず立ち返ることを必要とする心理学的主観ではなく，自然学における経験であれ形而上学のそれであれ，あらゆる経験を可能にする理性の秩序による知性的主観である。『規則論』の時代から，デカルトは知性の力がどこまで及びうるか，知性の妥当性を問題としてきた。『規則論』においては，知性の限界が確認されるとともに，知性の限界内では確実性を保っていた。『省察』においては，知性の自己反省によって自らの妥当性と真理の基礎を探求することが問題となる[112]。

---

107) Cf. Gueroult, *Descartes selon l'Ordre des Raisons*, V. I, pp. 9–11.
108) Cf. Gueroult, op. cit., V. I, p. 22（ゲルー「デカルト形而上学と理由の順序」小泉義之訳，デカルト研究会編『現代デカルト論集 I　フランス篇』勁草書房，1996, p. 76）。
109) Gueroult, op. cit., V. I, p. 26（邦訳 p. 79）。
110) Cf. Gueroult, ibid（邦訳，同上）。
111) Cf. Gueroult, op. cit., V. I, p. 20, z26（邦訳 p. 80）。
112) Cf. Gueroult, op. cit., V. I, p. 17.

ゲルーのデカルト解釈において，科学と形而上学において同じ分析的方法を使用し，どちらも数学的理性が作り出す経験にしたがっている[113]。科学と形而上学の断絶はない。言うなら，ゲルーが哲学史解釈において客観性をもたらす法則とした「説明的−知性理解」が，デカルトの学全体の方法の原理と等しいとも言えるであろう。

ゲルーはデカルトの『省察』を構造的に読んだ。哲学的解釈において重要なことは，その哲学作品が持つ社会，歴史との関係ではなく，非時間的な理性の体系を明らかにすることである。アルキエによれば，「ゲルー氏は，歴史のかわりに体系を置き…形而上学的方法と科学的方法とを同一視し，『省察』にある真に存在論的な経験を，演繹的な理性の秩序に還元してしまう」[114]。ゲルーは理性的な体系を取り，経験としての時間を捨てたのである。したがって，「作品の構造の客観的分析」がゲルーにおいては重要であり，この構造が作品を哲学としている[115]。ゲルーが解釈するデカルトの場合，この構造は「推論の順序」である。この順序によれば，後続の概念が理解されるのは演繹的に先立つ概念が理解されていればよい。この演繹は言葉の意味からいっても心理的なものではなく理性的なものなので，「理性化できない心理的なもの」は哲学的作品から除かれる[116]。ゲルーにとって，「数学主義と心理主義の間に，中間地帯は存在しない」[117]ので，哲学的作品は科学・数学的に解釈されるべきものである。このゲルーの立場を取れば，「デカルトの理性

---

113) Cf. F. アルキエ『デカルトにおける人間の発見』坂井昭宏訳，木鐸社，1979，「解説」pp. 273-79。*Descartes selon l'ordre des raisons* の意図については，垣田宏治「デカルトの形而上学（1）──マルシャル・ゲルー著『推論の順序によるデカルト』に沿って」，『愛知教育大学研究報告』（第一部・人文・社会科学編）no. 25, 1976, pp. 65-79；小泉義之「解題・解説」，デカルト研究会編『現代デカルト論集 I　フランス篇』，勁草書房，1996，pp. 108-116；小林道夫「ゲルー」，『フランス哲学・思想事典』弘文堂，1999，pp. 495-98。

114) F. Alquié, Note sur l'interprétation de Descartes par l'ordre des raisons, *Revue Métaphysique et Morale*, 1959, p. 406；ピゲ，op. cit., p. 154。

115) Cf. Alquié, op. cit., p. 408；ピゲ，op. cit., p. 154。ゲルーの構造主義的解釈に影響されたものとして，ヴィユマンがいる（J. Vuillemin, *Mathématiques et Métaphysique chez Descartes*, P. U. F., 1960；小林道夫「ヴィユマン」，『フランス哲学・思想事典』弘文堂，1999，pp. 474-77）。

116) Cf. ピゲ，op. cit., p. 154。

117) ピゲ，ibid。

の秩序は解釈者による理性の秩序と混同される」[118]。というのは,「ユークリッドによる理性の秩序が,語る者がユークリッドであっても,ユークリッドの解釈者であっても同一であるのと同様」だからである[119]。哲学史家が哲学者を忠実に解釈するための条件,もしくは両者に共通の言語とは,科学的な言語である。科学的作品の意味が存するのは,科学者自身の思考経験ではなく,もしくはその作品内部そのものではなく,科学者の行った証明が表す作品外部の真理にあるように,哲学作品の意味も知性的真理を介した作品外部の真理を表すことにある。その哲学作品の意味を理解するのにその作品の論証の体系を理解することが重要なのである。

　しかし,科学的な言語を解釈において前提するとしても,なぜ『省察』についての解釈は多様なのか。ゲルーの著作はそのままデカルトの著作であるのか。アルキエの言うように,「ゲルー氏の著作の中で最も面白かったのは,ゲルー氏自身の真理である」[120]。

　では,哲学・形而上学における「思想の運動」は表現されることによって,その価値を減ずるのであろうか[121]。メルロ゠ポンティの言うように,コギトの経験を表わす以前の経験たる「沈黙のコギト」こそがデカルトのコギトの核心なのであろうか。しかし,かの哲学者自身の経験を哲学的に理解するためには,我々は言語を必要とし,彼のテクストをその経験から離れて解釈しなくてはならないのではないか。

　これに対して,スーリオは芸術を持ち出して次のように考える[122]。スーリオにおいて,哲学は究極の芸術である。ベルクソンのように,その作品が生まれる「主体の源初的経験」に探求の場をおくのではなく,実在化された作品としての客観的対象に探求の場がおかれる。ここから,「美的客観性の途」が開かれるのである[123]。すなわち,「詩が表現されることによって実在的になるのとまさに同じように,哲学も表現され

---

118) ピゲ, op. cit., p. 155。
119) ピゲ, ibid。
120) Alquié, op. cit., p. 416；ピゲ, op. cit., p. 156。
121) Cf. ピゲ, op. cit., p. 159。
122) Cf. M. Gueroult, op. cit., chapitre. 37；ピゲ, op. cit., pp. 158–59。
123) Cf. M. Gueroult, op. cit., p. 974.

ることによって実在的になる」[124]のである。スーリオにとって，哲学と芸術作品は等しい。「作り上げるはたらきの前には，いかなる実在的なものもないこと，あらゆる実在的なものはそのようなはたらきに由来する」[125]。しかし，後者の実在性は当の哲学者の体系によってだけではなく，知性の歩みを知性が解釈することによって可能になる。問題は哲学的作品を生み出す条件の分析であり，その客観的法則を見出すことである。哲学において実在的なものは天才的な直観に還元することによって見出されるのではなく，各々の哲学が独自性を保つと同時に普遍性をもつことを説明しなくてはならない。その普遍性は知性において成り立つものである。科学と芸術はその構築法が異なるのである。科学の目標は「判断の真理の発見であり，また，その主張の有効性を，確実に真理に到達させるための検証の方法の具体化に依存せしめている」[126]。したがって，スーリオにおいて，哲学と科学とは異なる。

この点において，ゲルーはスーリオに反対する。哲学の目標も科学的な判断の真理である。哲学は作品を構築するのではなく，認識を目指す[127]。哲学は芸術的活動に還元できないものを提示する。

> 創造的直観一般にせよ，作品一般を条件づける法則にせよ，それらに哲学を基づけようとすることは，知性作用の努力として，真なる理論に基づいた実践を支配するための努力として，哲学をそのようなものとして特徴づけることを見逃しておくことだとして，糾弾されるのではないだろうか。[128]

したがって，ゲルーは哲学に厳密な学性，すなわち科学性を要求する。哲学は科学と同じく真理を目指す。これに対して，アルキエは哲学作品の美学的理解を主張する。哲学も実在との経験を描いた作品とも言える。ピゲは両者の見解を折衷する。「哲学の作品が構成される仕方

---

124) ピゲ, op. cit., p. 159。
125) ピゲ, op. cit., p. 160。
126) ピゲ, ibid.。
127) Cf. ピゲ, op. cit., p. 161。
128) Gueroult, op. cit., t. 3, p. 1028–29 ; cf. ピゲ, op. cit., p. 162。

は，美的な作品が構成される仕方に似ている。したがって，哲学者は，美学者が芸術作品を読み取るように，実在的なものを読み取るとも言える。しかし，この実在的なものは哲学の作品ではなく，哲学の作品の対象なのである」[129]。芸術作品は画家が出会った美という実在そのものであるが，哲学作品はその対象たる実在を概念分析や推論を用いることによってはじめて成立する。なるほど，美学者も概念分析や推論を用いることによって芸術作品を解釈するかもしれないが，美的作品という考察対象そのものは概念分析や推論を用いて自らの仮説を論証することを目的としてはいない。結局は，哲学領域と他のそれとを分けている実在が問題なのである。単なる学説という基準では哲学と他の学とを分かつ基準とはならない。思想だけでは文芸批評と哲学説との差は見出せない。逆に，哲学作品が示す実在は当の哲学者と解釈者の生きた体験であっても，単なる経験であってはならない。そのような経験は絶えず「哲学的」という形容詞をつけられてはじめて意味を持つものである以上，体験のみに訴えることでは哲学作品がいかなるものかを確定し得ない。したがって，哲学は様々な哲学説との総合によって生まれるシステムであり，哲学は哲学史を必要とする。

　ゲルーの哲学レンズとは，対象に適合していると予想されるレンズを選別し，レンズを透過する光をコード化してしまう構造を持つ。したがって，そのレンズは多元論に則っていて，像はあらかじめ構成されているのに等しい。その映し出されたデカルト像は，科学（論理）法則による推論そのものであり，もの自体ではなく，レンズそれ自体のシステムを反映している。したがって，このゲルー説は「デカルトの理性の秩序」と「解釈者による理性の秩序」とを混同していると言えるが[130]，この混同が哲学研究の哲学条件と言えなくもない。また，哲学する思惟作用と推論の時間がゲルー説においても不可欠であるということは，哲学的経験も事実ばかりか権利においても必要であることを意味していないだろうか。他方，アルキエ説も自説をデカルト説として主張する以上は，対象と主体との一致の規則や何かしらのシステムを必要としている。したがって，アルキエ説とゲルー説は各々の哲学観の違いであると

129）　ビゲ，op. cit., pp. 163–64。
130）　ビゲ，op. cit., p. 155。

ともに相補的な関係を意味している。

(3) ベサード説 ──「整合性」としての「第一哲学」

　以上の経験（時間）かシステム（非時間）かの問題を形式的に統合した説が，ベサード説である。彼の著作名は『デカルトの第一哲学』[131]と名付けられ，第一哲学が永遠を目指すものである以上，いかにして時間的経験から矛盾なく（整合的に）非時間的な学へと至るかがその課題となる。その形而上学の構造を明らかにするため，ベサードは『省察』内部において哲学的経験をもとに進行していく順序に従いながらも，その各題材を考察する場合に必要な概念をデカルト精神史全体から枚挙し，あらかじめ提示しておく。すなわち，予備的考察として時間概念を導きの糸として「精神の本性と学の誕生」（第一部），「精神的事物の時間」（第二部）を叙述している。第一部において，「懐疑と明証性」が考察され，第二部において，「神と永遠真理創造説」「時間と思惟の運動」「自由意志と選択のモーメント」が考察され，第三部において『省察』における「理由の順序」が考察される。この説はすでにして，後の思想をそれ以前のものに読み込んではいけない，というグイエ＝アルキエが設定した歴史的一方向の解釈の規則から逸脱している。なるほど，形而上学的真理を発見していく道程は精神活動や形而上学的経験の時間の内にあるから，形而上学の道程における時間は，持続した精神の自然的時間に沿って進んでいくとも言える。しかし，コギトは経験として確実で明証的なものであっても，非時間的な命題として学的真理ではない。持続としてのコギトが非時間的な学的真理となるには神の保証を必要とするのであり，神の存在証明が必要となる。したがって，第一哲学は学を打ち立てるための道程の学であり，その過程で見出されるものは「理由」にすぎない。真の結論は「神の誠実」なのである[132]。さらに，この結論が今までの「理由」を基づけるというように，デカルトの第一哲学が

---

　131) Cf. J.-M. Beyssade, *La Philosophie Première de Descartes*, Flammarion, 1979；「序文」の訳と「解題・解説」は『現代デカルト論集Ⅰ　フランス篇』デカルト研究会編，勁草書房，1996，持田辰郎訳を参照。
　132) Cf. Beyssade, op. cit., p. 340.

循環的に進展しており，一方向に進んではいない[133]。ベサードは「理由の順序」が有する一方向の順序を認めながらも，ゲルーの助言を基に，デカルトが「理由の順序」に従ったのは「できるなら厳密に」(quam accurassime)[134]という総体的な意味でのみであり，絶対的な意味ではないことを確認する。ベサードが新たに見出した順序（秩序）とは「理由の順序」ではなく「整合性」(cohaerentia)であった[135]。もしデカルトの形而上学ないしは学知が真であるなら，それは矛盾したものではなく，すべて整合的で永遠のものでなくてはならないのである。

　ベサードはデカルト哲学を読み解く鍵を，ゲルーがシステムの指標に置いた「整合性」そのものに置いた。ゲルーがデカルト哲学のシステムを一方向の「理由の順序」から演繹したのに対して，ベサードはシステムの形式的本質（整合性）をデカルトの第一哲学とした。時間や順序における一方向性ではデカルトの第一哲学の「学問性」「整合性」を保てない。対象のテクストもシステムを持つ限りで哲学の実在を持ち，解釈もシステムを提示することで哲学となる。ベサードは明証性の制約となる瞬間性に持続を取り入れることによって，コギトが自然的時間（持続）を有する生の経験に基づくこと，持続を基にして真理が見出されていくことを認める点で，アルキエの「形而上学的経験」の解釈と「永遠への渇望」にしたがっている。他方，ゲルーのように，形而上学の命題の解釈と数学の定理の解釈とを同一視する秩序・システム重視の解釈を全体・結論として取っている。形式的には，ベサードは両者を統合したことになる。ただし，ベサードにおいて重要なのは後者の学知の整合性であり，いかにして後者を主張したゲルーの「理由の順序」を時間の観点から是正して，第一哲学の内に真のシステム（整合性自体）を見出すことが問題だったのである。デカルトこそが第一のデカルト自身の解釈者である。デカルトが自らの結論について書いた幾つかの文章が実際のテクストであり，我々はそのテクストをさらに解釈する。したがって，

---

[133] Cf. 2R, AT. VII, p. 155 ; Beyssade, op. cit., p. 338 ; この著作の書評は，P. Costable, *Archives de Philosophie*, no. 44, 1981, p. 19 を参照。

[134] MR. II, AT-VII, p. 155.

[135] Cf. Beyssade, op. cit., p. 338 ; P. Costable, Archives de Philosophie, no. 44, 1981, p. 19.

我々はものの真理からさらに遠のいている。ものの真理とその諸テクストとを整合的に結びつけるのが正しい解釈であり，そのためには我々は現代的な哲学的概念を用いる必要もある[136]。ベサードにとって，哲学説解釈の実在性は，このような複合したテクストやシステムの整合性によって与えられる。実際，デカルトという解釈者が自らの説の実在性を訴えたのも，書かれたものの「整合性」の点からだったのである[137]。以上のベサード説は一見するとゲルー説と逆の説を唱えているように見えるが，実はゲルー説に則ったものであり，アルキエ説の哲学的経験を取り込みながらも，ゲルー説をさらに進めたものと言えよう。

したがって，ベサードの哲学レンズとは，ゲルーの多元的なレンズを整合性によって一元化した上で，対象のシステムを整合性のレンズを通して映し出すものである。それが映し出すデカルト像とは，テクストに現れる精神の歴史を凝縮した形而上学の「整合性」そのものである。

5 マリオン説
—— 解釈の否定神学論，ないしは「存在-神-論」のプリズム ——

マリオンは以上の合理的再構成法の閉塞を見抜き，今までの哲学者研究のあり方を問いただす。終焉した哲学（形而上学）の内実を以下の方法で確定することによって，逆に今まで見えなかった哲学の内実を浮かび上がらせようと思索することが，哲学者研究の哲学性となる[138]。

まずマリオンは，科学（方法）と形而上学との間の断絶を存在論によってつなげようとする[139]。「単純本性」によって構成される認識論は「方法論」であり，科学主義に基づいている。この「単純本性」の概念が『省察』の形而上学に見出される以上，方法論と形而上学に断絶はな

---

136) Cf. Beyssade, op. cit., p. 3（邦訳 pp. 216–19）。
137) Cf. Beyssade, op. cit., p. 338 ; MR. V, AT-VII, p. 379.
138) その探求と解釈のモデルを与えているのは，「存在忘却の歴史」としての「形而上学の終焉」を主張することによって，逆に「存在」を問うたハイデガーである。
139) Cf. J.-L. Marion, "Quelle est la méthode dans la métaphysique ?– le rôle des natures simples dans les Méditations", *Questions Cartésiennes I*, PUF, 1991；沢崎壮宏「デカルトにおける「方法論」と形而上学」，『哲学論叢』no. 25, 1998。

いのである。しかし，『規則論』は「灰色」の形而上学であり，形而上学を素描するに止まった。『規則論』は形而上学の要素（単純本性）を含んでいるが，知的な単純本性の間の必然的順序を見出していなかった。すなわち，懐疑から思惟が見出され，無限実体へ至るという順序が見出されていなかったのである。この順序の発見は形而上学による自然学の基礎づけ，すなわち無限の発見によってなされる。『規則論』は無限たる神を見出せなかったが故に，自然学を基礎づけられなかった。その発見は 1630 年のメルセンヌ宛の書簡の「永遠真理創造説」においてなされる。神は無限で抱懐不可能だからこそ，永遠真理たる自然法則をも変えることができる。無限なる神は自然法則を含む永遠真理を基づける。神は知的な単純本性としてのみ認識されるので，物質的な単純本性や，物質と知性に共通の単純本性（公理）は知的な単純本性に基づいていると言える。この単純本性の基づけの順序が見出されたことが重要なのである。このような「単純本性」の枚挙は『哲学原理』にも見出される以上，デカルトは単純本性説を捨てていないと言える。『省察』ではその「単純本性」という言葉は現れないとしても，その実質は観念として機能している。ただし，『規則論』では単純本性に存在論的身分が与えられていなかったのに対し，『省察』では思惟実体の様態というように存在的身分を持つ。「無限」という神の観念は観念なので，単純本性であるが，エゴが産出できない無限なものなので，単純本性説を越えている。しかし，実体という単純本性の導入によって，物体，精神，神を実体という観点からとり扱うことが可能となる。神も無限実体として単純本性説によって構成されるのである。したがって，マリオンによれば，『規則論』における「単純本性」の存在論はデカルト形而上学においても使用されている以上，科学的方法と形而上学は存在論という点で連続しているのである[140]。

　マリオンは存在論を支点としてデカルト哲学を読み解こうとするが，その解読の哲学的基礎はいかなるものであろうか。「マリオンの思索を

---

140) 以上のように連続を説くマリオン説も，存在論を論じない科学主義とその形而上学的基づけとを分けている以上，両者の断絶を主張しているとも言えよう（Cf. 沢崎, op. cit., pp. 13–14）。さらには，マリオン説は「単純本性」という語が『規則論』より後の著作に現れない理由を説得的に説明していない。

導く唯一の問いは」「「哲学の終焉」の後で哲学に何が可能か」[141]である。特定の哲学は終焉したと言われるが，その終焉した哲学はいかなる内実を持っていたのか。その内実の探求が哲学的な作業となる。その探求と解釈のモデルを与えてくるのは，まさしく「存在忘却の歴史」としての「哲学の終焉」を主張したハイデガーの「存在‐神‐論」である。形而上学一般は「存在‐神‐論」というプリズムに同定され，そのプリズムによって個々の形而上学の光（像）を「存在のスクリーン」[142]に映し出しスペクトル分析することが哲学的な作業となる[143]。問題のデカルト形而上学の光は，「存在‐神‐論」というプリズムのみで分析できるものだろうか。答えは，イエスでありノーである。まず，「存在者」は「思惟された限りでの存在者」（ens ut cogitatum）として矛盾律などの原理を基に「論じられる」ので，「存在‐論」は存する。その「認識」の原理たる存在者は「思惟する我」「自己思惟としての存在者」（ens ut cogitatio sui）という卓越した「神的なもの」であるので，「神‐論」も存する。この「存在‐論」と「神‐論」は「思惟」というロゴスによって切り離せないものとなっているので，デカルト形而上学は「存在‐神‐論」的構造をまずは一つ持っている。この認識主観と認識対象に基づく「存在‐論」は実体に第一性を認めるアリストテレスの「存在論」を逸脱したものである[144]。デカルト形而上学はもう一つの「存在‐神‐論」的構造を有している。「思惟する我」の存在も自己の存在も創造することができる「自己原因」（causa sui）としての神の議論は「神‐論」を構成する。存在が「産み出されたものとしての存在」（ens ut causatum）として規定される限り，「存在‐論」も存する。この「神‐論」と「存在‐論」は論理法則・原因といったロゴスによって結びつけられているので，「存在‐神‐論」である。この二つの「存在‐神‐論」はデカルト形而上学において分けることはで

---

141) J. -L. Marion, « De l'histoire de l'être à la donation du possible », in *Debat*, novembre–décembre, 1992, n. 72, 1992, p. 180；この論文の訳と内容は鈴木泉「ジャン＝リュック・マリオンの思索を巡って（2）——哲学史は何をするものなのか」，『愛知』no. 12-13 合併号，1995・1996, pp. 6–22 にすべて負う。

142) Marion, *Dieu Sans L' Être*, Puf, 1982, pp. 126–27.

143) Marion, *Sur le Prisme Métaphysique de Descartes*, puf, 1986, pp. 7–8.

144) Marion, *Sur L'Ontogie Grise de Descartes*, Vrin, 1975, §31；annexe によれば，『規則論』における存在論の段階が，「否定的存在論」として機能するとともに，エゴという原理が未発見のために，「灰色」とスペクトル分析されている。

きず，堅く結びついている。このエゴと神という卓越者を巡る二重性は，『デカルトの白の神学論』[145]によって，白紙委任状のように受益者が非決定という意味で「白」とスペクトル分析される。したがって，デカルト形而上学は思惟と原因の「存在-神-論」によって二重化された構造を持っている[146]。では，デカルト形而上学は完全にハイデガーの存在史に則っているのか。そうではなく，デカルト形而上学には「存在-神-論」的構造を侵犯するものがある。それは「無限」に関わる二つのものである。まず，自由意志を働かせるエゴはこの「存在-神-論」を超出している。というのも，意志は無限であり，「思惟されたもの」としては抱懐できないものだからである。次に，「無限」としての神である。なるほど，「最完全者」という神の名は理解可能で思惟の対象となるので思惟の「存在-神-論」に属し，「自己原因」という神の名はその名の通り原因の「存在-神-論」に属する。しかし，「無限」という神の名・観念は原因性や論理で捉えられないので，存在-論を超えた「存在なき神」である[147]。前者のエゴにおける自由は「神の似姿に向けられたものとしてのエゴ」における無限に等しいので，「存在-神-論」を超出した特性は無限としての神にまとめられる[148]。では，この無限なる神は完全に形而上学を超え，啓示神学に至るものなのか。パスカルの神を参照すれば，「無限」は神の名ではあるが，それは本質を欠いたもの，神の「印し」にすぎない[149]。パスカルにとって，無限を基にするにしても，神の存在を理性によって証明すること自体が傲慢なことなのである[150]。悲惨さの認識，救済の神，神への崇拝，イエス・キリストの神を欠いた神認識は「無用」であり，「愛の神」ないしは「神愛」（caritas）こそが必要

---

145) Marion, *Sur la Théologie Blanche de Descartes*, PUF, 1981.

146) Cf. Marion, op. cit., ch. II（マリオン「存在-神-論」鈴木泉訳とその「解説」，デカルト研究会編『現代デカルト論集 I　フランス篇』勁草書房，1996, pp. 279–343 参照）．思惟原理と存在原理に関する二重性に関しては，すでに所雄章が『デカルト II』勁草書房，1971, 第二章「デカルトの循環」においてデカルト哲学の体系を「知識論的な構成」と「存在論的な構成」として捉えている。

147) Cf. Marion, op. cit., ch. V：マリオンの神学ないし神概念については，鈴木泉「ジャン＝リュック・マリオンの思索を巡って（1）」，『愛知』no. 11, 1995, pp. 2–54 に詳しく論述されている。

148) Cf. Marion, op. cit., p. 294.

149) Cf. Marion, op. cit., p. 309.

150) Cf. Marion, op. cit., pp. 312–15.

である。この「神愛」はエゴを基にする「自己愛」を否定するものなので、エゴの特権性も失われる。こうして、デカルトの形而上学は超出した「無限」を含むにせよ、パスカルの「神愛」によって、存在、真理、哲学の地位から解任される[151]。

以上のマリオン説は、現代の形而上学の否定、哲学の脱構築という問題を受けて、デカルト形而上学にハイデガーの規定する形而上学を超えた要素を認めつつも、デカルト形而上学の限界を明確にしたものである。このマリオン説は、ラポルト説を思い起こさせる[152]。ラポルトは、リアール、アムラン、ブランシュヴィック、ミローなどに代表される合理主義者デカルト解釈を批判した。これは同時にデカルト形而上学に一貫性を認めなかったジルソン説をも批判するものであった。デカルト哲学は一つのシステムではなく、「整合的な多元論」である[153]。デカルトはあらゆるものの合理主義的認識を求めたが、その限界をも積極的に認めた。そもそもデカルトが真理の指標とみなす「明証性」自体が抗いがたい感情という「心理学的」なものなのだから、彼が取る説は非合理主義・「経験主義」なのである[154]。さらに、コギト・自由・心身結合…しかりである。最終的に、デカルトは理性によって認識できない「無限」を介して理性を超えた宗教を求めた。この見解はラポルトのカトリシズムに由来する[155]。このラポルト説は経験を重視するという点でアルキエに影響を与えもした。形而上学（哲学）における「愛の軽視」による形而上学批判は啓示神学の弁護・優位・可能性に繋がっている。もしマリオン説が啓示神学からの形而上学の否定であれば、目新しくもなく、それは単なる領域の違いですまされる問題に還元するとも言える。マリオンの解釈は単なる形而上学としての哲学批判ではなく、現象学を視点／支点／始点として存在論を捉えなおし、ハイデガー＝デリダの哲学批判を再検討することであった。すなわち、哲学史解釈をすることが哲学す

---

151) Cf. Marion, op. cit., p. 360.
152) Cf. J. Laporte, *Le Rationalisme de Descartes*, PUF, 1945.
153) Cf. Laporte, op. cit., p. 477.
154) Cf. Laporte, op. cit., p. 472.
155) Cf. 山田弘明「フランスに於けるデカルト研究の現状」、『西洋哲学史研究』no. 1, 1980, p. 1。

ることに繋がる一つの途を示した[156]。さらに，デカルト形而上学が二重の「存在-神-論」というシステムを超えた要素を認め，その超出した要素の真理性も剥奪されるという意味で，その形而上学が完全なシステムになっていないことを認めなくてはいけないだろう。また，形而上学が解任された状態で，形而上学的経験の真理をも主張することは許されないだろう。したがって，以上のマリオン説はゲルー説もアルキエ説も受け入れないことになろう。しかし，マリオンは「存在-神-論」以外のデカルト形而上学のシステムの可能性を残し，哲学史解釈をすることが哲学することに繋がることをも仄めかした。「愛」による形而上学の否認にせよ，その説明や解釈は形而上学（哲学）内で行われることが必要で論理的でなければならない。したがって，哲学史作業としての哲学の妥当性は，ゲルーが持ち出した問題に戻るのである。マリオンの場合では，二重の「存在-神-論」的構造と無限の超出・愛の軽視がデカルト形而上学のテクストと一致しているかどうかという問題である。この問題は哲学的経験の問題ではない。マリオンがハイデガーの哲学的枠組みをデカルト形而上学に当てはめていることからして，もはや生きたデカルトは問題とはならないからである。解釈者がカテゴリーを当てはめて構成する対象とその構成の整合性は，名状しがたい解釈者の哲学的経験ではなく，テクストについて解釈者が行う説明と知的理解に戻されるのである[157]。マリオンの見解は，「存在-神-論」というモデルをデカルト形而上学の構造に当てはめて分析して見せたとともに，形而上学の終焉・解任をも示して見せた。しかし，デカルトのテクストはそれ自体だけを見れば「存在-神-論」と形而上学の解任を表しているだろうか。そう見えるのはあくまでハイデガー説是正とパスカルからの見方からである。そもそも「存在-神-論」という概念によってデカルト形而上学体系とい

---

156) 現象学が哲学の可能性を残している点については，鈴木，前掲論文「ジャン＝リュック・マリオンの思索を巡って（2）」；Marion, *Rédaction et Donation: Recherches sur Husserl Heidegger et la Phénoménologie*, PUF, 1989（マリオン『還元と贈与——フッサール・ハイデガー現象学論攷』芦田・大井・柴崎・柴田・宮川訳，1994，行路社）を参照。逆に，現象学の誤謬については，村上勝三『観念と存在——デカルト研究1』知泉書館，2004，「序」を参照。

157) マリオンの意図が，存在を超えた「愛」の経験に新たな形而上学の可能性を見出すことにあるなら，彼は哲学的経験を重視したとも言えるだろう。しかし，マリオンが探求したのはデカルト形而上学の構造であり，形而上学的経験ではないことに変わりはない。

う対象を構成すること自体に無理があったのではないか。

　以上のマリオン説は，デカルト形而上学にハイデガーの形而上学批判を適用することによって，デカルト形而上学の構造と限界と可能性を明確にした。マリオンの解釈は形而上学のモデルの検証や批判に終わらず，今までの存在論史では見えなかったものを浮き彫りにして，存在論に囚われず，「存在の問い」を超越した愛の問いを投げかけた。彼は終焉したはずの哲学史を解釈することが哲学することに繋がる一つの可能性を示した。さらに，デカルト形而上学が二重の「存在‒神‒論」というシステムを超えた要素を認め，その超出した要素の真理性も剥奪されるという意味で，その形而上学が完全なシステムになっていないことを認めなくてはいけない。また，存在論・形而上学が解任された状態で，哲学・存在論的経験の真理を主張することは許されないだろう。また，「愛」による形而上学批判にせよ，その説明や解釈は論理的でなければならず，哲学史という対象とその哲学説との一致が問題になる以上，哲学史作業の妥当性の問題に戻る。二重の「存在‒神‒論」的構造と無限の超出・愛の軽視がいかにしてデカルト形而上学や哲学史全体と一致するかという問題である。解釈者による対象構成の整合性は，解釈者の哲学的経験ではなく，「見えないもの」の知的理解による説明の客観性に戻される。彼の哲学レンズは「存在‒神‒論」というプリズムで言い換えられるように，映し出される哲学者像はそのスペクトル分析に還元される。このレンズは哲学者の像をポジティヴに明確に映し出すものではなく，ネガティヴな「存在‒神‒論」的投影法によって作られたものなので，ポジティヴな哲学者像を新たに構築できないという点で欠陥がある。

結

　哲学者研究は文献研究であると同時に，哲学固有の問題に関与している。その問題とは，対象認識はいかにして可能か，その認識の客観性はいかにして確保されるのか，現代における哲学はいかにして可能か，というような問題である。ジルソン，グイエらは存在論とキリスト教哲学

という観点を持ちながらも，アルキエにまとめられるように，テクストの客観的分析によって対象の哲学者の生きた思想や無意識の欲求を暴き出そうとした。感受することが対象を直に認識することであり，この経験こそが哲学者研究・哲学であった。ゲルー，ベサードでは，ある哲学者研究の共通の対象は認識や存在やテクストに限定されるとはいえ，哲学がその実在性を得るのは，解釈者の方がその存在を理論的に体系化して説明することにおいてであり，その理論的整合性においてであった。マリオンでは，主客二元論に基づく対象認識や対象構成を離れて，「存在‒神‒論」という形而上学の規定を視点として定めることによって，その枠内における哲学分析とそれでは収まらない哲学のあり方を示そうとした。どれも以前の説を批判し超えることによって，哲学の実在性を具現化している。真の哲学者研究はこのような批判的哲学の実在性を共有している。意識，実存，体系，構造といった哲学の柱を失った現代において，哲学批判を超えたポジティヴな哲学説が見出されて初めて，新たな哲学者研究の視点も見出されるかもしれない。

　哲学（史）解釈は，その対象の目指す真理の探求仕法と解釈の真理の探求仕法が同じ知的領域に属するという意味で，美学作品解釈とも科学論解釈とも異なるものであった。なるほど，美学作品解釈と哲学解釈は多様な解釈を生み出すという点で一致するが，美学作品解釈はそれ自体が美を目的とするものではない。科学論文は哲学と同じく整合的な推論によって構成されるが，科学論文が多様な解釈を生み出さないという点で哲学論文と異なる。言うなら，哲学は実在的なもの，経験自体であるとともに，それらの解釈自体であり，二重化されている。哲学は理論的解釈そのものである。このことは哲学（philosophia）の語源そのものが示しており，対象たる知を求めていくこと自体が知となり，後者も求めるべきものとなっている。芸術作品と哲学との差異は，後者が知性ないし理性を足場にせざるを得ない点であった。たとえ，理性を批判し，その越権を糾弾にするにせよ，その議論自体が議論である以上，知性ないし理性に立脚せざるを得ない。哲学自体を問うことは知性ないし理性を，肯定的にせよ批判的にせよ，独自の仕方で見出すことなのである。すでに，ヘーゲルは哲学と哲学史研究とを同一視した上でこう言った。

〔哲学史が〕このような理念の発展の体系と見られるとき，そういう哲学史のみが学問の名に値するものであることは，理念の形式的本性に関して以上に述べたことからして明らかである。知識の収集は学問とはならない。理性的あるものをそれ自身の内容にもち，そのことを明示している諸現象の，理性によって基礎付けられた継起としてのみ，哲学史そのものは理性的なものと見られうる。歴史は理性的な出来事を誌すものである。…したがって，たとえ哲学自身の現象がまだ歴史〔出来事〕であるにしても，その現象はただ理性によってのみ規定されているものだということを認識することこそ，まさに哲学の主題である。[158]

デカルト哲学の解釈も同様に彼の見出した知性・理性を別様の仕方で再構築することではないか。現代において，形而上学ないし哲学の前提として言語を問題とするようになった。もの・実在を知ることが言葉として理解することなら，その理解能力の源泉を問題としなくてはならないだろう。その源泉をまさに問題としたのが，デカルトの教義であり，デカルト哲学研究はまずもって彼が見出した知性という能力の妥当性を探求すべきではないだろうか。この探求こそが，彼自身の哲学の源泉であると同時に，いま哲学することの意義となるであろう。デカルトの「思想の源泉」により近しく迫るには，彼の生きた時代を調査したり，彼の動的思考の経験そのものや彼の経験した実在に迫ろうとしたりすることも必要であるとともに，それ以上に彼が見出した知性を「彼とともに」いまここで再解釈することである。このような再解釈する方法は，一見，「思想の源泉」から遠ざかるように見えるが，対象となる哲学の基礎を哲学するのに最も肉薄する方法であろう。それと同時に，デカルト哲学の歩みを見ていくと，彼の目指したものが学問を可能にするものを見出すことにあり，それがまさしく知性であり，知性の分析とその知性の純化とその限界こそが学問の基礎にあるのではないだろうか。この知性分析の方法はデカルト哲学の場合に最良の方法であるばかりか哲学自身を見出すための最良の方法と言えはしないか。

---

[158] G. W. F. Hegel, *Vorlesungen uber die Geschite der Philosophie*（ヘーゲル『哲学史序論』武市健人訳，岩波書店，83–84 頁）.

デカルト形而上学の第一で真なる解釈者はデカルトのみであり，哲学者解釈作業としての哲学の任務は，彼のはじめの形而上学的経験ではなく，その解釈者が書いたテクストをさらに解釈することである。当の哲学者の形而上学的経験自体に至れるとみなすのは，独断論以外の何ものでもないからである。では哲学する現在において思想の起源に戻るにはどうしたらよいのか。そのためには，解釈者デカルトのあり方を現代において問い直す必要があるかも知れない。デカルトその人や彼の人生や当時の社会状態を調べることは有益な点もあるが，それだけでは哲学することに遠のいてしまうので，思想の起源に戻ることにはならない。テクスト自体ではなく，よりよくテクスト解釈すること自体の客観性を探求することが必要である。この解釈する妥当性の根拠が説明的知解作用にあることはゲルー説によって示された。しかし，この説明的知解作用も，現代という歴史から逃れられないのかも知れない[159]。したがって，デカルト哲学（形而上学）研究と哲学することからの隔たりをより小さくするには，デカルトの解釈した知的レベルを現代の哲学的状況を踏まえた上で捉え直すことであろう。また，「反（非）哲学」「哲学の終焉」という哲学批判に対しては次のように言えよう。哲学批判という理性的な解釈が既に理性を基にする哲学を実践してしまっているのであり，このことは理性的に解釈することが哲学することを意味している，と。

　デカルトを科学者，形而上学者，護教家，…のどれか一つとして規定する試みは座礁した。彼は端的に「理性の説得」[160]によって科学にせよ形而上学にせよ自説の解釈を試みた。すなわち，デカルトの人生は単純であり，彼はこの解釈的理性・知性の妥当性，純化を終生求めたのではないか[161]。このような解釈的理性がデカルト哲学にいかに関わっているかを探求することによって，デカルトの思想全体の根源に迫る途もあり，現代における形而上学や哲学に対する批判も考えてみるべきではないだろうか。このような解釈も「また一人間違う者が」生まれることを

　　159）　解釈が歴史・伝統から逃れられない説については，ガダマーが有名である（H.-G. Gadamer, Wahrheit und Methode, Tubingen, 1960 ＝ ガダマー『真理と方法Ｉ——哲学的解釈学の要綱』轡田収・他訳，法政大学出版局，1986）。
　　160）　PM. III, AT-VII, p. 39, etc.
　　161）　本章は知性の純化の過程をデカルト哲学全体や近世哲学全体の道程に当てはめる試みをしている。

意味するかも知れないが，哲学史自体が間違う者の歴史とも言えるのではないだろうか。

核心的で「単純な」一貫性がデカルトの道程にはあるのではないか？

デカルトの学問研究の道程は単純から複雑へという道筋を繰り返すことによって，最も単純へ至る途であり，進路変更という意味での断絶はない。今後，読者は，記号の単純化から，線・比の単純化を経て，「一」なる神の永遠真理創造説の吟味を通して，方法規則の単純化，すなわち知性の単純化によって学が成立していく過程を見ることになろう。

この単純化の途は，コギトに具現されるが，このことは諸科学に科学的厳密性と経験的確実性をもたらすことを目的としていた。しかし，コギトから出発する限り，確実性は思惟の外部に及ばない。それゆえ，デカルトは誠実な神に訴えることによって，その主観的確実性に存在論的保証を与えようと試みた。しかし，重要な困難が生じた。デカルトの時代から「デカルトの循環」という名で指摘されてきた困難である。コギトから出発し，明証性を根拠に神の存在とその誠実性とを証明すると同時に，明証性を持って真理の基準とし，その客観的妥当性の根拠を神の誠実に求めるというのは，実に循環にほかならない。

まさしく，デカルト哲学の核ないし源泉は，かの三つの夢に暗示されているように，新たな諸学問の統一，その方法的かつ存在論的な基づけにある。デカルト哲学のヨーロッパ思想に対する功罪は，科学的方法によって諸学を統一せしめたこと，その方法の基づけのために体系の外にあるはずである神を循環という形でしか内部に組み込めなかったこと，同じく，体系外にあるはずの実生活（心身結合の領域）を体系内に取り入れてしまったこと，二元論的分裂病をヨーロッパに蔓延させた点にある。デカルトの哲学体系そのものが自己回帰的で他の論拠によって複雑となりえない構造を持っているのである。

以上のようなデカルト哲学の外観を作り出す雛形はないのだろうか。それは，彼の「方法」にあるのではないか。では，方法はいかなる構造を持っているのか。ゲルーにおけるデカルトの自覚的な推論の順序とは異なり，デカルトの前意識的とも言うべき構造の雛形をこれから見つけ出し，その構造の展開を見ていくことにしよう。内在的解釈法としては，テクストの脈絡の整合的論理構造（テクストに現れる限りの著者の思

想）を対象とする哲学者固有の言葉の使用法・他のテクストの援用をもとに分析する。外在的解釈法としては，哲学史の流れの中でテクストの脈絡を押さえることにして，特にトマス・アクィナスの思想との対比としてデカルト思想を読み解くことにする。問題は，テクストに現れる（意識された）言葉の脈絡上の意味というよりも，その言語の生み出す構造を分析し，社会的・戦略的意味を読み解くことによって，テクストを現出させるレベルの内在かつ外在的な思想を見出すことである[162]。

---

162) 20世紀前半までのデカルト研究（主にフランス人の研究）の進展については，Geneviève Lewis, "Bilan de cinquante ans d'études cartésiennes", Revue Philosophique, 1951, pp. 249–67. を参照のこと。フランスにおけるマリオンまでの進展を記した上記以外のものに，山田弘明「フランスにおけるデカルト研究の現状」，『西洋哲学史研究』京都西洋哲学者研究会，1980, pp. 1–11；山田弘明「序文——フランスにおけるデカルト研究の歴史」，デカルト研究会編『現代デカルト論集Ⅰ　フランス篇』，勁草書房，1996, pp. 1–11；小林道夫「現代フランスにおけるデカルト研究の諸問題」，『理想』no. 589, 1982, pp. 66–82；所雄章「四〇〇年と四〇有四年——デカルト研究の歴史を顧みて」，『思想』no. 869, 岩波書店，1996, pp. 173–80 がある。

第Ⅰ部
方　法

本書第Ⅰ部では，デカルトの方法が推論の規則にではなく，数学と理性の使用法をもとにする分析に存することを確認する。
　まず第1章において，デカルト以前の方法論史を通覧する。プラトンの弁証法にまで遡り，それが対話の形式をとりながらも，精神を真理へと誘導する術であることを確認する。プラトンにおいて，分析的方法の原型がすでに取られており，探求されるものを措定し，それへと至る方法，すなわち，仮説に訴えたうえで第一原理へと至る方法が確認される。アリストテレスは個別の学問ごとに個別の方法があると考え，普遍的方法を拒否した。しかし，後世，修辞学が普遍的方法論となっていく。トマス・アクィナスにおいても，方法は各学問で分かれるが，アポステリオリな「分析還元」の方法が万学の方法の地位を問題形式とともに得ることになる。パドワ学派において，三段論法における中項の発見法が発展を見せ，それが分析，数学的方法，理性運用に結びつく。ラムスにおいて，普遍的方法が弁証術と理性運用に求められるようになる。しかし，この方法は数学全般ないしは科学全体に至るものではなかった。17世紀になり，エウスタキウスにおいて，精神の機能として論理学が捉えなおされて，方法が弁証術の項目に加わり，方法が精神の矯正ないしは分析に結びついて説明されることになる。ベイコンにおいて，三段論法との決別がなされて，科学的な帰納法が普遍的方法として確立される。しかし，数学的方法との結合は希薄であった。
　次に第2章において，まずデカルトより少し以前の数学者の方法を見てみる。クラヴィウスにおいて，数学は不可疑性としての真理を教えるが故に，万学の方法と成る。ヴィエタにおいて，方程式における既知数の記号化が不完全ながらなされた。彼にとって，分析は問題解法に必要とされる比を見極めて，方程式を見出すという発見術方法であり，その素材は個々の問題ではなく，数学的諸問題を解く一般的能力の問題である。彼の分析の特徴は，未知数を示す記号を用いて，未知数を既知数と想定すること，問題を解釈して，ある関係を幾何的に同時並存的に求めることにある。しかし，彼をしても「次数一致の法則」を乗り越えることはできなかった。それができたのがデカルトであった。彼の普遍的

方法も複雑なものを単純なものへと還元（狭義の分析）し，真には確定していない未知なるものを既知とみなして推論を組み立てる方法，すなわち分析（広義）である。方法は三段論法の形式によって推論を導き出す様式から，精神矯正と発見能力育成へと転換し，単純化された記号と抽象化された図形を自然学に応用するという発展がなされることになった。歴史的に言えば，数学的証明こそが説得の最上の方法である点では今までの弁証術に繋がっているが，彼の普遍的方法が三段論法や弁証術的推論を超えて，「順序と尺度の研究」である数学という特殊な学問にそのモデルを見出すことになった。彼はこれを超えて「普遍学」を構築しようとし，論理学と方法が結びつけられ，「明晰判明知」を真理の基準として学全体に共通の方法を求めた。いわゆる「方法の四規則」（デカルトの分析法）が樹立したのである。延長（量）としての対象世界，その対象を知的に読み替えるための記号（概念）と関係（比），この二元論が確立される途は開かれたのである。

そして第3章では，このような方法の精神化が彼の三段論法批判に見られることを確認する。方法の主体が理性であり，その理性を基に学が構築されることになる。第一に，三段論法で用いられる類種の枠組みが問題となり，アリストテレスの存在論が批判の対象となる。三段論法を用いる時点で，その存在論的枠組みをすでに心得ている必要がある。三段論法は既知なるものを説明するのに役立つにすぎない。第二に，三段論法の形式が問題となる。三段論法の形式は精密であるが，デカルトは定められた推論形式を重視せず，不可疑の直観による明晰判明知を真理基準とする。直観の連続の必然的結合のモデルを与えるのが，数学の発想法と推論である。したがって，第三に，数学モデルが問題となる。規則に縛られない比例を例として，思惟が単純なものから複雑なものへと順序良く分析していく習慣が重要となる。デカルトの方法が今までの論理学に当てはまらず，形式のない精神自体の使用規則と習慣に値することが確かめられる。

デカルトの方法はプラトンの精神矯正の途に戻るとともに，あらゆるものを対象とする普遍的方法であり，数学をモデルとして，未知の要素を持ったものを仮定的に用いながら，分析的に論を進める分析法である。

第1章

方法の誕生
――三段論法からの脱却の歴史――

序

　本章では，デカルトの分析的方法の起源とあり方を問う。デカルト以前の論理学ないしは方法の概念を通覧する。なぜデカルトは『発想力 (ingenium) 指導の規則』という題名の本を書こうとしたのか。それには，古代からの方法論史が反映している。デカルトの普遍的方法は古くはプラトンの理性の矯正法に起源を持っている。それは問題の条件を分析して仮説から原理へと至る分析的方法である。アリストテレスにおいて普遍的方法は否定されている。しかし，論証や弁証法や修辞学を経由して，中項発見の分析的方法ないしは修辞学が普遍的方法の代用となっていく。普遍的方法はトマス・アクィナスにおいてさらに拒否されたが，「分析還元」の方法が学共通の方法となった。修辞学とパドワ学派における中項発見の分析論と理性使用の考察，ラムスの普遍的方法，ベイコンの帰納法に起源の一つを持つことが確認される[1]。数学的方法との結合は試みられているが，まだ濃厚なものではなかった。以下，ベイコンまでの方法論を通覧してみよう。

---

　1) デカルトの方法が，ダイアローグではなく，モノローグに存することについては次のものを参照。W. J. Ong, *Ramus, Method, and the Decay of Dialogue: From the Art of Discourse to the Art of Reason*, The University of Chicago Press, 1958；佐々木力『科学革命の歴史構造』上，講談社，1995, p. 178。

1 自由七科の消失と論証法としての論理学（dialectica）

デカルト哲学において，自由七科としての論理学（Logica）は消滅している。しかし，本来の哲学のあり方，すなわち真理を探求していく発見の方法，哲学探求の実践術，精神矯正の手段として，論理学は再発見されている。デカルトは次のように言っている。

> スコラの論理学は，本質的には弁証術に過ぎず，その教えるところは，現に知っていることを他人に聞かせる手段であるか，知らないことについて判断なしに多言を労する手段であって，このような弁証術は良識を増すどころか損うものだからである。私の言う論理学は，まだ知られていない真理を発見するために，自分の理性を正しく導くことを教える論理学である。[2]

トマス・アクィナスも両義的な論理学の定義をしており，論理学は論証によるので「学」であり，三段論法などの道具を含むので「術」としている[3]。

デカルトにおいて，論理学は形式的な規則を打ち立てたり，うまく議

---

[2] Cf. PP, Préface, IX-2, pp. 13–14.

[3] Cf. Thomas Aquinas, *Expositio super librum Boethii De Trinitate : The division and Methods of the sciences*, translated by Armand Maurer, Pontifical Institute of Mediaeval Studies, 1953, p. 16 ; In I AMR. lect. 1, n. 2: « ars logica, id est scientia ratiocinalis »。学院で使われていた教科書でも，この二義性は確保されている（Cf. Eustachius, *Summa Philosophiae*）。ところが，16世紀から，論理学は「発見の方法」に置き換えられていく（Cf. Rudolph Agiricola, *De inventione dialectica libri tres cum schliis Johannis Matthaei Phirissemii*, 1515 (Nachdruck der Ausgabe Koln 1528)；Stephen Gaukroger, *Cartesian Logic An Essay on Descartes's Conception of Inference*, Clarendon Press, ch. II, p. 34, 1989)。また，この世紀から，理解作用を指導する術として論理学を捉らえる傾向（心理主義）が前面にでてきて，デカルトもこの思想的風潮に影響されていると思われる（Cf. Gaukroger, op. cit., p. 47；Suarez, *Disputationes*, xxxix, 1 « dialectica solum sit quaedam ars dirigens operationes intellectus »)。アリストテレスの学としての探求方法として三段論法についての知識は，千葉恵 "Aristotle on Explanation: Demonstrative Science and Scientific Inquiry" Part I（北海道大学文学部紀要40ノ1, 1991); Part II（北海道大学文学部紀要40ノ2, 1991) から得させて頂いた。

論したりする弁証術的方法から，対象化されない開かれた規則，真の意味での普遍的な方法，すなわち方法の「第一性」をその極点にまでおし進められたものに変った。事実，有名な『方法序説』の中の「方法の四規則」は個々の問題を実際に解く具体的で形式的な方法を示してはいないし，特に第一の規則は形式ではなく，明晰判明な認識に真理の基礎をおいている[4]。方法が形式化されない純粋な精神（知性）の働きに到達したとき，あらゆる学の探求の原理，すなわち哲学の原理が見出される。いわゆるコギトである[5]。方法を理性運用の規則として規定する仕方は時代の風潮にもあっていた。まず，その歴史の流れを見てみよう。

2　自由七科としての論理学と論理学の起源

(1) サン゠ヴィクトルのフーゴー

サン゠ヴィクトルのフーゴーは『ディダスカリコン（学習論）——読解の研究について』を書いた[6]。この書において，中世以降における学の区分が確立された。

哲学は，思弁学，実践学（倫理学），人工・人造学，論理学に分かれる[7]。思弁学は神学，数学，自然学に分かれる。神学は，知性のみによって認識されるもの一般を考察する学である。このような考察は神の観照や魂の非物体性の考察によって構成される。知解されたものはものの類似ではないので，神学は非物体的なものを考察する学である。

数学は抽象された量を対象とする。数学は量に関する学習である。抽

　4）　Cf. DM. II, AT-VI, pp. 18–19；RG. IV, AT-X, p. 372；邦訳［4］p. 24：「我々が真なるものに反する誤謬を犯さないためには，精神の直観がどのように用いられるべきであるのか，また，我々がすべてのものの認識に到達するためにはどのように演繹が見出されるべきであるのかを，もし方法が正しく説明するのであれば，学問は精神の直観あるいは導出によってのみ獲得されうる以上，方法が完全であることのみが要求されると，私には思われる」。
　5）　同じような見解をとるものに，佐々木力「〈われ惟う，ゆえにわれあり〉の哲学はいかにして発見されたか」，『思想』no. 760, 1987, がある。
　6）　翻訳と解説は，五百旗頭博治・荒井洋一訳・解説「サン゠ヴィクトルのフーゴーディダスカリコン（学習論）——読解の研究について」，『中世思想原典集成 9　サン゠ヴィクトル学派』平凡社，1996参照。
　7）　Cf.「ディダスカリコン」第2巻第1章；邦訳 p. 53。

象された量は表象の内に成り立つのものなので,能力として想像力を必要とする[8]。理性によってものの類似物と推論される量が対象なのである[9]。例えば,数学は厚みのない線を分割できるものとして取り扱うことができる。数学の種として,四科（算術,音楽,幾何学,天文学）がある。自然学は合成されたものを合成されない仕方で考察する学である[10]。すなわち,自然学は,火,水,空気,土という要素の組み合わせによってものそのものを取り扱う。

　問題の論理学は,事物のカテゴリー的な概念（intellectus）,事物の類と種を取り扱う[11]。論理学は文法学と論証理論とに分けられる[12]。文法学は哲学の一部分ではなく,哲学の付属物ないし道具である。論証理論は哲学の一部であり,その道具でもある。論証理論は発見と判断を総体的部分として持ち,証明的論証,蓋然的論証,詭弁的論証とに分かれる。証明的論証は必然的証明であり,哲学者がなすものである。蓋然的論証は弁証論者と修辞学者に属する。詭弁的論証はソフィストがなすものである。発見は証明を見つけることと証明の手順を組み立てることとを教える。判断はそれら両者について判定することである[13]。

　次第に,論理学は言論の学（弁論術）と見なされるようになった。拠点（argument：議論）を正しく展開する術が弁論術であり,その証明法の核は拠点を見出す仕方と三段論法であるが,中心は言語である。

(2) プラトンと精神誘導の弁証法

　そもそも論理学,方法を弁論術とみなすことは,プラトンに遡る。現に,彼は「弁論術とは,…言論による一種の魂の誘導である」[14]と言う。

　　いやすくなくとも,こういった手順を踏まない方法などというものは,盲人の歩みの如し,といってよいだろう。だが,何ものかを,

---

8)　Cf.「ディダスカリコン」第2巻第6章；邦訳 p. 59。
9)　Cf.「ディダスカリコン」第2巻第17章；邦訳 p. 65。
10)　Cf. ibid.
11)　Cf. ibid.
12)　Cf.「ディダスカリコン」第2巻第28章；邦訳 p. 75。
13)　Cf.「ディダスカリコン」第2巻第30章；邦訳 p. 77。
14)　『パイドロス』261A：藤沢令夫訳『プラトン全集5』岩波書店,1974, p. 217.

第 1 章　方法の誕生

> いやしくも技術によって追求しようとする者が，盲人に喩えられたり，耳の悪い人に喩えられたりするようなことは，むろん，あってはならない。明らかに，もし人が技術に従って誰かに弁論を授けようとするならば，その弁論が適用されるべき対象の本性がいかなるものであるかを，正確に教え示すべきである。ところで，その対象とは何かといえば，魂に他ならないであろう。[15]

　方法（methodos）は，知的に真理を探求するための途である。哲学史において，方法という概念が誕生したのはプラトンの「弁証法」からと言われている[16]。

> 哲学的問答法の探求の行程だけが，そうした仮説をつぎつぎと破棄しながら，始原（第一原理）そのものに至り，それによって自分を完全に確実なものとする，という行き方をするのだ。そして，文字どおり異邦の泥土のなかに埋もれている魂の目を，おだやかに引き起こして，上へと導いていくのだ——われわれが述べたもろもろの学術を，この転向（向け変え）の仕事における補助者としてまた協力者として用いながらね。われわれはこれらの補助的な学術のことを，習慣に従って，これまでしばしば〈知識〉（エピステーメー）と呼んできたが，しかしほんとうはもっと別の呼び名が必要だろう。〈思惑〉よりは明瞭で，〈知識〉よりは不明瞭なものを示す呼び名がね。前の議論では，たしか，〈悟性的思考〉（間接知：ディアノイア）という呼び名でそれを規定したはずだ。[17]

　直観（ノエシス）と推論（ディアノイア）がプラトンの方法に重要な

---

15)　『パイドロス』270D–E：邦訳 p. 245.

16)　Cf. Philippe Desan, *Naissance de la Méthode(Machiavel, La Ramée, Bodin, Montaigne, Descartes)*, A. -G. Nizet, 1987, p. 65. μέθοδος を持つ者のみが，技術の正しい認識を持つとされ，他人にその技術を教えることができる。ソクラテスは διαίρεσις と συναγωγή というふたつの方法を習得した人こそ「弁証術家」と呼んだ（Cf. N. W. Gilbert, *Renaissance Concepts of Method*, Columbia University Press, 1960, p. 40）。

17)　『国家』VII, 533C8–D7（藤沢令夫訳『プラトン全集 11』岩波書店，1976, p. 540）．

二行程を構成している[18]。普遍的認識や真理は真の弁証法家が使用する方法によってのみ得られる。弁証家は事物の本質を認識するものである[19]。弁証家としての人間は直観へと登り，推論によって結論へと降りる。弁証法は数学的推論を使用することによって，帰納と演繹という二つの極を経る[20]。科学的認識はノエシスとディアノイアとの結合に依存している[21]。二分法に示されるように，プラトンの方法は数学的である[22]。

つまり，弁証法は二つの方法を持っている。

一つは，上昇的なもので，「総合」（συναγωγή）と呼ばれ，無仮定なものに至るまで，すべてのイデアのイデアである善に至るまで，上昇する[23]。上昇的弁証法は，個々の事物の原理から諸原理の原理を見出すために，多から一へと至る。

もう一つは，下降的弁証法（diairesis：分割）であり，無仮定の原理から結論に至る。

2世紀になり，アルキヌースが『プラトンの教義教程』（*Didaskalikos*）を記し，プラトンの弁証法を構成する一要素として分析を示している[24]。プラトンの弁証法の基礎的任務とは，事物の本質を吟味することであり，分割と定義によって下降したり，分析によって上昇したりすることによって，ある事物の本性や偶有性を探求する。弁証法は，分割，定義，分析，帰納，推論に関連する部分を含んでいる[25]。分析は，可感的事物から第一の知解可能な事物まで遡るか（a），証明されうるものを使って論証不可能な命題まで遡るか（b），仮説から原理まで上っていくか（c），に分かれる[26]。分析は分割法や定義法と区別される。（b）と（c）

---

18) Cf. Desan, op. cit., p. 66.
19) Cf. 『国家』VII, 534b.
20) Cf. Desan, op. cit., p. 67.
21) Cf. Desan, op. cit., p. 68.
22) Cf. ibid, p. 68；Charles Mugler, *Platon et la recherche mathématique de son époque*, P. H. Heitz, 1948；G. Rodier, "Les mathématiques et la Dialectique dans le système de Platon", *Archiv für Geschichte der Philosophie*, v. XV, 1902, pp. 479–90.
23) Cf. 『国家』VI, 509b.
24) Cf. O. Dubouclez, *Descrtes et La Voie de L'Analyse*, P. U. F, 2013, p. 74.
25) Cf. Dubouclez, op. cit., pp. 74–75.
26) Cf. Dubouclez, op. cit., p. 75.

の分析は，探求されるものを措定することからはじめて，仮説に訴えるものである[27]。弁証法こそ，幾何学的仮説から上昇し，無仮定の第一実在に至れる。だから，プラトンは弁証法には学という名称を与えたが，数学には与えなかったのである[28]。

プロクロスによれば，弁証の体系は知的で学としてあり，定義，分割，証明，分析という手順は弁証法に従属する[29]。例えば，事物の分析が必要なときは，その事物を第一原理に還元する場合で，探求される事物が他の事物に移行するには，原因に遡る分析をする必要がある。このプロクロスの弁証法体系の定義は，魂の様々な働きの違いに立脚している。定義と分析が結びつけられるのは，二つとも原因（原理）に関するものだからである。分析は今まで分析に拒否されてきたタイプの対象に達するものである。分析は精神を事物からその原因に導く上昇運動の際に用いられる。したがって，分析は人間精神を宇宙のヒエラルキーにコミットさせる[30]。分析は他の三つの方法を補うメタ方法であり，証明に原因（原理）を与え，定義にその構成に必要な単純な事物を与え，分割に普遍を与える[31]。プロクロスによれば，幾何学者の仮説-分析的歩みが認識論と呼べないのは，幾何学者を最高度の実在的なものへと誘い，数学の合理性を存在に基づける歩みだからである[32]。

(3) アリストテレスにおける統一的方法の不在

アリストテレスはどうなのか。アリストテレスはプラトンが数学的対象を実在とみなしたことを批判する。ドゥザンによれば，アリストテレスは数学的思考とは無縁で，経験論者である[33]。事実，アリストテレスの方法は，個から普遍へ至る道筋をとっているし[34]，ペリパトス派は帰

---

27) Cf. Dubouclez, op. cit., pp. 76–77.
28) Cf. Dubouclez, op. cit., p. 77.
29) Cf. Dubouclez, op. cit., p. 83.
30) Cf. Dubouclez, op. cit., p. 84.
31) Cf. Dubouclez, op. cit., p. 85.
32) Cf. Dubouclez, op. cit., p. 95.
33) Cf. Desan, op. cit, p. 68.
34) Cf. *Topica*, I, 11, 105a ; Desan, op. cit., p. 68 ; J.-M. Le Blond, *Logique et Méthode chez Aristote. Étude sur la recherche des principes dans la physique aristotélienne*, 1939, Vrin.

納を重視している。分類された経験に拠ってたつ以上，各学問にはそれ特有の方法がなければならないので，プラトンの普遍的方法は理想に過ぎない。したがって，アリストテレスは方法の統一性を否定するのである[35]。事実，『デ・アニマ』に次のように書かれている。

> 本質を認識したいものすべてに対して，何か一つの方法があると思う人がいるであろう。たとえば，固有な付帯性については論証があり，このばあいには，この方法で探求すべきだろう。しかし，もし「何であるか」については，一つの，そして共通の方法など存在しないとすれば，研究することはずっと難しくなる。というのは，とにかく，個々について探求方式はどんなものかを把握しなければならないからである。また，その方法が論証なのか，分割法なのか，あるいは何か他の方法なのかが明らかになったとしても，どこから探求を始めるべきかについて多くの難問と不確定な点がある。なぜなら，数の原理と面の原理とが異なるように，異なったものには異なった原理があるからである。[36]

『トピカ』においても同じである。

> すべてのものに普遍的な一つの方法が求めるべきではない。なぜなら，これを発見することは容易ではないし，また，発見されたにしても，現在課せられている仕事に対しては全く漠然としたものであり，あまり役に立たないだろうからである。むしろ，区分されたそれぞれの類に即した特有の方法が与えれるならば，個々のものに特有なものどもから出発して現在の仕事を一つ一つやり通すことができるであろう。[37]

個から普遍へと至る帰納的三段論法は修辞学（説得術）の支柱を形成

---

35) Cf. Desan, op. cit., p. 69；小林道夫『デカルトの自然哲学』岩波書店，1996, pp. 15–17。
36) 桑子敏雄訳『心とは何か』講談社学術文庫，pp. 11–12, 402a。
37) 『トピカ』, I, 6, 102b–103a1.

している。別言すれば，「論理規則のもとに現用言語の分析を介し，探求対象について我々が手にする定義や概念理解を介して，普遍的にそのいかにあるかを明らかにする営み」[38]であり，「探求対象の観察，実験を介しデータを集積し，根拠や原理の仮説を提示しその通時的な検証を通して因果的理論を構築する手法である」[39]。ディアノイアは修辞学と置き換えられ，弁証法は修辞学の副産物となる[40]。弁証法は推論の一部に過ぎず，蓋然的なものにしか関係しない。弁証法は説得術である限りで，方法に役立つ。すなわち，弁証法は各学問で見出された真理をさらに証明するのに役立つだけである。プラトンにおいて弁証法は対話者と共に歩む認識の学であったが，アリストテレスにおいては，学が弁証法に先立つ。アリストテレスにおいて，対話者のいない弁証法が三段論法的方法である。三段論法はその起源はともかく[41]，数学には直接に関わらない。全体として，アリストテレスは方法を明確に定義していない[42]。もし普遍的方法をアリストテレスに見出すとしたら，弁論術と弁証術において可能かもしれない。というのも，両者とも「扱う対象が或る意味で一般性があって，誰でも知ることができ，特定の専門的知識を全く必要としない」[43]からである。ところが，弁論術も弁証術も「通念」に基づき，第一原理に基づく論証ではない。したがって，両者とも普遍的であるが，唯一の結論に至る論証ではなく，蓋然的議論にすぎない[44]。相反する結論にも至ることが可能であるという性質は次の中世における問題法（Quaestio）に繋がっていく。

　ヨハネス・ピロポノスによれば，幾何学者の分析は結論に到達するための前提を見出すことである。例えば，ある三角形が正三角形であると

---

38) 千葉恵『アリストテレスと形而上学の可能性――弁証術と自然哲学の相補的展開』勁草書房，2002，p. 85。

39) 千葉，op. cit, p. 86.

40) Cf. Desan, op. cit., p. 70.

41) 「中項」「格」「式」などの用語は比の数学的表記から借りてきたものである（Cf. Le Blond, op. cit., p. 69；千葉，op. cit., ch. II）。

42) Cf. Desan, ibid.『分析論』はアリストテレスの論理学の中核を示すものである。『分析論前書』は議論の分析，すなわち三段論法の格式の分類に関するものであり，『後書』は論証の要件に関するものである。Cf. W. Kneale and M. Kneale, *The Development of Logic*, Clarendon Press, 1962, ch. II.

43) Rhetorike, 1354a–3（戸塚七郎訳『弁論術』岩波文庫，1992，p. 22）。

44) 戸塚，op. cit., 註，p. 405。

いう真なる結論を措定する場合，その結論を導き出すための前提を見出すための方法が，幾何学者の分析である。いかにして正三角形を作図するかを見出そうとするなら，前提されたものから結論を見出すが，そのような手順が総合である。分析は，まず求められたものを所与として，そのための前提を探求する。分析は所与の命題や幾何学的原理に至るまで行われる。

フィロンの『分析論後書注解』によれば，分析によって諸原理が見出され，我々にとって第一のものである結果から本性的に第一のものである原因へと遡及する[45]。分析は総合の原因について使われるのだから，総合についての認識であり，認識論的に総合に先立つ。

このように，アリストテレスにおいて普遍的方法は曖昧であったのだが，分析的方法が学の中心的役割を果たしていく。

(4) ストアからヒスパーヌスにおける　アリストテレス論理学の発展

ガレノス (131–201 年) のアリストテレス解釈を経由して，中世において方法の手順は論駁手段としての修辞学における発見法に限定されていく。その手順とは，compositio (synthesis：総合)，dissolutio (analysis：分析)，divisio (diairesis：分割)，demonstratio (apodeixis：論証) である。実際，キケロ，クィントゥリアヌスは，『修辞学』を方法論の支柱の書とした。彼らは，「発見」(inventio)，「配置」(dispositio)，「弁舌」(elocutio) を方法の核とした。方法は修辞学に属し，スコラ学の方法は文献学と文法学に立脚することになる。このようにして，中世において，「権威」に訴えるような解釈が哲学の方法となった[46]。そして，よく知られる「討論」(disputatio) などの方法が中世において通常に用いられる哲学的方法となる。

中世全体にわたって，アリストテレスのオルガノンがポルピュリオスの『イサゴーゲー』に従って『カテゴリー論』と『命題論』という二部門に分かれ，これらが「旧論理学」(Logica vetus) を形成していた[47]。

---

45) Cf. Dubouclez, op. cit., p. 118.
46) Cf. Desan, op. cit., p. 71.
47) Cf. E. J. Ashworth, "Traditional logic" in *The Cambridge History of Renaissance*

1128年に，アリストテレスの『分析論後書』と『トピカ』が訳され，『分析論前書』『詭弁論論駁』とともに「新論理学」の基礎となる[48]。このような道行きで，ペトルス・ヒスパーヌスは『論理学綱要』(Summulae Logicae)[49]を書き，この書がその後の論理学の教科書となった（目次はこの章末の「参考資料」を参照）。

この書は初学者用に書かれたと言われていた[50]。一番はじめの言葉が次の通りである。「弁論術はあらゆる方法（methodorum）のうちで原理への途（viam）を持つ術（ars）である」。「方法」はここにしか使用されていない。個別の学問の方法を問題としているからであろう。第五巻で「拠点」が論じられているように，『トピカ』『弁論学』の影響があり，論理学と弁論術が同一視されている。ただし，客位語や「カテゴリー」から出発している点を見ると，ヒスパーヌスにおいてはまだ『オルガノン』中心主義を脱却していない。重要なのは，論理学が語の指示機能や命題論理に結びつけられ，正しく語ることに繋げられるようになっていったということである。しかし，方法は曖昧なままであり，万学に適用可能な方法という概念が見出されていないのである。

(5) トマス・アクィナスの学の分類と方法

13世紀から14世紀にかけて，分析的方法は，理論的（演繹的）推論と実践的（構成的）推論に分かれて発展する[51]。分析とアポステリオリの論証の同一化は中世においてありきたりになる。

では，中世哲学を代表するトマス・アクィナスは方法をどう捉えていたのか。

トマスは『ボエティウス『三位一体論』に寄せて』(1257年)[52]において学問の方法についてまとめて論じている。観照的諸学は，自然学的諸

Philosophy, edited by C. B. Schmitt and Q. Skinner, Cambridge University Press, 1988 (1992), p. 143：山下正男『論理学綱要――その研究と翻訳』京都大学人文科学研究所，1981。

48) Cf. Desan, ibid.
49) Petrus Hispanus, *Summulae Logicae*, 1245；B. P. Copenhaver, *Peter of Spain: Summaries of Logic, Text, Translation, Introduction, and Notes*, Oxford University Press, 2014.
50) Cf. Copenhaver, op. cit, p. 16.
51) Cf. Dubouclez, op. cit., p. 133.
52) BT (Expositio super librum Boethii De Trinitate). 訳は長倉久子『トマス・アクィナス 神秘と学知』創文社，1996 を使用する。

学，数学的諸学，神的諸学の三つに分かれる。

　これらの学の方法を考察するうえで，トマスは諸学において用いられる「推論的」(rationabilis) 探求方法（processus）を三つに分けている[53]。

　第一に，原理の側からして推論的と言われる場合である。理性の所産，類種といった論理学概念（用語）をもとにして，探求が進められる。この方法は個別的な学には適さない。すなわち，この方法は論理学と形而上学に適している。

　第二に，探求の終結の側から推論的と言われる場合である。探求の究極の到達点は諸原理の直知である。原理まで到達した場合，その証明（probatio）は推論的というよりも，論証的（demonstrativa）と言われる。探求が途上で終わる場合，その論拠は蓋然的である。このような蓋然的論拠は臆見を産み出せるが，学知は産み出せない。確かに，この方法は論理学が諸学において用いられている方法であるが，論理学用語が説明に用いられるのではなく，論理学の法則が用いられる。この方法は道徳学に適している。

　第三に，理性能力による認識の側から推論的と言われる。この意味での推論的方法は自然学に固有のものである。というのも，第一に，理性的魂が感覚から可知的事物を受け取るように，自然学は出発点として我々にとってよりよく知られるが，本性的にはより少なく知られる事柄を用いるからである。第二に，理性の特徴が一つのものから他のものへと移行することにあるように，自然学の証明において，外的諸原因を媒介にして行われ，或る一つの事物から他の別の事物が証明される。この自然学の方法は或る概念から別の概念が証明されることにとどまらないという点で，数学などの学の方法と異なる。

　数学は神学や自然学よりも確実である。まず，数学的対象は自然学的対象よりも認識しやすい。というのは，自然学的考察は質料自体，形相，質料的なものの諸態勢，特性に関係しているので，多くのものを考察しなくてはならないのに対して，数学における考察は運動と質料を捨象した単純なものであるからである。さらに，数学の方法は神学のそれよりも確実性が高い。なぜなら，可感的事物から我々の認識は始まる

---

53) Cf. BT, q. 6, a. 1, c.

が，神学的対象は最も可感的事物から隔たっているからである。数学は最も容易で確実なるがゆえに，学習という仕方で (disciplinater) 探求を進めるのに適している。

　神的学の方法は知性的方法である。すべての学において，理性は還元の途（via resolutionis）によって推論を進める。還元の途とは，自然的事物を越えて，結果から原因に至る途，多くのものをもとに単純な真理へと至る途である。この還元が終わるのは，知性によって最高の諸原因に至る場合である。その諸原因とは分離実体であり，最も普遍的なものである。したがって，還元の最終到達点は，在るものと，在るものたる限りの在るものに属するものの考察である。直知的知性による考察は結合ないし発見の途に従って推論の出発点となる。この意味で，神的学は諸原理を他のすべての学に与える。したがって，神的学は第一哲学である。理性による自然学の考察の後に，その到達点として知性による神的学の考察があるのだから，神的学は形而上学（meta-physica）と呼ばれる（厳密には，総合的運動に従って第一原理から自然的諸物に下降するのが「第一哲学」であり，分析的に自然を越えて構築されるのが形而上学である[54]）。

　トマスは基本的にはアリストテレスの見解に従っている。確かに，論理学と形而上学は類種といった概念を用いて原理を探求する学であり，他の学に原理や法則を与えるが，学習という点でもっとも確実な方法は数学である。しかし，その数学が方法のモデルとなることはないし，形而上学の知性的方法が万学に適用されるのでもない。もし万学に普遍的な方法があるとすれば，第一の「理性の所産」や論理法則の使用法か「分析還元の途」であろう。しかし，少なくともトマスはこれを普遍的方法とは見なさず，諸学の方法は分けられ，あらゆる学に成り立つ普遍的方法はないと考えたのである。実際，トマスやスコラが採用した神学における方法は，理性と権威をもとに総合と分析によって論証する「問題」形式であった。

---

54) Cf. Dubouclez, op. cit., p. 136.

3 方法への意志
――弁証的方法・普遍的理性――

(1) パドワ学派

　ヴェニスのパウロによれば，自然学には二重のプロセスがあり，本性的により知られていないものからより本性的に知られているものへ，すなわち結果から原因に進むものと，その逆のものがある。原因は二重の認識に依存している。quia（事実）によるプロセスと，propter quid（根拠）によるプロセスであり，後者は前者に依存し，前者は後者の原因である[55]。分析は事物の認識に先立つものではなく，それを結果として産み出すものである。それゆえ，総合（事物をありのままに示すこと）の存在論的優位は分析（事物の原因を見出すこと）の原因論的優位によって逆転される。分析は総合の原因となるのだから，もはや準備段階ではなく，真正な知の基盤となっている。「発見」（inventio）は原因を単純に明らかにするのではなく，「学知」（scientia）自体を見出すものとして，認識論の基盤となる概念となる。分析は推論を産み出す原因ないし原理の発見ではなく，中項の発見である。したがって，分析は原因から論証を論理的に産み出すことを確証するものを見出すことを目標とする[56]。

　ザバレッラ（Jacopo Zabarella, 1533-89）は自然学が数学的証明と同等の確実性を持つような方法を目標とした。「復帰」（regressus）の方法はその目的にかなうものである。復帰は三部分から構成され，次のような順序で構成されている。第一は事実の論証（demonstratio quod）であり，結果の曖昧な（confusa）認識から，原因の曖昧な認識に至るものである。第二は曖昧な認識からその原因の判明な（distincta）認識に至るための精神の熟慮（mentalis consideratio）もしくは，「知性の調停」（negotiatio intellectus）である[57]。第三は最強の論証（demonstratio potissima）であり，

---

55) Cf. Dubouclez, op. cit., p. 141；Paul de Venise, *Smma Philosophia Naturalis*, 1503.
56) Cf. Dubouclez, op. cit., p. 141.
57) A. Nifo, *Expositio de physico auditu*, 1552 によれば，認識の四段階として，第一段階は感覚による結果の認識，すなわち観察であり，第二段階は結果による原因の発見，すな

第 1 章　方法の誕生

判明に認識された原因から結果の判明な認識に到達するためのものである[58]。復帰が循環と異なるのは，後者が結果から原因へ，原因から結果へと至る過程においてどちらの過程も「根拠による論証」（demonstratio propter quid）であるのに対して，前者は結果から原因へは「事実の論証」によって進み，原因から結果へは「根拠による論証」によって進むからである[59]。根拠による論証の例は次の通りである。大前提：近くにあるものは瞬かない。小前提：惑星は近くにある。結論：惑星は瞬かない。事実の論証の例は次の通りである。大前提：瞬かないものは近くにある。小前提：惑星は瞬かない。結論：惑星は近くにある。「復帰」は，後者の推論から始めて前者の推論に至る過程のことである[60]。後者のような帰納，すなわち自然の観察から始まる推論は自然学的手順に属し，それを根拠による最善の推論に至らしめることが「復帰」という方法であった。彼にとって，アリストテレス論理学の目的は，方法ないしは知るための道具を説明することである。ザバレッラは，methodos の意味を順序のあり方によって知られ得るものへの「プロセス」（processus）として導入した。アリストテレスにおける「原理へ」と「原理から」という二つの方向に向かうことがザバレッラにおいては方法となった[61]。方法は事物を個別的に証明するのみで配置はしないのだから，「順序」（ordo）が必要となる。順序は方法によって得られた推論の力を欠いているが，よりよく理解することを目的とする。二種類の順序があり，理論学が用いる「構成的」（compositive）なものと（原因から結果へ），実践学が用いる「遡及的」（resolutive）なもの（結果から原因へ）である。こ

わち印による論証であり（例えば，煙が火を示すような論証である），第三段階は知性による同一の原因の調停であり，そこからその原因が端的な論証の中項に値することになる。第四段階が中項として確実な原因を通してその結果を根拠によって認識することである（Cf. Dubouclez, op. cit., p. 147）。

58)　Cf. Dubouclez, op. cit., p. 142；Zabarella, *De Methodis Libri Quatuor. Liber de Regressu*, p. 328；大出晁「ヤコブス・ザバレッラ『論証的復帰論』訳および解題」，創価大学『人文論集』no. 8, 1996, pp. A1–32；アヴェロエスにおいては，quia と propter quid の両者を統合したものが「最強の論証」とされている（Cf. 佐々木力『デカルトの数学思想』東京大学出版会，2003, p. 60）。

59)　Cf. 大出, op. cit., p. (3)。

60)　Cf. 大出, op. cit., p. (30)。

61)　Cf. N. W. Gilbert, *Renaissance Concepts of Method*, Columbia University Press, 1960, p. 170.

れら方法と順序が知的な道具であり、それらによって知られたものから知られていないものを知ることができる[62]。学問探求には二つの方法しかなく、それらが三段論法を構成する。一つは、中項が大項の原因となるもので、アプリオリな証明、構成的方法と呼ばれるものである。二つ目は、大項が中項の原因となるもので、アポステリオリな証明、還元的方法と呼ばれるものである。ザバレッラは彼の還元的方法から数学的分析を排除している。というのは、数学は未知なるものから既知なるものへと進むからである[63]。彼にとっては、「我々にとって」と「本性的に」とが方法論的に解消されるというように、自然学は数学的確実性に至るかもしれない。それゆえ、分析を活用したからといえども、論証における総合は重要なのである。言うなら、論証は心理学的で教育学的な有効性の観点から必要な操作である[64]。完全な知を得ようとすれば、順序を踏んだ「最善の論証」が必要となるわけである。

　ザバレッラの「復帰」は、三段論法に縛られながらも、方法と順序、曖昧な認識と判明な認識、「知性の調停」ないしは精神の熟慮による知の増大といったデカルトの方法の要素を予期する概念を含んだものであった。

　ガリレイは、「復帰」や「知性の調停」を採用しつつ、それに図形の幾何学的考察を導入することで数学的変更を加えた。実際、彼は月の満ち欠けを説明するために、「復帰」を用いて、「復帰」を有効にするため、「調停」をする段階に、光は直線に進むという想定に訴えて、射影幾何学を用い、原因（月の球状）と結果（月の諸相（満ち欠け））が交換可能であることを主張した[65]。感覚的経験に基づいた論証を作れるということは、結果から原因への遡及的道程に従うことがもはや問題ではなく、観察を科学的にするための因果関係を幾何学的に「調停する」こと、すなわち観察について数学的解釈を与えることが問題となっている

---

62)　Cf. N. W. Gilbert, op. cit., p. 171.
63)　Cf. N. W. Gilbert, op. cit., p. 172.
64)　Cf. Dubouclez, op. cit., p. 143.
65)　Cf. Dubouclez, op. cit., p. 153 ; W. A. Wallace, *Galileo's Logic of Discovery and Proof. The Backgroud, Content and Use of His Appropriated Treatises on Aristotle's Posterior Analytics*, Kluwer, 1992, pp. 194–97. ガリレイの論証については、大出晁「ガリレオ・ガリレイ『論証論』抄訳・解題」、『人文論集』no. 7, 創価大学、1995, pp. 38–65 を参照。

ということである[66]。

　以上より，アリストテレスの分析の限界が示されることになる。なぜならば，「遡及」（resolutio）では確実な学を構築できないからであるとともに，アリストテレスの心理学の改築を伴うからである。ザバレッラは「自然の秩序」（ordo naturalis）の曖昧さを指摘しており，自然の秩序に従うのではなく，認識の原理から出発しなくてはならないのだから，精神にとってもっとも容易な途に従うべきである。それゆえ，自然は，自然そのものの秩序においてよりも，それを研究する者に完全にふさわしい途を通ってより認識可能となる。つまり，諸学問を取り扱うのは，あるがままの自然における順序の観点からではなく，我々が自然を認識する場合の我々の順序の観点からである[67]。「我々」が探求のあらゆる領域においてヌースのかわりとなり，知の領域を「我々にとって」に限定し，分析からアリストテレス的な自然を取り去るのである[68]。

　以上のごとく，パドワ学派において，分析は，アプリオリな学構築を確証する構造のなかでは，アポステリオリな論証に等しいものであった。ザバレッラの願望は，幾何学者が直接に得られる真理を間接的に作ることであった。この方法論的な転覆は，学についてのアリストテレス理論と精神についての彼の概念に対して効果をもたらした。つまり，分析は知性の働きにおいて中心的な方法となったのである。分析は，思弁的な働きである「調停」という理性運用に帰せられ，その「調停」において原因と結果はアリストテレス自然学の知的な脈絡に戻される。「調停」が与える因果的説明は，個別的事象というよりも宇宙全体の運行を支配する原因にまで及びうる。しかし，ガリレイにおいては，この工程は個々の現象を扱う際に方法的威力を発揮する。ただ，そのことが可能なのは，結果と原因を幾何学的に処理することによってのみである[69]。

（2）ラムス ── 普遍的方法としての弁証術
　ルネサンスに至るまで，普遍的な方法という概念はないか，修辞学

---

66) Cf. Dubouclez, op. cit., p. 154.
67) Cf. Dubouclez, op. cit., p. 159.
68) Cf. Dubouclez, op. cit., p. 160.
69) Cf. Dubouclez, op. cit., pp. 160–61.

に結びついた曖昧なものだったのである。ルネサンスからの発展の歴史は絵画の発展に見られるように，何よりも科学的で視覚的な時代であり，この世界は可視的な世界であり，その可視性を表すものは自然光であり，自然光すなわち目に見える世界をいかに表現するかが科学的方法と結びついていた。宇宙を解明することは，光を解明することに繋がる。事実，ケプラーやデカルトは『屈折光学』を書き，デカルトの『世界論』(Le Monde) の副題は「光論」(Le Traité de la Lumière) であり，その後，ニュートンを始めてとして光について数々の論文が書かれることになる[70]。それとともに，光は神のみの「恩寵の光」から自然光へ，そして「自然の光」へと移行していく。そのような時代において，記号や図を多様化する技術から記憶術が必要とされた[71]。記憶という主題は修辞学から消え去り，弁証法に現れる。当時の印刷技術，数学の発展と呼応して，方法は記憶しやすい図や記号をいかに作るかに代わっていった[72]。方法は思惟の量化技術にコミットするようになったのであり，このことが方法を普遍化することの要因となっていく[73]。

　ギリシアからの学問の流れから見ると，ルネサンスにおいて，プラトニズムの復興が為される。このことは，当時，アリストテレスの教義を批判する風潮にあったことを意味する。例を挙げれば，ヴァッラ (Laurent Valla, 1407-1457) の『弁証術定期討論（集）』(Disputationes dialecticae)，アグリコラ (Rudolf Agricola, 1443-1485) の『弁証学的着想について』(De inventione dialectica libri tres, 1479)，メランヒトン (Philipp Melanchthon, 1497-1560) の『弁証法』(Compendiaria dialectices ratio) ときりがない[74]。いわゆる「弁証法論者」という人文主義者たちであり，彼らはソクラテス＝プラトンの弁証法を再興しようとした。そのなかに，ラムスがいた。彼は言う。

---

70) Cf. 平松希伊子「デカルトにおける「衝突則」再考」，『思想』no. 869, 1996。

71) Cf. Desan, op. cit., p. 72；Walter J. Ong, *Ramus, Method, and the Decay of Dialogue*, Harvard University Press, 1958；Francis A. Yates, *The Art of Memory*, The University of Chicago Press, 1966（邦訳：イェイツ『記憶術』玉泉八州男監訳，水声社，1993）。ラムスに関する論文については，久保田静香「ペトルス・ラムス (1515–1572) 研究の現状――Walter J. Ong 以前，以後」，『エクフラシス：ヨーロッパ文化研究』v. 5, 2015 を参照。

72) これは現代的にはパソコンなどの表示の図示技術に当たるだろう。

73) Cf. Desan, op. cit., p. 73.

74) Cf. Desan, op. cit., p. 77.

プラトンが『国家』七巻で言ったように，技術の内に含まれている事物の真理は，色が視覚に提示されるように本性的に精神に提示されている。[75]

ラムスは自然の光を重要視した。なるほど，スコラも自然の光を重視したかもしれない。しかし，スコラが人間の精神を白紙とみなし，方法の一つとして権威を用いるのに対し，ラムスは精神に本有的な概念を認めたし，権威を蔑ろにした。

1543年は画期的な年であった。コペルニクスが『天球の回転について』（*De Revolutonibus ordium coelestium*）を出版し，ラムスが『弁証術綱要』（*Dialecticae Institutiones*）と『アリストテレス論駁』（*Aristotelicae Animadversiones*）をソルボンヌの手に委ねたのである[76]。コペルニクスは質の世界観から量の世界観へ転回した。コペルニクスにとって，宇宙は幾何学的関係の集まりである。ラムスは異なった命題の間に数的関係を設定することで，方法を量化した。どちらにおいても，三段論法的方法ないし修辞学的方法は批判されている。

ラムスは上記の第一書において，メタマテシスに到達するマテシスの効用を説明した。第二書において，アリストテレスが統一的な方法を打ち立てなかったことを批判した。ラムスは雄弁性と哲学（論理学，数学的方法）とを結びつけた。当時のフランスにおける人文系の運動は雄弁を重要視しており，論理学や数学的方法を捨てる傾向にあった。1550年の後になってようやく，数学的学問は四科として再興されることになる[77]。

ラムスの書の中で最も有名なものが『弁証術』（*Dialectique*, 1555）である。その書は伝統に反してフランス語で書かれた。明らかに，アリストテレス論理学のラテン語注解に対する批判が込められている[78]。その書において，ラムスは「技術の題材が必要とするような準則や規則を自

---

75) P. Ramus, *Dialectique*, p. 1.
76) P. Ramus, *Dialecticae institutiones : Aristotelicae animadversiones*, mit einer Einleitung von Wilhelm Risse. Stuttgart–Bad Cannstatt : Friedrich Frommann, 1964.
77) Cf. Desan, op. cit., p. 81.
78) Cf. A. Robinet, *Aux Sources de l'Esprit Cartesie*n, Vrin, 1996, p. 14；『方法序説』のフランス語記述もこれに倣った要素があるのかもしれない。

らによって探求」しようとする。その探求の前に,「その題材を技術的方法によって我々に示される仕方で整理」しようとする。「この途が普遍的であらゆる判断の究極の基礎である」[79]。この「普遍的途」とは「普遍的理性」のことである[80]。

> 弁証術は正しく討論する技術である。弁証術はまた同じ意味で論理学と呼ばれる。というのも,この二つの名はロゴスすなわち理性に由来するからである。[81]

ラムスは伝統を踏襲して弁証術を論理学とみなすが,それはスコラの伝統的論理学ではない。ラムスにおいて弁証術は本性的に人間に備わっている理性に等しい[82]。誰もが教えずとも弁証術の規則(うまく討論する仕方)を知っているからである。弁証術は真理を明らかにするが,弁証家はプラトニズムに従って神によって選ばれた予言者とみなされる。弁証術に則っている点において,ラムスは伝統を凌いでいない。さらには,自説の主張のためアリストテレスなどの権威者を援用することもある[83]。

現に,ラムスは弁証術を伝統に則って二つに分けている。「発見」(invention)と「判断」(jugument)である。「発見」は「文」(sentence)を構成する部分を明らかにし,「判断」はその部分を配置する仕方を示す[84]。この分け方はプラトニストの「直観」(intuition)と「導出」(déduction)に対応するだろう。真理を見出す過程は書物としての対象と理論家としての主体との対話にある[85]。したがって,方法は弁証術を必要とする。

「発見」は「論拠ないし拠点を見出す」ことである。発見の研究対象は,感覚的経験によって明らかになる事物ではなく,言語において明ら

---

79) Cf. Ramus, *Dialectique*, Librairie Droz, 1964, p. 50.
80) Cf. Ramus, op. cit., p. 52 ; Desan, op. cit., p. 83.
81) Cf. *Dialectique*, p. 61 ; Desan, op. cit., p. 84.
82) Cf. Robinet, op. cit., p. 17.
83) Cf. Desan, op. cit., p. 84.
84) Cf. *Dialectique*, p. 63 ; Desan, op. cit., p. 84.
85) Cf. Desan, ibid.

かになる事物のレベルに存する[86]。したがって，ラムスの「発見」の方法は，感覚経験の軽視という点でアリストテレス主義に反し，弁証術が言語構造に依拠するという点でアリストテレス主義に依拠している。文は二項間の関係を設定することであり，これは「言明」(énonciation) と呼ばれる。文の部分関係とは，一般的には，S-P 関係と呼ばれるものであるが，帰属関係に限定されない。言明を肯定することは，その二項間の関係を認めることである。「発見」はこの二項の結合を見出すのであり，その結合を作り上げるのではない[87]。この二項の関係は，その二項各々と或る既知の関係を持つ第三項によってのみ設定されるのがほとんどである。この第三項を介入させ，結論を導き出すことによって，判断が構成される。「発見」の役割は二項間の繋がりがいかなるものか，それらの論証的価値はいかなるものか，を枚挙することである。この繋がりの拠点の源は二種類ある。明証的なもの，そこから生まれるものであり，これらは理性的（技術的）拠点である。もう一つは，権威に訴える拠点で，それ自体では価値がない非技術的拠点である。技術的拠点は四種類あり，原因結果，基体-属性，対立，比較である。この内で，対象の原因から引き出される拠点が最も完全である。言明において結果と原因とをつなげるなら，真なる言明をしていることになる。しかし，ラムスは事物の原因や原理を見出すのに適した方法を与えていない。彼の弁証術の進展は形而上学的，科学的，修辞学的に与えられたものからはじまるが，彼の弁証術は説得や論証に適した道具であるがゆえに，形而上学的帰結や想定に縛れることもない。

　「判断」の役割は言明間の関係がいかなるものかを枚挙することである。判断の作用は三つに分かれる。言明（命題），三段論法，方法である。アリストテレスやキケロが三段論法を修辞学の庇護の下に置くのに対して，ラムスは三段論法を算術計算の枠に置く。足し算といった計算によって答えを導き出すように，弁論術家は命題を足しあわせることによって仮定を導出する[88]。

---

86) Cf. Robinet, op. cit., p. 25.
87) Cf. M. Dassonville, *Pierre de La Ramée, Dialectique(1555)*, Librairie Droz, 1964, introduction, pp. 28–29.
88) Cf. *Dialectique*, p. 126；Desan, op. cit., p. 85. 記憶術の観点からラムスを捉えたもの

方法は「自然の方法」「技術の方法」と「賢慮の方法」と分かれる。前者は弁論術家が問題を解く際に規則に当然の如く従うといった学習方法である。規則的に問題を解くという意味で，この方法は「自然」であり，「技術」なのである。この方法は「金の長い鎖」であり，その一つ一つの環は順序が断ち切れないように互いに結びついている[89]。この方法を段階的に組織立てることによって，方法は学びやすくなる。

　「賢慮の方法」は哲学的ではなく，説得の方法である。すなわち，この方法は日常の言説を支配することによって，大多数の人を納得させる方法である[90]。

　最終的に，ラムスは方法を普遍的判断に結びつけ，三段論法を越えたものとして方法を設定する[91]。ただし，ラムスは『弁証術』からアリストテレス批判を弱めている[92]。ラムスは『トピカ』や『オルガノン』の概念を使用することでまさに弁証術という方法を主張したように，アリストテレスを再解釈することによってプラトニズムを主張している[93]。事実，ラムスは1556年版の『アリストテレス論駁』においては，一つの技術を構築し，組み立てる唯一の仕方はプラトンに相応しいばかりか，アリストテレスにも相応しいと考えている[94]。しかし，ラムスは総じてアリストテレスに反対しており，分析をアリストテレスの使用する意味から代数分析の価値へと移そうとした[95]。ユークリッド『原論』2巻命題4を例として，「もし線分が二つの部分に分けられているなら，全体の正方形はそれら部分の正方形と各部分の矩形の和に等しい」という定理を彼の代数分析で解くと次のようになる。問題の線分を10と2

に，パオロ・ロッシ『普遍の鍵』清瀬卓訳，国書刊行会，1984（新装版2012）がある。論理的学芸は，弁証術ないし論理学，修辞学を含む。弁証術は発見と配列に分けられ，修辞学は雄弁と表明に分けられる。記憶は弁証術の構成原理の一つとして現れる（Cf. pp. 190–91）。

89)　Cf. *Dialectique*, p. 146；Desan, op. cit., p. 85.
90)　Cf. Desan, op. cit., p. 86.
91)　Cf. *Dialectique*, p. 153；Desan, op. cit., p. 86.
92)　ラムスがアリストテレスに従っていることに関しては，小池美穂「学問間における混合――ラムスによる弁証法と数学の場合」，『慶應義塾大学日吉紀要』（フランス語フランス文学）no. 65, 2017, pp. 44–46 を参照。
93)　Cf. Desan, ibid.
94)　Cf. *Aristotelicae Animadversiones*, p. 47；Desan, op. cit., p. 87.
95)　Cf. Dubouclez, op. cit., p. 182；p. 186；1560年の彼の著作 *Algebra* において，algebra を比の処理における数種類の図形を用いる算術の一部と定義している。

とすると，(10 + 2) × 2, 10 × 2, 10 × 10 という面積を足せば，全体の面積は 144 となる。逆に，144 から辺 12 を導き出すこともでき，この二つの過程は等しい[96]。ラムスの分析とは，定理の幾何学的連続量を数的な離散量と読み替えて，その代数処理を行うことである[97]。ラムスは記号を使うことはなく，具体的な数で幾何分析をしていた。ただし，ラムスにおいて，このような（幾何）分析は一部の図形の問題に限られ，普遍性を獲得できなかった[98]。

ラムスはあらゆる学の根本にうまく語る方法を見出し，その能力・方法こそ普遍的理性ないし普遍的方法とみなした。三段論法の規則のような正しく語る規則の厳密性よりも，その理性的運用を重視し，方法の要とした。ラムスにおいて，論証的三段論法の規則の呪縛からの解放が実現しようとしていた。しかし，彼はアリストテレス主義との妥協をはかった。方法における数学の重要性が認められていたが，それは限られたものであり，彼の弁証術はアリストテレス的な文の捉え方や三段論法の規則との融合をなし，この弁証術の方法は科学全体に現実に生かされるものではなかったのである[99]。

(3) 17 世紀のスコラの例
(ⅰ) シピオン・デュプレクス『論理学――議論して推論する技術』[100]
次に，この書は，17 世紀における論理学書の一冊である（目次は章末「参考資料」参照）。

デュプレクスにおいても，内容はアリストテレスとキケロからの伝統的論理学と弁証術を引き継いでいる。すなわち，発見術は弁証術に属し，判断はカテゴリーや命題や三段論法の規則を含む分析論に属している。彼においても，目次に方法という項目がないように，方法は明確に

---

96) Cf. P. Ramus, *Arithmeticae libri duo et geometriae septem et viginti*, Frncfort, apud D. Aubricos et C. Scheichium, 1599, Livre XII de la *Géométrie*, p. 86；Dubouclez, op. cit., pp. 177–78；佐々木力「代数的論証法の形成」，『科学史』弘文堂，1989，pp. 118–19。

97) Cf. Dubouclez, op. cit., p. 178.

98) Cf. Dubouclez, op. cit., p. 186.

99) Cf. 花田圭介「方法論の成立」，『岩波講座 哲学 XII 科学の方法』岩波書店，1968，p. 17。

100) Scipion Dupleix, *La logique ou art de discourir et raisonner*, 1607 (Fayard, 1984)..

されていない。いかに真理や原因を見出すかという方法の問題は，カテゴリーや類種関係に基づいた主語述語関係を見出し，それを活かして三段論法と中項を見出すという枠内を超えることはない[101]。「分析」もアリストテレスの分析を意味し，事物をその諸原理へと分解することと解されている。

　（ii）エウスタキウス『哲学の四区分提要』[102]

　エウスタキウスの著作は，17世紀における哲学の最良の概説書となっていた[103]。その第一部が「弁証術もしくは論理学」である（目次は章末「参考資料」参照）。

　ヒスパーヌスのように音声としてのタームから始めることをせず，オッカムが「概念把握されたターム」から論理学を構築した流れを引き[104]，エウスタキウスは精神の諸機能からタームと論理学を論じて，論理学という名目では語られてこなかった「方法」を論じることを可能とした。この「方法」は伝統的にも弁証術における「発見」に属し，エウスタキウスもこれに倣っているが，重要なのは，その当時，学構築のための道具として「方法」が問題となったということである。しかも，エウスタキウスが述べる「方法」の核とはデカルトと同じく順序であり，分析と総合と結論である。

　　いずれの学問においても，大いに吟味すべきことが二つある。すな

---

101) デカルト以後の論理学書としては，何よりも，Antoine Arnauld et Pierre Nicole, *La Logique ou L'Art de Penser*, 1662（Vrin, 1993）があげられるだろう（山田弘明・小沢明也訳『ポール・ロワイヤル論理学』法政大学出版局，2021）。この書もカテゴリーや三段論法の説明が大部分を占めており，文法・「語ること」に重点が置かれ，アリストテレスやラムスを踏襲しているように見える。しかし，論理学を「思考の技法」とみなし，精神機能や「観念」の分析をもとにしている。第四部の「方法論」においては，主にデカルトの方法を説明している。フーコーが分析したように，この書は，ルネサンスにおける「類似」から，古典主義時代における認識・記号・表象の理論の誕生を示すものと言える（Cf. Foucault, *Les Mots et Les Choses. Une Archeologie des Sciences Humaines*, Gallimard, 1966 =『言葉と物——人文科学の考古学』渡辺一民・佐々木明訳，新潮社，1974）。

102) Eustachius a Sancto Paulo, *Summa Philosophiae Quadripartita*, 1609 (Paris edition).

103) Cf. R. Ariew, J. Cottingham, T. Sorell, Descartes' *Meditations, Backgroud Source Materials*, Cambridge University Press, 1998, p. 68. ただし，この書物は，Cambridge edition（1640）を使用している。Cf. Descartes, A Mersenne, 11 Novembre 1640, At. III, p. 232.

104) Cf. 清水哲郎『オッカムの言語哲学』勁草書房，1990, pp. 11–28。

わち，探求対象（quaesita）とその対象を説明するのに用いられるのが常である中項（media）である。探求対象が相互に比較されたり，中項が相互に比較されたり，中項が探求対象と順序の観点から比較されたりしうるだろう。いずれの学問においても次の三つの順序が守られなくてはならない。すなわち，第一に，多くの探求対象は次のごとく相互に比較されなければならない。先立つものは（priora）より前に置かれなければならないし，後続するものは（posteriora）先行するものなしに知解できないのだから，より後に置かれるべきである。第二に，媒介物は相互に比較されるべきである。結論を証明する中項が多くある場合，証明されるものにより近いものは先に扱うべきであり，遠いものは後に扱うべきである。第三に，中項は探求対象と比較されなければならない。ここで守るべき順序とは，先立つ中項は先立つ探求対象に対応し，後続する中項は後続する対象に対応するように確かめるように工夫すべきである。したがって，探求対象相互の場合，中項相互の場合，探求対象と中項との場合，これらの順序に応じて，方法は三つ見出されうる。すなわち，分解（Resolutiva），複合（Compositiva），定義（Definitiva）である。[105]

分解的方法は分析のことで，全体から部分へ，普遍から種へ，結論から中項や原理へ至る方法である。複合的方法は総合のことで，部分から全体へ，種から普遍へ，第一原理から結論へ，中項から目的へ至る方法である。定義的方法は最良の方法であり，もの一般が定義によって説明される場合に最高に役立つ方法である。それは類を種差と複合することによってなされ，次に，定義によってそのものの特性が説明されるという方法である[106]。エウスタキウスにおいて，方法は精神の矯正と推論の順序に結びついたが，類・種・種差という普遍の枠組みや三段論法における中項の探求という枠組みを超えていない。現に，方法は次のように説明されている。

　方法，もしくは分解の順序は分析と呼ばれ，四種類ある。第一は，

---

105) Eustachius, op. cit., pp. 186–87.
106) Cf. Eustachius, op. cit., pp. 187–89 ; *Backgroud Source Materials*, pp. 75–76.

順序が全体から全体を構成する部分と呼ばれる個々の部分へ進む場合である。例えば，第一に三段論法全体について語り，次に三段論法を構成している部分，すなわち命題や項を説明する場合である。第二は，普遍全体からその個々の種へ分散する場合である。例えば，まず三段論法一般について論述し，それからその個々の種，すなわち論証的三段論法，トピカ的三段論法，詭弁的三段論法を説明する場合である。…第三は，結論（特に諸数学において論証したり証明したりする場合の方法に近いものだが）がその第一原理において明らかになる場合である。例えば，精神の働きは弁証術によって矯正されるのだから，弁証術が有益であると証明する場合や，精神の働きは時々誤りうるのだから，精神の働きは矯正されうることを証明する場合や，経験上，周知であるのだから，精神の働きは誤りに責任があるということを証明する場合である。第四は，目的から中項に遡る場合である。例えば，弁証術の目的が他の学問を完全に生み出すことであると予見する場合である。しかるに，このことは理性の正当な推論（discursu）なしになされ得ない。推論は何かしらの表明（enunciatis）に依存し，あらゆる表明はその名辞から構成されるので，諸名辞の単純把握（apprehensione）から始めるべきで，このように別々に進めることによって，帰結するものどもを通して提示された目的へ至るべきであり，提示された目的から中項や第一要素への理性の先立つ遡及は分析的ないし分解的順序に属する。[107]

この箇所の文もジルソンが引用しているように[108]，「単純把握」や「中項」から「推論」が順序正しく始まるような点はデカルトの方法に近いかもしれない。しかし，その推論の核とは三段論法であり，主語述語関係と定義に拠る方法であり，「第三」の方法も数学を範とするが，弁証術に依存している点で，スコラの枠内に収まるものである。

最後にまとめる意味で，Gaukroger（*Cartesian Logic*）をもとに16世紀後半から17世紀前半の論理学書の中でめぼしいものを挙げると，次

---

107) Eustachius, op. cit., pp. 187–88.
108) Cf. E. Gilson, *Index Scolastico–Cartesien*, Vrin, 1913 (1979), pp. 181–84.

の通りである。

Franciscus Toletus, *Introductio in dialecticam Aristotelis*, 1561
Petrus Fonseca, I*nstitutionum dialecticarum libri octo*, 1561
Suarez, *Disputationes metaphysicae*, 1597
Josephus Blanch, *Commentarii in universam Aristotelis logicam*, 1612
Antonius Casikius, *Introductio in Aristotelis logicam*, 1629
Chrysostomus Cabero, *Brevis summularum recapitulatio*, 1623
Raphael Aversa, *Logica*, 1623

これらは，アリストテレス＝トマスの心理学を基に中世の論理学書を作り直したものと言える。現に，最後の著作は，身体の健康という医学的概念を思わせる仕方で論理学を構築し，論理学とは知識を通して規則を打ち立てることによって推論の本性的弱点を癒す能力であると主張されている[109]。論理学が精神機能とその矯正に繋げられていることがわかるだろう[110]。

(4) フランシス・ベイコンの方法──科学的方法の精密化

スコラ哲学に対する反論者であるとともに，新科学の方法を提唱した哲学者に，ベイコンがいる。ラムスのような人文主義的弁証法家がベイコンの方法に影響を与えたことはロッシによって明らかになっている[111]。さらに，ベイコンは17世紀初めのフランスで広く読まれてお

---

[109] Cf. S. Gaukroger, *Cartesian logic : an essay on Descartes's conception of inference*, Oxford University Press, 1989, p. 47. 中世末期およびルネサンスにおける論理学書について詳しい論文は，E. J. Ashworth, "Traditional logic" in *The Cambridge History of Renaissance Philosophy*, edited by C. B. Schmitt and Q. Skinner, Cambridge University Press, 1988 (1992), pp. 143-72 を参照。

[110] もしフーコーの言う狂気の「大監禁」をここに読み込むとしたら，この時代の論理学が病的な思想を身体の病気を治すように治療することを目論み，それでも矯正できない精神は監禁しようとしたと言えなくもない（Cf. Michel Foucault, *Histoire de la Folie à l'âge classique*, Gallimard, 1972 = 『狂気の歴史──古典主義時代における』田村俶訳，新潮社，1975）。

[111] P. Rossi, *Francesco Bacone Dalla Magia alla Scienza*, Laterza, 1957；P. ロッシ『魔術から科学へ──近代思想の成立と科学的認識の成立』前田達郎訳，サイマル出版会，1970；前田達郎「レトリックと方法──F. ベーコンの二つの顔」，『新岩波講座哲学15 哲学の展開（哲学の歴史2）』大森荘蔵他編，岩波書店，1985, pp. 63-98。

り，デカルトもベイコンの自然学における方法を高く評価していた[112]。現に，デカルトの方法論たる『規則論』にはベイコンの文章に似たものが幾つかある[113]。

まず，デカルトもベイコンも蓋然的知識ではなく確実な知識を得ることを学問の目的とみなしている。デカルトの『規則論』「第一規則」のテーマは研究の目的であるが，次のように書かれている。

> 諸研究の目的は，立ち現れるあらゆる事柄に関して，確固とした新なる判断を下すために，発想力を導くことであらねばならない。[114]

ベイコンの『新オルガノン』(*Novum Organum*) には，「我々の学問の目的は，議論ではなく，技術が見出され，諸原理に似たものではなく，諸原理そのものが見出され，蓋然的な算段ではなく，諸学問構築の計画ならびに評価が見出されるように立てられる」と書かれている。両者とも議論の余地のない確実な知識を求めている。ただし，デカルトは精神能力を使用する技術ないし規則を問題にしたのに対して，ベイコンは認識に先立つ原理を問題としている[115]。

さらに，ベイコンの「自然の解明」という学問と方法の核心がデカルトの「自然の主人」という概念を生み出したという哲学史的知見からも[116]，ベイコンの方法論ないし論理学を概観してみよう。

---

112) Cf. 谷川多佳子「ベイコンとデカルトの間 ――scientia, experientia, naturae simplices, inductio をめぐって」，花田圭介責任編集『フランシス・ベイコン研究』御茶の水書房，1993，p. 255；Lettre a Mersenne, janvier 1630；Lettre a Mersenne, 23 decembre 1630；Lettre a Mersenne, 10 mai 1632.

113) Cf. *René Descartes Règles Utiles et Claires pour la Direction de l'Esprit en la recherche de la Vérité – Traduction selon le Lexique Cartésien, et Annotation Conceptuelle par Jean-Luc Marion Avec des Notes Mathématiques de Pierre Costabel*, Nijhoff, 1977；谷川, op. cit.

114) RG. I, AT-X, p. 359；cf. 邦訳［4］p. 11。

115) Cf. Jean-Luc Marion et Pierre Costabel, op. cit., p. 89.

116) 「人間の知識と力とは合一する。原因が知られなければ，結果は生ぜられないからである。というのは，自然は服従することによってでなければ，征服されないのであって，自然の考察において原因と認められるものが，作業においては規則の役目をするからである」*Novum Organum* (N. O.), *The Works of Francis Bacon*, Faksmile-Neudruck der Ausgabe von Spedding, Ellis und Health, in 14 Bde., Friedrich Friedrich Fromman Verlag, 1961-63, vol. i, II–§3；服部英治郎訳「ノヴム・オルガヌム」，『世界の大思想6』河出書房，1966, p. 231）。

ベイコンはアリストテスレスの論理学を学問の普遍的道具（オルガノン）として認めはするが，それを超えた新たな論理学（ノウム・オルガヌム）を提唱する。その論理学は「自然の解明」にもっとも適したもので（宗教，道徳，法律は除かれる），その実質的方法とは帰納法である。

> 三段論法によって事物を処理する通常の論理学が自然哲学にだけではなく，すべての学問に及ぶように，私の帰納法によって進む論理学もすべてのものを包括する。[117]

　確かにアリストテレスも帰納法を学問の方法とみなしているが，ベイコンはその帰納法が三段論法の形式に依拠するがゆえに不十分であることを主張しているのである。

> 私の方法は，実行することは困難であるけれど，説明することは容易である。すなわち，それは確実性の段階をつくる方法であって，感覚（senses）の権能を，それにある種の制限を加えて認めるが，しかし感覚につづいておこる精神のはたらきは大部分しりぞけて，感官（senses）の知覚から出立する新しくて確実な途を精神のために開く方法である。[118]

　知性に拠る演繹的方法は独断に陥り，自然を解明することはできない。いかに感覚経験を方法的に収集・整理して自然を解明し，新たな技術を作り出すかが重要であった。
　彼の論理学の基本区分は，Ⅰ「発見の術」，Ⅱ「判断の術」，Ⅲ「保管の術」Ⅳ「伝達の術」であるが，方法において最重要なのはⅠの一部分（Ⅰの1「技術と学問の発見」）なので，それについて説明し，他は「参考資料」に提示する。
　「技術と学問の発見」の（1）は「学的経験（experientia literata）の術」

ベイコンの諸論著からの引用は，Ellis と Health による全集の巻を vol で，著作の中の巻を単にローマ数字で示す。
　117）　N. O. , vol. I, §127, I, pp. 219–20；IV, p. 112.
　118）　N. O. , preface；邦訳 p. 227。

であり，「学的経験」は方法（手順）のない経験と自然解明方法（帰納）とを橋渡しする術である。すなわち，自然を解明する前段階として，観察や実験を行う術が必要となり，これが「学的経験」と呼ばれているのである。内容は，材料や効果や量の違いにおける結果の変化観察，実験の繰り返しや拡張による結果観察，自然現象を技術へ転移する術，或る技術を他の技術へ転移する術，或る部門の技術を他の部門へと転移する術，或る性質を持った対象に対する実験を逆の性質に転換してもとの実験結果を確かめる術，実験によって証明されたものの性質が妨げられる条件を探求する術，或る実験結果を他の結果へ応用する術，実験対象を結合する術，無試行の実験を試す術，である。(2)は「自然の解釈（interpretatio naturae）または新オルガノン」である。ベイコンは『新オルガノン』において「自然の解明」に第二巻すべてを費やして説明しており，これが彼の方法の中核である。「学的経験」を基にして，帰納法たる自然の解釈が行われる。でたらめな資料収集ではなく，十分な資料が収集され，整理・検討されなくてはならない。この場合，精神が持つ偏見が払拭され，実験器具や記憶術を基にして観察結果・実験結果が補強されなくてはならない。さらに，個別的事例から一挙に法則に至る（「自然の予想」anticipatio naturae）のではなく，個別的事例から徐々に中間的命題を経て法則に上昇し，ここから徐々に中間的命題へ，最後に個別的事例へと下降すべきである。帰納法は「知られたもの」から「より単純に知られるもの」(notius simpliciter) へと進んでいく。次に，従来の帰納法は適当な単純枚挙によって事例を得て，結果を出してはならず，否定的事例を観察した上で，矛盾した事例がないという確認法を足らなくてはならない。こうして，自然物の単純性質（たとえば熱など）の「形相」（原因ないし定義）に至ることができる。例えば，或る性質の形相を探求する場合，一定の性質が現れる現存の事例の表と現れない欠如の表，その性質が増加したり減少したりする場合の事例の表を作成し，その性質の形相を探求しなくてならない。このように確かな観察や実験をもとにして，法則や形相を推論することが彼の帰納法であり，方法である[119]。

---

119) Cf. M. Malherbe,"Bacon's method of science" in *The Cambridge Companion to Bacon*, Cambridge University Press, 1996, p.76.

ラムスにおいては、弁証法が発見と配置（判断）に分かれ、弁論術が措辞（elocutio）と演術（発声）（pronuntiatio）に分かれていた[120]。ベイコンはこの論理学の伝統的分類を受け継ぎつつも、発見の中心であったトピカを既知のものの論証に当てている。すなわち、新オルガノン・新方法の核心は未知なるものの発見法であるが、言葉の配置に関わるトピカ的方法は発見の二次的方法となっている。言葉の術を巡る発見法は科学技術を巡る発見法に変貌したのである。

　以上の概略を見ると、ベイコンはスコラ学を否定し、発見法を形式的論証としての三段論法から切り離し、何よりも自然学（科学）の方法として確立しようとしたことがわかる。スコラにおける論理学ないし弁論術家はいかにして感覚データから原理に至るかという真の学的方法を教えていない。科学・自然学の方法として重要なのが、実験・経験からの帰納法だったのである。ラムスにおけるような修辞学の学的方法への適用は発見法から除外され二次的な方法に収まっている。ベイコンは盲目的な感覚論者を非難し、感覚を矯正することを説く。いわゆるイドラ説は否定されたはずの三段論法における教授法ないし論駁法に分類されるとともに、感覚データの確実性ないし帰納法全体を補完する形で示されている。ベイコンはスコラ的方法の不備をイドラ説でさらに是正しようとしている。人間精神が自然に対して持つ各観念はその臆断のために正しいとは言えない。無批判に権威や経験を信じてはならない。このような観念をもとに帰納法によって学を構築しようとしても誤るだけである。人間精神がそのような偏見から解放されて初めて、新論理学ないし帰納法は成り立つ。この場合にも重要な方法が、肯定的事例をよりも否定的事例を吟味する術である。例えば、占星術が当たった事例だけではなく、当たらなかった事例を吟味しなくてはならないし、熱の原因を調べる場合なら、熱を生じさせなかった事例を吟味する方法である。原理から帰結に至る演繹法は三段論法と同一視され、すでに見出された知識から出発する以上、発見法とは見なされない。知識は吟味された感覚経験から出発するとともに、感覚データを示す自然誌に基づき、下位の命

---

[120] Cf. 久保田静香「ラムス主義レトリックとデカルト——近世フランスにおける自由学芸改革の一側面」、『エクフラシス：ヨーロッパ文化研究』p. 68。

題からさらに普遍的な命題に上り，ついには自然の根本的法則（諸形相の知識）に至ろうとし，ここから実践的演繹によって新たな経験や機械などの作品を生み出す[121]。ベイコンによって，スコラ的帰納法の不備は是正され，学構築のための感覚経験・実験データ処理法は発展を遂げた。ただし，このようなベイコンの方法は結局は感覚と自然への信頼に基づき，その新方法と数学との関係は希薄であり，感覚の成立や方法や推論の土台を問わないものであった。物理数学的方法が見失われたため，近代科学的方法に至らず，学問の絶対的な基づけ自体が不完全だったのである。

結

　デカルト以前の方法論史を通覧していくと，プラトンや中世におけるダイアローグからモノローグに変わり，アリストテレスの三段論法を基にする方法論から脱却し，精神を問題解決の極意へと導く方法に変わっていった。また，失われた普遍的方法がラムスにおいて弁証術として目指され，エウスタキウスにおいて精神作用に基づく論理学が書かれ，ベイコンにおいて帰納法として変えられていった。本章「序」で問題にした『発想力指導の規則』という題名は，まさしく方法論史においてずっと問われ続けていながら，特にパドワ学派やラムスらにとって課題であったのである。いかに問題の解法を見出すのか，これこそが17世紀における課題となっていたのであり，デカルトもその課題に取り込もうとしたのである。

121）　Cf. Malherbe, op. cit., p. 76.

参考資料

［資料 1］
ペトルス・ヒスパーヌス
『論理学綱要』目次

第一巻　　予備概念について[122]（de introductionibus）
第二巻　　客位語について[123]（de predicabilibus）
第三巻　　カテゴリーについて（de predicamentis）
第四巻　　三段論法について（de sillogismis）
第五巻　　拠点について[124]（de locis）
第六巻　　代表について（de suppositionibus）
第七巻　　誤謬について（de fallaciis）
第八巻　　関係詞について（de relativis）
第九巻　　拡張について（de ampliationibus）
第十巻　　直指について（de appellationibus）
第十一巻　制限について（de restricitonibus）
第十二巻　周延について（de distributionibus）

---

122)　Dialectica や sonus らについて
123)　類，種，種差，…
124)　証明の種類について

[資料2]
シピオン・デュプレクス
『論理学——議論して推論する技術』目次

　第一巻
　第一章　　論理学の有用性
　第二章　　論理学と弁証術という名について，この二つに違いを設けるべきかどうか
　第三章　　全学問の一般的区分について
　第四章　　ギリシア語を参照とした，技術と学知という名の解釈
　第五章　　sujet という語は何種類に解釈されるか
　第六章　　論理学の主題と目的とは何か
　第七章　　聖トマス・アクィナスは理性の存在をいかに名付けているか
　第八章　　論理学は本来は理論学でも実践学でも学知でも技術でもないということ
　第九章　　論理学は知恵でも知能（Intelligence）でも熟慮でもないということ
　第十章　　どうして論理学は学知と名付けられうるか
　第十一章　どうして論理学は技術と名付けられうるか
　第十二章　論理学の定義と区分について

　第二巻
　第一章　　この巻の序文
　第二章　　類について
　第三章　　種について
　第四章　　個体について
　第五章　　種差について
　第六章　　特性について
　第七章　　偶有性について

第八章　　属詞は五種類以上あるか
第九章　　普遍的事物について

第三巻
第一章　　カテゴリーという語は何を意味しているか
第二章　　同形意義語，類義語，類音語について
第三章　　基体であったり属性であったり，基体なしにあり得たりあり得なかったりするのに応じた事物の区分
第四章　　属性化に関する規則
第五章　　あらゆる事物を十の述語もしくはカテゴリーに区分すること
第六章　　実体について
第七章　　量について
第八章　　質について
第九章　　関係について
第十章　　能動と受動という述語について
第十一章　最後の四つの述語について
第十二章　反対について
第十三章　いかなる意味である事物は他の事物よりも先立つ（première）と言われるのか
第十四章　いかなる事物が総体（ensemble）と言われるのか
第十五章　運動や変化という語はいかように解釈されるか
第十六章　所持という語の同義語について

第四巻
第一章　　この巻の序文
第二章　　名詞について
第三章　　動詞について
第四章　　文（oraison）の八部分について
第五章　　文について[125]

---

125) 名詞と動詞とから構成

第六章	言表（Énonciation）とその様々な名について
第七章	指示機能に従った言表の区分
第八章	単一な言表の下位区分
第九章	実体，量，質，質料と形相に関する言表の他の区分
第十章	言表の対立について
第十一章	対立した言表とその下位の言表の真や偽について
第十二章	矛盾した不特定言表や矛盾した個体言表について，これらの真や偽について，自由意志について
第十三章	様相言表について
第十四章	様相言表の組み合わせや対応について
第十五章	仮言言表について

　　第五巻

第一章	三段論法について
第二章	三段論法の格式について，それらが意味される名について
第三章	第一格について
第四章	第二格について
第五章	第三格について
第六章	他の格の三段論法を第一格に還元することについて
第七章	換位と命題の対応について
第八章	いかにして第一格の五つの不完全な式を四つの完全な式に還元しなくてはいけないか
第九章	いかにして第二格の式を第一格の完全な式に還元しなくていけないか
第十章	いかにして第三格の式を第一格の完全な式に還元しなくていけないか
第十一章	不可能な三段論法や不条理な三段論法への還元
第十二章	いかにして第一格，第二格，第三格の不完全な式を不条理なものへ還元しなくてはならないか
第十三章	三つの格に関する一般的規則や特殊な規則
第十四章	中項の探求について
第十五章	ガレノスによって見つけられた第四格について

第十六章　不完全な議論について，第一に帰納について
第十七章　例示について
第十八章　省略三段論法について
第十九章　連鎖式について
第二十章　二つの規則について：全肯定と全否定

第六巻
第一章　　この巻の序文
第二章　　分析もしくは分解（Résolution）という語について
第三章　　二つの先入見もしくは偏見について
第四章　　学知とは何か
第五章　　証明とは何か
第六章　　いかなるものが証明の原理となるべきか
第七章　　いかなる原理が真であるとか，近いもしくは直接的であるとか，より知られたとか，結論の原因とか名付けられるか
第八章　　いかなる事物が最も知られたものか，普遍か個物か，原因か結果か
第九章　　証明の優秀さについて
第十章　　肯定的証明の方が否定的証明よりも優秀であること，いかなる格において証明すべきか
第十一章　原理，公理，要請，定理，仮説とは何か
第十二章　定義によって証明できるなら，いかなる点において定義は証明と異なるか

第七章
第一章　　弁証学，トピカ，発見という語について
第二章　　トポスや議論とは何か，それらの区別
第三章　　定義のトポスについて
第四章　　部分の枚挙（dénombrement）のトポスについて
第五章　　語源のトポスについて
第六章　　活用語のトポスについて
第七章　　類と種のトポスについて

第八章　比喩のトポスについて
第九章　対比（dissimilitude）のトポスについて
第十章　対立のトポスについて
第十一章　補助要素，付随要素のトポスについて
第十二章　前件のトポスについて
第十三章　帰結のトポスについて
第十四章　矛盾について
第十五章　原因のトポスについて
第十六章　結果のトポスについて
第十七章　より大きいとか，同じとか，小さいとか言うような事物の比較のトポスについて
第十八章　技術とは別にかりられたトポスについて

第八巻

第一章　この巻の主題についての序文
第二章　同形意義に由来するだまし（surprise）について
第三章　両義に由来するだましについて
第四章　連言に由来するだましについて
第五章　選言に由来するだましについて
第六章　言い回しの形式に由来するだましについて
第七章　様々な文体に由来するだましについて
第八章　言葉ではなく事物そのものに由来する誤謬やだましについて，第一に偶有物について
第九章　ある事物に沿ってすでに言われたものから引き出された単純な帰結に由来するだましについて
第十章　把握不能のために陥るだましについて
第十一章　原理要請に由来するだましについて
第十二章　非換位の帰結に由来するだましについて
第十三章　原因でないものを原因とみなすことに由来するだましについて
第十四章　多くの問いに由来するだましについて

［資料3］
エウスタキウス
『哲学の四区分提要』目次

予備的問題
　1　弁証術（弁証学）とは何か？
　2　弁証術の主題
　3　弁証術は理論的か実践的か？
　4　他の学にとっての弁証術の必要度
　5　弁証術の区分
第一部　精神の第一の機能に関わるもの
　序　文　精神の諸機能と論述の道具
　第一論　弁証術のターム
　第二論　五つの普遍
　第三論　カテゴリー
　第四論　定義
第二部　精神の第二の機能に関わるもの
　第一論　表明もしくは命題
　第二論　方法
第三部　精神の第三の機能に関わるもの
　第一論　三段論法一般
　第二論　三段論法の格式
　第三論　三段論法の三大型式

[資料4]
ベイコンの論理学の基本区分

I　発見の術
 1　技術と学問の発見
  （1）学的経験の術
  （2）自然の解釈（interpretatio naturae）または新オルガヌム
 2　言語と論証の発見[126]
  （1）準備（preparatio）または貯蔵庫（promptuarium）[127]
  （2）連想（suggestio）または論拠集（トピカ）[128]

II　判断の術[129]
 1　帰納推理[130]
 2　三段論法[131]
  第一分類：還元による分類
  （1）直接証明[132]
  （2）不都合なものによる証明[133]（probatio per incommondum）
  第二分類：教える方法による分類

126）「言語と論証の発見」は未知のものを見出す真なる発見術ではなく、既知のものを論証する術である。

127）「準備または貯蔵庫」とは、議論される題材についての論証を準備すること。

128）「連想または論拠集」とは、索引などを実験データや知識につけることによって、探求対象の論拠を求める術である（Cf. De Dignitate et Augmentis Scientiarum, III, pp. 384–92；I, pp. 617–39；IV, 408–27；石井栄一『フランシス・ベーコンの哲学——『学問の前進』の研究』有信堂高文社、1982、pp. 232–37）。

129）「判断の術」（発見したものの判定）は証明と論証に関わる。結論は帰納推理か三段論法によってなされるので、判断の術はその二つに分かれる。

130）「帰納推理」は発見するのと同じ精神活動である。この場合の精神活動は中項の助けも借りず直接的で感覚作用と同一である。

131）「三段論法」は中項を伴う間接推理である。この判断の術は中項を介して原理に還元するもので、その原理は証明不要であるが、各人における媒名辞の発見による。

132）「直接証明」とは、命題が直接に原理に還元されるものである。

133）「不都合なものによる証明」とは、命題に矛盾するものを原理に矛盾するものに還元する証明である。

（1）指導または分析論[134]
　（2）警告または論破法[135]
　　（a）説明の虚偽の論破
　　（b）詭弁の虚偽の論破
　　（c）イドラの論破[136]

Ⅲ　保管の術
　1　記録：記憶の補助
　　（1）記号の性質の研究：文法
　　（2）記入の秩序の研究：保存する知識の整理
　2　記憶[137]

Ⅳ　伝達の術
　1　伝達機能に関する部門
　　（1）象形文字・身振りの研究
　　（2）話し言葉・語の研究：文法学
　2　伝達方法に関する部門
　　（1）権威的方法：知識を初学者に伝える方法
　　（2）試験的方法：知識発見の仕事を進める能力のある者に伝達する方法
　3　伝達の例証に関する部門：修辞学または弁論術
　　（1）善と悪との一般的徴表や特色に関する用例集
　　（2）対照表（賛成論と反対論として論証される命題）と定式（演説あるいは文書の形式の実例集）[138]

---

134)　「指導または分析論」とは，三段論法の正しい形式を設定する術であり，推論の部分である命題と命題の部分である単語を取り扱う。
135)　「警告または論破法」とは，精妙な詭弁と虚偽の推理を論破する「論破法（elenches）」である。
136)　Cf. Works, III, pp. 392–97；I, pp. 640–46；IV, pp. 428–38；石井，op. cit., pp. 238–41。
137)　Cf. Works, III, pp. 397–99；I, pp. 647–49；IV, 435–37；石井，op. cit., pp. 241–42。
138)　Cf. Works, III, pp. 399–417；I, pp. 650–711；IV, pp. 438–97；石井，op. cit., pp. 242–49。

第 2 章

数学のモデル
――数学的方法と方法の精神――

序

　デカルトは科学的方法のモデルを『規則論』に見られるように数学的発想法に求める。数学的推論こそが多様な意見を生み出す弁証術ではなく，あらゆる真理の画一的な発見に役立つからである[1]。しかし，このモデルは対象をすべて数学的に法則化することを意味していない。すでに触れた新弁証論の歴史を鑑みれば，デカルトが見出した数学的発見法とは，論理学や弁証術の規則に縛られることのない普遍性を持ち，知性や理性が持つ形式なき明証性に訴えるモデルなのである。実際，デカルトは単純で「純粋な推論」は不可謬なものと考え，「数論と幾何学だけが非常に純粋かつ単純な対象を扱っているので，それらは経験が不確実なものとするかもしれぬどんなものよりもまったく前提することなく，完全に合理的に導出された多くの帰結だけから成り立っている」と言っている[2]。数学的論証のみがその対象の単純性ゆえに正しい推論のモデルを与え，人々に絶対的同意を与えることになる。この意味で，デカルトが方法のモデルを数学に与えたのは，対象の数学的形式化が問題ではなく，感覚経験に遠く精神の対象に近い数と図形という純粋で単純な性質の故である。したがって，『規則論』の描く初歩的方法が，対象依

---
1) これはデカルト自身が数学に長け，数学を他の領域の問題を解くために用いた経験から得たものであろう。弁証術批判に関しては，RG. II, AT-X, 365 を参照。
2) Cf. RG. II, AT-X, p. 365 ; cf. 邦訳 [4] p. 17。

存的なのは当然のことであり，当時のデカルトの認識論自体が対象依存的であったとは言えない[3]。あくまで，方法を初歩から実践的に示すことが問題だったからである。このようにデカルト的方法のモデルが数学となった歴史を見て，デカルトの方法を捉えてみよう。

1　デカルト以前の数学的記号と普遍数学

(1)　クラヴィウス ── 数学の確実性，有用性と普遍数学

真理というものがあれば，それは一つであり，学派や人の見解に左右されるものではない。その典型が数学という学問である。クラヴィウス（Christopher Clavius, 1538–1612）は次のように言う。

> 数学の諸科学は，議論の主題となりうるあらゆることがらをもっとも堅固な諸理由によって論証し，その根拠を示す。それによって，数学は，確かに学者の精神に学問というものを生み出し，またあらゆる疑いを学者の心から完全に取り除くのである。このことは他の諸学科についてはほとんど認められることができない。というのは，そこではたいていの場合，知性は意見の多数と判断の不一致のために，諸帰結の真理価値について躊躇と疑惑を残すからである。このことを他の哲学者たちについて述べるのはさしひかえるとしても，ペリパトス派（Peripateticorum sectae）に非常に多くの分派があるということが，これを十分に証明している。…私は，かれらの議論のすべてがいかに数学的論証からかけ離れているかは，何びとの目にも明らかであると思う。ユークリッドの諸定理は，他の数学者たちの諸定理と同様，幾世紀も前の諸学派において真であったごとくこんにちにおいてもまったく真であり，その結果は確実であり，その論証は堅固で不動である。…それゆえ，数学の諸学科はひたすら真理に愛慕してこれを探求することに従事するあまり，そこでは

---

[3] 小林道夫は，『規則論』にアリストテレス主義的経験論を認め，それを脱却する形而上学を構築する思索として「永遠真理創造説」を持ち出す（Cf.『デカルトの自然像』岩波書店，1996, pp. 27–28)。

明らかに偽りであるものはもちろんのこと，単に真らしさをそなえたものさえまったく承認されることはできない。…こうして，もろもろの学問のうちで第一の位置を占める権利が数学に許し与えられるべきであることは，疑いないのである。[4]

　数学の不可疑性が学問の真理性のモデルになることは，数学的方法なしに学問が成り立たないことを意味する。実際，ジュリアンは次のように述べている。

　クラヴィウスにとって，数学は形而上学と自然学との中間に位置するものである。数学は数学が検討しようとするものを絶対に証明してみせる。さらには，数学は誤ったものを全く受け入れないばかりか，本当らしく見えるものさえ受け入れないので，数学は諸学の内でも第一の地位を授けられている。数学の有用性はそれに尽きず，誰一人として数学なしに形而上学や他の諸学に至ることはできない。幾何学的証明の本質とは何かを知らずに済ませることなしに，誰も方法において熟達者になり得ないだろう。[5]

　数学は論争を消し去り，蓋然的なものを排除し，不可疑性としての真理を教えるが故に，万学の方法と成りうる。デカルトはこのような伝統を受け継いだラ・フレーシュ学院に行き，その意思を受け継いでいる。以下，デカルト以前の数学的方法がいかなるものかを通覧してみよう。

（2） ヴィエタ ── 分析・方程式・理性
　方程式における既知数の記号化をなしたのは，ヴィエタ（Franciscus Vieta (François Viète), 1540–1603）である。彼はギリシア数学の規定を受け入れ，分析を「真に与えられたもの（量）に即した帰結によって，求

---

[4] Clavius, *Opera Mathematica*, t. 1, p. 5；訳は次のものから引用した。E. ジルソン『理性の思想史 ── 哲学的経験の一体性』三嶋唯義訳，行路社，1976, pp. 153-54；佐々木力『デカルトの数学思想』東京大学出版会，2003, pp. 64-66.

[5] V. Jullien, *Descartes La Géométrie de 1637*, PUF, 1996, p. 7；クラヴィウスの数学の有用性については，曽我昇平「クリストファー・クラヴィウス研究 ── イエズス会の『学事規定』と教科書の史的分析」（愛知学院大学博士論文，2014）を参照。

められるものを与えられたものとして見出すこと (assumption)」,総合を「求められるものを最終的に把握することから引き出される帰結によって得られるものを見出すこと」と規定している[6]。分析は「作図問題の方法の証明を発見すること」であり,総合はすでに見出されたものを「推論によって結論として導出すること」を意味する[7]。彼の分析的方法は, zetetica, poristica, exegetica (rhetica) に分かれる。zetetica とは,「与えられた定理に対する方程式もしくは比例を見出す手続きであり, poristica とは, 求めた方程式もしくは比例から与えられた定理の真であることを調べること」であり, exegetica (rhetica) とは「求めた方程式または比例に適合する量を求めること」である[8]。ヴィエタにとって,「一般的分析」は問題一般を解くための数学的技術であり, 方法なのである。その素材は個々の問題ではなく, 数学的諸問題を解く一般的能力の問題である。したがって, 分析は問題解法に必要とされる比を見極めて, 方程式を見出すという発見術, 発見のための道具である[9]。

ヴィエタはラムスが始めようとした幾何分析を完成させようとした。その分析は, 古代の数学者の失われた方法を復元していく中心に位置するとともに, 記号による算術にも数論に還元される幾何学でもなかった。それは問題を解く技術であり, 古代人の分析を変容させ, 抽象的な量に適用される計算記号のための方法であった[10]。

古代人の分析は, zétéikê と poristikê の二つある。前者は求める量と与えられた量との方程式ないしは比を見つける分析であり, 後者は提示された定理の真理が方程式ないしは比によって調べる分析である。これらに第三の分析, rhétiké ないしは exégétiké があり, 提示された方程式ないしは比から, 求める量がいくらかを示す分析である[11]。つまり, ま

---

6) Cf. *La Nouvelle Algèbre de M. Viète(1630)*: précédée de Introduction en l'art analytique / [traduit et commenté par] Vaulezard, Fayard, 1986.

7) 中村幸四郎『近世数学の歴史——微積分の形成をめぐって』日本評論社, 1980, p. 35。

8) Cf. 中村, op. cit., p. 36. 厳密には, zetetica, poristica は分析であり, exegetica (rhetica) は方程式の解法に当たるので総合となる (Cf. J. Klein, *Greek Matheatical thought and the origin of algebra*, translated by E. Braun, Dover Publications, Inc. 1992 (1968), p. 167)。

9) Cf. Klein, op. cit., pp. 170–71.

10) Cf. Dubouclez, op. cit., p. 187.

11) Cf. Dubouclez, op. cit., pp. 187–88 ; F. Viète, *In Artem Analyticem Isagoge: Seorsim*

ず問題から代数の方程式を立て，その方程式の意味を明らかにするように調べ，算術処理ないしは幾何処理をするわけである。

例えば，「二辺の差とそれらの足した長さが与えられている場合，それらの辺を求めよ」という問題が与えられたとする。

小さい方の辺を A, 差を B, 足した長さを D と想定すると (suppositio)，
長い方の辺は A + B,
D は A + (A + B) となり，
D = 2A + B という方程式が作られ，
これから $A = \frac{D-B}{2}$ が得られる。

ここまでが zétéikê となる。想定の後に，方程式の発見 (inventio) が来るわけである[12]。poristikê は大きな方の辺から出発して小さな方の辺を求めて，その真理を確かめ直す行程である[13]。第三の分析はいわば総合の役割であり，見出された方程式を解いて論証することである。

方程式は記号を用いることで幾何対象を再生するので作図に等しい。幾何対象が平面にすべて同時に存在し，幾何学者の精神に推論を可能にするように，代数方程式においても所与数と未知数がある相互の関係において同時に吟味される。未知数を記号で示すことは，求められているものを図形化することと同じ効力を持つ[14]。ヴィエトの分析の特徴は，未知数を示す記号を用いて，未知数を既知数と想定すること，問題を解釈して，ある関係を幾何的に同時並存的に求めることにある[15]。

彼の代数学の記号法と法則を見てみる。

未知量は A, E, I, O, V, Y というように母音大文字で示し，
既知量は B, G, D というように子音大文字で示される。

これらの量は数というよりも，記号として表され，それら各々の量には次元が付けられる。

例えば，二次元の未知量 E は E quadratum (quad.)，
三次元の既知量 B は B solido,

Excussa ab Opere Restitutae Mathematicae Analyseos, Seu Algebra Nova, J. Mettayer, 1591, p. 4.
12) Cf. Dubouclez, op. cit., pp. 189–90 ; Vaulézard, op. cit., p. 74.
13) Cf. Dubouclez, op. cit., p. 190.
14) Cf. Dubouclez, op. cit., p. 192.
15) Cf. Dubouclez, op. cit., p. 193.

現代記号で表記される $x^3 + 3b^2x = 2c^3$ は

A cubus + B plano 3 in A, aequetur Z solido 2 となる。

問題は方程式が満足すべき法則として，同次元の量のみが比較されるという「次数一致の法則」(lex homogenorum) が依然としてあるということである[16]。しかし，新たな記号法と次数一致の法則を基に，記号による一般的な推論がなされ，ヴィエタの「一般的分析」という「普遍数学」が作られていく。世界は記号計算によって把握される構造とみなされ，世界を捉える人間本性は記号としての数概念によって支配されることになる[17]。

2 デカルトの数学的方法の方法化

(1) まとめと展望

以上のように，論理学における三段論法の形式主義を否定する傾向が生まれだしたのに逆行して，数学の方法は記号法の単純化とともに発展していった。このことはデカルトの方法の核心である複雑のものを単純なものに還元する「還元法」(reduction)[18] に繋がる。これら両面は一つの権威的学の批判に繋がっている。すなわち，アリストテレス哲学批判である。というのも，方法は主語述語関係や類種関係によってものを定義し，三段論法の形式によって推論を導き出す様式から，精神矯正と発見重視の知能育成へと転換し，端的に具体的な図形からさらに単純化された記号と抽象化された図形を自然学に応用するという発展がなされることになったからである。ただし，数学的証明こそが結論を人に有無を言わせず説得させるのに最上の方法である点で，弁証術に繋がっている。しかし問題は，方法が二分割法や類種関係による主語述語関係に由来する三段論法的推論に収まりきれなくなったのに対して，方法が数

---

16) Cf. 中村, op. cit., pp. 37-38.

17) Cf. Klein, op. cit., pp. 178-85. ヴィエタが方程式の解法で用いている三角形や円の図は，デカルトが用いている図とほぼ同じである。

18) Cf. E. R. Grosholz, *Cartesian Method and the Problem of Reduction*, Oxford University Press, 1991.

第 2 章　数学のモデル　　　　　　　　　　99

学という特殊な学問にそのモデルを見出すことになったということである。いわゆる「普遍数学」の観念は〈順序と尺度の研究〉[19]であるが，デカルトはこれを超えて「普遍学」を構築しようとした[20]。数学の比の計算ないし算術と幾何学の融合をあらゆる学にあてはめる方法が「普遍数学」であり，これをデカルトは後に断念したという解釈は可能であろうが，「普遍学」という観点からは，『哲学原理』序文においては論理学と方法が結びつけられているし，「明晰判明知」を真理の基準とすることはデカルトの学全体に共通である。延長（量）としての対象世界，その対象を知的に読み替えるための記号（概念）と関係（比），この二元論が確立される途は開かれたが，『方法序説』第二部における方法の純化にまで至っていない。デカルトは『方法序説』の中で次のように述べて，過去の論理学や数学を批判している。

　〈論理学〉に関しては，その三段論法にしてもその他の教えてくれる大部分の規則にしても，ものを学ぶのに役立つというよりも，むしろ自分が知っていることを他の人に説明したり，…知りもしないことを，わけもわからずに，話したりすることに役立つということに気がついた。…古代人の〈解析〉と近代人の〈代数学〉に関しては，とても抽象的で何の使い途もないような素材にばかり手を広げるだけでなく，前者は常に図形の考察に縛られているので，知解力（entendement）を働かせようと思うと想像力をたいへん疲労させずにはおかないほどである。そして後者の場合は，或る種の規則と或る種の数字に従わなければならなかったので，精神を培う学問となるのではなく，精神の働きを妨げる曖昧でわかりにくい技術になってしまったのである。以上のような理由から，これら三つの学問の利点を持ちながら，その欠点をぬぐい去った何か他の〈方法〉を求めなければならないと考えた。[21]

---

19)　Cf. RG. IV, AT-X, p. 378；邦訳［4］p. 28。
20)　Cf. EB, AT-V, p. 175.「論理学はすべての事物について論証を与える」（邦訳［4］p. 388）。
21)　DM. II, AT-VI, pp. 18–19；cf. 邦訳［1］p. 26；RG. X, AT-X, p. 406.

このことから，彼はたった四つの規則のみを述べる。

　第一の規則は，真だと明証的に認識しない限り，真であると決して受け取らないことであった。…
　第二は，私が検討する難しい問題の一つ一つを，できるだけ多くの，しかもいっそううまく解決するために要求されるだけの小部分に分けること。
　第三は，一番単純で一番認識しやすい対象から始めて，少しずつ，階段を上るようにしてついには複合度の一番高いものまで認識するために，順序をおって私の考えを導くこと。しかも，もともとお互いに後先のつかない対象にも，順序を想定しながらそうすること。
　第四は，どこでも一つ残らず数え上げ，満遍なく見直した上で，何の見落としもないと確信が持てるようにすることだった。[22]

　第一の規則は少しでも疑わしいものを排除するものであり，第四の規則は見落としがないかを確かめる枚挙の規則であり，わかりやすい。問題は第二と第三の規則である。第二は分析，第三は総合と呼ばれている。ポワソンは，この二つの規則を適用した例として，次のような数学の例を与えている。

　人が私に一つの平行四辺形を提起して，次のようなある特性を示すとしよう。「ある三角形と同じ底辺を持ち，その三角形と同じ平行線のうちに含まれるすべての平行四辺形は，その三角形の2倍〔の面積〕である」と。私は直角平行四辺形の諸部分を考察して，以下のことを見出す。すなわち，1. それは図形である。2. いくつかの辺をもった図形である。3. その辺のうち，二つの辺は他の辺より小さい。4. その辺のうち，反対する辺は等しい。5. これらの辺は四つの角をなし，それぞれの角は直角である。6. それらの角は等しい，などである。以上が，直角平行四辺形についてなされた分析，

---

22) DM. II, AT. VI, pp. 18–19；cf. 邦訳［1］p. 26。

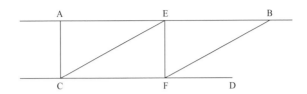

解剖，分解あるいは細分化によって，私が到達した普遍的原因である。

　しかし，これらの角と線分を考察したあとで一方を他方に関係させるなら，私は，三角形を構成していることをもまた示すであろう。この図で見られる通り，AB，CD は平行であり，BCF は三角形，BECF は平行四辺形である。私が調べた原因に由来するこうした結果の認識に私が達するのは，総合あるいは複合によってのみであろう。[23]

　はじめの段落が「第二規則」に相当する。問題を分解して，それを解くのに必要な概念が捉えられている。次の段落が「第三規則」に相当する。分解した結果を問題に適した形に順序正しく結合して，件の例だと幾何学的問題なので，総合が作図に繋がることによって，問題を分析的に解くわけである。

　アリストテレス的論理学は弁証術・説得術としてのみ役立つ。古代の幾何学は想像力に縛られていて，新たな発見がなく，実用的な学に結びつかない。代数学は複雑な記号と無駄な規則に縛られている。いずれも，精神の純化と実用に結びついていない。

　デカルトの方法は，「次のような確実で安易な諸規則のことをいう，すなわち，それらの規則を正確に守った人は誰でも，けっして偽りを真と思い誤ることはなく，また精神の努力を浪費せずに，常に一歩一歩知識を増しながら，認識可能なかぎりでのすべての事物の真なる認識に到

---

[23] Nicola–Joseph Poisson, *Commentaire ou Remarques sur la méthode René Descartes. Où on établit plusieurs principes généraux, nécessaires pour entendre toutes se œuvres*, Vandosme, 1670, p. 80；『デカルト『方法序説』注解』山田弘明，クレール・フォヴェルグ，今井悠介訳，知泉書館，2022，p. 113。

達するであろうような規則である」[24]。

　デカルトはそれらの規則を『規則論』では二十近くあげている。しかし，真にその規則が若干になり，単純化するためには先程述べた『方法序説と三試論』（1637 年）を待たねばならない。その道程には，哲学の第一原理たるコギトが見出される必要があり，精神の純化の過程に一致している。

　ラムスやヴィエタを越えて，普遍的理性を実生活に役立つ科学に適用する方法が必要となる。デカルトは新科学樹立のための方法のモデルを数学に見出すわけであるが，その数学的方法の核はまさしく比（proportion）であり，これが理性たる raison に変わるとき，すなわち，精神内の存在の順序化を可能にするとき，デカルトの方法は完成する。

　ただし，デカルトと同様に，アリストテレスにおいても，学の規範として数学がある[25]。後者においても，比の理論が三段論法に適用され，認識理論にも適用されている。比に学のモデルを見出そうとする点において，デカルトとアリストテレス（ギリシア＝中世）に差はないように見える[26]。しかし，アリストテレスによれば，学（算術）と学（幾何学）との間には共約不可能性が成り立つ[27]。これに対して，デカルトは，「比の探求」を通して諸数学に共約可能性を見出した[28]。比の普遍化が問題なのであり，この普遍化が「普遍数学」「普遍学」に通ずる[29]。現にデカルトは純粋数学に限っても次のように述べている。

---

24)　RG. 4, AT-X, pp. 371–72；cf. 邦訳［4］p. 24。
25)　Cf. Aristoteles『分析論後書』（以下 APo）．A14. 79a17–19；A1. 71a3.
26)　この比の理論を乗り越えることがデカルト以後の学問の課題であった。少なくとも，デカルトの著作『幾何学』には微積分の考え方は登場しない。現に，ライブニッツは微積分方程式によって超越曲線を処理している（Cf. J. Vuillemin, *Mathematiques et métaphysique chez Descartes*, PUF, 1987, première partie chapitre 2.)。ただし，デカルトは書簡において（Cf. A Beaune, 20 fevrier 1639, II, pp. 513–14；『デカルト全書簡集』第 3 巻，知泉書館，2015, 190–91 頁)，微積分らしきものから原理を取り出している。
27)　「類が異なるもの，たとえば，算術と幾何学の場合には，もしも，大きさが数であるとするのではない限り，ひとは算術に属する論証を大いさに付帯する事柄に適用してはならない。…算術の論証には算術の論証が関わる類がいつもあり，他の科学に属する論証についてもこれと同じである」(APo. 75B1–9, 小林道夫『デカルト哲学の体系』勁草書房，1995, pp. 4–5；谷川多佳子『デカルト研究――理性の境界と周縁』岩波書店，1996)。
28)　Cf. DM. II, AT-VI, p. 20.
29)　Cf. Vuillemin, op. cit., p. 100.

事物の間の比例 (proprtio) すなわち関係 (habitudo) について提起されうるあらゆる問題がいかなる理由で内蔵されているか，また，これらの問題がどんな順序で研究されねばならぬかを，私は理解するのである，純粋数学という学問全体の要諦は，ただこの点にのみ含まれている。[30]

　明晰判明な比を見出すことが方法の要であり，この能力が伝統的に見ても理性であり，伝統的な発見術との関係で言えば論拠や中項発見の能力，ingenium であろう[31]。このように比を見出すことは，すなわち方程式を見出したり，解いたりすることである。すでに見たアリストテレスからの三段論法における中項の発見法は，推論の起源そのもの，すなわち数学における発見法に逆に戻され，精神そのものの働きの方法に変えられることになるのである。たとえ，図形として想像されるものであろうとも，明晰判明ではない比は幾何学から除外され，観念的な比，算術的な比が想像的な線を思考しやすいように決定する。すなわち，デカルトの幾何学は非実在的な虚数を排除する方程式の解法を本質とする代数学と言えよう。
　この特徴は先に述べたルネサンスにおける「記憶術」と対立する。デカルトは言う。

　　ランベール・シャンケルの営利目的の駄弁（『記憶術』 *De arte memoriae*）を注意深く読んでみたところ，私が見出したすべてのことを想像力によって容易に見通せると思った。事物をその原因に還元することのみが問題であり，諸事物はすべてただ一つの原因に還元されるのだから，記憶はいかなる学問にも役立つことはない。実際，諸原因を理解する人なら，完全に消された像を，その原因を刻み込むことによって，自分の脳の内に容易に改めて作ることができるだろう。これこそ真なる『記憶術』であり，かのペテン師のもの

---
30) RG. VI, AT-X, p. 385：cf. 邦訳 [4] pp. 36–37。
31) ただし，デカルトの ingenium の使用例 (RG. XII, AT-X, p. 416) からすると，感覚想像に助けられるにせよ，精神能力一般であり，その核は知性である。

とは真っ向から対立するものである[32]。

「デカルトの記憶とは作動している方法であり，延長物の認識を組織立てるのはまさに代数学である」[33]。図形を決定づけるものは代数学となり，その方程式を記憶に頼ることなく順序立てることが重要となる。デカルトの方法は個々の問題の解き方を覚えることではなく，精神自身が精神を問題に適したあり方に変えることにある[34]。すなわち，その方法は，いかに発想力を問題の解法用に作動させるかに関わるものである。したがって，『方法序説』の第二部の「方法の規則」は対象たる問題に向かう精神自身の四つの働きの規則で足りるのである。具体的に記号の単純化とその規則の適用例を『幾何学』に見てみよう。

(2) 比の理論としての幾何学

まず，記号法に関しては，部分的なものは抜かして[35]，現代の数学の表記法がデカルトにおいて完成されている。表記法の単純化はなされた。次に，「幾何学すべての問題は，いくつかの直線の長ささえ知れば，作図しうるような諸項へと，容易に分解することができる」という単純化である。

新幾何学は比の理論，すなわち加法，減法，乗法，除法，平方根の抽出の理論であり，「長さの算術」である。デカルトは数を線に，線に数を置き換えて問題を解こうとする。数の内でも最も単純なものは直線であり，任意に単位を取ることができる[36]。単位とある線のとの間に比例中項を見出す。この操作の中で，乗法，除法，平方根の抽出が重要である。デカルトはこの三つの操作を比例中項の類として規定する。

デカルトはその三つの操作について発明をした。これは数学史上ばか

---

32) Cogitationes Privatae, AT-X, p. 230；cf.『デカルト数学・自然学論集』山田弘明・池田真治訳，法政大学出版局，2018，pp. 94–95．

33) V. Jullien, *Descartes La Geometrie de 1637*, PUF, 1996, p. 125.

34) Cf. L. Brunschvicg, *Les Étapes de la Philosophie Mathématique*, A. Blanchard, 1981, pp. 138–39.

35) 例えば，等号記号が∞になっていたり（以下，本文においても，等号は現代表記の「＝」で示す），「a^2b」が「aab」と表記されたりする場合．

36) Cf. LG, AT-VI, p. 370.

第 2 章　数学のモデル　　　　　　　　　　　　　105

りか，普遍数学ないし普遍学に関わっている。それは「次数一致の規則」の破棄というものである。この規則は同じ数式においては同次元の量しか扱ってはならないというものである。例えば，a という長さの線分に b という長さの線分を掛ける場合，デカルト以前の数学だと，ab という長方形の面積が導出される。実際，『規則論』においては「関係の数」（numerus relationum），「連続的な順序において相次ぐ比」[37] が見出されていた。これは「代数的操作を比例関係に基づく計算」[38] とみなすもので，単位を想定することで比例中項を見出す方法である。例えば，乗法を示すと[39]，

　　$a \times b \rightarrow \quad 1 : a = b : ab$

ただし，第十八規則においては，すべてを線で示す方式が不徹底であることがわかる。例えば，$a \times b$ という計算では，

$a \times b$ は次のような面積で示される。

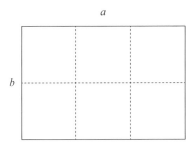

ab は 6 単位分なので，次のような線分で表すことができる。

---

37) Cf. RG. XVI, AT-X, p. 456：邦訳［4］p. 103。
38) 小林『デカルトの自然哲学』p. 13。
39) 野田又夫訳『精神指導の規則』p. 151 注解 23。

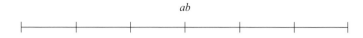

c を下記のものとすると，$ab \times c$ は次のように示すことができる。

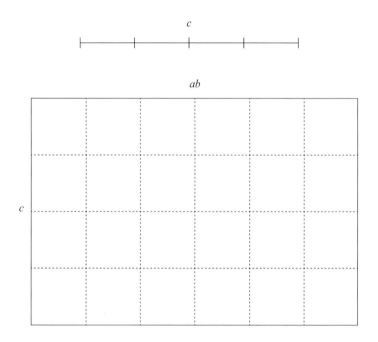

ab は面積と線で表され，同様に $ab \times c$ も面積ないしは線で示される[40]。この『規則論』の時代において，「次数一致の法則」破棄による代数幾何の比例による方法は完全ではなかったのである。現に，デカルトの『幾何学』においては，次のように比による線のみで示されることが可能になる[41]。

［乗法］

---

40) Cf. RG. XVIII, AT-X, pp. 465–66；邦訳［4］pp. 111–14。
41) Cf. LG, AT-VI, pp. 370–71；邦訳［1］pp. (3)–(4)；佐々木力「〈われ惟う，ゆえにわれあり〉の哲学はいかにして発見されたか」,『思想』no. 760, 1987。

AB を単位とし，BD に BC を掛ける場合，A と C を結び，CA に平行に DE を引く。

BE は積となる。

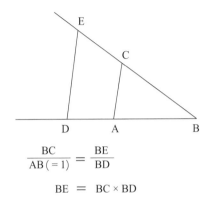

$$\frac{BC}{AB(=1)} = \frac{BE}{BD}$$

$$BE = BC \times BD$$

［除法］
BE を BD で割る場合，BC がその結果である。

［平方根の抽出］

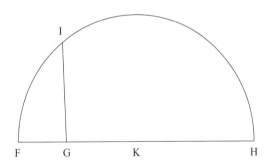

GH の平方根を出す場合，
GH の直線上に単位の FG を加え，FH を K で二等分し，K を中心とする円 FIH を描き，G から FH と直角に直線を I まで立てる。GI が求

める根である。

　実際，三角形 FGI と三角形 GIH は相似より，
　FG：GI = GI：GH
　FG = 1 より
　GH = GI × GI
　$\sqrt{GH}$ = GI

　デカルトの幾何学を支える以上の基礎的操作を見ても，その操作が線にしろ角にしろ比で成り立っていることがわかるであろう。デカルトにおいて，線，角，三角形の比が重要であり，いかにして求める線を見出すかが重要なのである。さらに重要なことは，単位を導入にしたことである。この単位の導入によって，代数的量と線分の長さを平行的に繋げることが可能になったのである[42]。このことは記号の単純化に繋がっている。事実，デカルトはこれらの幾何学的四則について述べた後，次のように述べている。

　　しかし多くの場合，こうして紙に線を引く必要はない。各々の線を一つずつの文字で示せば足りる。例えば，線 BD を GH に加える場合は，一方を a，他方を b と名付けて，$a+b$ と書く。a から b を引く場合は，$a-b$ と書く。これらを掛け合わせる場合は ab と書く。また a を b で割る場合は，$\frac{a}{b}$ と書く。a にそれ自身を掛け合わせる場合は aa または a^2 これにもう一度 a を掛ける場合は a^3 と書き，以下どこまでも進む。a^2+b^2 の平方根を出す場合は $\sqrt{a^2+b^2}$ と書く。
　　…
　　ここで注意してほしいが，a^2，b^3，その他に類似の書き方をするとき，私も代数学で用いられる語を使って，これを平方，立方などと呼ぶのだが，普通は単なる線しか考えていない。
　　次元が多すぎたり少なすぎたりする場合はいつでも，言外に単位を考えればよい。例えば，$aabb - b$ の立方根を出すという場合には，量 $aabb$ は一度単位で割られており，他の量 b には二度単位が

---

[42]　Cf. 武隈良一『数学史』培風館，1959 (1974), p. 102.

掛かっていると考えなくてはならない。

　その上，これらの線の名を忘れないように，それを決めたり変えたりする度に，いつもそれを別に書き出しておかねばならない。例えば，次のように書く。

AB = 1，すなわち AB は 1 に等しい，
GH = a,
BD = b, など。[43]

　ここにおいて，数学における記号はほぼ現代のものとなり簡略化され，長年守られてきた「次数一致の法則」という制限は解除されることになる。『幾何学』第二巻において，座標が使われた解法がある。「与えられた楕円，またはその接線を直角に切る直線を見出す一般的方法」である[44]。

　曲線 CE があり，点 C を通って，これと直角をなす直線をひかねばならにとせよ。問題がすでに解かれたと仮定し，求める線を CP とする。これを延長して点 P で線 GA と交わらせ，線 CE のすべての点を GA の点に関係づけることにする。そこで，MA または CB = y，CM または BA = x とし，x と y 間の関係を説明する何らかの方程式を得る。次に，PC = s，PA = v，つまり PM = $v - y$ とすれば，PMC は直角三角形であるから，底辺の平方 ss は 2 辺の平方である $xx + vv - 2vy + yy$ に等しくなる。すなわち，

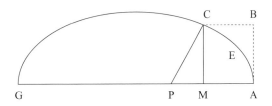

---

43) LG, AT-VI, pp. 371–72；Cf. 邦訳［1］pp. (4)–(5)。
44) Cf. LG, AT-VI, p. 414；cf. 邦訳［1］p. (32)；邦訳［1］注解，p. (55)。

$x = \sqrt{ss - vv + 2vy - yy}$, あるいは $y = v + \sqrt{ss - xx}$ であり，この方程式を用いて，曲線 CE のすべての線が直線 GA の点にたいしてもつ関係を説明している他の方程式から，ふたつの未定量 x, y の一方を除く。これは容易であって，もし x を除こうとするのであれば，至るところで x のかわりに $\sqrt{ss - vv + 2vy - yy}$ をおき，xx のかわりにこの量の平方をおき，x^3 のかわりにその立方をおき，以下同様にすればよく，もし y 除こうとするのであれば，そのかわりに $v + \sqrt{ss - xx}$ をおき，yy, y^3 などのかわりにこの量の平方，立方などをおけばよい。このようにすれば，残る方程式にはもはや1個の未定量，x または y しかないわけである。[45]

　こうして，デカルトにおいて，XY 座標の設定は不十分ではあるが，図形と方程式は同一視されていく。問題を解けたと仮定して，図形を駆使した代数方程式に持っていくことによって問題を解く過程こそが，デカルトの言う「分析」である。未知なるもの（線）もそれに記号をあて，既知と未知との関係・比を順序に従って見出した結果が方程式である。仮定した未知の線と同数の方程式を見出すべきである。もし枚挙（通覧）によってそれだけの方程式が見出されないなら，それは問題が完全には解けないということである[46]。例えば，未知数が二つなら二つの方程式を必要とするということである。デカルトの分析は発見の方法であり，未知と既知とを分けつつ，未知なるものも既知とみなし，未知なるものを見出すのに順序正しく方程式を配置し方程式を作るのに見落としがないように枚挙を必要とし，未知なるものを見出す。公理などはそのつど再発見されるものである。この分析は，既知の（発見においてより先なる）ものから未知の（より後の）ものへと至る途である。

　逆に，デカルトの言う「総合」は定義，公理，要請などを置き問題を証明する仕方である。すなわち，総合は既知の真理から出発して，求めるものに到達する方法である。総合は，求めるものが見出されて，何がその定理（結論）に必要だったかが明らかになるという発見と逆の道筋なのである。ただし，総合も，公理などを前提にして結論が証明される

---

45) LG, AT-VI, p. 414；cf. 邦訳［1］p. (32)。
46) Cf. LG, AT-VI, pp. 372–73。

第 2 章　数学のモデル

点で，前提たる原因から結論たる結果へと進む途である。

　事実，デカルトは形而上学の証明法も以上の二つに分けている。

> 分析は事物が方法的に，いわばアプリオリに見つけだされるための真の途を示すものであって，かくては読者がこの途に従い，しかもすべてに十分に注意するようにしたいと思うならば，この事物を自分自身で見つけだしたという場合に劣ることなく完全に知解し自分のものとするであろう。…他方，総合は正反対の，いわばアポステリオリに問われた途によって，…明晰に結論されたものを論証するものであって，定義，要請，公理，定理，および問題の長い連鎖を使用する。[47]

　『省察』の形而上学でも「教えるための真で最善の途である」分析の証明法がとられている[48]。ただし，幾何学的論証と形而上学的論証との違いは，前者において第一知見が感覚の使用に適合しているのに対して，後者が適合していない点である[49]。第一知見が感覚に適合していないことは，知性作用の訓練に慣れていない者にとっては親しみやすくないことの証であると同時に，純粋な論証という点においては，形而上学的論証の方が幾何学的論証よりも明晰判明であることの証である。

　デカルトは比の理論による方程式化を幾何学全体（やがては学全体）に適用しようとする。定木とコンパスの使用を避けようとするプラトニズムと異なり，デカルトにおいて，曲線は定木とコンパスによってのみ描かれるので，器械の描く曲線はすべて幾何学の対象となる。デカルトはあらゆる曲線を描くために，2 本以上の線が互いに他によって動かされ，それらの交点が他の線を作り出すという仮定を設けている[50]。複雑な曲線もこの仮定によって点と線の運動とその方程式によって作図できるのである。点・線の運動を示す方程式を仮定した問題の分解こそデカルト的分析法である。

47）　MR. II, AT-VII, pp. 155–56；cf. 邦訳［2］p. 188。
48）　Cf. MR. II, AT-VII, p. 156；cf. 邦訳［2］p. 189。
49）　Cf. MR, AT-VII, pp. 156–57.
50）　Cf. LG, AT-VI, p. 389.

最も複雑な線もひとつの連続的な運動，または互いに連係していて最後の運動は先立つ諸運動によって完全に規制されるような多数の運動によって描かれると想像しうる限り，それらの線を最も単純な線以上に退けねばならない理由はない。[51]

このことはデカルトのコンパスという器具によって示されている[52]。

〔器具 XYZ は〕互いに結びついた多くの定木で作られていて，YZ と記されたものは線 AN 上に固定されており，角 XYZ は開いたり閉じたりすることができる。これをすっかり閉じたときは，点 B, C, D, E, F, G, H はすべて点 A のところに集まるが，角を開いていくにつれて，点 B で XY に直角に結びついている定木 BC は定木 CD を Z の方に押し，CD は YZ と常に直角をなしつつその上を滑り，DE を押す。DE は BC と平行を保ちながら XY 上を滑って。EF を押す。EF は FG を押し，FG は GH を押す。以下，同様の仕方で或るものは XY を常に同じ角をなし，他のものは YZ と同じ角をなしながら，次々を押しあってゆく無数の定木を考えることができるわけである。さて，このようにして角 XYZ を開く間に，点 B は線 AB を描くが，これは円である。他の定木が交差する他の点 D, F, H は他の曲線 AD, AF, AH を描く。後に来る線ほど最初の線に比べて複雑であり，最初の線自体は円より複雑である。[53]

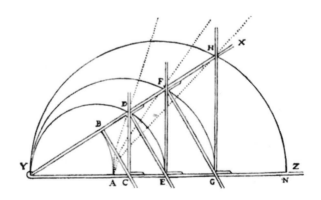

第 2 章　数学のモデル

まず，この器具は二つの規定量に比例中項を挿入し見出すことに関わる。例えば，YC, YD, YE は YB と YF との間に挿入された比例中項である。実際，現にヴィユマンの式によれば次のような等式が作れる[54]。

$$\frac{YC}{YB = YA} = \frac{YD}{YC} = \frac{YE}{YD} = \frac{YF}{YE} = \mu$$

また，曲線の分類が単純なものから複雑なものへと分類され，その分類がこの器具の使用によって示されたことに最大の意義がある。デカルトの幾何学において受け容れられ得る無際限の幾何学的曲線が実在的に示されたのである[55]。ギリシアでは，曲線は，平面曲線，立体曲線，線状に分類し，前二者を幾何学的曲線と名付けて数学の内に入れ，第三の線を機械的曲線として数学から除外した[56]。しかし，デカルトのコンパスが示すように，器具を用いて描ける線は数学の対象となり，ギリシアの機械的曲線も数学の対象となった。

デカルトの普遍数学はすべての量を比で単純化して考察し，線に還元する分析的方法である。分析的方法は普遍学の方法であり，問題を解くための分析と解答の仮定を特色としている。上で主に考察したのは数学であるが，自然学全体や他の分野にも適用可能である。さらには，分析的な仮定的方法，量化や比を利用する点では，形而上学や医学にも可能であり，これは以下の論述で確かめられるであろう。

---

51)　LG, AT-VI, pp. 389–90；邦訳［1］p. (17)。
52)　その実用性は解ける問題（$x^3 = x + 2$）が限られているという点で，低いと思われる（Cf. V. Jullien, op. cit., p. 91；Cogitationes privatae, AT-X, p. 235）。
53)　LG, AT-VI, pp. 391–92；邦訳［1］pp. (18)–(19)。
54)　Cf. J. Vuillemin, op. cit., p. 53.
　この式は螺旋の特性を示しているので，デカルトのコンパスは螺旋に繋がる器具とも言える。しかし，デカルトのコンパスのみでは超越曲線としての螺旋は描けない。
55)　Cf. V. Jullien, op. cit., p. 92.
56)　Cf. 河野勝彦「デカルトと数学」，『デカルト読本』法政大学出版局，1998，p. 102。

結

　デカルトまでの方法論を通覧していくと，ダイアローグからモノローグに変わり，未知なるものを既知とみなして論を進める分析法が発展していったことがわかる。その際に，デカルトは『方法序説』の四規則をもとにあらゆるものを対象とする普遍学を打ち立てようとした。それと同時に，いかに問題を単純に解くかが問題となった。それには数式における記号の使用，代数と幾何を統合した代数幾何，次数一致の法則の放棄，といった単純化が必要になった。このような方法の手段の単純化を可能にする精神の働きを見てみよう。

第3章

推論と理性
——デカルトの三段論法批判から形而上学の方法へ——

序

　ここまで述べたように，デカルトにおいて，中世的な自由七科としての論理学は消滅した。しかし，本来の哲学のあり方，すなわち真理を探求していく発見の方法，哲学探求の実践術として，論理学は再発見されている[1]。

　デカルトにおいて，論理学は形式的な規則を打ち立てるものから，あらゆる学に対して開かれた規則，真の意味での普遍的な方法に変った。事実,『方法序説』の「方法の四規則」は諸数学における個々の問題を解くための具体的で形式的な方法を示してはいないし，特に第一の規則は形式ではなく，精神の明晰判明な認識に真理の基礎を置いている[2]。

　学の規範としては，デカルトと同様に，アリストテレスにおいても数

---

　1)　本章では，アリストテレスの著作の訳は『アリストテレス全集』岩波書店 (1968–73) をそのまま使わせて頂いた。著作の略語は，APr が『分析論前書』, APo が『分析論後書』, MEt が『形而上学』, CAt が『カテゴリー論』, DAn が『霊魂論』, ENi が『ニコマコス倫理学』である。
　Cf. PP, Preface, IX–2, p. 13. アリストテレスの探求方法としての三段論法については，千葉恵 "Aristotle on Explanation:Demonstrative Science and Scientific Inquiry" Part I（『北海道大学文学部紀要』40 ノ 1, 1991）Part II（『北海道大学文学部紀要』40 ノ 2, 1991）を参照。
　2)　Cf. DM. II, AT-VI, pp. 18–19；RG. IV, AT-X, p. 372；cf. 邦訳 [4] p. 24。「我々が真なるものに反する誤謬を犯さないためには，精神の直観がどのように用いられるべきであるのか，また，我々がすべてのものの認識に到達するためにはどのように導出が見出されるべきであるのかを，もし方法が正しく説明するのであれば，学問は精神の直観あるいは導出によってのみ獲得されうる以上，方法が完全であることのみが要求されると，私には思われる。」

学が取り出される[3]。しかし，アリストテレスによれば，学（算術）と学（幾何学）との間には共約不可能性が絶対に必要である[4]。他方，デカルトは，「比の探求」を通して諸数学に共約可能性を見出した[5]。

これだけでは，対象は諸数学までにしか及ばない。もしそうならば，「比の探求」があらゆる事物を対象とする方法（論理学）になぜ繋がるのか[6]。なぜデカルトは論理学を判明な学として打ち立てなかったのか，なぜ論理規則を形式化しなかったのか，これらの問題の解答は不明である。

この問題を考える上でまず，デカルトの次の言葉が重要である。

> スコラの論理学は，本質的には弁論術に過ぎず，その教えるところは，現に知っていることを他人に聞かせる手段であるか，知らないことについて判断なしに多言を労する手段であって，このような弁論術は良識を増すどころか損うものだからである。私の言う論理学は，まだ知られていない真理を発見するために，自分の理性を正しく導くことを教える論理学である。[7]

この文章の具体的内容はどういうことなのか。伝統的に，論理学が学であるための根拠は論証であり，その要は三段論法であった。したがって，いま引用した文章の意味を明らかにするには，デカルトの三段論法

---

3) Cf. APo, I. 14. 79a17–19 ; I. 1. 71a3.

4) 「類が異なるもの，たとえば，算術と幾何学の場合には，もしも，大きさが数であるとするのではない限り，ひとは算術に属する論証を大いさに付帯する事柄に適用してはならない。…算術の論証には算術の論証が関わる類がいつもあり，他の科学に属する論証についてもこれと同じである」（APo, I. 7, 75B1–9；小林道夫『デカルト哲学の体系』勁草書房，1995, pp. 4–5；谷川多佳子『デカルト研究――理性の境界と周縁』岩波書店，1996, pp. 42–43）。

5) 前章参照。Cf. DM. II, AT-VI, p. 20；デカルトの比例論が数学に及ぼした革新性については，小林道夫『デカルトの自然哲学』岩波書店，1996, pp. 12–17 を参照。

6) 前章参照。Cf. EB, V, p. 175；cf. 邦訳［4］p. 388。「論理学はすべての事物について論証を与える」。数学の比の計算をあらゆる学にあてはめる方法が「普遍数学」であり，これをデカルトは後に断念したという解釈が穏当であろうが，『哲学原理』序文に論理学と方法が結びつけられているし，「明晰判明知」を真理の基準とすることと「理由の順序」の厳守はデカルトの学全体に共通である。

7) Cf. PP, Préface, IX–2, pp. 13–14；cf. 邦訳［3］p. 25（傍点は引用者）。

批判について調べるのが得策である。この手がかりとしては，デカルトは学と方法の核心として精神の「直観」と「導出」（deductio）をかかげ，単純なことから始める方法的順序の例として，比例中項を求める「比の探求」を挙げている。以下，三段論法の起源説も考慮に入れて[8]，三段論法のあり方とデカルトの方法のあり方の異同をみる。この段取りでデカルトの三段論法批判の意図を明らかにすることにする。

1 外延説

マリオンによれば，三段論法批判の主な意図は，論理的吟味にあるというよりも，三段論法の中項を単純本性へと存在論的に変えることにある[9]。事実，デカルトは説得術としての三段論法の有用性や妥当性は認めている[10]。何が問題かと言うと，三段論法の大前提そのものが推論の内容をすべて含んだものであって，推論全体の内容が存在論的に既知であるということである[11]。このことに関連して，次のようにデカルトは言う。

> 哲学者たちがすべての事物を彼らのカテゴリーへと分類したようにすべてのものが存在のある類に関連しているかぎりにおいて，ではなくして，なにか困難が起こるたびに，他のあるものをより先に，またそれではいったいどれを，そしてどんな順序で考察するのが得策であるかを，われわれが即座に注意を向けうる仕方である事物が他の事物から認識されるかぎりにおいて，すべての事物がある種の

---

8) Cf. 千葉恵「アリストテレスの三段論法の起源 (1)」，『哲学』79巻，三田哲学会，1984；「アリストテレスの三段論法の起源 (2)」，『哲学』80巻，三田哲学会，1985。ただし，これらの論文によれば，分割法起源論，イデア原因論起源論，トポス論，数学起源論に分類されている。

9) Cf. J. -L. Marion, *Sur l'Ontologie Grise de Descartes, Science Cartésienne et Savoir Aristotelicien dans les REGULAE*, Vrin, 1975, p. 161.

10) Cf. RG. II, AT-X, p. 363.

11) Cf. RG. XIII, AT-X, p. 430；RG. X, AT-X, p. 406. デカルト以前にも，三段論法に対する「論点先取り」批判がよく行われていた（Cf. Gaukroger, op. cit., ch. I；II）。

系列に配列されうる。[12]

　すなわち，実体の本質・存在を絶対的なものとみなすことによって，事物をカテゴリーに分類していく哲学から，実体の存在をも相対化し，それを単なる推論項としての単純本性とみなす方法をデカルトは提唱している[13]。もしくは，自然の側にある存在論的な本質・実体の探求から認識主体の明証性を真理の基準とする哲学へと彼は移行したのである[14]。この場合に，推論に確実性を与えているものが，精神の「注意」なのである。

　現に，類種関係による必然的な主述連関が三段論法成立の起源としてある。三段論法は，項と項の外延の関係，類が種を含む形式の連鎖で成り立っている。現に『真理の探求』では，「私とは何か」を問う場合，ポリフェリオスの樹が批判の対象に挙げられている[15]。この樹を利用すれば，「私」の本性について，次の三段論法が作れる。

　　大前提：　あらゆる人間は理性的動物である。
　　小前提：　私は人間である。
　　結　論：　ゆえに，私は理性的動物である。

結論が正しいとするには，その大前提の命題を中心とした名辞の内容の知識，存在の分類方式（類種関係）を前提とする。すなわち，形式の正当性に加えて，名辞の外延を決定できるような知識の体系を前提とせざるをえない[16]。この意味で，三段論法は既知なる知識（スコラ的存在論）を前提とするわけで，三段論法は発見の論理ではない，とデカルトは言うのである。

---

12)　RG. VI, AT-X, p. 381；邦訳［4］p. 33（傍点は論者）。
13)　Cf. CAt. 7, 8b20, MEt. Z, 17, 1041a33, b8；Λ, 7, 1072a32–34；N, 1, 1088a22–24；b2：谷川，前掲書 p. 43。
14)　Cf. J. -L. Marion, op. cit., ch. 13, 14, 16, p. 131, 161.
15)　Cf. RV, AT-X, pp. 515–16；Hamlin, *Le Système de Descartes*, p. 89；プラトンの分割法に対するアリストテレスの批判的発展が三段論法の発見に繋がっているとする説がある（Cf. 千葉1984, 今井知正「論証と原理」，『哲学雑誌』767 (95) 巻，1980)。アリストテレスもプラトンの分割法に対して「論的先取り」の反論をしている（APr, I. 31, 46a31–33）。
16)　Cf. Hamlin, op. cit., p. 89；E. Gilson, *René Descartes Discours de la Méthode Texte et Commentaire*, Vrin, 1925 (1976), p. 184；A. Hannequin, "La méthode de Descartes", *Études d'histoire des sciences et d'histoire de la philosophie*, Alcan, 1908, p. 225.

第3章　推論と理性

しかし，元来，三段論法は形式が重要であり，自然的事物を示す名辞の外延だけを対象とするのではない。事実，アリストテレス自身も数学的例も持ち出しているし，三段論法を形式化（記号化）することに心血を注いでいるように見える[17]。この外延説はその批判の一部となりうるが，それだけでは真の三段論法批判とはなりえないのである。

2　形式説

さらに何が問題かと言うと，三段論法の形式であり，デカルトは次のように言っている。

> 弁証家たちは，推理の或る種の形式を規定している以上，これらの規則で人間の理性を支配していると考えている。しかも，この形式は，それを信頼する理性が，たとえ推論そのものの明証的かつ注意深い考察には関心を払わなくとも，とにかく形式のおかげで，なにか確実なものを結論することができるほど，必然的に結論を導くものなのである。ただし，それらの連鎖を用いる人々自身がそれらに囚われている間に，真理は，しばしばその連鎖から抜け落ちていることに我々は気づくのである。[18]

もはや内容ではなく，固定された形式に対して批判がなされている。決められた形式に単に則るだけでは，真理を取りのがしてしまうのである。再構成された形式そのものは，当の問題を考察し，推論する思惟の現実のあり方を示してはいない。個々の問題や論拠の知り方で，推論のあり方も変っていくので，状況に応じた連鎖に絶えず注意していく必要がある。

では，デカルトの主張する推論は，いかなるものであろうか。まず，問題を解くために必要な最も単純で認識しやすい「単純本性」が見出さ

---

[17]　Cf. APo, I. 15；千葉 1985。
[18]　RG. X, AT-X, pp. 405–06；邦訳 [4] p. 56（傍点は引用者）。

れる[19]。この「単純本性」は命題の名辞にあたり、知性的な直観の対象となる[20]。そして、絶対的な単純本性から相対的なものが導出されるという順序が見出される。例えば、「原因」が絶対的な本性であり、それと「関係」的な「結果」を含むものが相対的なものであり、その関係を個々の事例にあてはめていくのである[21]。その二項の複合により命題が作られるが、名辞と名辞の必然性、命題と命題の結合の必然性は、存在のカテゴリーや、形式における規則に存するのではなく、単純本性ないし命題の「必然的結合」を直観するという明証性に存する。デカルトは二つの直観されたものの導出的結合とその直観化による保証を考えており、推論に中項を介入させる必要はないと考えている[22]。確かに、例えば「私は存在する、ゆえに神は存在する」といった「必然的結合」を三段論法の形式に表せないことはない。しかし、そうするなら、結局は大前提に含まれている結論しか導き出せず、推論の基礎とする二項の結合によって新たなものを無際限に発見していくという意味がなくなってしまうのである。

　他方、もし、類種関係を使って解きやすい問題があれば、その関係を使うことをデカルトは許すであろう[23]。だが、その場合の類種はスコラ的な既知のものではなく、単純本性の関係において新たに見出される類種である。この意味で、(1)の存在論的外延説は妥当する。しかし、煩瑣で固定された推論形式のみに訴えてはならない。デカルトの方法は、空虚な形式を置かず、所与の問題に一番容易で応用のきく解答を自分の力で見付ける仕方を習慣づけるものである。したがって、デカルトは固定された矛盾律の具体例を永遠真理と呼ぶが[24]、学を現実に遂行していく理性的な思惟の働きを永遠真理とは言わない。すなわち、推論遂行がなされる流れる時間の場において、推論の形式を規定することは無意味なのである。

---

19) Cf. RG. VI, AT-X, pp. 381–82.
20) Cf. RG. VI, AT-X, p. 383.
21) Cf. RG. VI, AT-X, pp. 381–82.
22) Cf. RG. XIII, AT-X, p. 430；邦訳［4］p. 80。「我々は彼等（弁証家）のように二つの端項と中項とを区別はしない」。
23) Cf. RG. X, AT-X, p. 382.
24) Cf. PP. I. 49.

すでに見たように，デカルトは，このような概念結合の真理基準を形式におかず，不可疑の直観による「明晰判明知」に置く[25]。しかし，もし方法ないし推論の正しさを推論の心理的な遂行に求めてしまうなら，非学的な混乱した思惟を出られないのではないか。これでは普遍的な「学」構築など不可能である。推論のための具体的な形式化をとらず，推論たる「導出」を直観の連続とみなすなら[26]，そのような導出を与える方法のモデルを提示することが学構築の方法として必要である。

このような概念の必然的結合を見出すモデル・仕方を教示するのが数学的思考方法である。ジルソンによれば，外延説の有用性を認めつつも，問題は概念の内包や外延ではなく，数学的タイプの観念を対象とする分析であり，空虚な抽象である推論の形式を対象とする代りに，観念の内容とその関係，発見自体を対象とするのが，デカルトの方法である[27]。このデカルトの方法のモデルをみるために，その発見の方法の一番単純な例として挙げられている比例中項の求め方と三段論法との関係をみていこう。

3　数学モデル

アリストテレスは推論を比例的にみなしてもいるし，三段論法の起源として，数学の比例論が主張されてきた[28]。もし三段論法を比例化するならば，その推論のあり方はデカルトのそれと大差はなくなるのではないか。事実，デカルトは次のように言う。

> すべての推理において，我々は比較（comparatio）によってのみ正確に真理を認識する。たとえば，すべてのAはBである，すべてのBはCである，ゆえにすべてのAはCである，ということに

---

25) Cf. DM. II, AT-VI, p. 18.
26) Cf. RG. III, AT-X, pp. 369–70.
27) Cf. Gilson, op. cit., p. 184.
28) Cf. APo, I. 5. 74a18；I. 12. 78a2；Benedict Einarson, "On certain mathematical terms in aristotel's logic part I. II", American Journal of Philology , v. LVII, 1936；千葉 1985；山下正男『論理学史』第一章，1983，岩波書店。

おいて，求めるものと所与のもの，つまりAとCとが，両者ともにBであるということに応じて，相互に比較される，等等。しかし，…三段論法の形式はものの真理を知るのには何の役にも立たない。[29]

ここで主題になっているのは，項の相互の比較一般による連鎖である[30]。そして，デカルトがここで異を唱えているのは，三段論法の形式自体であり，三段論法の項の比較自体ではない。すなわち，三段論法を三つの項の比に置き換え，その項と項の関係に着目するかぎりでは，アリストテレスとデカルトに大差はないようにみえる。

さらに，「発見の方法」として三段論法を見た場合，それは大項の定義や原因を示す項としての中項の発見にひとまず還元できる[31]。そこで，三段論法の中項を数学の中項の発見に結びつけてみる。いま引用した推論を第一格とし，第一格を簡単な記号で表してみると[32]，

大前提　A—B
小前提　B—C
結　論　A—C

中項を x，各命題の比が等しいとして，例を作ると，

大前提　A：B = 3：x
小前提　B：C = x：12
結　論　A：C = 3：12

$3：x = x：12$ より，中項 x は 6 である。この場合，三項ではなく，四項の比較となってしまうが[33]，両端項を見て，その関係に注意して中項を求める仕方は三段論法と同じである。しかし，数学において比の前後は置換可能なのに対し，三段論法の「換位」は不可能な場合もある。

---

29) RG. XIV, AT-X, pp. 439–40；邦訳［4］p. 88。
30) Cf. RG. XIV, AT-X, p. 440.
31) Cf. 今井, op. cit..
32) この格はアリストテレスの学問観の上で重要な格である。「推論形式のうちでは，第一格が最も科学的な知識たるにふさわしい推論形式である。何となれば，たとえば，算術や幾何学や光学といった数学的科学はこの格を通じて論証を提示するし，また大まかに言って，事物の根拠について考察するものである限りの科学はそうするからです」(APo. I. 14. 79a19–20)。以下の図式化は，山下, op. cit., p. 30 を参照し，別の例にかえた。
33) Cf. ENi, V, 3, 1131a30–1131b1.

第 3 章　推論と理性

　さらに，解答（原因）の中項を決める条件は三段論法の流れと一致していないし（例えば，比の値が一定），単に中項を未知数で置き換えてみても，論点が決まらない以上，未知数は定まらない。つまり，三段論法における「発見の方法」はその推論形式自体にはないのであり[34]，三段論法と「発見の方法」において理性（知性）能力の働きかたも異なってくる。三段論法の規則に縛られた理性は不自由であり，その形式のみで数学的論証は作りにくいのである。事実，アリストテレスは，数学の証明を三段論法の形式に適用することを困難とも考えている[35]。

　まとめると，第一に，比例中項の発見と三段論法の中項の発見は似ている点があるが，三段論法を構成する理性の働きと中項自体を見出す理性の働きは異なる。第二に，三段論法の形式を踏まえて，項と項とを比較すると，その比較が数学と較べるとかなり不自由にならざるをえない。

　次にデカルトの比例の求め方を見てみよう[36]。まず一つの問題の類としてあげられているのは，3，6，12…という数の並びが与えられ，3と6の関係を見つけ，そこから2倍ごとの数列を見出し，数と数との間の比が同じであることが見出される，というものである。次の問題の類は比例中項を見出す場合である。前の場合は，既知数の6／3，…に注意すればよかったものが，今度は，3，12の間の一つの未知数 x を求めなくてはならず，x／3，12／x という未知数を含んだ二つの比に注意を向けなくてはならない。さらに，類をかえて，3と24が与えれた際に二つの比例中項を求める場合には，三つの異なる項に「注意」を向ける必要がある。このように，中項の数に応じて，「困難」の度は増していくが，3と48の間にある三つの比例中項を求めるには，「困難」を少なくする必要がある。すなわち，まず3と48との間の比例中項の一つ，12が求められ，次に3と12の間の比例中項が求められる，というように，「困難」が第二の類の困難に還元される。

　したがって，ここでも二項の関係が基礎である。外見上は，その求め

---

34) Cf. Gaukroger, op. cit., pp. 58–59.
35) Cf. 千葉 1985, p. 42；AMR. I. 35. 48a30–39.
36) Cf. RG. VI, AT-X, pp. 384–387.

るものが中項か否か，または中項の数により類が異なっている[37]。しかし，その類を決めるのは推論の形式（方程式），未知数の数であるとともに，それ以上に，その推論を直観に還元することの難しさ，もしくは思惟の注意の向け難さの度合いである。その難しさは思惟する「注意」の方向の複雑さによる。ここにおいて，三段論法における類種もしくは外延やその式や格という形式の規則が，思惟（理性）の働き自体の類種の規則に置き換えられた。このように，事物そのものの尺度や順序を考察するのではなく，その上位の思惟行為のレベルにおいて，事物と事物の二項の関係を見出し，どれをもっとも容易な「基準」(mensura)にして，思惟においてより容易（単純）なものからより困難（複雑）なものへという「順序」(ordo)で解答を見出すことが，デカルトの方法の要なのである[38]。

　以上，デカルトにおいては，類は思惟の容易と困難という観点から，すなわち形式ではなく，主に推論を産み出す理性と思惟の注意の仕方とその難度という観点から類別された。形式的にはデカルトの比の解き方は以前にも行われた基本的なものである。しかし，その形式を思いつく際の形式化できないところまで行き着いた理性のあり方に，彼は普遍的な方法，方法の第一性を見たのである。したがって，比の方程式は作れても，思惟の働きの方法を形式に直すことはできないのである。どんな問題でも対応可能な精神（理性）の習性を彼は表そうとしたわけであり，そのような習性を子細な推論規則に直すことは不可能だからである[39]。

　しかし，このような精神の習性はアリストテレスにおいても重要視されているではないだろうか[40]。確かに，アリストテレスにおいても，論証における理性が重視されてはいるが，論証における感覚も重視されているのである[41]。もしくは，ヌースが「完成態としては書かれたもの

---

[37] Cf. J. Vuillemin, *Mathématiques et Métaphysique chez Descartes*, P. U. F., 1960 (1987), p. 119–20.

[38] Cf. RG. IV, AT-X, p. 378. 比の考察が実際の『幾何学』において数論と幾何学の結合によってその解法が明らかにされている。具体的には，デカルトの考案したコンパスによって示されている（Cf. LG, AT-VI, p. 443）。

[39] 技術の観点からRGに「精神のハビトゥス」を見ることについては，望月太郎「デカルト『規則論』を技術の観点から読む」，『待兼山論叢』no. 24, 1996を参照。

[40] Cf. Marion, op. cit. §26；APo, II, 19.

[41] Cf. APo, I, 24, 86a30. この箇所ではデカルトの比の考察に近い内容が記されている。

が何も備っていない帳面」[42]に擬えられるように，外的対象からの抽象が重視されているのであり，数学においてもその抽象性は生かされている。したがって，対象は自然の本性に源を持つ[43]。これに対し，デカルトは，実際に問題を解く上での想像や感覚の援用を説きつつも，外的対象へと精神の傾く習性を戒め，自己内部にある単純本性に注意を向ける精神の習性を説く[44]。方法の基盤である精神の習性そのものにおいて，両者は対峙しているのである。さらには，中項に固執する理性のヘクシス，三段論法を画一的に定式化して，形式のみに依存してしまう理性のヘクシスをデカルトは糾弾したのである。これは，存在論と形式とに関して限られた数学モデルのあり方を排し，無限の可能性を秘める数学モデルをデカルトが提示したことと等しいのではないだろうか。

結

　以上より，デカルトの方法が，過去の存在の体系を基にするのではないと同時に，思惟を縛る論理的な形式で表せないことは，明白である。有限な自然本性と固定された規則に縛られない数学をモデルにして，単純本性とそれらの結合のあり方を見出そうとする理性の習性の規則を身につけることがデカルトの三段論法批判の意図だったのである。デカルトの方法は，閉じられた方法（論理）の上に位置付けられるような開かれた理性の方法なのであり，この点においてデカルトの方法は学の第一性の極点にある。すなわち，あらゆる事物，あらゆる対象と方法に適用可能な方法であるという点で，彼の方法は形而上学をも対象とする「普遍学」に等しいのである。能力の観点から言い直せば，固定された推論形式を越える普遍的な理性の場が見出され，その場にこそデカルトの方

特にヌースの重要性は APo のまとめである第二巻十九章において説かれているが，同時に感覚の役割は捨てられてはいない。
　42)　DAn, III. 4, 430a1.
　43)　Cf. Marion, op. cit., p. 49；谷川，op. cit., pp. 58–59。
　44)　Cf. RG. XII. デカルトに対峙するトマスの魂の能力については，拙論「トマス・アクィナスにおけるハビトゥス的自己認識——デカルトにおけるコギトに抗して」，『中世思想研究』no. 38，1996 を参照。

法があったのである。

第I部　結論

　プラトンにおける対話法からアリストテレスに始まる三段論法の形式と中項の探求の分析的方法の歴史を経て，方法はデカルトの未完の著作の名（『発想力指導の規則』）が示すように精神の発想力指導の方法に変わっていった。この変化は未知のものを中項とする限られた形式から，算術と幾何を統合してあらゆるものを探求する普遍数学において方程式の未知のものを既知とみなして未知なるものを探求する思惟の方法（普遍学）に変貌したことを意味している。数学内部においても，数式における記号の使用の変革，代数と幾何を統合した代数幾何，次数一致の法則の放棄，といった単純化が必要になった。

　デカルトの方法はその単純性と普遍性のために論理的な形式で表すことはできない。普遍数学をモデルにして理性習性の規則を身につけることがデカルトの方法でもあった。その方法は開かれた理性の方法であり，学の第一性の極点にある。あらゆる事物に適用可能な方法であるという点で，彼の方法は「普遍学」なのである。その方法は固定された推論形式を越える普遍的な理性の場にあったのである。ただし，この理性は実体的な地位をまだ占めてはいない。

　次に，この理性の場を基にして形而上学における懐疑を考察してみよう。

第Ⅱ部
懐　疑

この第Ⅱ部では，懐疑の意図とその方法の妥当性の確保を問題にする。デカルトの懐疑は普遍的でありながら，方法に則っている。この場合の整合性はいかに保持されるのか。まず，懐疑において語るレベルを考察する。このレベルを疑うことは理性を疑うことに相当するが，デカルトは出所のわからない生理学を利用することでこれを回避している。このレベルの維持は懐疑の普遍性を危うくするものであるが，方法を基に懐疑を遂行していくレベルである以上，仮説として保持されるべきものである。次に，懐疑の対象がアリストテレス＝トマスに代表される過去の学問体系全体や感覚的信念であることを確認する。この意味の限りで，懐疑は普遍的であるとともに，方法は形而上学においても用いられることを通して具現化している。懐疑の方法は，具体的には，確実なものを仮定的に想定し，それを分析して真に確実であるかを調査するのであるから，分析的方法に従っている。その確実なものは，感覚，夢，数学という知のあり方を基に分類されるわけであるが，そのような知をまとめ上げる知を探求することが重要である。言わば，不可疑なるものを解として，個々の不可疑のものをまとめ上げて一本の放物線にする等式を求める必要がある。その等式とはその線を決する知のあり方に他ならない。その等式を探し出す方法の正当性をまず考察してみよう。

第4章

作者の発作ないしは方法の危機

───────

序

　本章においては，懐疑理由のなかに，その方法を用いる主体が現れる場面を見て，その主体がいかに理性的であるかを確認したいと思う。しかし，その理性が真の正当性と存在をもつことは仮定された状態にとどまるものである。

　デカルトの懐疑は普遍的と言われており，あらゆる知を対象としているように思える。しかし，懐疑理由を述べている作者自身が方法的に懐疑を進めている論理は狂気として捨てられるものであろうか。もしそうなら，懐疑はすべてに及んだ時点で，真理への探求という歩みを止めるべきではないだろうか。これは「作者の危機」であり，作者自身が発作的に「仮面をとって」身をさらけ出す事態である。デカルトは語る自分の身分の正当性を問わずに，普遍的懐疑の正当性を問う方法を見つけてその危機を乗り切ったように思える。それは懐疑理由という知が，常識と自らの科学的知見によって基づけられるということである。

　パスカルは次のような言葉を残している。

　　人間はひとくきの葦にすぎない。自然の中で最も弱いものである。だが，それは考える葦である。彼を押しつぶすために，宇宙全体が武装するにはおよばない。蒸気や一滴の水でも彼を殺すのに十分である。だが，たとい宇宙が彼を押しつぶすしても，人間は彼を押し

つぶすものより尊いだろう。なぜなら，彼は自分が死ぬことと，宇宙が自分に対して優位にあることを知っているからである。宇宙は何も知らない。[1]

　ここに 17 世紀が体験した知が凝縮されている。思惟すること，自分自身を知ること，真に理性的であることに，人間の偉大さがある。しかし，17 世紀がこの偉大さに気づくには，ある蒸気を使用した仮面劇が必要であった。その舞台は，デカルトの『省察』である。
　彼は形而上学の原理を見出すために，感覚を通して得られたあらゆる種類のものを疑うが，疑いを躊躇させるものに出会う。

　　しかしながらもしかすると，時折は感覚が或る細かなものやかなり遠くにあるものに関してはわれわれを欺くことはあるにしても，同じく感覚から汲まれはするものの，しかしそれについては疑うことの全くできぬ他のきわめて多くのものがあるかもしれないのであって，例えば，…この両手そのものやこの身体全体が実のところ私のものとしてあるということは，どうして否定されうるであろうか。[2]

　目の前に現前するものを疑うことほど，愚かなことがあろうか。では，もし「私」がそのように疑うのなら，その「私」も狂人なのか。

　　私をもしかして私が，黒い胆汁から脹れ出てくる蒸気で脳がすっかりかきみだされてしまって，そのために，赤貧の身でいるその時に自分は国王であるとか，素裸でいるその時に紫衣をまとっているとか，粘土製の頭をもっているとか，全身これ南瓜であるとか，ガラスでできているとか，終始言い張っている，そういう誰かしら気のおかしくなった者 (insanis) に，擬して考えよう，というのではないとするならば。しかしその連中は正気を失った者 (amentes) なのであって，彼らに劣らず私自身が，彼らのそういう例に私も倣うと

---

1) *Pensées*, B347；前田陽一・由木康訳『パンセ』〈世界の名著 24〉中央公論社，1966。
2) MP. I, AT-VII, pp. 18–19；cf. 邦訳 [2] p. 30。

第4章　作者の発作ないしは方法の危機

したならば，狂人（demens）と思われてしまうことであろう。[3]

　ここで，デカルトは狂人の生理学的説明から入り，現前するものを疑うことが狂気であることを肯定しているように見える。しかし，正常な人でも夢の中では狂人以上におかしなことを信じたりする。

　　まさにそのとおり，ではあるが，言ってみれば私とて人間なのであって，夜は眠り，そして睡眠中には，そうした狂人たちが目ざめているときに夢想するの同じことのすべてを，あるいはまた時折はそれよりもいっそう真実らしからざることを夢想する，のが常であるのではなかろうか。[4]

　さらに，夢と覚醒の区別がつけられないことが現前するものを疑うための正当な懐疑理由として提示される。

　　けれども，今は，目ざめた目でもって私はこの紙を見つめているし，私の振り動かしているこの頭はまどろんでいないし，この手を私は，それと知りつつわざわざ伸ばしそして感覚している，ということは確かである，が，これほど判明なものが眠っている者に起こりはしないことであろう。とはいえ，私は，この類いの思いによっても私が別のときには睡眠中にだまされたことがあるのを，想い起さぬというわけにはまずはゆかぬのであって，これらのことをいっそう注意深く思惟する際には，覚醒は睡眠からけっして確実な標識によって区別されることのできないということがよくわかり，そのために私は呆然としてしまって，この驚愕といったらそれこそは，夢であるとあわや私に思い定めしめかねない，というほどなのである。[5]

　ここで，狂人は考察の対象から除外された。いわば，蒸気に由来する

---

3) ibid；cf. 邦訳 [2] pp. 30–31。（　）は論者の挿入。
4) ibid；cf. 邦訳 [2] p. 31。
5) MP. I, AT-VII, p. 19；cf. 邦訳 [2] ibid.。

狂人はその煙に巻かれ，舞台上から姿を消した。そして，夢見る人のみが壇上に残る。

しかし，デカルトはその黒胆汁の「蒸気」の生理学をどこから入手したのか，狂気という主題はなぜ睡眠と覚醒の話に転化されるのか，そもそもなぜデカルトは狂気を呼び起こしたのか，その動機は何であったのか。換言すると，このテーマからの狂人の排除，すなわちその退出の真相は何なのか。一見すると，この答えはすぐ出てくるように見える。狂人ではない我々も，夢では彼らと同じような考えを持ったり，同じような行為をしたりするからである。そして，黒胆汁からの蒸気と狂気の主題はその当時流布していた[6]。狂人と夢見る人は両者とも見ているものをそのまま信じる可能性を主張する点では同じである。そして，ここでの懐疑の目的は今現に見ているものが確かでないことを確認することである。

しかし，なぜデカルトは故意に生理学的な狂気（メランコリー）の説明までしているのか。そもそも，狂気を主題にして夢に転化する必要があるのか，そのまま夢の話へ移れば済むことではないか[7]。やはり，意図的に狂気の話を持ち出す理由は完全にはよく解らない。しかし，その手がかりをデカルトは残してくれた。

> よしんばしかし，かくも大きなそうした懐疑の効用が一見したところには明らさまとはならないとするにしても，それでもその効用には，この懐疑が，われわれをあらゆる先入見から解き放って，精神を感覚から切り離すのに最も容易な途を整える，という点で，そして最終的には，後になってそれが真であるとわれわれの見定めるであろうものについては，もはやわれわれには疑うことができないという事態をしつらえてくれる，という点で，いとも大きなものがあるのである。[8]

---

6) M. Foucault, *Folie et de raison, Histoire de la folie à l'âge classique*, Gallimard, 1972 (1961), p. 141, 221, 281, etc（フーコー『狂気の歴史――古典主義時代における』田村俶訳，新潮社，1975, p. 147, 227, 287）.

7) 広い読者を対象とする『方法序説』，教科書用の『哲学原理』では狂人の話は出てこない。

8) MP, Synopsis, AT-VII, p. 12 ; cf. 邦訳［2］p. 21。

第 4 章　作者の発作ないしは方法の危機

すでに触れたように、このことは、懐疑が単に心身分離を意味するばかりでなく、あらゆる偏見、非理性的なものを拒絶することをも意味する。すなわち、懐疑している主体は、感覚から切り離された理性を拠り所にしなくてはならないのである。

さらに、デカルトは次のようにメルセンヌに本心を吐露した。

> これは内所の話ですが、これら六篇の『省察』は、私の自然学の全基礎を含んでいると申し上げましょう。しかし、このことはどうにか他言せぬようにお願いします。というのも、もしこのことが知られるならば、アリストテレスに与している人々は、おそらく今以上に『省察』をなかなか容認しないでしょう。さらに、私が期待することは、『省察』を読む人々が知らぬ間に私の諸原理を受け入れて、彼ら自身がアリストテレスの諸原理を打破していると気づく前に、私の諸原理の真理を認めるということなのです。[9]

『省察』における戦略は、読者に馴染み深い説が外見上は使われていながら、デカルト自身の説を知らず知らずの内に認めさせてしまうということである。こうした言をもとにすれば、次の仮説が作れないだろうか。すなわち、デカルトは自己自身の見解を自然と受け入れさせるために、狂気に関する自らの学説を用いて狂人を理論的に生み出しながら、当の狂人を退出させたのではないか。この点を明らかにするために、本論では、「第一省察」で懐疑の根拠となる狂気と夢の議論が意味するものを再調査する。まず、狂気とその生理学的な原因となる「蒸気」（vapor, la vapeur）について、その調査を始める。それから、フーコーとデリダとの論争を手がかりとして、狂気と夢と理性との関係を暴くことにする。最期に、デカルトの演出を吟味することで、その功罪を問いたい。

---

[9] A Mersenne, 28 Janvier 1641, AT-III, pp. 297–98；『デカルト全書簡集 4』p. 277。

1 「蒸気」の歴史

　フーコーが生理学的見地からの狂人の調査を綿密に行ったので，手がかりはそこにはないと誰もが決めてかかった。現に，ベサードは，夢と狂気の問題を「イマージュ」で繋がっているとみなしていて，そのことに関してデカルトの著作に訴える必要はないと言っている[10]。しかし，デカルトの狂気と夢との議論の意図を見出すために，再調査してみよう。その際，先のデカルトの言から，アリストテレスとスコラの系列に沿って調査を開始しよう。

（1）ヒポクラテスとアリストテレス
　まず，ヒポクラテスの説を調査してみよう。人間には四種類の体液，「血液」，「粘液」，「黄胆汁」，「黒胆汁」があり，それらの調和や混合状態に人間の身体の具合は依拠している[11]。そして，一般的には，この四つの体液によって，気質も類別され，その一つが「黒胆汁質」（μελαγχολικός）である。そして，この「黒胆汁質」の人がメランコリア（躁鬱病）という病気にかかる危険があると言うのである[12]。
　脳は人間において最大の機能であり，「意識（σύνεσις）の伝達者」である[13]。事実，脳の破壊によって，狂気になる。その破壊は，粘液によるか，胆汁によるかである。粘液の場合，狂気になった患者は静かで，

　10）　J.-M. Beyssade, « Mais quoi ce sont des fous» :Sur un passage controversé de la «Première Méditation», *Revue de Métaphysique et de Morale*, v. 78, n. 3, pp. 280–81. 邦訳に，宮崎裕助・金田康寛訳「「しかし彼らは狂っているのだ」――「第一省察」の論争の的になった一節について」，『知のトポス ＝Topos：世界の視点』(16) 2021, pp. 1–43 がある。
　11）　Cf. P. Mesnard, "L'esprit de la physiologie cartésienne", *Archives de Philosophie*, v. 117, 1937, p. 182–83；ヒポクラテス「人間の自然性について」4 章，小川政恭訳，『古い医術について』岩波書店，1963, p. 103；大橋博司訳『ギリシアの科学　世界の名著9』pp. 210–12。
　12）　Cf. H. テレンバッハ『メランコリー』木村敏訳，精興社，1978, 30 頁。ただし，「ヒポクラテス全集」の「疾患」篇，「人間の自然性について」では，黒胆汁と狂気やメランコリーとをつなげる記述はない（『ギリシアの科学　世界の名著9』p. 211 (2) 注を参照）。
　13）　Cf. ヒポクラテス「神聖病について」，『古い医術について』pp. 55–56；『ギリシアの科学　世界の名著9』p. 206。

第 4 章　作者の発作ないしは方法の危機　　　　　　　　　137

胆汁による患者はやかましく，常軌を逸した振舞いをする[14]。このように脳は心に関係ある器官であるが，脳は体液をくみ上げたり排泄したりするようなスポンジ状の腺とみなされている。さらに，魂は鼻孔から吸い込まれ，脳によってプネウマに変えられた空気にすぎないとする面もある[15]。実際，神が引き起こすと言われる「神聖病」（癲癇）の原因は，体質や年齢のほかに，「風の変化によって」脳が湿り，狂気が起こるとヒポクラテスは考えた[16]。

　したがって，ヒポクラテスにおいて，メランコリーは（黒）胆汁という体液に関わり，脳の破壊が狂気を引き起こすこともある。また，メランコリーは空気などによる脳の湿潤によって起こる。もしくは，狂気のような「神聖病」を起こす原因は，空気や風が関係している。概して，ヒポクラテスにおいて心は空気のようなものであり，彼は体系的に睡眠と覚醒と狂気との生理学的な関係を論じていない。

　次に，アリストテレスは，黒胆汁や夢，睡眠についてのメカニズムをヒポクラテスから借りてきている[17]。まず，睡眠の起こる原因は次の通りである。目的因は，「休止」としての「動物の保存」である[18]。また，睡眠が起こる場所は，感覚が生じる「第一感覚器官」（共通感覚）であり，睡眠はこの器官が現実に働かないように束縛することで起こる[19]。また，睡眠は，体内の「蒸発物」（ἀναθυμίασις）の「固形物が熱によって血管を通って頭に上昇する場合に生じる」[20]。そして，その上がったものは逆に下の方へと戻り，熱も下がるが，それとともに意識は遠のき，「表象」（φαντασία：幻想）が生じる[21]。すなわち，質料因は体内におけ

---

14) Cf. ヒポクラテス, op. cit., p. 54：『ギリシアの科学　世界の名著 9』p. 205。
15) Mesnard, op. cit., p. 185。
16) Cf. ヒポクラテス「神聖病について」，『古い医術について』55–57 頁：『ギリシアの科学　世界の名著 9』pp. 205–207。
17) Cf. テレンバッハ, op. cit., pp. 35–37。なおアリストテレスの夢と狂気に関係する主な著作はつぎの通りである。『記憶と想起について』，『睡眠と覚醒について』，『夢について』，『夢占いについて』，『問題集』第三十巻などである。「気息」については『動物運動論』第十章，『気息について』を参照。訳は，『アリストテレス全集』〈6, 11〉（岩波書店）から借用した。
18) Cf.『睡眠と覚醒について』455b16–25：邦訳 p. 247。
19) Cf. op. cit., 458a28：邦訳 p. 254。
20) Cf. op. cit., 457b20–21：邦訳 p. 253。
21) Cf. op. cit., 457b21–26：邦訳 p. 253。

る栄養物の蒸発物であり，始動因は体内の熱である。

次に，夢みることは，「判断を形成する能力に属するものでもなくまた思考する能力に属するものでもなく」，「表象能力（φανταστικόν）であるかぎりの感覚能力（αἰσθητικόν）」の仕事と規定されている[22]。すなわち，覚醒時には，「表象像」（心の持つイメージ：φάντασμα）は感覚によるが，夢みる場合には，感覚を受けずに「表象像」が生じるわけで，夢は「睡眠時における表象像」[23]と規定されている。この結果として，「表象像とは別に生じる真なる思想もまた夢ではない」[24]のである。

「黒胆汁質の人」（μελαγχολικοῖς）については，酒に酔っている人と同じく，頭に昇る熱や「精気」（πνεῦμα）が多量なので，睡眠時において現われる表象像も混乱することになる[25]。そのせいで，「黒胆汁質の人」は，鮮明な夢，多くの幻影を見る[26]。また，覚醒時においても，「表象像」が「黒胆汁質〔興奮性〕の人」を「もっとも多く動かす」ので，不安が止らなくなると書かれている[27]。

夢見る人と「黒胆汁質の人」は，両者とも「表象像」に極度に影響される点で一致している。また，「黒胆汁質の人」が狂人を意味するとは限らない[28]。そして，夢と像を引き起こすもののうちに，「蒸発物」や「精気」の両方が論じられている。しかし，夢の一つのあり方として，「黒胆汁質の人」の夢が論じられているに過ぎない。夢と覚醒は感覚という指標によって分けられたままである。

(2) 中世スコラとトマス・アクィナス

シッパーゲスによれば，コンスタンス・アフリカヌスは，ガレノス，「アラビアの狂気学説」から学び，すでに1080年頃，『メランコリアに

---

22) Cf.『夢について』459a9–21；邦訳 pp. 257–58。
23) op. cit., 462a16；邦訳 p. 266。
24) op. cit., 462a30；邦訳 p. 267。
25) Cf. op. cit., 460b30–461a30；邦訳 pp. 263–64。『問題集』第三十巻では，酒も黒胆汁も空気ないし気息を含み（Cf. 953b21–954a6；955a33–955a36；邦訳 pp. 415–16, 421），黒胆汁の熱が思考の座の近くにくると，狂気の病気になると言われている（954a34–36；邦訳 p. 417）。
26) Cf.『夢占いについて』463B13–20；邦訳 p. 271。
27) Cf.『記憶と想起について』453A14–19；邦訳 p. 237。
28) Cf.『夢占いについて』464A30–B4；邦訳 p. 274。

ついて』という論文をラテン語に翻訳していた[29]。アフリカヌスは, メランコリーをヒポコンドリアと脳実質の疾患の二つに分けている。前者において, 黒胆汁からの蒸気が胃を通って脳まで上がり, 恐怖や不安を生み出すという古代からの説明のほか, 心臓から供給される濁った心的精気 (spiritus spirituales) が脳室に貯蔵されることによって, 黒胆汁が表象に影響するという説明もなされている[30]。しかし, 黒胆汁の蒸気が脳へ上がって理性を混乱させるという説は, アフリカヌスにおいても保持されている[31]。

トマス・アクィナスは, 『神学大全』第84問題において, 身体と結合した魂がいかにして物体的なものを知性認識するかを問題にした。その第8項において「知性の判断は感覚の拘束によって妨げられるか」という問題を出している。その第8項のなかで, 次のような自説に対する異論を出している。

> 三段論法を操作する (syllogizare) ということは知性のはたらきである。ところで, 『睡眠と覚醒について』で書かれているように, 睡眠中においては感覚は拘束されているのであるが, それでいて時としては, 眠っている人が三段論法を操作するということが起こりうる。したがって, 知性の判断が感覚の拘束によって妨げられることはない。[32]

反対異論として, アウグスティヌスの『創世記逐語註解』第12巻が援用され, 睡眠中の良俗 (liciti mores) の反する行為は罪とみなされないのだから, 人間は睡眠中に理性や知性の自由な使用はできないことになるので, 理性の使用は感覚の拘束によって妨げられると言われる[33]。

これらに対して, トマス自身の見解 (主文) が語られる。

我々の知性の対象は「可感的事物の本性」である。可感的な事物が

---

29) Cf. H. シッパーゲス『中世の患者』濱中淑彦監訳, 人文書院, 1993, p. 164。
30) Cf. シッパーゲス, op. cit., p. 172。
31) Cf. シッパーゲス, op. cit., p. 166。
32) 訳は創文社の大鹿正一訳を参照したが, 異なるところもある。邦訳6巻 p. 282。
33) Cf. 邦訳6巻 pp. 282–83。睡眠中における倫理については, ST. II–II, Q. 154, A. 5 を参照。

知られて初めて,「自然的事物についての自然学の完全な判断がなされ得る」。また,「現世の状態において我々が知性認識するすべてのものは,自然的で可感的事物への関係づけによって初めて認識される」。したがって,「可感的事物を認識するための感覚が拘束されていながら,同時に,知性の完全な判断が我々のうちにあるということはあり得ない」[34]。

　トマスの抽象理論がよく出ている箇所である。自然学がなす判断は知性的とはいえ,その考察する事物は感覚による。感覚が正常に働いてこそ我々の知性は正しく働くのである。

　この見解をもとに,トマスはアリストテレスの睡眠と夢の理論を援用しつつ,次のように問題に対して答えている。

　　もしまた蒸発分の運動（motus vaporum）がわずかばかりのものであったならば,表象力（imaginatio）も自由なままにとどまるのみならず,共通感覚（sensus communis）そのものさえ部分的には拘束から解放されているのであって,かくして人は時として眠りの中で,彼の見ているものが夢であることを判断する。いわば,事物と事物の似姿（similitudines）との識別をおこなっているわけである（diiudicans）。とはいってもしかし,部分的にはやはり共通感覚は拘束されたままであり,したがって,…必ず何らかの点において欺かれるものである。——このようにして,だから,睡眠中に感覚や表象力が解放されているような仕方で知性の判断も自由におこなわれることができるのであるが,もとよりそれはすっかりというわけではない。だから,睡眠中に三段論法を操作する人々も,目覚めた時にはなんらかの点で自分の誤っていたことを認めるのが常である。[35]

　共通感覚が完全に正常に働かない場合,同時に,推論をする理性や知性の働きも狂ってくる。眠りが浅い場合に,自らの外部にある対象と知性が対象とするものとが区別されていても,やはり欺かれてしまうの

---

34) 邦訳6巻 p. 283。
35) ST. I. Q. 84. A. 8. ad2；邦訳6巻 pp. 284–85。

第 4 章 作者の発作ないしは方法の危機

である。これは，トマスの人間の本性（霊魂と身体との結合）からして当然のことである。また，トマスは，アウグスティヌスの『八十三問題集』から，対象の感覚が無い場合にもその表象像（imagines）が生じる例として，睡眠中と狂気（furor）の場合をテーゼとしてあげている[36]。そして，トマスにおいて，睡眠の「作動因」（causa efficiens）は「脳から下降する栄養物の蒸気（evaporatio）」である[37]。

夢については，「物体的な精気（spirituum）や体液の場所的変化」[38]から生じる。そして，この「精気や体液の激動（commotio）」が目覚めている場合にも生じ，それは「狂人」（phreneticus）にも見られる通りである[39]。トマスによれば，「精気」は「微細性」（subtilitas）を表わし，「最も微細な蒸発分も」「精気」と呼ばれる[40]。この「精気」は魂が身体を動かす「運動の第一の道具（instrumentum）」である[41]。さらに，トマスにおいて，夢の原因は内的と外的に分けられている。内因は，覚醒時における思惟の状態と同じようなことが眠っている時に「想像力」（phantasia）に起こるという「生命的な」（animalis）ものと，身体の内的配置から想像力においてそのような配置に相応しいある運動が形成されるという「身体的」（corporis）なものである。外的原因は，天空の配置が身体に影響を与える「物体的」（corporalis）なものと，神や悪霊が眠っている人に像を出現させるという「霊的な」（spiritualis）ものである[42]。

以上から明らかなように，夢と狂気は，アウグスティヌスからトマスまでの流れにおいて「黒胆汁」の「蒸気」ないし「精気」による「表象像」に接点を持っている。しかし，夢のメカニズムと狂気のメカニズム

---

36) 第 84 問第 6 項。なお，『神学大全』におけるメランコリーや狂気については，ST. II–I, Q32A7ad3, II–I. Q37A4ad3, III. Q156A1ad2 を参照。また，『睡眠と覚醒について』『夢占いについて』『記憶と想起について』の註解を参照。『睡眠と覚醒について』の註解では，メランコリーの人と夢見る人との違いは，冷却の場が「栄養物の場」（lectio V）か「脳あたりの所」（lectio VI）かの違いである。

37) De Somno et Vigilia, lectio V.

38) ST. I. 111, A. 3；邦訳 8 巻 p. 178。

39) Cf. ibid.

40) Cf.『命題論集註解』第 1 巻第 10 区分第 1 問題第 4 項主文；邦訳 8 巻 p. 416, 註 188。

41) Cf. ST. I. 76, A. 7. ad2；邦訳 8 巻 p. 76。このような魂と身体との合一についての精気の働きについては，『命題論集註解』第 4 巻第 49 区分第 3 問題第 2 項主文を参照のこと。

42) Cf. ST. II–II, Q. 95, A. 6；ST. II–II, Q. 154, A. 6.

が体系的に結びつけられているとは言えない。そして，共通感覚が正常に働かないと，知性もその影響を受けて誤りに陥ることになる。この意味で，覚醒状態と睡眠状態とが区別されているのである。さらに，天空の配置や悪霊が持ち出されるなど，睡眠の原因と夢の原因と狂気の原因は統一的な生理学的原理によってまだ結びつけられていない。

(3) 17世紀の思想とデカルト

17世紀にも体液説は顕在である[43]。まず，デカルト以前の思想を捜査する。

ある教科書がある。それは，デカルトがラ・フレーシュで読んだと推測されているものである。その本によれば，睡眠は「滋養物の蒸気から生じるのではなく，魂自身が脳において精神（動物）精気をその再生へとまた生物の休止と健康へともたらすために生じる」と説くアヴェロエスやガレノスの見解を紹介している[44]。ジルソンによれば，この書物の見解としては，精神（動物）精気が通る管の閉塞で睡眠は起こるとしているが，精気が微小であることを睡眠の原因としており，精気による説明を保持している[45]。しかし，共通感覚の弁が睡眠へのために閉塞するには，特に胃から頭へ上昇する蒸気により，休止を必要としたり，脳が冷却する場合に，蒸気が脳においていっそう濃くなったりするとも書かれている[46]。

このように，生理現象を精気の働きで説明しようとする試みはデカルトに影響を与えたにちがいない。しかし，新たな精気のメカニズムに関係する血液循環説はハーヴェイの『動物における心臓および血液の運動に関する解剖学的研究』（*Exercitatio anatomica de motu cordis et sanguinis*, 1628）を待たねばならず，デカルトもハーヴェイを認める以上[47]，このスコラの書物では血液循環説は完成されていない。さらに，「蒸気」と睡眠（夢）との関係は保持されている。

---

43) Foucault, op. cit., p. 244；邦訳 p. 248。
44) Cf. Conimbrica, De som. et vigil., 3. テクストはジルソンの『インデクス』（*Index Scolastico-Cartesien*, Burt Franklin, 1912, p. 272）による。
45) Cf. Gilson, ibid；op. cit., p. 101–02.
46) Cf. Conimbrica, *De som. et vigil.*, 2；Gilson, op. cit., p. 102.
47) Cf. A Mersenne 1632；AT. VI, p. 50–51.

第 4 章　作者の発作ないしは方法の危機　　　　　　　　143

　さらに，フーコーの『狂気の歴史』によれば，ザッキアス（P. Zacchias）は『法医学にかんする諸問題』（*Quaestiones medico-legates*, 1660–61）を記した[48]。ザッキアスによれば，「狂気（dementia）は脳特有の病気と分別能力の（ratiocinatricis facultatis）損傷とに由来する」[49]。そして，睡眠の段階と狂気の段階が対応される。睡眠の最初の段階では，黒く濃い蒸気が荒れ狂って頭にまで昇ってきて，いかなる像も現われないが，神経を揺り動かす。これは，躁暴性の狂人など（les furieux et les maniaques）の症状に値する。次の睡眠の段階では，その蒸気は澄み，運動が整えられる。この時に，幻想的な夢が見られる。この段階に対応するのが，痴呆（la demence）である。痴呆になると，「真にはない」ありえないことを信じる。最後の段階では，蒸気の動揺は完全にやみ，事物は現実に一致したものとしてはっきり見ることができる。この段階がメランコリー患者の症状に対応すると言う。したがって，「狂人（insanientibus）と睡眠者にと同じように事柄が生じるのである」[50]。さらに，夢には「いかなる錯誤もなく，したがって，いかなる狂気（insania）もな」く，それに肯定否定の判断が加わると，狂気がありうるのである[51]。フーコーによれば，17 世紀において「夢と狂気が，単にそれらの遠く隔たった起源」において把握されるばかりか，夢と狂気はそれらのさまざまな現象と展開と性質そのものとにおいて対照される」関係を持つようになったのである[52]。さらには，17 世紀初頭まで，メランコリーに関する議論は，先のヒポクラテスの四つの体液とそれらの本性による説明に捕われていた。フーコーによれば，ウィリス（1621–75）において，体液の生理学から「ある観念，ある懸念，ある恐怖に関する病理学」に至ったと言う[53]。ウィリスの説明は，動物精気（または化学的蒸気）の酸とその機械論を基にした説明である[54]。

---

　48)　Cf. Foucault, op. cit., p. 139；邦訳 p. 146。ザッキアスの説明はフーコーの解説に負う。
　49)　Cf. Foucault, op. cit., p. 232；邦訳 p. 238。
　50)　Cf. Foucault, op. cit., pp. 257–58；邦訳 p. 261。
　51)　Cf. Foucault, op. cit., p. 259；邦訳 p. 262。
　52)　Cf. Foucault, op. cit., p. 257；邦訳 pp. 260–61。
　53)　Foucault, op. cit., p. 257；邦訳 p. 283；cf. T. Willis, *Opera omnia*, Lyon, 1657.
　54)　Foucault, op. cit., pp. 284–85；邦訳 pp. 289–90。

また，17世紀末のフランス語の辞書（Antoine Furetière, *Dictionnaire universel*, 1690）によれば，メランコリーの意味は，「体液の一つ」（黒胆汁）と現代的な意味の「悲しみ」のほかに，「熱狂のない妄想に存する病気で，通常，明らかな理由もない恐れと悲しみを伴う」と書かれている。この妄想は，人さまざまの体質や考え方によって例が限りなくある。例えば，自分が王だとか王子だとか，予言者だとか，動物だとか信じたり，ガラスのお尻を持っていると思い込んで，座ろうとする度ごとにそれを割るのではないかと心配したりする人などがあげられている。さらに，「古代の人々は，この病気の原因をどす黒い精気や脾臓の蒸気に帰したが，現代のある人々は，その原因をその精気の不純な運動やその酸の成分に帰している」。この思想に至るにはデカルトの生理学を経なくてはならなかった。

デカルトにおいて，夢の生理学的説明は，ギリシア以来の「精気」説，「松果腺」，血液循環を基になされている[55]。現に，『気象学』においてデカルトは水性の「蒸気」と可燃性の「蒸発物」（l'exhalaison）とを区別し，「精気」を後者に入れるが，この区別は先にあげたスコラの教科書と一致している[56]。さらに，デカルトは精気の成り立ちや運動に関して，『気象学』を参照するように言っている[57]。そして，人体において「蒸気」が出てくるのは，血液が心臓の心室に入って膨張し，他の器官に入る場合であり，心臓の熱との関係で持ち出される[58]。「この血液のうち最も活発で最も強力，かつ最も微細な粒子は」脳へと向う[59]。そして，「脳に入り込む血液の粒子について言えば，それらは脳実質を養い，維

---

55) ガレノス（129-199年）からの動物精気説については，次のものを参照のこと。P. Mesnard, op. cit.；G. Rodis–Lewis, *L'Œuvre de Descartes*, Vrin, 1971；邦訳『デカルトの著作と体系』紀伊國屋書店，1990，小林道夫・川添信介訳，p. 484；シンガー／アンダーウッド『医学の歴史I』朝倉書店，1985；シャーウィン・B・ヌーランド『医学をきずいた人々——名医の伝記と近代医学の歴史』上，河出書房新社，1991。

56) Cf. Gilson, op.cit., texte 479：*Études sur le Rôle de la Pensée Médiévale dans la Formation du Système Cartésien*, Vrin, 1930, pp. 102-37；F. Alquié, *Descartes Œuvres Philosophiques*, t. 1. Garnier, pp. 726-29；『デカルト著作集1』p. 325, 註1を参照。

57) Cf. A Vorstius, 19 juin 1643, AT. III, p. 689；『デカルト全書簡集5』pp. 293-94。「自然精気」（spritus naturales）や「生命精気」（spritus vitales）と「動物精気」とをデカルトは分け，前者は血液と変らないと考えている。

58) Cf. LH, AT-XI, pp. 123-27；邦訳［4］pp. 227-30。

59) Cf. LH, AT-XI, p. 128；邦訳［4］p. 230。

持するばかりでなく，そこで《動物精気》と名付けられる一種のきわめて微細な風――むしろ，きわめて活発で純粋な炎と言った方がいいかもしれないが――を産出するのに役立つ」[60]。この動物精気は「血液の形（la forme）を失い」，微細なため，脳の空室に入って，松果腺や神経を往来する[61]。

　睡眠をひき起こすのは，脳髄を満たしたり，脳の孔を開いた状態にしたりするのに十分な精気がない場合である[62]。松果腺と脳の空室とをつなぐ神経の糸すべてを精気が張り詰めている場合には，覚醒状態であり，眠って夢を見ている状態は，一部の神経の糸が張り詰めているが，他の糸がたるんでいる状態である[63]。

　　《夢》（des songes）についていえば，それは，一部は腺Hから出てくる精気の間にある力の差異に依存し，一部は記憶（la Memoire）のところにある刻印（des impressions）に依存する。したがって，夢で見る像（les images）が，覚醒時に作られる像よりはるかに分明で生き生きとしているという点を除けば，夢は，前に述べた，目覚めて空想している人の想像力（l'imagination）中に時折形成される観念と何ら異なるところはない。夢の像の方が鮮明な理由は，同じ力が働くにしても，眠っている時の方が，図39に見られるように，まわりを囲む脳の部分がたるみ，ゆるんでいるために，前の諸図に見られるように緊張している場合よりは，像を形成するのに役立つ，2，4，6のような小管とa，b，cのような孔がより大きく開くことができるからである。[64]

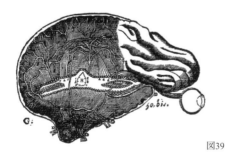

図39

ここで言われている「観念」(des idées) は,「精気が腺Hから出る時に受けることのできる刻印すべて」のことであり,「その刻印は,対象の眼前に依存する時はすべて共通感覚に帰されるが」,他の原因の場合は,想像力に帰されるのである[65]。したがって,『人間論』が対象とする「観念」は形而上学における思惟のあり方としての「観念」とは異なる。夢は,「記憶」という器官にある「刻印」が「想像力」に描きだされた空想の「像」であり,その根底にはただ精気の働きのみがある。

「気の狂った人」(un homme insensé) については,デカルトはほとんど説明することがない。『人間論』において,脾臓からの「蒸気」が関係するという記述はない。脳実質を浸す血液の具合や養分の取り具合による蒸気や動物精気の量や運動の仕方から説明されるだろうと読者が推測できるぐらいである[66]。さらに明確に『情念論』では,覚醒時の幻想も,「精気が多様な仕方で刺激」されることで生じると説明されている[67]。

人の気質については「精気の量,大きさ,形,力」によって説明されている。精気が豊富であれば,「善意」(la bonté) や「気前よさ」(la liberalité) などを示す運動が人体という機械の中に生じるし,精気の粒子が強力,粗大であれば,「自信」(la confiance) などを,その粒子の形,大きさ,力が均質ならば,「恒常心」(la constance) を,粒子が激しく動揺すれば,「機敏」(la promptitude) などを,その運動が一定ならば,「精神の平静」(la tranquillité) を引き起こすことができる。「逆

---

60) Cf. LH, AT-XI, p. 129；邦訳 [4] p. 231。
61) Cf. LH, AT-XI, p. 129；邦訳 [4] p. 232。
62) Cf. A Vorstius, 19 juin 1643, AT-III, p. 688；『デカルト全書簡集 5』pp. 293–94；A Newcastle, avril 1645, AT-IV, p. 191；『デカルト全書簡集 6』p. 234。
63) Cf. LH, AT-XI, pp. 173–74；邦訳 [4] pp. 265–66。
64) LH, AT-XI, pp. 197–98；邦訳 [4] pp. 283–84。
65) Cf. LH, AT-XI, p. 177, l. 6–13；邦訳 [4] p. 268。
66) Cf. LH, AT-XI, p. 200, l. 6–13；邦訳 [4] p. 285。『情念論』では体液説を取っている箇所もある。例えば,憎しみが黒胆汁を心臓から動脈を通じて,すべての静脈に行き渡らせて,顔色を鉛色にすると書かれている (Cf. PA, a. 184；199；202)。また,憎しみを持つ時,胆汁の苦みと脾臓の酸味とが血液に混ざることで,脳に入る精気は少なく質も異なり,臆病になると書簡では書かれている (Cf. A Chanut, 1 Fevrier 1647, AT-IV, p. 615；『デカルト全書簡集 7』p. 246)。これらの場合,情念から胆汁の分泌へという道筋であり,「蒸気」は使われていないし,あくまで情念の説明は「動物精気」が中心となっている。
67) Cf. PA, a. 21；邦訳 [3] p. 176。Cf. PA, a. 26；A Elisabeth 6 Octobre 1645, AT-IV, p. 311；『デカルト全書簡集 6』p. 354。

に，精気にこれらの性質が欠けていれば」，「悪意」（la malignité），「臆病」（la timidité），「移り気」（l'inconstance），「鈍重」（la tardiveté），「不安」（l'inquietude）を示す運動をその機械の中にひき起こすことができる[68]。そして，「陽気な気質」（l'humeur joyeuse），「沈んだ気質」（l'humeur triste），「怒りやすい気質」（l'humeur colerique）は以上の性質の複合で起こる[69]。また，『解剖学』においては，鈍い（pinguis）精気と活動的な（acer）精気が結びつけられると，「メランコリーの気質」を形成すると書かれている[70]。

この説明は，ヒポクラテス以来の「体液説」による気質の説明に対応しているように見える。しかし，この説明に見られるように，体液による四つの気質の区分，「多血質」，「胆汁質」，「憂鬱質（黒胆汁質）」，「粘液質」は，すでにデカルトにおいて崩れていて，動物精気の機械論的な説明に終始している[71]。

さらには，狂気を引き起こす「蒸気」は『人間論』において出てこないし，『情念論』において出てくるのは，涙や汗になる「蒸気」のことである。「黒い胆汁」からの蒸気は出てこない[72]。また，『解剖学』（Anatomica）でも，夢や気質の説明に出てくるのは，vaporではなく，spiritusである[73]。

しかし，「屈折光学」（La Dioptrique）第6講においては，次のように書かれている。

> ときとして視覚がわれわれを欺くことが起こるのはなぜか，その理由をここでもう一度よく考えていただきたい。第一に，見るのは魂

---

68) Cf. LH, AT-XI, p. 166, l. 14–p. 167, l. 7；邦訳 [4] pp. 259–60。『情念論』では，いろいろな情念の説明に「精気」だけが使用されている。
69) Cf. LH, AT-XI, p. 167, l. 8–22；邦訳 [4] p. 260。
70) Cf. Anatomica, AT-XI, p. 599.
71) 16世紀末から，あらゆる精気を「動物精気」のみに還元しようとする傾向はあった（Mesnard, op. cit., p. 286；Rodis–Lewis, op. cit., t. 2, p. 498；邦訳 p. 484。Conimbricaも，精気の働きから情念を説明しようとしている（Conimb., In lib. de Vita et Mortem, 6；Gilson, op. cit., p. 103）。この流れの中にデカルトもいたと考えられる。
72) 『哲学原理』では，地球の物質の説明で，vapor, spiritus, exhalatio（蒸発物）がいっしょに出てくるが，人体の説明では，spiritusだけになってしまう（PP. IV. 70, 190）。
73) Cf. Anatomica, AT-XI, pp. 598–99, 606.

であって眼ではなく，しかも魂は直接にではなく脳を介してしか見ないからである。したがって，狂人（frénétiques）や眠っている人は，その眼前にはまったくないものをしばしば見たり，見ると思ったりするのである。すなわち，或る水蒸気（vapeurs）が脳を動かして，普通は視覚に使われている脳の部分の水蒸気を，対象が眼のまえにあるときと同じように配置する場合である。[74]

frénétique とは，この時代の意味としては，「脳の病気に関係する妄想状態」である[75]。デカルトによれば，我々は脳の蒸気の配置によって対象を見ていることになる。脳に或る障害があれば，その障害如何によって，夢を見ているのと同じように，現実には目の前にないものも見えたりする。ここで興味深いのが，精気を使わずに蒸気のみを用いて，説明している点である。肝臓に由来するメランコリーとは異なるものの，frénétique は夢と同一視されている点で，懐疑理由にふさわしいとも言える。デカルトは懐疑において frénétique を用いなかったが[76]，蒸気による狂気の説明では一致しているのである。

ただし，デカルトが「蒸気」を自説に反するものとして記述している箇所が『省察』にある。それは自分が精神のみであるかを考察している場面である。

> 私は，もろもろの肢体の，人体と称させられている，あの集合体ではない。私はまた，それらの肢体に注ぎ込まれている何か希薄な空気でもなく，風でもなく，火でもなく，蒸気でもなく，息でもなく，私の仮想するもののどれでもない。[77]

かつての人間の生命観を持ち出し，「私」がそのような人体や生命と見られたものではない，と語られている。この点において，「蒸気」は過去の知と現在の知の交差点にあると言えよう。

---

74) LD, discours VI, AT-VI, p. 141；邦訳［1］p. 153。
75) Cf. F. Alquié, *Descartes Œuvres philosophiques*, Garnies, 1963, T. I, p. 710.
76) Luynes 公の仏訳でも，insensés である（Cf. AT. IX-1, p. 14, l. 24）。
77) PM. II, AT-VII, p. 27；邦訳［2］p. 41。

以上から明らかなように，デカルトにおいては，夢はすべて精気や蒸気の運動と機械である身体との関係によって説明されている。アリストテレス，トマスに較べると，機械論が顕著であり，その精気の運動が心に影響を与えることも説明されている。確かに，同時代のスコラの精気説の影響が見受けられるが，それと較べると，血液循環と動物精気と「松果腺」との機械論的なシステムが主張されている。スコラの生理学とデカルトのそれとはかなり似ているが，デカルトはまさに最も微細な「精気」を原理として，血液循環説を採ることで，前者の生理学をさらに統一的な機械論へと導こうと意図したと言ってもいいだろう。ただ，狂気に関しては，蒸気による一般的な説明が端的に採用されている。さらには，メランコリーについての生理学的な説明はなされていない。

以上より，「第一省察」で使用された「蒸気」はデカルト哲学特有とも特有ではないとも言えるものであった。彼は狂気の詳細な生理学的説明を避けているのである。ただし，狂気と夢とを結びつける手段はアリストテレスからよく使われてきたものであった。しかし，覚醒と夢と狂気とを体系的に結びつけることで，懐疑理由を説明する方法は独自のものであった。このことは何を意味しているのであろうか。

2　作者の発作，もしくは作者の危機

(1) フーコーとデリダ

当のデカルトのテクストに戻って，彼がなぜその「蒸気」を使用して懐疑を構成したかをフーコーとデリダとの論争を手がかりに再考してみよう。

フーコーは『狂気と非理性——古典主義時代における狂気の歴史』において，デカルトの「第一省察」において狂気は追放されていると主張した[78]。そして，この狂気の排除を17世紀中期における狂人たちの「大監禁」につなげたのである[79]。フーコーによれば，デカルトの懐疑において夢と狂気は同じ役割を持たない。夢見ていることは正当な懐疑理

---

78) Cf. Foucault, op. cit., pp. 56–58；邦訳 pp. 65–67。
79) Cf. Foucault, op. cit., chapitre II.

由となるのに対して,「思惟している私,その私が狂うことはあり得ない」[80]。

デリダは,これに対して,狂気は排除されたのではなく,疑いの理由として不適切だから無視されただけのことだと反論した。狂気は感覚的錯誤の一例にすぎず,それより普通で普遍的な経験として,夢の経験が必要となる。こう見ると,夢見る人は狂人以上に気が違っている。さらに,気が違っている者は常に誤るとは限らないが,教育的な領域では,そのような者に従おうとする者は誰もいない[81]。このような理由から,デカルトは狂気よりも有力な懐疑理由となる夢を選んだというわけである。しかし,この解釈では,狂気は身体に起因するになり,フーコーの狂気の排除は正しいのではないか。これに対して,デリダによれば,デカルトは「悪霊」の仮説によって,感覚の部分的誤謬の例から「全体的な狂気の可能性」に至ると言う。すなわち,夢におけるような「身体や対象の混乱」が問題ではなく,数学的真理のような「純粋に知性的な対象」にまで混乱をもたらす狂気の可能性が「悪霊」の仮説で問題となる[82]。このように狂気をまきこんだコギトの行為は,私が狂っていようがいまいが妥当するのである。しかし,誇張的懐疑の先端に至るコギトを「反省し,記憶にとどめ,伝達し,その意味を伝えるには,実際に狂人であってはならない」[83]。すなわち,哲学的なディスクールは狂気を免れていなければならないことをデリダは認める。この点において,デリダはフーコーが狂気を「仕事の不在」と規定したことに同意するのである[84]。ただし,デリダにとって,狂気は「言語活動に対立する沈黙」である[85]。コギトを言葉にする瞬間から,コギトの行為は「理性的な理性

---

80) Foucault, op. cit., p. 57;邦訳 p. 66。

81) Cf. J. Derrida, *L'Écriture et la Différence*, Seuil, 1967, pp. 78-79;邦訳『エクリチュールと差異』上,法政大学出版局,1977年,99-100頁。なお,ラテン語原文とフランス語訳との異同をめぐる問題などは,田島節夫「デカルトの理性と狂気」,『哲学誌』15巻,東京都立大学哲学会編,1972;伊藤勝彦「コギトと狂気の歴史」,『夢・狂気・愛』新曜社,1977;財津理「懐疑と〈コギト・エルゴ・スム〉」,『中央大学文学部紀要』v. 32, 1986;箱石匡行「フーコーとデカルト——理性と狂気」,『岩手大学教育学部研究年報』v. 55 (1), 1995を参照のこと。

82) Cf. Derrida, op. cit., pp. 81-2;邦訳 p. 102。

83) Derrida, op. cit., p. 89;邦訳 p. 112。

84) Derrida, op. cit., p. 83;邦訳 p. 104。

85) 田島, op. cit., p. 7。

第 4 章　作者の発作ないしは方法の危機　　　　　　　　　　151

の行為」[86)]となり,「ロゴスの動きに一体化」することで,「時間の作用そのものの動き」となる[87)]。この侵入して来るロゴスの暴力によって,ロゴスそのものがその起源を狂気と同じくし得ることを忘却してしまう。すなわち, 危機の意識である「理性の危機」(Crise de raison) は, 狂気としての危機を追いやりつつ忘却する「理性の発作」(des crises de raison) と等しいのである[88)]。

　このデリダの反論に対して, フーコーはさらに反論した。夢は狂気をしのぐ力を持つが, それと同時に夢は何回も繰り返され, 多くの思い出によって提示され, 私に身近なこととして経験される[89)]。鮮やかな夢の記憶によって, 夢と覚醒との区別の基準が消滅するのである。他方, 私が狂人であると確信させるのは, 彼らをまねることではない。気が違っているのはそのまねるという計画ないし考えにすぎないので, 私は気が違っているという確認はできず, 狂人との差異しか確認されない[90)]。この差異は狂人に使われる言葉からも明白である。「気のおかしくなった者」(insanis) とは日常語にも医学用語にも属し, 自分を自分でないとみなしたり, 妄想を信じたりする人々のことである。テクストにおいてその後に出てくる「正気を失った者」(amentes) と「狂人」(demens) とはまず法律用語であって, 自分の権利を行使できないもの,「資格剥奪」された者である。すなわち, 私の身体を疑うくらいなら, 自分を「気のおかしくなった者」とみなさなくてならないが, 彼らのように行動するなら, 私は「狂人」扱いされ, 法律的に資格を剥奪されるだろう, ということになる[91)]。したがって,「狂人」として私は省察を続けるわけにはいかない。逆に, 夢を見るふりをすれば, 私は省察し, 理性を働かせることができる[92)]。さらに, デリダの言う「全体的な狂気」としての「悪霊」が狂気の力を持つのは,「狂人であるかもしれない危険が省察の実

---

86)　Derrida, op. cit., p. 89：邦訳 p. 112。
87)　Cf. Derrida, op. cit., p. 94：邦訳 p. 104。
88)　Cf. Derrida, op. cit., p. 97：邦訳 p. 121。
89)　Cf. フーコー「私の身体, この紙, この炉」邦訳 op. cit., pp. 590–93。
90)　Cf. フーコー, op. cit., pp. 593–96。
91)　これらの語の区別については, 所雄章『デカルト『省察』の (共同作業による) 批判的註解とその基本的諸テーマの問題論的研究』昭和 60 年度科学研究費補助金 (総合研究 A) 研究成果報告書 pp. 17–18 も参照。
92)　Cf. フーコー, op. cit., pp. 596–98。

行によって排除されてしまったのちのことなので」あり[93]，その場合も，その悪霊の罠に対して，私は錯覚をそのまま信じる狂人と異なり，理性的であり続けるのである。したがって，省察を実行する主体にとって狂気は排除されていたというわけである。

　田島節夫によれば，フーコー自身，デカルトが自らを狂人だと考えている可能性を認めたうえで，狂気の排除をおこなっている。さらに，「手もなく，眼もなく，肉もなく，血もなく，何らの感覚ももたず，ただ誤ってこれを所有しているつもりである」という「悪霊」の仮説は，「狂気との明らかな親近性を見せる」[94]。この点において，フーコーには分が悪い。他方，デリダは「純粋な狂気を沈黙とみなし，言語表現にはそれ自体正常性が含まれるとする」が，デカルトのテクストのなかでの狂人は沈黙していない[95]。デカルト自身，狂気を排除したとも受け入れたとも言っていないし，思考と狂気と言語の関係も語っていない。したがって，デリダの見解もデカルトに関して不十分である。

　このことから，田島はデカルトの言語論を『方法序説』第五部をもとに考察する。

　　まことに注目すべきことに，さまざまな言葉を組み合わせて，自分
　　の考えを理解させるように言語表現を組み立てることができないほ
　　ど愚かで鈍い人間はおらず，狂人（insensé）もその例外でないのに，
　　これに反して他の動物は，あたうかぎり完全で幸せに生れついたも
　　のでも，同様なことができるものは一つとしていない。[96]

　この箇所から，人間は狂人であろうと聾唖者であろうと言語をもち，理性を所有すると言える[97]。したがって，狂気は言語表現を欠くものとみなすことは必ずしもできない。しかし，ある書簡では，「狂人（fou）

---

　　93) Cf. フーコー，op. cit., p. 609。
　　94) Cf. 田島，op. cit., pp. 12–13。
　　95) Cf. 田島，op. cit., pp. 13–14。
　　96) *Discours de la Méthode*, AT-VI, p. 57. 訳はほぼ田島に従う。
　　97)「第四答弁」でも，思惟する力は狂人たちに消滅しているのではなく，障害を受けているだけであり，思惟する力は身体的器官なしにも存在すると言われている（Cf. AT. VII, p. 228；邦訳 [2] p. 277）。

の言葉」も「情念と関係なく作られる言葉やその記号」であるが，狂人の言葉は理性に従っていないと書かれている[98]。一見すると矛盾しているように見えるデカルトの見解について，田島は真理を二つに分けて考察する。すなわち，「(一) 表現された個々の感覚的内容をもつものが真であること，すなわち特定の事実と一致していることを意味する」真理と，「(二) そのような真偽の如何に拘らず，それらを構成する単純で普遍的なものの水準において，常に保持されているような真理」である[99]。狂人においては，(二) の「言語表現としての普遍的規則に」かなっている真理は保持されるが，(一) の真理の判別が保持されていないのである[100]。したがって，先の矛盾は解消されるわけである。

デカルトにおける言語の問題としては田島説におおよそ賛成であるが，理性を持った主体，言語を自由に使用する主体の基盤は懐疑においては全面に出てこない。さらに視点を変えれば，(二) の「普遍的規則」を違反する可能性を，「悪霊」がとりつく主体に帰することもできる。ひとり考える省察者と読者を前にする作者とはレベルを変えて考察する必要があるかもしれない。デリダの言う「全体的狂気」は前者の主体に可能なことかもしれない。狂気の排除をフーコーが当時の社会から取り出した「監禁」とは別の所に，作者としてのデカルトの在所を見出さなくてはならないのではないか。そのために，デカルトのテクストを調査してみよう。

(2) 良識の哲学

『省察』以外の哲学書においてメランコリーは次のように現われている。

まず，デカルトの若き日の作品『規則論』では，次のように書かれている。

　…最後に，メランコリーの人に (melancholicis) 起こることである

---

98) Cf. A Newcastle, 23. Novembre. 1646, AT-IV, pp. 574–75；『デカルト全書簡7』p. 203：田島，op. cit, p. 18。
99) Cf. 田島，op. cit, pp. 19–20。
100) Cf. 田島，op. cit, p. 20。

が，想像力の障害のために，彼の混乱した表象（phantasmata）が真のものを表象していると考える場合などに，われわれは誤りに陥りがちである。しかし，これらのことは智者の（sapientis）知性を欺くことはない。というのは，彼の知性が想像力から受け取るものはすべて，なるほど想像力において描かれていると彼はまさに判断するだろうが，…彼はそのものがそっくりそのままいかなる変化もなしに外的事物から感覚へ，そして感覚から想像力へと移行してきたとは決して主張しないだろうからである。[101]

ここで，「メランコリーの人」は先の気質とはことなり，幻想を本当のものとみなす狂人に近い意味で表われている。原因は，器官としての「想像力の障害」である。この障害のため，自分の体がガラスだとかかぼちゃだとかに本当に見えてしまい，そう思い込んでしまうのである[102]。ここで重要なのは，「智者」がそのような狂気に惑わされないことが主張されていることである。理性のみに従うものは単なる見えにだまされてそう主張することはないのである。

次に，「メランコリーの人」は『真理の探求』の懐疑においても現われる。

さらに話を進めて，これまで君は，自分が水差しであるとか，自分の身体の一部が途方もなく大きいとか考えている，メランコリーの人（melancholiques）に出会ったことがないかどうかお聞きしたい。こういうメランコリーの人は，それらのことを想像しているとおりに，見たり触れたりしているのだと判断するでしょう。もしも，正気の人（un honnête homme）に向って，彼らメランコリーの人と同様に感覚や想像力が表象するものに頼っているのだから，あなたもまた，自分の信念に確信をいだくための理由としては，彼らのもっている以上の理由をもちえぬわけだ，と言ったりすれば，相手を怒らすことになるのは事実です。けれども私が君に向って，君はすべ

---

101) RG. XII, AT-X, p. 423：邦訳［4］p. 73。
102) フーコーによれば，17世紀初頭のフランスでは，何人かの狂人は本を書き，出版していた（Cf.『精神疾患と心理学』神谷美恵子訳，みすず書房，1970, pp. 118-19）。

第 4 章　作者の発作ないしは方法の危機　　　　　　　　　　155

ての人と同じように眠りにおちいることはないのか，そして眠っている間に，私を見ているとか，この庭を散歩しているとか，太陽が自分を照しているとか，つまり，いま君がまったく確実だと信じ込んでいるすべてのことを，考えうるのではないか，とたずねるからといって，君は腹を立てるわけにはゆかないでしょう。[103]

　ここでも，狂気（メランコリー）と夢見る人は，想像の表象するものを信じてしまうという点でつなげられている。この点で，狂人と夢見る人との仮説は同等であり，狂人は数学の問題で簡単な計算間違いをする人と同じである[104]。この同等性に着目すれば，フーコーよりデリダに分がある。しかし，狂人が理性を持っているという点で二人ともデカルトにそぐわない。狂人から夢見る人への移行の理由は，「相手を怒らす」ことを回避するということである。では，「相手」のいない『省察』では，ここでの話「相手」は何にあたるのであろうか。それは「読者」か「私」か。それは両者であり，両者でないと答えよう。自分が狂っているかもしれないと不安をいだくことはありうるし，他人に対しての場合も同じである。しかし，自分の考えをうまく伝えようとする場合，その話が狂っている者の話と受け取られたりしては困るし，読者に対しても，その読者が少なくとも真偽の判断をつけられる者であることを作者は望む。夢に話を持っていくのは，懐疑のような理不尽な状況に登場者を巻き込むと同時に，読者には語り手の論理を納得させるためでもある。これらの二重性を狂人と夢のエピソードは引き受けているのである。この二重性をフーコーは気づいていたが，省察する主体として一つにしたのは問題がある。逆に，狂気を沈黙に帰するデリダの見解もデカルトについては不十分である。懐疑理由はデカルトの見解と伝統的見解が交差するところに立てられている。すなわち，デカルトは自分と過去のエピステーメーの交差する蒸気の理論を用いることで，自らと読者への理論的説明を保持したのである。形而上学的著作における作者と読者のルールが垣間見えてしまうのが，狂気の懐疑であり，作者が発作的に

---
103) RV, AT-X, p. 511；邦訳［4］pp. 311–12。
104) 実際，『方法序説』では数学の問題の計算間違いの可能性からすべてが夢である可能性へと議論が移っている（Cf. AT-VI, p. 32）。

その身分の危うさをあらわにしてしまう瞬間なのである。

(3) 説得としての懐疑

　夢と狂気が共通感覚を冒し，論理的操作にも影響を与える説に対し，デカルトは，身体が破壊されようと，そのような操作や概念を作者の身分において保持することで，夢の懐疑を終え，自然学と数学へと移っている。また，デカルトは狂人にもわずかばかりの普遍的な理性を残した。デカルトが出所の不透明な「蒸気」を使用したのは，自らの理性を退場させるためではなく，自らを含めた医学に通じた人たちを納得させるためであり，形而上学を基にする自然学を先取りし，保全するためでもあった[105]。フーコーもデリダも，自らの哲学的見解に拘泥してしまった。特にフーコーは17世紀とデカルトの革新性を知りつつも，デカルトの懐疑（哲学全体）における新たな学問へのインテンションを無視してしまったのである。もしも，懐疑主体に現代的意味での精神病をあてはめるなら，それは理性的知識を保持しつつも，持続する主体が見出せなく，身の回りのものがすべて空虚に見える「離人症」に例えられるだろう[106]。自分を取り巻く過去・現在の知（エピステーメー）に疎外感を感じ，その知（エピステーメー）の中で自分自身の同一性も失っている状態が，懐疑主体の状態なのである。確かに，先の「第一省察」の箇所で生理学的説明をしながらも，「精気」（spiritus）を使用しなかったのは，単に普通の言い方をしたのか，レトリックのためか，その言葉が「精神」をも意味するので使うのを避けただけかも知れない[107]。しかし，学の統一を目指すあまり，心身分離を基礎にする精気の生理学（これがいかにスコラに近いものであっても）を懐疑に出すことを避け，出所の分からずに有り体に言われる生理学を念頭において，次の段階の懐疑の隠れた対象（自然学）にデカルトはしたのではないだろうか。先の「蒸気」

---

[105] 懐疑の対象となる数学がデカルト自身の数学ではなく，中世の数学であり，そこからのパラダイム・シフトを主張する点については，本書次章を参照。

[106] 離人症については，木村敏の『自分ということ』（ちくま学芸文庫, 2008）や『自己・あいだ・時間——現象学的精神病理学』（ちくま学芸文庫, 2006）などを参照。

[107] エゴの発見において，「私はそれらの肢体に注ぎ込まれた何か希薄な空気でもなく，風でもなく，火でもなく，蒸気でもなく，蒸発物（halitus）でもない」（AT-VII, p. 27）と言われており，「蒸発物」はあるのに「精気」は出てきていない。

とは，物質であるとともに，実は身に染みた過去・現在の知のあり方でもあったのではなかろうか。その蒸気にあてられて，懐疑主体は目の前にあるものをそのまま受け入れたり，数学的操作や概念を理由もなく正しいと信じたりしてしまう。「欺く神」や「悪霊」はそのような土壌に育った精神に知的ないし数学的な夢を見させ続ける原因である。過去の理性を疑い，途方もないことを考える懐疑主体も普遍的理性を持ち続けるし，書く主体は社会と他人を対象とし，普遍的理性，論理，倫理とともにある。この二つの主体が交わる場が，コギトである。

　しかし，デカルトにおいて，夢と覚醒と狂気は同じメカニズムを持っていることを考えてみると，デカルトの理性も狂っていないとは絶対的には言えない。このことをデカルトは神の誠実によって主張しようとしたが，以下で見るように，いわゆる「デカルトの循環」という批判を招いた。形而上学は一つの，いや無際限の夢なのかも知れない。自らの体系を自らの原理で証明しようとすれば，それは循環を招くし，パラダイム・シフトが果てしなく起きることが可能だからである。

結

　メランコリーがギリシア時代からデカルトの時代までの生理学的な規定を受け，胆汁に由来するものだとしても，懐疑におけるデカルトのねらいは，先入見は捨て，新たな形而上学の原理を見つけ，その原理をもとに新たな機械論的な自然学への途の一歩を開くことであった。身体の欠陥から影響を受け，感覚と想像に訴える「精神」を捨てる必要があったのである。確かに，デカルトの生理学は過去の知を相続している面があるが，それに新たな土台による基づけと機械論的な綿密さを吹き込んだ。この微妙さを「蒸気」という曖昧な言葉で言い表し，過去と現在をつなごうとしたのである。また，異常な考えを打ち出すことは狂気に見られる可能性があるので，作者としてのデカルトは論の正しさを宣言する必要があった。しかし，身に染み込んだ知を拭おうとする省察者としてのデカルトはその狂気の可能性を夢として引き受け，省察を続けるのである。感覚を疑うという狂気の沙汰を科学（理性）的説明で解消して

見せることが問題だったのである。
　懐疑のすえ，見出されたコギトや「精神」の本性も「私」においてのみ確実であり，絶対的には狂っていないとは限らない。神のみが言語表現ないし理性を保証してくれる。この意味で，デリダの狂気を取り組む懐疑の解釈は正しい。他方，懐疑においても，主体はたえず理性的に語っているので，コギトにおいて一挙に理性の発露が起きたとは言えない。懐疑において語り，書く主体は読者を対象とし，倫理を意識せざるを得ない。この語る主体の配慮は，「欺く神」の仮説を提出しながら，躊躇し，「悪霊」の仮説を持ち出す場面にも現われる。形而上学的真理を探求する省察の場面で，説得のための論理や倫理は暗黙のうちに取り入れられている。この意味で，フーコーの懐疑からの狂気の排除は正しかったのである。この理性的に考えている作者のあり方が，コギトを機（基）にそれと重ね合わせて省察者に発作的に現われるのである。したがって，デカルトはコギトを推論として語ることを当然としている[108]。理性はそれ自体では仮定的な妥当性しか持たないのである。
　以上から明らかなように，「第一省察」における「蒸気」は狂気を呼び込み，その生理学の身分は宙に浮かんだままであるが，現に論を進めて文章を書き進め，真理を宣言する隠れた理性に，この「蒸気」が及ぶことはない装置が仮に置かれている。そして，エゴが見出される懐疑主体において，書く主体のレベルにある理性こそが現われていないのである。その理性は表象されていない。しかし，その理性が生み出す論理や倫理のいろいろなあり方は狂ってないと宣言する人間理性をはるかに越えた存在の保証がない限り，学全体に及ぶ病の発症になる。しかし，その保証を理性で証明する限り，その理論も狂気に陥る可能性がある。デカルトは自らの理論であるとともに，当時において一般的な見解であった「蒸気」を使用した。その「蒸気」を煙幕に用いて，懐疑という舞台に登場しているはずの主人公の存在と意義とを見通せなくしたのである。つまりは，作者の正常さを維持しつつ，読者の先入見を追い払い，省察者である「私」を新たな理性へと邁進させていくのである。懐疑主体は仮定（未知のもの x）として設定して，過去の知のあり方を分析し

---

[108] 本書第Ⅱ部第4章を参照。

ていることが確認された。
　次に，懐疑全体が方法を基にして何を標的としているのかを調べてみよう。

第5章

精神を感覚から引き離すこと
――トマスの抽象とデカルトの懐疑――

序

　それでは，デカルトの懐疑はどこまで及ぶのか。この問題は無意味に見える。というのは，デカルトの懐疑は，どれほど疑っても絶対に疑うことのできないものがあるかどうかを問う普遍的懐疑だからである。しかし，知の探求は無から始まるのではない。懐疑を支える言語や論理まで疑うことは本当にできるのか[1]。さらに，懐疑の射程を曖昧にすることは，デカルトの置かれた思想的状況，デカルト哲学が持つ特殊性を無視することである。では，論理法則のような理性的知識の前に，デカルトの懐疑は無力であったのか。

　本章の意図するところは，「以前から持っていた諸々の知識の基礎」と懐疑遂行のための推論，もしくは神の誠実が確立するまでの議論とを分けることによって懐疑の意図を明らかにし，すべてを疑いつつもその議論そのものは疑われないというジレンマを解決することにある。この解決法は，はじめに述べた懐疑の方程式がどのようなもので，その解がその方程式だけでは見出せないことを明らかにしてくれるとともに，新たな方程式を見出す役割を果たすであろう。

　順序として，はじめに懐疑の射程に関するデカルト研究者の見解を紹介する。次に，オルソンの見解を検討する。オルソンによれば，「諸々

---

1) Cf. 山田弘明『デカルト『省察』の研究』創文社，1994, p. 9。

の知識の基礎」の代表としてトマスの抽象理論が取り上げられ,「夢の懐疑」と「数学の懐疑」との区別がトマスの抽象の区別に対応している。この場合,デカルトの懐疑の対象はトマスの抽象からの知に限られ,論理法則には及ばないことになる。最後に,著者自身の観点から,トマスにおける論理法則の認識とデカルトにおけるそれとの差異を考察する。この差異を見逃したという点で,オルソンの見解は批判される。

　このような過程から,興味深い結果が出てくる。通説では,感覚や想像力を疑う段階,すなわち夢の懐疑理由が成立した段階で,精神は感覚から引き離された,と考えられてきた。しかし,デカルトは懐疑全体を「精神を感覚から引き離すのに最も容易な途を整える」[2]とまとめている。数学の懐疑の根幹にも懐疑全体を支える「精神を感覚から引き離す」ことがあるに違いない。数学の懐疑の意味がトマス的抽象理論を徹底的に批判し,新科学樹立のための心身二元論を確立することにあることがこれからわかるであろう。

1　数学の懐疑をめぐる諸見解

　「第一省察」における数学の懐疑は一体何を疑ったのか。この問いに対する答えの糸口を見つけるために,研究者の見解を通覧してみよう[3]。

(1) 操作的解釈

　まず,操作的解釈がある。デカルトによれば,数学的真理が疑わしいのは「二に三を加えたり,四角形の数を数えたりする…たびごとに誤りもするように神はなした」[4]可能性があるからである。すなわち,「2 + 3 = 5」をひとまとまりのものとして精神の運動なしに直観するのでは

---

　　2)　PM, Synopsis, AT-VII, p. 12.
　　3)　Cf. A. Gewirth, "The cartesian cercle reconsidered", *The Journal of Philosophy* (47) 1970. 他の研究者の見解については,「デカルト『省察』の（共同作業にる）批判的注釈とその基本的諸テーマの問題論的研究」昭和60年度科学研究費補助金（総合研究A）研究成果報告書, pp. 37–40 を参照。
　　4)　PM. I, AT-VII, p. 21.

なく[5]，数えるという操作（精神の運動ないしその結果）に神の欺きが介入していると解釈することが可能である。この解釈のうち最も有名なものは，ゲワースによれば，懐疑は直観したという記憶ないし直観しているように思えるものにのみ関わり，純粋な直観の内容には関わらないという解釈である[6]。

この解釈の欠点は次の通りである。まず，デカルトのテクストにおいて「～たびごとに誤る」と書かれているように，懐疑は明証性の記憶のみではなく，現時点での明証的認識にも関与している。次に，神の保証が及ぶのは直観されない操作ばかりでなく「明晰判明に知られるすべてのもの」にも拡がるとデカルトは記している[7]。したがって，実際に直観されるものが欺く神によって疑わしいものとみなされている。このように，現前する明証性は懐疑を免れているという解釈は，「直観的確実性の説明と形而上学的確実性の説明を区別していない」ことから生じる[8]。直観的確実性は，それ自体では認識における真理の十全な保証とはならないのである。

(2) 概念的解釈

次は概念的解釈である。ミラーによれば，数学の命題は定義不可能な単純本性の結合によって成り立っている[9]。この意味で，数学の命題は分析的ではなく総合的である。この解釈によれば，欺く神という懐疑理由が関わるのは単純本性の必然的結合の妥当性である。その結合の必然性が神の意志次第であるとすれば，その結合が実際に必然的であるかどうかを知る手段は人間にはない[10]。したがって，この概念的解釈は操作

---

5) Cf. RG. III, AT-X, pp. 369–70.

6) ジルソンによれば，「懐疑は数学の証明についての現実的な直観をここでは対象とせず，かつて証明したかのように見える諸根拠の記憶を対象としている」(E. Gilson, *René Descartes, Discours de la Méthode, Texte et Commentaire*, Vrin, 1925, p. 29. Cf. Gewirth, op. cit., p. 671)。久保田進一「デカルトにおける「数学の懐疑」をめぐって」，『中部哲学会紀要』no. 29, 1997 もゲワースを参照にしている。

7) Cf. PM. II, AT-VII, p. 36, 70, 143；Gewirth, op. cit., pp. 671–72.

8) Cf. Gewirth, op. cit., p. 672.

9) Cf. L. G. Miller, "Descartes, mathematics, and god", *The Philosophical Review* (66)1957, pp. 451–65；Gewirth, op. cit., pp. 672–73；A. B. Gibson, *The Philosophy of Descartes*, Methuen, 1932, p. 309；Ch. Serrus, *La Mèthode de Descartes*, Alcan, 1933, pp. 52–53.

10) Cf. Gewirth, op. cit., p. 672.

的解釈と異なり，数学の命題が直観される場合もその命題は疑われ，神の誠実を必要とする[11]。

しかし，この解釈をとると，命題が分析的で矛盾律に還元されるような場合，その命題は疑われないことになる。ところが，デカルトの主張するところによれば，「明瞭な矛盾を私がその中に認知する」命題として，「二に三を足しあわせると五より大きかったり小さかったりすること」が挙げられている[12]。このように，数学の懐疑は矛盾律をも対象とするので，概念的解釈では不十分である。

(3) 存在論的解釈

第三の解釈は存在論的解釈である。この解釈によれば，概念的解釈のように数学の対象を概念とみなさず，物体的な本性とみなす。数学の命題が真であるためには，その命題内容と物体的本性と一致していることを確かめる必要があり，この一致を数学の懐疑は問題にしている。すなわち，この解釈は何らかの物体的事物が存在してるかどうかがわかっていないという前提に立っている[13]。この解釈は二つに分かれる。

(i) 外界依存的解釈

まず，第一のものは「外界依存的解釈」である。自然学は外界の実在物に依存し，数学は依存しない学問なので，デカルトの懐疑は実在物に依存している学のみを対象とするのではない，と一般的に考えられてきた。事実，『省察』では，自然学の対象は「複合されたもの」であり，数学は「いとも単純でいとも一般的なものだけしか取り扱わない」とみなされており[14]，自然学は実在物に依存し，数学は実在物に依存していないように見える。しかし，フランクフルトによれば，「第一省察」において数学的真理もまさしく外界の事物の存在に依存している[15]。自然

---

11) Cf. Gewirth, op. cit., p. 673.
12) Cf. PM. III, AT-VII, p. 36；邦訳 [2] p. 53。
13) Cf. Gewirth, op. cit., pp. 676–77.
14) Cf. PM. I, AT-VII, p. 20；邦訳 [2] p. 32。
15) Cf. H. Frankfurt, *Demons, Dreamers, and Madmen, The Defense of Reason in Descartes's Meditaions*, Garland Publishing, 1987 (1970), p. 75. このような解釈をとる研究者は次の通り。Gison, op. cit., p. 287；S. V. Keeling, "Le réalisme de Descartes", *Revue de Métaphysique et de Morale*, (44) 1937, pp. 122–25；A. K. Stout, "The basis of knowledge in Descartes", *Mind* (38)1929, pp. 336–38；N. K. Smith, *New Studies in the Philosophy of Descartes*,

学と数学との対比は，実在が関係しているか否かの対比ではなく，複合的な物体的本性を取り扱う学問と，いとも単純で一般的なものを取り扱う学問との対比である。すなわち，数学は「無に関係しているのではなく，存在一般に関係しているから」自然学より一般的であり，より確からしいように見えるのである[16]。懐疑における数学が疑われるのは，存在に依存しているからに他ならない。「第一省察」に現れる数学は実在物に依存し，「第五省察」に現れる数学は依存しない。

しかし，懐疑の段階においても，数論と幾何学についての諸命題は，その対象が「私の外にどこにも存在しないとしても」真である。懐疑の段階においても，外界の実在は問題となってはいない。したがって，外界の物体一般の存在を前提とする説では数学の懐疑を十分に説明することはできない。

(ii) 本質的解釈

最後にゲワース自身の見解を検討する。彼の説も存在論的解釈に属するが，彼は数学の懐疑に関わるのは物体的事物ではなく非実在的な事物の本質とみなしている[17]。一般に真理は観念と外的事物との一致と規定されてるし，デカルトもこの真理規定を受け容れている点を考慮すれば，数学的命題が事物の本性に一致しているか否かに関係しているとみなすことができる[18]。さらにゲワースによれば，或る観念が明晰判明であるか否かという問題とそれが外的事物の本性に一致しているか否かという問題を分けなくてはいけない。精神内部にとどまる限り，真理を得られない代わりに理性的に懐疑は遂行できるし，精神の外に出ようとすればあらゆる真理を疑える。したがって，理性的に推論することと普遍的に懐疑することとは両立可能である。

Russel & Russel, 1952, p. 272.

16) Cf. Frankfurt, op. cit., pp. 74–75.
17) Cf. Gewirth, op. cit., pp. 677–80.
18) Cf. Gewirth, op. cit., pp. 677–79. その根拠としてゲワースはデカルトのテクストをひいてデカルトの考える数学がプラトニズムではなく，アリストテリアニズムであると主張する。また，このゲワースの読み方では「永遠真理創造説」を懐疑に読み込めないという批判もある（A. Kenny, "The cartesian circle and the eternal truths", *The Journal of Philosophy*, LXVII, 1970, pp. 685–99）。

2 トマスの抽象

前節で紹介したゲワース説をトマスの抽象真理と判断との区別に応用したのがオルソンである。トマスによれば，抽象認識と非抽象認識との区別が自然学・数学と論理法則の認識との区別に対応する。もしトマスにおける学の区分を前提にし，かつデカルトの懐疑についてゲワース説を採れば，デカルトの懐疑はトマスの抽象のあり方に関わり，形而上学における論理法則には関わらないことになる。

デカルトの懐疑がトマスにおける感覚を基にした認識理論を暗に標的としていることは，懐疑全体の趣旨と符合する。事実，デカルトの言は次の通りである。

> 懐疑の効用は，懐疑がすべての先入見から我々を解放してくれること，そして精神を感覚から引き離すために（ad mentem a sensibibus abducendam），いとも容易な途を整備してくれることにある。[19]

懐疑の目的とは，先入見からの解放と精神を感覚や想像から引き離すことなのである。さらには，先入見からの解放とはまさしく感覚や想像から精神を引き離すことに他ならない。過去の知の枠組みが先入見であり，その知の枠組みはデカルトにとってアリストテレス＝スコラのそれに他ならない。実際，「『省察』を読んだ人々が知らぬ間に私の諸原理を受け容れ，アリストテレスの諸原理を自分が打破していると自ら気づく前に私の原理を認めることを期待します」とデカルトは吐露している[20]。それでは，オルソン説を吟味するために，トマスの学の区分とデカルトの懐疑の段階を比べてみよう。

(1) 本質全体の抽象

周知のように，デカルトは「夢と覚醒とを区別する明確な指標はな

---

19) PM. Synopsis, AT-VII, p. 12；cf. 邦訳 [2] p. 21（強調は論者による）．
20) Cf. PP. I. 71–73.

い」という懐疑理由を提示する。夢の議論は，《夢で見たものは真ではない。そして，夢と覚醒とは区別できない。したがって，いま見ているものはすべて真ではない》という議論である。すなわち，夢の中で現実には存在しない怪物を見るときのように，個別的なものの像がより単純なものから複合されており，その複合の結果が誤りである可能性がある，実在しない可能性がある。

しかし，「手，身体全体といった一般的なものは，或る架空のものではなく，真なるものとして存在する」[21]。すなわち，夢の懐疑から逃れるものは，いま見ている像の部分を構成する「より単純で普遍的なもの」である。絵画を例に取れば，一般的な目，頭，手などを構成しているもの，具体的には，「物体的本性，その広がり，さらには延長するものの形，さらには量」，数，場所，時間であり，いわば個別的なものを構成する諸要素である[22]。これらは個別的なものから得られた普遍的なものである。したがって，「より単純で普遍的なもの」の確実性は夢の懐疑を免れている。

トマスに従えば，このような「より単純で普遍的なもの」は（部分から）「全体の抽象」（abstactio totius）による[23]。「全体の抽象」とは「特殊なものから普遍的なものを抽象すること」[24]である。具体的には，「この肉」「この骨」といった個別の「可感的質料」から切り離してもあり得る「共通的な可感的質料」が抽象される。このように，「全体の抽象」によって捉えられる物体の特性は，「共通に可感的なもの」（communia sensibilia），すなわち形，大きさ，数，運動などである[25]。これらはデカルトの夢の懐疑を免れた要素に該当している。これらは多くの個別的事物から抽象されるという意味で，個物の存在を前提として初めて成立する。

---

21) Cf. A Mersenne, 28 Janvier 1641, AT-III, p. 298：『デカルト全書簡集4』p. 277。
22) Cf. PM. I, AT-VII, p. 20.
23) トマスのテクストの略記号は次の通り。(i)(BT)In Librum Boethii de Trinitate, V–VI. English translation:*The Division and Methods of the Sciences*, 2d. rev, ed. translation, Armand Maurer, The Pontifical Institute of Mediaeval Studies, 1958. (ii)(ST)Summa Theologica. (iii)(PA)In VIII Libros Physicorum Aristotelis. (iv)(AC)In Libros de Anima Commentarium. (v)(DV)De Vertate. (vi)(MA)In Duodesim Libros Metaphysicorum Aristotelis Expositio.
24) ST. I. 85, 1, ad1；cf. BT, V, a. 3.
25) Cf. ST. I, 78, 1.

(2) 形相の抽象

次に数学の確実性を問題としよう。『省察』の懐疑において、自然学は「複合されたものの考察に依拠する」が、数学は「最も単純で一般的なものしか取り扱」わないので、数学的真理は「確実にして疑われていない何ものかを含んでいる」[26]。この不可疑性は、数学的真理が具体的で個別的な事物の存在に依存しないことにあるように見える。

では、トマスは数学の対象についてどう考えたのか。トマスによれば、数学の対象は「全体の抽象」の結果ばかりではなく、「形相の抽象」の結果でもある。「全体の抽象」は「個別の可感的質料」から「共通の可感的質料」を抽象した。他方、数学は「共通の可感的質料」からさらに抽象される「可知的質料」を問題にする。

トマスにおいて、数学の対象は存在するには質料に依存するが、認識するという観点からすれば、質料に依拠しないものである[27]。自然学が抽象する可感的質料は、熱いとか冷たいなどの可感的性質の基体となっている物体的質料であるのに対して、数学が抽象する可知的質料とは、「量」の基体となっている実体である[28]。すなわち、「量」は「可感的質料」からさらに抽象されたものなのである[29]。さらに、トマスによれば、「実体に内在するものとしては量の方が可感的性質よりも前にあり」[30]、自然学は可動的なものを対象とし、数学は量のみを考察する[31]。この量も「量の基体であるような実体」の「知得」（intellectus）なしには考えられない[32]。ただし、「この実体」「あの実体」を離れて考えられるので、「個別的な可知的質料からの抽象」は可能なのである。数学はカテゴリーとしての量や単位を前提としているのであり、このカテゴリーとし

---

26) PM. I, AT-VII, p. 20 ; cf. 邦訳 [2] p. 32。
27) 数学の対象は、「概念に即して切り離せる（secundum rationem separabilia）」（MA, 1161–62 ; cf. ST. I, 44, 1 ; ST. I, 85, 1.）。
28) トマスの数学が実在論的であるという見解が一般的である（Cf. V. E. Smith, *St. Thomas on the Object of Geometry*, Marquette University Press, 1954）。ただし、数学の対象の可知性を強調するものに次の論文がある。A. Maurer, "A neglected thomastic text on the foundation of mathematics", *Mediaeval Studies*, XXI, 1959, pp. 185–92.
29) Cf. ST. I, 85.
30) ibid.
31) Cf. ST. I, 851 ; 2 ; PA. II, 3, 160 ; BT, V, a. 3, ad. 3.
32) Cf. ST. I, 85, 1 ; BT. V, a. 3.

ての量が取り扱われるのは形而上学においてである[33]。例えば，この円やあの円を離れても量は考えられるが，共通に可知的質料である量一般を離れて数学の対象はあり得ないのである[34]。したがって，数学は自然学と異なり，実在的個物を対象としていないので，数学の対象は抽象において自然学より単純なものである。この意味で，数学の確実性は自然学のそれよりも大きい。

次に，認識能力という点から自然学と数学の確実性の差異を考察してみる。自然学の対象は外部感覚の対象であるが，「大きさとか形の判別において感覚は欺かれることがある」[35]。まして，夢のように感覚器官に障害が起こった場合，感覚はなおさら欺かれる。しかし，「数学的諸学においては，判断に従って得られる認識は感覚ではなく表象力（imagination）を終極としなければならない」[36]ものである。この二つの学の確実性にある差異は，自然学の対象は存在においても認識においても可感的質料に依存するが，数学の対象は存在に関して質料に依存するとはいえ，認識に関しては質料に依存しない点にある。したがって，諸要素が持つ確実性と数学が持つそれとの差異を，「全体の抽象」と「形相の抽象」との差異によって特徴づけることができる。

(3) 論理法則の把握

オルソンは以上のトマスにおける抽象認識の理論を利用して，懐疑の対象を抽象による真理，すなわち「全体の抽象」と「形相の抽象」による真理に限定した[37]。すなわち，論理法則は抽象によって得られるものではないので，懐疑は抽象的認識のみに関わり，論理法則には関わらな

---

33) Cf. MA, VI, 1, 1147–49, 1155, 1161–62.
34) 共通に可知的質料から抽象されるものに関しては，「有（ens）・一（unum）・可能態（potentia）・現実態（actus）」（ST. I., 85, 1）といったものがあげられている。
35) ST. I, 85, 6.
36) BT, VI, a. 2, responsio；cf. 長倉久子『トマス・アクィナス　神秘と学知』創文社，1996, p. 440. 村上勝三は「数学が諸学のうちで最も確実な学とされていた」ことを重要視し，数学の懐疑の意図は数学の確実性に依拠する知識体系の確実性すべてを崩壊することにあるとする（「「疑い」と「確実性」」,『理想』589号, 1982, pp. 53–65）。懐疑にこの意図はあったと考えるが，数学から論理法則まで懐疑の射程を厳密に広げることが本章の狙いである。
37) M. A. Olson, "Descartes' First Meditaion:Mathematics and laws of logic", *Journal of the History of Philosophy*, XXVI:3 July 1988.

いというのである。実際，デカルトにおいて，懐疑の進行は自然学から数学までにとどまり，形而上学における論理法則の運用にまでは至らない。またトマスの側からしても，数学の認識は抽象によるものだが，論理法則の認識は可感的所与への内省からなされるのではなく，知性の本性から推論なしになされる[38]。

形而上学は存在である限りの存在を対象とする。すなわち，神を神として，物体を物体としてではなく，神も知性も物体も含めて存在である限りの存在について，共通の特性，様態，原因，法則等を考察する。神やカテゴリーといった形而上学の対象は数学の対象よりも単純なので，形而上学の対象を捉えることは「量なしに実体を考察することであり，単に事物をそのようなものたらしめる本質を把握するのみであって」，「存在する事物の存在全体には関係しない」のである[39]。

したがって，形而上学は存在に関しても認識に関しても質料に依存しない存在全体，感覚や想像力によって捉えられる存在から分離・超越した存在全体を対象とする。事実，矛盾律のような論証の第一原理は抽象によって捉えられたのではなく，知性によって「自然本性的に (naturaliter)」「それ自体によって (per se)」「直ちに」認識される[40]。すなわち，矛盾律のような論理法則は数学的真理とは異なる。形而上学における作業は，感覚的なものから超越した上で，主語によって表示される概念を述語によって表示されるに結びつけたり，除去したりして，真理を考察する[41]。

しかし，トマスは「全体は部分よりも大きい」という公理ないし共通概念について次のように述べている。

> 全体が何であり部分が何であるかが認識されるや否や，直ちに全体はすべてその部分よりも大きいということを認識するということは，知的な魂の本性そのものからして人間に適合する。そして，他

---

38) Cf. MA, IV, 6, 605.
39) Cf. 稲垣良典「全体の抽象と形相の抽象」，『哲学雑誌』73巻，東京大学哲学会，1958，p. 30。
40) Cf. ST. I–II, 57, 2.
41) Cf. ST. I, 16, 2.

第 5 章　精神を感覚から引き離すこと

のこのような原理についても同様である。しかし，何が全体であり，何が部分であるかを認識するためには，以下にしても表象像から受け取られた可知的表象による他はない[42]。

トマスにおいて，「全体は部分よりも大きい」といった原理の把握に先立って，外界の存在が確定されていなければならない。例えば，「全体は部分よりも大きい」という命題を引き合いに出せば，「全体」のうちに「部分」が含まれているので，この命題は論理的に自明である。しかし，トマスにおいて「全体」を知るには感覚による抽象が必要であって，そのような命題が本当に自明となるには感覚による経験を何度か積まねばならない。部分的にしろ，論理法則のような原理の認識も感覚に関係を持っているのである[43]。事実，トマスは次のように述べている。

> 知性が現実に知性認識するためには，新たなものについての知識を獲得する場合ばかりではなく，すでに得られた知識を使用するに当たっても，表象力などのいろいろな力の活動を必要とすることは明らかである[44]。

したがって，トマスの形而上学における論理法則のような原理はその獲得に当たって感覚に何かしらの形で依存している。感覚に依存する認識を徹底的に排除する懐疑において，そのようにわずかでも感覚に関係する原理も疑うべきである。重要なのはデカルトが生きた時代において既存の形而上学を根本的に問うことであり，そのような懐疑こそ真の形而上学的懐疑であろう。

---

42) ST. I–II, 51, 1.
43) Cf. 稲垣良典『トマス・アクィナス哲学の研究』創文社，1970, pp. 158–60, 336–40。これと対立する見解に次のものがある。Bernard J. Donergan, *Verbum Word and Idea in Aquinas*, University of Notre Dame Press, 1967, pp. 48–59.
44) ST. I, 84, 7.

3 デカルトの数学の懐疑

オルソンはゲワースが深く掘り下げなかった論理法則と懐疑との関係を論じた。オルソンはトマスの認識理論を援用して明晰判明知と論理法則とを結びつけて，それらを懐疑から除外したのである。しかし，オルソンの欠点は真理を観念と対象との一致に限定している点である。というのも，「第一省察」においては，真理が定義されていない以上，対応説によって一義的に解釈することは許されない。真理の定義を不問に付し，論理法則を使用するにあたり，その真理の根拠を問わず，疑いの対象である限りの論理法則を疑える途はないのだろうか。この問題は，神の存在を証明するまでの議論を認めつつ，神の存在が確定されると，今度は神の誠実性によってその議論を保証するという循環に繋がっている。したがって，数学の懐疑の対象とその議論と「欺く神」との関係を再検討しなくてはならない。

(1) 数学の懐疑再考

懐疑の第一段階において疑われる対象の起源が感覚であることに研究者の意見に相違はない。他方，形而上学の作業に必要な概念の起源にはそれほど注意が必要ないのかもしれない[45]。実際，数学の懐疑において，その対象の起源は不問に付されている。数学の懐疑において，その認識のあり方は身体性を完全に捨て去ったものであろうか。もしそうなら，「第一省察」においてすでに「第二省察」における精神と「第五省察」における数学は見出されていたことになってしまう。したがって，「第一省察」における数学は精神と神に由来する「永遠なる本性」に基づく数学ではあり得ない。他方，トマスにおける原理認識を踏まえれば，感覚による知は，知性による矛盾律のような原理の知に先立ち，その原理を知性が捉える機会を与え，それに実質を付与する。したがって，数学の懐疑の狙いが感覚に機会を要する意味での原理であるという可能性は

---

45) Cf. PM. I, AT-VII, p. 20.

十分にある。

　そもそも，数学の懐疑が対象とする命題は「二と三とを足しあわせると五であり，四角形は四つより多くの辺を持たない」[46]という命題であるが，デカルトはその真理の意味を明らかにしていない。だがひとまず，この真理を二通りの仕方で理解できる。まず抽象的認識の観点からすれば，その真理は感覚や想像に訴えて，対象と観念の一致を確証すればよい。または実際に数を数えたり，辺を数えたりすれば確証できる。次に，論理法則のような概念的認識の観点からすれば，「二」「三」「足す」「四角形」「四」「辺」という観念ないし言葉の意味から，数学の懐疑が対象とする命題は知性によって自体的に知られる。

　数学の懐疑がこの二つの真理規定を別々に疑うとするなら，疑い方も二通りあることになる。前者の場合，数学の懐疑は感覚や想像の働きを疑うことにあり，感覚や想像が介入する場合では真理を確証できないことに帰着する。後者の場合，言葉の定義そのもの，言葉と意味といった同一性を疑うことになる。ところが，トマスにおける原理認識を踏まえると，命題の項の把握には，その認識の機会まで考慮するなら，知性ばかりではなく感覚や想像も必要とされた。トマスにおいて，知性や理性と感覚や想像との協同によって真なる命題は作られるのである。

　したがって，この二通りの理解は一つにまとめられる。それは数学の懐疑の目的は感覚や想像から知性を根本的に引き離すことにあるというものである。この場合，物体を対象とする懐疑とは異なり，懐疑は精神によって捉えられるものの起源や機会にまで及ぶ。人間はその起源に到達できないが，その起源ないし機会そのものを自由に操れるものなら，その起源をどのようにも変えられるだろう。その「この上なく力のある」者とは，「私の起源の創作者」[47]の「欺く神」である。その意志次第で，精神のみで得られたようなものが，実は感覚によって得られたものである可能性も出てくる。この見解は，デカルトが数学の懐疑と外界の存在をまとめて述べていることからもテクストに符合している[48]。デカルトは次のように懐疑をまとめている。

---

46) PM. I, AT-VII, p. 20；cf. 邦訳［2］p. 33。
47) PM. I, AT-VII, p. 21；cf. 邦訳［2］p. 34。
48) Cf. PM. I, AT-VII, p. 21.

私は，天空，空気，大地，色，形，音，並びに外的なものすべてが夢の愚弄以外の何ものでもなく，それらの夢によって私の軽信に彼（悪意ある霊）が待ち伏せたと考えることにしよう。私自身を，…なんら感覚を持たぬもの，しかしそれらを私が持っていると間違って思い込んでいるものとみなそう[49]。

　もはや，懐疑の根拠が夢と覚醒とを区別する指標から「悪意ある霊」へと移っており，数学の懐疑はこの移行の中に飲み込まれている。これらのテクストの裏付けと，懐疑は根本的には理性が遂行する議論そのものには及び得ないことから，数学の懐疑の狙いが外界から知識を受容する途を閉ざすことにあったと言える。

(2) 二つの論理法則
　確かに，トマスとデカルトにおいて，形而上学における議論そのものは等しく感覚から切り離されたものかも知れない。論理法則を使用するという点ではトマスとデカルトとに違いがあるようには見えない。しかし，ジルソンは次のように述べている。

　　アリストテレスにとってもトマスにとっても，同一律が思惟の絶対的必然性であるのは，同一律が実在についての本質的必然性だからである。デカルトにとっては，この原理は思惟の抽象的で純粋に形式的な必然性のみを表しているのである[50]。

　アリストテレス＝トマスにおいて，根本的には「感覚のうちに前もってなかったものは知性のうちにもない」。論理法則を認識するものが知性であるとしても，感覚によってまず外界の実在が開示されないことには，その法則は捉えられたことにはならない。精神の外にあるもの（他者）における同一性が基本になって知性における同一律や矛盾律が成り立っている。すなわち，世界の存在論的構造が精神の認識論的構造を基づけているのである。感覚が絶えず実例を示さないところに成り立つよ

---

49)　PM. I, AT-VII, pp. 22–23；cf. 邦訳［2］p. 35。
50)　E. Gilson, *Réalisme Thomiste et Critique de la Connaissance*, Vrin, 1939 (1983), p. 92.

うな論理法則は無意味な記号に過ぎない。また，トマスにおいて，その他者を認識している作用に気づくことによって自己は認識されるので，自己認識より他者認識が先立っている。他者を認識するのに伴って，自己認識や原理認識がなされる。トマスにおいて，同一律が知性に開示されるための個体認識は何よりも他者認識であり，或るものがまさにそのものであることが知られることによって，同一律などの原理が把握されるのである[51]。

　他方，デカルトは他者の実在を懐疑によって排除し，思惟の方向を自らのうちに向けることによって，最初の実在（エゴ）が捉えられる[52]。本書第Ⅲ部で見るように，この思惟と存在との同一性，思惟しつつ存在しないことが不可能であることが，同一律や矛盾律をデカルトに認めさせたのである。デカルトも「省察」をしている以上，矛盾律を使用しているといわざるを得ないが，その矛盾律の根源は外界の実体の認識に依存するものでは決してない。

　デカルトは「第一省察」において単純な数学的計算のようなものさえ疑えるとした。しかし，「思惟する私」の存在が確証され，「明証性の規則」が設定された後，そのような単純な操作の正しさをコギトの論理的な捉え直しにおいて導き出している。

　　私が何ものかであると私が思惟している間(かぎり)は，私が無であることを，あるいは，私があるということはすでに真なのであるから，私がいまだかつてあったことはないということがいつかは真になるということを，あるいは恐らくまた，二と三とを足しあわせると五より大きかったり小さかったりするということとか，それに類する

---

51) Cf. J. Reichmann, "The "Cogito" in St. Thomas: Truth in Aquinas and Descartes", *International Philosophy Quarterly*, 26, 1986, p. 346；DV, 1, 9, resp. ジルソンによれば，感覚がもたらすものを知性が解読したものが事物の本質（何性）であり，矛盾律はその何性としての存在を基にしている（Gilson, op. cit., pp. 216–18）。

52) Cf. Reichmann, op. cit., p. 344. デカルトにおける同一律の把握に関しては，「私自身が私によって知得される」ことによって得られるだろう（Cf. PM. III, AT-VII, p. 51）。鈴木泉は「思惟の二重化」によってはコギトは捉えられないとみなすが（Cf.「直観・思惟・意識——デカルトにおける〈わたし〉のあり方」，『論集』8（東京大学文学部哲学研究室），1989, p. 153），コギトを論ずるレベルを変えた場合，表象や論理法則を担うコギトの意義も重要であろう。

こと，すなわち明瞭な矛盾をそのうちに私が認知するものとかを，（欺瞞者が）設えることは決してできないだろう[53]。

　ここでデカルトはコギトが懐疑を乗り越える構造に着目している。その構造に，思惟するとともに思惟しないことはあり得ない，ある時点に私があると同時にないことはないというような矛盾律の適用例が見出せる。すなわち，コギトの構造と数学的計算に矛盾律が含まれることが見出される。「第一省察」における数学の対象は感覚や想像から完全に切り離されたものとはいえないので，たとえ論理法則を懐疑の対象としようとも，その法則は純粋な精神の概念ではない。この点で，「第一省察」における数学の計算に「明瞭な矛盾を認知する」とは言えないかも知れない。しかし，「第三省察」において，精神が自己内部にある推論の構造を見出し，その構造が数学の計算と同じことに「私」が気づく時，数学の計算も純粋な概念としての論理法則と重ね合わされることになるのである。

　したがって，先のジルソンの見解，すなわちデカルトにおける論理法則を「思惟の抽象的で純粋に形式的な必然性」とみなす見解は正確とは言えない。確かに，論理法則の根源は「第一省察」では議論そのものと同化しており見出されてはいないので，空虚なものかも知れない。しかし，「第二省察」に入り，「思惟するもの」が論理法則の根拠として明らかになることによって，論理法則は空虚なものではなくなるのである。デカルトにとって，対象は感覚によって認識されることなく，矛盾律は思惟することを実践することによって自らのうちに書かれたものとして見出され，それゆえ矛盾律は「思惟するもの」に本有的なものとなるのである。

(3) 二つの抽象

　物体や感覚から精神を根本的に切り離すこと，精神内部にある明晰判明なものに目をやり分析検討すること，このことこそデカルト形而上学の立論の場となる。

---

53) PM. III, AT-VII, p. 36 ; cf. 邦訳 [2] p. 53.

そもそもトマス哲学において重要な役割をする「抽象」という語の意味自体，デカルトのそれとは異なる。トマスにおいては，「認識するということは可感的な表象像から抽象することを離れては成立しない」のであり，「認識の対象を成立させる働き」が抽象である[54]。したがって，トマスの抽象作用は能動知性に帰されるとはいえ，感覚から切り離された抽象作用はない[55]。トマスにおいて，形而上学が対象とする概念も，感覚や想像力によって把握されたものに基づいているのである。他方，デカルトによれば，数学的認識は抽象を介して形成されるものではないし，あらゆる事物の認識においても抽象のみでは不十分な認識となる[56]。デカルトの抽象とは，「注視する知得」から生まれる再認識であり，観念の内容の一部から他の一部へと注視を向けることである[57]。注視された対象において，本有的に得られたものを再認識することがデカルトの抽象ということになる。すなわち，デカルトの抽象とは，トマスのそれとはその方向が違うのであり，「ものの実在性からではなく，ものの観念から抽象はなされるのである」[58]。さらに言えば，トマスが学の区分を抽象の分類と判断という知性の作用で分けたのに対して，デカルトはそのような区分を解体した上で学を本有観念で統一しようとしたのである。

4　デカルト的理性の誕生

(1) 実体の把握

数学の懐疑は，世界の側に成り立つ秩序を破壊し，新たに世界を再構築するための秩序を「私」へ渡そうとした。立論の根拠が世界のうちに

---

[54]　Cf. 稲垣, op. cit., p. 15。
[55]　Cf. 稲垣, op. cit., p. 100。
[56]　Cf. PM. VI, AT-VII, pp. 72–73；MR. VI, AT-VII, pp. 384–85；MR. IV, AT-VII, pp. 220–21。
[57]　Cf. A Launary , 19 janvier 1642, AT-III, p. 475；22 juillet 1641, AT-III, p. 421.
[58]　F. Alquié, *Descartes Œuvres Philosophiques*, v. 2, 1967, p. 907, note 1. 心身分離の抽象と排除については，坂井昭宏「デカルトの二元論——実体的結合の体系的一と実在的区別の論証」，『千葉大学教養部研究報告A』no. 14 続，1981, pp. 388–89 を参照。

ある個々の実体から「思惟する私」へと移行した。実際，デカルトにおいて，実体は「私」から取り出されている。

> 物体的な事物の観念において明晰判明なもののうちのあるもの，すなわち実体，持続，数，及びこの種の——もしそういうものがあるとするなら——他のものは，私自身の観念から借りてこられたと私には思われる[59]。

「実体」は「私」が実体であること自覚することから取り出されるのであって，外界の世界におけるものがまず実体としてあるわけではない[60]。

(2) 神の超越

矛盾律は「私」によって真とみなされるが，この私による規定も神の全能の前には無力とされる。

> 機会があったらすぐにでも私は，神があるかどうか，そしてあるとするならば，欺瞞者であり得るかどうか，を吟味しなくてはいけない。というのは，このことを知らないとすると，私には他のいかなるものについても全面的に確知する（certus）ことはとてもできないと思われるからである[61]。

矛盾が全くない観念にとどまる限り，「私」はその観念を認めざるを得ない。しかし，他の欺く神が（その理由がいかに弱いものであったとしても）支配する領域に踏み込んでみると，「私」という精神が捉える論

---

59) PM. III, AT-VII, p. 44；cf. 邦訳 [2] p. 62。
60) Cf. J.-L. Marion, *Sur L'Ontologie Grise de Descartes*, Vrin, 1975, pp. 85–99. マリオンは，アリストテレスの「絶対的なもの」とデカルトにおける「絶対的なもの」との相違に対応させて，ウーシアとエゴが対立的に置かれている。
61) PM. III, AT-VII, p. 36；cf. 邦訳 [2] p. 53。

理法則さえ疑わしいものとなる。「私」が打ち立てようとする学の妥当性がここでまた吟味にかけられ，「私」は不安に陥る。視点が「私」のうちからそれを越えたものへと移された。そうでなければ，懐疑を乗り越えたはずの「私」が認める真理をさらに疑う必要はない。「確信」(persuasio) から「学」(scientia) へと議論の段階は進んだのである[62]。

したがって，懐疑を乗り越えた「私」は自己の持続に制約されいてるので，真理は「私」には永久的なものに見えても，その永久性を維持する決定的根拠は「私」のうちにはない。以下で見るように，「私」のうちの真理を永遠真理に高めるものこそ，誠実な神，永遠真理を創造する神であり，そこに至って初めて学知の保証は得られるのである。この意味で，「第三省察」において，「私の知得の力に基づいて起こる」ことに，「二と三とを足しあわせると五である」というような数学の命題とコギトの命題は含まれながらも，コギト発見の道筋の妥当性は欺く神の標的とされる[63]。同様に，「第六答弁」では「数学のであろうと形而上学のであろうと真理が，神に依拠している」[64]とも言われる。神は真理とその永遠性を与えるものであり，形而上学的真理に基づく体系を越えたものである。

(3) デカルトの理性

デカルトの普遍的懐疑において，感覚経験は疑わしいものとなった。それと同時に，感覚経験とともに現実化されるはずの論理法則も，欺く神がその確実性を問題にすると同時に疑われるのである。しかし，スコラ学が使う意味での論理法則の確実性は否定されるとはいえども，議論そのものが崩壊するわけではない。事実，デカルトは懐疑を遂行するにあたって論理法則を使用して議論しているのである。

過去の知の基礎を疑いつつ議論する仕方は次のことからも言える。懐

---

62) persuasio と scientia の区別についてデカルトは次のように述べている。「疑わざるを得ない何かしらの理由が残っている場合，それは persuasio である。他方，scientia とはいかなるより強い理由によっても全く揺るがすことができないほど強固な理由に基づいた persuasio のことである。誰も神を知らずしていかなる scientia も持たない」(A Regius, 24 Mai 1640, AT-III, p. 65 ; 『デカルト全書簡集 4』p. 63)。

63) Cf. PM. III, AT-VII, p. 36.

64) MR. VI, AT-VII, p. 436 ; cf. 邦訳 [2] p. 497。

疑においては「精神」という言葉がその意味も分からずに使用され，疑われている[65]。ところが，デカルトは，「精神」を見出しその言葉の意味を理解するや否や，「思惟する私」を「精神」と呼ぶのである[66]。これこそが言葉の内実の発見，理性の発見なのである。また蜜蠟の分析において，デカルトは「普通の人々の見つけだした話法形式を引き合いに出して懐疑を工作した」[67]と述べている。「普通の人々」とは「外部感覚そのものによって，あるいは少なくとも…共通感覚いいかえれば想像的な力能によって蜜蠟を認識する」[68]と思い込んでいる一般人やスコラ学者と思われる。ここで，デカルトはスコラの原理（根拠）が染み込んだ話法を用いることを拒否している[69]。デカルトの議論に使われている論理法則は，それが矛盾律に基づいているとしても，スコラの用いるものとは使用の仕方ないし体系内の論理法則の位置づけが違うのである[70]。

デカルトが言う「理性」すなわち「普遍的道具」も，固定された或る体系内に位置づけられる観念や言語を用いる能力であるとともに，あらゆる未知の体系にも耐えうる能力でなければ，「普遍的」ではないであろう。デカルトは過去の「精神」を疑いながら，新たに見出された「精神」を哲学の原理においたのと同じく，過去の理性的機能を疑いながら，新たな理性的機能を見出したのである。この理性的機能の発見は「思惟するもの」の発見に重なっている。というのも，デカルトは感覚経験から全く離れて実在するエゴの同一性に同一律や矛盾律の基礎を見出したからである。

---

65) Cf. PM. I, AT-VII, p. 25.
66) Cf. PM. II, AT-VII, p. 27.
67) PM. II, AT-VII, p. 32；cf. 邦訳［2］pp. 46–47。
68) ibid；cf. 邦訳［2］p. 47。
69) 蜜蠟の分析がスコラを含んだ感覚論者への批判を意図したことはよく言われている（Cf. 香川知晶「精神の洞見と「実体」」，『理想』589，1982，pp. 17–28）。
70) 例えば，「無からは何も生まれない」という公理は，デカルトとトマス，両者とも用いる公理である。しかし，デカルトはこの公理を外的事物にではなく，精神の内にある観念に適用することによって，エゴの内にある観念の実在性から神の存在を証明するのである（Cf. MR. II, Rationes）。数学の懐疑が「スコラ的世界把握の中枢部に擾乱を導き入れること」を目的とする点で，村上勝三（Cf.『観念と存在——デカルト研究』知泉書館，2004，p. 73）と同じ見解である。

第 5 章　精神を感覚から引き離すこと　　　　　　　　　　　181

結

　デカルトは本有観念説を土台にして学を統一しようとした。他方，トマスは自分の抽象理論ないし判断論を基にして，自然学，数学，形而上学は各々別々の方法を持っていると主張した[71]。したがって，デカルトは本有観念説を採ることになるのだから，対象の存在から徐々に高度の認識に至る説明方式を打破するべきだったのである。このようなスコラの教義，すなわちデカルトの言う「思い込み」の最たるものを打ち崩すことが懐疑の最大の仕事だったとも言えよう。過去，現在において自明とされてきた通念の根拠を崩して，新たな土台から始めることが懐疑の役目だったのである。デカルトの懐疑において，スコラ的なカテゴリーの体系は崩された。すなわち，「理性的動物」としての人間は消滅したのである[72]。

　デカルトにとって，数学を疑うということは数学の枠内を越えて既成の確実性の根拠を完全に崩すことを意味していた。オルソンのように，トマスの論理法則とデカルトのそれとを全く同価値のものとみなし，論理法則を不可疑のものとみなす見解は正しくない。懐疑における議論はあらゆる過去の知の根拠を否定するが，自らを基づけている体系ないしそれが内在する存在者が見出されていない段階において，懐疑を遂行する議論自体は根本的には疑われない。デカルトにおいて，議論の根拠は懐疑を逃れた「思惟するもの」により厳密には「理性」に帰される[73]。デカルトは心身の分離ないし本有観念説を土台とする学の構築に着手したのである。

　また，懐疑の射程を規定することは，疑っている者が構築しようとする哲学を規定することである。デカルトは少なくとも普遍的理性で過去の形而上学を崩壊させ，同じ理性で新たな形而上学を打ち立てようとした。その理性が認める論理法則も神の前には疑わしい。デカルトはその

---

71)　Cf. BT, VI. 本書第 I 部第 1 章を参照。
72)　Cf. RV, AT-X, pp. 515–16.
73)　Cf. PM. II, AT-VII, p. 27.

ような理性的知識の保証を神に託するのである。
　以上より，懐疑対象を分析し，すべてを疑っているという仮定を設定しているのであるから，すべてを疑いつつも，哲学的議論は方法に則っている点で普遍的懐疑においても保持されていると言える。

第Ⅱ部　結論

　今を疑うことは，過去が作り上げた今を疑うことである。デカルトは，その過去からの知をその不可疑性の根拠をもとに分析して，すべて疑うことを行った。懐疑においても，対象を分類してその不可疑性を精査していき，懐疑を遂行していく理性の妥当性も仮定的に設定されていたことを見ても，彼は分析方法を用いている。日常において不可疑性を持ったものとは，外界の個々の存在，自分の身体，数学の個々の計算であり，これらは不可疑な点を含んだ放物線を描いているように見える。しかし，その解という不可疑なものを真に求めようとすると，求められなくなってしまう。すなわち，その放物線の等式，すなわち不可疑性を与えている知の体系が懐疑にかけられることになる。これらの放物線をまとめ上げている知の体系こそ，感覚を土台とする知の体系だったのである。次に，真に不可疑なるものが見出される過程を見てみよう。

第Ⅲ部
コギトとエゴの存在

この部では，すでに仮定的に確保された理性の推論をもとにして，〈コギト・エルゴ・スム〉内部の構造とエゴのあり方を考察する。過去の知に不可疑の解を見出す方程式は見出せなかった。しかし，不可疑なるものを求める方式自体が真の不可疑なるものを見出す方程式を与える。不可疑の〈コギト〉の分析から必然的に〈スム〉が導き出されるという方式であり，この方式ないし順序が絶対的である。しかし，形而上学的考察以前における方法の考察の段階において，〈スム〉の方が先立つ順序が見出される。〈コギト〉と〈スム〉が概念として区別される上で，後者が前者に先立つ意味をまず考察することにする。次に，〈コギト〉という不可疑の経験がいかに〈スム〉という経験に必然的に結びつくのかを考察する。その場合に，〈コギト〉を仮定的に措定し，分析することで，〈スム〉が必然的に導き出されることを確認する。最後に，形而上学的経験と実在性においても，〈スム〉が先立つあり方が思惟実体のあり方に結びついていることを確認する。そして，〈コギト・エルゴ・スム〉の発見と構造においても，分析的方法が重要であり，その方法を用いている主体がエゴにおいて具現化していることを確認する。

第6章

『規則論』における "Ego sum" と "Ego cogito" の順序関係について

序

　第Ⅱ部まで，デカルトの方法の精神化と懐疑の過程を考察してきた。〈コギト・エルゴ・スム〉発見以前において，方法の主体の存在と認識のあり方を考察してみよう。具体的には，この章の目的は次の通りである。第一に，『規則論』における直観の例として挙げられている「自分は存在する」「自分は思惟する」という命題の順序が意味を持つ順序か否か，もし意味を持つならいかなる順序になっているのか，これらの問題に解答を与えることである。第二に，この二つの例と「私は思惟する，故に私は存在する」というコギトの命題を対比することによって，その命題を解釈するということである。

　これらの問題を解く手段として，数学的認識を範とする『規則論』の性格を斟酌し，『規則論』に直観の例として挙げられた三角形と球の幾何学命題における順序を参照する。その際，ミシェル・セールの「コギトの数学的モデル」における構造主義的方法を利用することにする[1]。セールは幾何学的例の順序とのアナロジーによって，「私は思惟する，故に私は存在する」という厳密な順序が形而上学的導出の順序の雛形に

---

1) Un modèle mathématique du cogito , *Revue Philosophique de la France et de l'Étranger*, 1965, pp. 197–205；同様の内容の論文が，*Hermes I La Communication*, Éditions de Minuit, 1969, pp. 113–21；邦訳「デカルト——環のない鎖」，『コミュニケーション』豊田彰・青木研二訳，法政大学出版局，1985, pp. 126–35 に納められている。

なっていると主張している。彼によれば、コギトは認識理由を基にした非可逆的な推論の順序の大前提なのである。以下この論文において、セールの見解を評価し解釈するとともに、彼とは異なる解釈ができないかを検討してみる。

1　直観（intuitus）と導出（deductio）

デカルトは『規則論』において誤謬の恐れなしに事物の認識に至ることができる知性の作用として、直観と導出を挙げている[2]。

> 直観によって、私が理解する（intelligo）のは、諸感覚の不安定な保証でも、また、虚構的な想像力の偽りの判断でもなく、純粋で注意深い精神の、われわれが理解するものについては懐疑の余地をまったく残さぬほど容易で判明な把握作用（conceptus）なのである。[3]

ここで「把握」と訳した原語はconceptusで、普通は「概念」と訳されるものである。言うなら、conceptusは、純粋な精神が、或る対象を動かざるものとして、すなわち概念として捉えることを意味している。このことから、直観は注視している精神に現前し明瞭であり、他のものから明確に区別された概念を一挙に把握するものと言える。それゆえ、順序は直観内部に元来はない。

他方、推移的な順序があるのは導出である。というのは、導出とは推論と同義で、直観の連結が導出だからである[4]。直観は現前的明証性を持ってそれ自体で知られるものを対象とするが、導出は思惟の運動によって記憶の力を借りて直観された単純なものどもを分析し、それらに順序を設定しつつ総合し、新たなものを導き出す。導出には直観が必要であるとともに、新たな帰結を直観するためには導出が必要なのであ

---

[2]　Cf. RG. III, AT-X, p. 368. テクスト中のinductioはdeductioと読む。
[3]　RG. III, AT-X, p. 368；邦訳［4］p. 20。
[4]　Cf. RG. III, AT-X, pp. 369–70.

る。
　さらに，デカルトは直観の例を次のように語る。

> かくして，誰もが，自分が存在すること，自分が思惟していること，三角形は三つの線だけによって囲まれていること（terminari），球はただ一つの面で囲まれていること，また以下同様のことを知的に（animo）直観することができる。[5]

　コギト・エルゴ・スムの要素と言える「自分が存在すること，自分が思惟していること」がこれらの例に含まれている。しかし，この例の順序からすれば，「自分が存在すること」が「自分が思惟していること」より前に出されていて，よく知られたコギトの命題の順序とは逆になっている。現に，コギト・エルゴ・スムが見出された後の『哲学原理』では，次のように書かれている。

> 私は，「私は考える，ゆえに私はある」という命題が，あらゆる命題のうちで，順序正しく哲学している人の誰もが出会う最初の最も確実な命題であると言ったとき，だからといって，この命題に先立って，「思考とは何か」「存在とは何か」「確実性とは何か」とか，また同様に「考えるものが存在しないことはありえない」ことなどを，知っておかなければならないことを否定しなかった。[6]

　例の順序がコギトの命題通りに，思考から存在へと並べられている。
　では，『規則論』の順序が逆転しているのは意味があるのだろうか。意味があるとすれば，なぜこのような順序になっているのだろうか。

2　セールによる順序

まず問題となるのが，これらの命題の順序が意味を持つか否かであ

---

5) RG. III, AT. X, p. 368；cf. 邦訳［4］p. 20。
6) PP. I. 10；cf. 邦訳［3］p. 37。

る。果たして，デカルトは意味もなくこれらの例を並べたのであろうか。この問題の解決法として，セールの見解を見てみよう。

(1) 無順序の仮説に対する拒否

まず，これらの命題の並びには全く順序などはなく，これらの例の置き方には何の理由もないとも考えられる。しかし，この見解はコギトの要素が前半に，幾何学的例が後半に置かれているという明白なことを無視している。さらに，デカルト哲学においては，コギトが幾何学に学の土台として優先することは明白なので，前半が後半に先立つという順序はあるとしか言えない。

(2) 前半と後半の順序

少なくともこれらの命題は何の関連もなく置かれたのではなく，前半の二つの命題と後半の二つの命題は分かれていることがわかった。では，それら前半後半内部においても順序はあるのだろうか。

　(i) 後半における順序

まず，後半の幾何学的例の順序を考察してみよう。というのは，『規則論』における方法は数学を範とするものであるし，数学的例の方が客観的に考察しやすいからである。

セールによれば，「三角形が三つの線にのみ囲まれている」ということは，「三角形が一次元の存在に縁取られた二次元の存在である」ということである。要するに，二次元である三角形は，一次元の縁となる（直）線を必要とするだけでよいのである。三角形と線との関係は，数量ではない2と1との関係に等しい。というのも，一次元の線に一次元の線を足しても，一次元の線であり，二次元の面にはならないからである。これらの連関は「のみ」が示しているように必要十分の連関である。さらにセールを離れて，この必要十分性をデカルト的に解釈すれば，三角形と線が一体となっていて引き離すことができないということであり，この一体となったものを直観するわけで，導出は介入しない。

次に球と面との命題であるが，これも前の命題と同じく，「球は二次元の存在に縁どられた三次元の存在である」と解釈できる。三次元である球は二次元である一つの面のみ，それだけを必要とする。したがっ

第 6 章 "Ego sum" と "Ego cogito" の順序関係について

て，球と面との関係は必要十分の関係である。

以上の二つの例は「囲まれる（縁どられる）」という一つの動詞しか用いていない文体であることから，次のようにまとめられる。一次元の存在に対する二次元の存在の関係は，二次元の存在に対する三次元の存在の関係に等しく，各々のものが次のものの縁になっており，各々のものが次のものを限界づけている。端的に言えば，後半の順序は，一次元，二次元，三次元，もしくは 1, 2, 3 という順序でまとめられる。

次元はものを計量するための尺度を成り立たせる観点であり，尺度に属する[7]。1, 2, 3 という数は測定の道具となる算術的数ではなく，次元の概念を一般化したものである。すなわち，足し合わされば次の数に至る量的なものではなく，比較不可能なものである[8]。したがって，1, 2, 3 という順序は必要性と十分性に繋がれているとともに，幾何学の尺度からすれば，低次数から高次数への厳密な順序と言える。

さらに，縁の考察は既成の幾何学的な証明のオルガノンの中に入っておらず，この理論的オルガノンに先立つ考察と言える。すなわち，線，面，球というものは，幾何学を知らなくても，自ずと知られるものなのである。この意味で，これらの例は前幾何学（前数学）的例と言える。さらに，その縁の出発点となるのは他に還元不可能な線であり，それから必要かつ十分な仕方で他の図形が設定されていくので，直観内でも厳密な順序があることになる。

また，直観は非推移性，導出は推移性によって規定される。導出が直観の連鎖であり，導出の前提となるのが直観なのだから，直観内の厳密な順序は導出の絶対的前提となっている。したがって，直観内に論証の絶対的条件となる順序を見出すことが重要である。その順序は論証の連鎖による順序ではない「環のない鎖」である。セールはこれらの例を

---

7) 現に，デカルトは「我々が知解している次元とは，或る基体が測定できるとみなされるための仕方もしくは観点に他ならない」と定義している（RG. XIV, AT-X, p. 447）。

8) セールによれば，この場合の数は「ある任意の要素がそれに先行あるいは後続する要素に比べ無限に大きいあるいは無限に小さいといった次数の等級」（「デカルトとライプニッツとの対話」，『コミュニケーション』p. 170）である。ここで数が問題となるのは，デカルトが導出の例として算術の計算を持ち出していること，デカルトは代数記号による数の一般化によって測定の道具としてだけの算術より普遍的な代数学を重んじたということである（op. cit., p. 133, p. 167）。

個々別々に見たり，推論の連鎖の系列で見たりすることを拒み，直観内の必要十分な連関としてのみ見ているのである。

このような説明は，推移がなく，ひとまとまりのものとして対象を捉える直観の性質をうまく表しているとともに，直観が導出の前提として成り立っているばかりでなく，直観内の厳密な順序が導出の絶対的前提となっていることをも表している。これは順序のないところにも順序を設定するというデカルトの方法にも一致している[9]。

(ii) 前半における順序

さて，セールは後半の例で見出された順序関係を類比的に前半の例に適用する。「自分は存在する，自分は思惟する」という例は，コギトの要素そのものであり，還元不可能な直観的要素である。幾何学的例の中に順序があるのと同じ仕方でこの例にも順序がある。セールによれば，その理由は次の通りである。

第一に，「私は思惟する，私は存在する」というよく知られた順序が逆転しており，このことを説明できるのは，後半の前幾何学的例の逆転のみである。前幾何学的な直観の例では，縁どられた図形がそれを縁どる縁に先立っておかれていたが，より前提となるものを先立たせる順序に従っている。言い直すなら，線，面，球という順序となる。この順序を前半の形而上学的例に適用するなら，私の存在は私の思惟によって規定されることになる。「私は思惟する，私は存在する」という認識主体にとって既知から未知への順序，推論の「非可逆的順序」になる[10]。

第二に，デカルトは他にも例が可能であることを言及するに際して，「および他のもの」(et caetera) と言わず，「以下，同様」(et similia) と言っている。このニュアンスを数学的に解すると，幾何学的範例，「コギト」の要素，そのほかに可能な例の間には相似という結びつきがあるので，前半の例の順序を後半の例の順序で解読することは許される，ということになる。

---

9) Cf. DM. II, AT-VI, pp. 18–19.

10) セールが形而上学的推論の構造について念頭においていたのは，M. Gueroult, *Descartes selon l'ordre des raisons*, Aubier, 1953 である。Gueroult によれば，『省察』における順序の特徴はその非可逆的性にある。すなわち，最初に提示されるものが後続するいかなるものにも依存せずに認識され，それ以後のすべてのものは先行するもののみによって論証される。この順序が「推論（理由）の順序」であり，『省察』の構造の土台となっている。

このように，『規則論』における数学を範とする学は，セールによって構造分析された。その手順は，核となるモデルを見出し分析して，一つの形式を取り出し，他の領域にその形式を当てはめていくものである。そのモデルは，デカルトの学においては，直観内における「環のない鎖」だったのである。

以上より，「自分は思惟する」と「自分は存在する」というものは，前幾何学的例で見出された「必要十分」という関係で結びつけられていることになる。したがって，1，2，3という前数学的な順序が直観の領域で設定されると類比的に，「私は思惟する，私は存在する」という順序も直観の領域で設定されていることになる。それゆえ，コギトの命題の「エルゴ」は推移的な導出には属さず，直観内における必要十分の連関に属するのである。さらに，線，面，球という形態の直観が幾何学の推論の連鎖に先立つものであると類比的に，「私は思惟する，私は存在する」という直観内の厳密な順序が形而上学における推論の順序の前提になっている。

3　セール説の検討と展開

(1) セール説のまとめ

『規則論』における直観の例は，同じ確実性を持った例であり，推論によって繋がったものではないため，セールはこれらの例の繋がりを比例関係と見るのを避けた。これらの関係ないし順序は導出の前提となる直観の必要十分な関係，順序なのである。

まず，モデルを取り出すために，数学の前提となるような図形や数に予備的順序を見出す。その順序とは，縁と図形が必要十分の関係で結びつけられているとともに，低次元から高次元への順序であった。他方，導出は直観という環の連鎖によって運動を伝達していくもの，明証性を伝達していくものである。直観内に見出された順序は学において推論の連鎖の絶対条件となるだろう。

セールはより根源的なものの順序を見出すため，推論の前提となる直観の例を分析し，二つの（前）幾何学的な例を厳密に結びつけた。この

アナロジーを用い，形而上学の原理「私は思惟する，故に私は存在する」の順序関係を分析する。件の直観の例における順序は単なる言明の順序にすぎない。もし例の順序を厳密なものにするならば，形而上学の大前提がコギトの命題のような非可逆的順序で表されている限り，「私は思惟する，私は存在する」という順序にならざるを得ないのである。私の存在は私が思惟することによって規定されるのであり，その逆ではない。この直観における厳密で予備的な順序が推論形式に移されると，その直観の明証性を伝達するような推移的な非可逆的順序になるのである。

(2) セールからの次元的展開

セールは直観がデカルトの導出的学の前提であり，直観内の順序は学を基礎づける上で絶対的順序であるから，モデルとなるものを見つけ，それを類比的に他の分野に当てはめようとした。すなわち，セールは（前）幾何学の例を用いて直観内の厳密な順序を見出して，それを形而上学における命題にも当てはめることによって，命題間の順序を逆転させることを正当づけた。

確かに，形而上学におけるコギトの直観内の順序を問題にする場合，コギトの要素の順序は変更不可能なので，この順序を形而上学における推論の絶対的前提とみなすことは的を射ている。さらに，純粋な経験である直観においては，その内部の項が推移的に先とか後とかは言えず，一体化していることから，セールの主張する必要十分という直観内部の連関は承認できる。

しかし，この構造論的な見解から次元をずらしてみると，「自分は存在する」が「自分は思惟する」に先立って置かれる正当な別の理由が『規則論』にはあるのではないのか。確かに，これらの例に形而上学の直観内部の順序を問うことは，構造論的には可能である。しかし，『規則論』の時代においてコギトの発見や形而上学的考察がなされていないことを考えるなら，「私は思惟する」「私は存在する」という順序は形而上学において絶対的なものではなくなる。むしろ，未来にしかあり得ないような形而上学における直観内部の順序を読み込まないことにこそ，「自分は存在する」「自分は思惟する」という順序の正しい解明はあるの

第 6 章 "Ego sum" と "Ego cogito" の順序関係について　　　195

ではないか。この隠された順序を探求していくことにしよう。

(3) 前半の例と後半の例の順序

　前半の例と後半の例の関係については，セールと根本的には同じであるが，修正すべき点がある。『規則論』においては，形而上学の原理であるコギトは見出されていなかったのだから，件の例の読解においてコギトの優位は主張できない[11]。

　では，これらの例は意味もなく置かれていたのか。もしデカルトが無作為にこれらの例を置いたとすれば，幾何学に関する例と無関係の例は混同された形で置かれていてもおかしくはない。後半は数学的な図形の認識の例に関係し，前半は自己についての認識に関係していることは明白である。

　ではいかなる順序なのか。まず考えられるのが，認識主体とその対象との関係である。しかし，これではセール説に逆戻りしかねないだろう。また，「以下，同様」(et similia) とあるように，4つの例以下の繋がりが不透明になる。そこで，『規則論』における「以下，同様」の他の使用法を見てみよう。

　　すぐにかなり困難で厄介なことに携わるべきではなく，まず最もたわいなく最も単純な技術，とりわけ順序がより支配的な技術を検討すべきである。例えば，布や敷物を織る職人たちの技術，刺繍したり，無限に多様な織物の糸を混ぜ合わせたりする女性たちの技術，同様に，数のあらゆる遊びと数論に関するすべてのもの，以下同様である。[12]

　ここでも，4つの例が提示され，前半2つと後半2つに分かれている。すなわち，織物の技術と数に関する事柄とに分かれている。技術としては，前者は後者より高度と言えるが，学的観点からすれば，前者は生活経験に関わる事柄で，後者は数学という学にまで関わる事柄である。学

　11）　一般的には，1629 年の 9 ヵ月の形而上学的省察において，コギトは見出されたと言われている。
　12）　RG. X, AT-X, p. 404 ; cf. 邦訳 [4] p. 55。

的観点からすれば，よりわかりやすい（親しい）ことがらからより複雑な事柄へという順序で並べられていると見ることができる。さらに，単なる「技術」と「無限に多様な」ものに関わる技術，「遊び」と「数論」という並びに現れているように，例がより単純なものからより複雑なものへという順序で並べられていることは明白である。したがって，件の直観の例の順序も単純に（親しく）知られるものから複雑なものへという方法の鉄則にあった順序と言える。この解釈は『規則論』の領域を越えるものでは決してないばかりか，その方法論的な意図・内容にあったものである。普遍学構築において，その基礎となる明晰判明な直観対象の方法論的な連鎖がこの例でも問題なのである。

(4) 幾何学的例の順序

以上の見解を踏まえて，次に後半の幾何学的例を再検討してみよう。

まず，三角形の例と球の例を見ると，一，二次元と二，三次元とをそれぞれ取り扱っていることから，前者は後者に先立ち，単純なものと言える。すなわち，この順序は概念系列において最も単純なものからより複雑なものへの順序であり，「絶対的なもの」から「相対的なもの」への順序である[13]。二次元は一次元なしには考えられないが，一次元は二次元なしにも考えられるというように，一次元は二次元よりも先立ち，一次元は二次元の前提条件となっている[14]。今後，この順序を発見の順序としての分析的順序に対して，発見されたものをまとめた上でさらに概

---

13) Cf. RG. VI, AT-X, p. 381 ; cf. 邦訳 [4] p. 33：「最も単純なものを複雑なものから区別し順序に従って探求するためには，或る幾つかの真理を他の真理から直接的に導出したものの各々の系列において，何が最も単純であるか，この最も単純なものからそれ以外のすべてのものが，どれほど大きく，もしくは少なくあるいは同じくらいに隔たっているかを観察しなくてはならない」。同様のことは，DM. II, AT-VI, pp. 18-19 参照。

14) この考え方は「必然的結合」における一方向の概念の順序に符合するとも言える。「これらの単純なものの結合は必然的であったり，偶然的であったりする。必然的な結合である場合とは，一方が他方の概念の内に一体となった仕方で含まれているために，それらが相互に結びついていないと判断すると，何れをも判明には概念できなくなる場合である。このように，形は延長に，運動は持続もしくは時間に結びついている，等々。なぜなら，全く延長を書いた形も，全く持続を欠いた運動も概念できないからである」(RG. XII, AT-X, p. 421 ; cf. 邦訳 [4] p. 71)。ラポルト，ベックといった研究者は抽象と具体の結びつきとして必然的結合を捉えている (Cf. J. Larorte, *Le Rationalisme de Descartes*, ch. III, P. U. F., 1945 ; L. J. Beck, *The Method of Descartes*, pp. 93-99, Oxford University Press, 1952)。

念系列に並べ直すという意味で総合的順序とする[15]。

　さらに，デカルトがいろいろな著作において幾何学的例として挙げるのは，球よりも何よりも三角形である[16]。さらには，本書第Ⅰ部第1章で見たように，三角形における辺の比を利用することによって，かけ算や割り算が処理される。このことからも，幾何学的例における前者の例は後者の例よりもわかりやすい例であり絶対的である。

　次に，一つの例内部における順序を見てみよう。一見すると，三角形は線の前に置かれ，球は面の前に置かれていることから，三角形は線に先立ち，球は面に先立っているように見える。しかし，本当に三角形は線に，球は面に先立っているのか。

　実際に三角形を直観する場合，その認識に運動の推移が介入することはなく三線をひとまとまりのものとして同時に見る。したがって，直観内部においては，図形とその縁とはつなげられているのだから，どちらが先立っているという問題は起こらないはずである。主語述語は入れ替え可能であり，それら命題内部の外面的な並びは問題とならない。この条件では，順序は設定できない。

　そこで，例と例との関係を問題にした場合，三角形は球に先立っている。この順序を基盤とすると，各々の命題内部の順序は，一次元・二次元，二次元・三次元という並びになる。この順序によって二つの命題を書き直し繋げれば，〈二次元である三角形は一次元である線によって定義されるように，三次元である球は二次元である面によって定義される〉ということになる。対象をそれに先立つ概念で規定するという順序が見出される。三角形は線なしに考えられないが，線は三角形なしにも考えられる。線と三角形は必ずしも必要十分の関係ではない。

　なるほど，デカルトは，角，線，三という数，形，延長，といったものが三角形の認識に含まれると考えなかったとしても，三角形を認識できると言っている。しかし，「だからと言って，このことは三角形の本性がそれらすべての本性から複合されていて，それらの本性は三角形に

---

　　15) 『規則論』にも，単純なものに至る分析的順序がある。形而上学における分析的順序と総合的順序に関しては，MR. II, AT-VII, pp. 155–56 参照。
　　16) 『規則論』だけでも，globus の使用例はここのみで，triangulus は 6 ヵ所ある（AT-X, p. 368, 422, 449, 451, 456, 457, 458）。

おいて知解されている本性自体であるので,三角形よりもよりよく知られるというのを妨げるものではない」[17]とデカルトは主張しているのである。したがって,諸概念の連鎖という点から,より先なる本性,概念を見出すことによって,直観内の順序を設定することは『規則論』をはみ出すことではない。

以上より,幾何学的命題間の順序,それぞれの直観内の順序を考察した場合,その順序は概念の総合的系列においてより先に知られる概念からの順序であることが確認された。それと同時に,セールのいう次数も概念をもとにした数であり,単純な概念から並べられたものだったことも確認された。

(5) 前半の例の順序

セールは,その目的から後半の例に見出される「必要十分」という連関を前半の例に適用した。彼は幾何学的例に見出される構造を形而上学に適用しようとした。この考え方はデカルトの学全体の構造を明らかにするという意味で,示唆的である。しかし,『規則論』においては,「自分は存在する」,「自分は思惟する」は別々の直観として置かれ,「自分」は介するものの,両者に厳密で密接な関係は見出されていなかった。幾何学的例の順序と関係づければ,自分は存在という縁で規定され,自分は思惟という縁で規定される,と言えるだけである。端的に存在する自己をいくら足しても,思惟する私に至れないように,真の形而上学的な思惟する「私」は次数の違いのように無際限な差異を持って見出されていなかったのである。

セールとは別の読み方として,例を逆転させる必要のない読み方が必要であろう。というのも,4つの例がかのように並んでいる以上,デカルト本人の意図として逆転は許されないことだからである。さらに,『規則論』においてコギトは見出されていなかったことを斟酌すれば,セールが行ったように,例と例との対応をまとめて直観内部の連関とするよりも,4つの例の外面的な対応関係とみなした方がよい。そこで,「自分は存在する」と三角形の例,「自分は思惟する」と球の命題とを対

---

17) RG. XII, AT-X, p. 422 ; cf. 邦訳 [4] p. 72.

応させてみよう。

　2つの幾何学的命題は，三角形と線に関する命題，球と面に関する命題という順序で並べられており，すなわち，一次元と二次元に関する命題，二次元と三次元に関する命題という順序で並べられている。権利上，より単純な概念，より先に知られる概念を先立たせる順序で並べられていた。三角形という概念が球という概念に先立って置かれているように，「自分は存在する」が「自分は思惟する」に先立って置かれている。その順序は，概念の総合的系列において存在という概念は思惟という概念に先立って置かれるという順序である。さらに厳密にアナロジーを適用すると，「自分」と「三角形」，「存在」と「線」，「自分」と「球」，「思惟」と「面」という対応関係が考えられる。三角形は三線のみで縁取られていることによって定義されるように，「自分」の定義が，「存在する」ことによって定義されているとも考えられる。このことは球と思惟とについても当てはまる。線は三角形なしにもあり得るが，三角形は線なしにはあり得ないように，私は存在せずにはあり得ないように，私は思惟することなしにあり得ない。さらには，存在は思惟なしにもあり得るが，思惟は存在なしにはあり得ないのである。しかし，問題がある。セールの示した非可逆的順序も，予めAを理解することなしにBを理解することは不可能であるが，また逆にAを理解するためにはBなしですますことができるという順序であり[18]，この順序は我々が設定する順序と同じなのに，存在と思惟の順序を見ると，両者は逆になっている。さらには，「私」のあり方が二次元的にも三次元的にも値するように，不透明なままであり，自己という主体の存在が『規則論』では曖昧なままなのである。この問題の解明のためにもコギトの道程を考察してみよう。

---

18) Cf. M. Serres, *La Communication*, p. 141–42；邦訳 p. 162。

4　形而上学

(1) cogito, ergo sum

　デカルトはラディカルな懐疑から形而上学を始めた。これは何を意味するのであろうか。それは，今まで受け容れてきた認識，知識を今一度疑ってみて本当に疑い得ないものを見出すという発見の順序に従うということである。先の前幾何学的例を参照すれば，根本的懐疑から始めるためには形而上学という学が成り立つ以前に戻り，その領野における順序を見出すことが重要である。デカルトの普遍的懐疑は普通に認められる認識を極限まで疑い，三次元の肉体を持つ自分の存在をも疑い，慣れ親しんだ算術の妥当性をも疑う。換言すれば，懐疑は，すでに考察したような総合的な概念系列以前に戻り，実在すると思われるもの，真であると思われるものを問題にする。デカルトは存在者を基に始めるのではなく，懐疑を通って存在者へと至る途を選んだ。

　『省察』では単に，「私はある，私は存在する」[19]とのみ述べられているのは，まさに懐疑において何が問題で，何を発見したかを表している。第一に見出される存在・真理は私の存在である。では，思惟の身分はどうなるのであろうか。

　この第一真理の発見の過程を見ると，懐疑という思惟から存在へという非可逆的的移行があるのは明白である。「私は思惟する，故に私はある」という定式はこの過程をダイナミックに言い表したものなのである。

　現に，『哲学原理』では，次のように書かれている。

　　思惟しているところのものが，思惟しているまさにそのときに，存在していないと思うことは，矛盾している。したがって，「私は思惟する，ゆえに私はある」というこの認識は，あらゆる認識のうちで，順序正しく哲学している人の誰もが出会う最初の最も確実な認

---

19) MP. II, AT-VII, p. 25.

識である。[20]

　「私は思惟している」が「私は存在する」に等しいという認識が，順序の上で第一に確実な認識なのである。『規則論』の例で見出された順序は，概念を総合的に集め，その系列において絶対的な概念を先立たせる順序であった。他方，形而上学においては，そのような概念系列を成り立たせている主体が問題になり，いま現に思惟していることから存在していることへの順序が重要となる。この順序は，「私は思惟する」を前提として「私は存在する」が見出される厳密な順序なので，セールの言うように，非可逆的形式が組み込まれている。
　では，「私は思惟する。故に私は存在する」は推移的な推論であるのだろうか。コギトが第一原理であり，この原理からあらゆるものが導出されることを考えれば，コギトは直観以外の何ものでもない[21]。コギト・エルゴ・スムは，その発見の劇的瞬間において，「私は思惟する」から「私は存在する」への移行，または自らの思惟の動き自体を直観することによって成り立つ。『規則論』の例の「自分は思惟する」は，端的に思惟していることをのみ直に観ることであり，自分が存在していることに結びつかなかった。『規則論』の例が示しているのは，通常の認識として，もしくは日常において身近な自意識として，自己の思惟より自己の存在を先立たせるという意味しか持たなかったと言ったら言い過ぎであろうか。現実のコギト内部において，総合的な概念系列における一方向の順序は成り立たないように見える。では，存在，思惟という順序は総合的な概念の一方向の順序なので，コギトと無縁のものなのであろうか。

(2)「思惟するためには存在しなくてはならない」
　デカルトは，『方法序説』において，「私は思惟する，故に私はある」を見出し，私というものが思惟を本性とする実体であると明言した後

---

20) PP. I. 7, AT-VIII-1, p. 7 ; cf. 邦訳［3］p. 36。
21) Cf. MR. II, AT-VII, p. 140.「第一原理そのものは直観のみによって知れる」(RG. III, AT-X, p. 370 ; cf. 邦訳［4］p. 21)。また，『規則論』において，導出が直観に還元される場合があることが示されている (Cf. RG. III, AT-X, p. 369)。

で，コギトの命題の中に私が真実を語っていると保証してくれるものは，「思惟するためには存在しなくてはならない」ということしかないと断言している[22]。この命題はコギトの公理と呼ばれるもので，実はすでに前節で予想されていたものであった。というのも，この命題は，存在という概念と思惟という概念を分けるのを許し，前者は後者に先立つことを表しているからである。事実，この命題によれば，思惟は存在なしにあり得ないが，存在は思惟なしにもあり得るという関係が打ち立てられている。

　さらに，『省察』において，「私はある，私は存在する」から「私は思惟するものである」への移行を見ても，この移行を概念系列の観点から捉えると，自己の存在からその本質の思惟へという順序が見出される。また，ここにおいて初めて，「私」というものが「思惟するもの」すなわち，思惟する存在者と規定された。この過程は，存在から思惟への過程であり，『規則論』の例の順序に従っている[23]。このように，コギトの純粋な経験の道程が『規則論』の総合的な概念系列を辿り直すことによって，論理の面からもコギトを裏付けることができたからこそ，数学的な命題にせよ，「我々がきわめて明晰判明に概念するものはすべて真である」という「明証性の規則」が，コギトの公理の後にうち立てられるのである[24]。

　しかし，このコギトの公理だけでは，実際に存在しているものを教えてはくれない[25]。この公理は「私は思惟する，故に私はある」に先立ち，それを条件付けているとも言えよう。ただし，この公理はより絶対的な概念を先立たせる順序で，「私は思惟する，故に私はある」を捉え直したものであり，コギトを確証するためにはそのつど内的経験に立ち戻る必要がある。コギトからその公理へ至る順序は発見の順序として非可

---

[22] Cf. DM. IV, AT-VI, p. 33.

[23] Cf. MP. II, AT-VII, pp. 25–29.

[24] Cf. DM. IV, AT-VI, p. 33.

[25] 「「思惟とは何か，存在とは何か，確実性とは何か，同様に思惟するものが存在しないことはあり得ない」などということを，「私は思惟する，故に私はある」という命題そのものに先立って知っておかねばならないことを，私は否定しなかった。しかし，これらは最も単純な概念であり，それらだけでは存在しているいかなるものの知識を現前させることはないので，数え上げる必要はないとみなしたのである」(PP. I. 10；cf. 邦訳 [3] p. 36. Cf. RV, AT-X, p. 524–25；AT-V, p. 147；MR. VI, AT-VII, p. 422)。

逆的な順序なのである。この公理は，概念の総合的系列から見て存在という概念と思惟という概念を分けてみた場合，存在を先立たせる順序に則っている。したがって，『規則論』の例に見出された順序をそのまま，「私は思惟する，故に私はある」に適用することはできないにせよ，この命題を裏付ける順序が『規則論』において予期されていたと考えられるのである。

結

　以上より，はじめの問題に答えよう。
　第一の問題に対しては，セールとの見解の相違を示すことがその答えとなるであろう。セールは，直観に関する前半の命題は後半のものよりも優位に置かれると主張しながらも，後半の幾何学的例を範例的なモデルとした。事実，デカルト自身も数学を範として学を構築している。さらにセールは，幾何学以前に認められるへりの考察を通して，縁取られる，限界づけられるものを先立たせる順序，低次元から高次元への順序，1，2，3という厳密な順序を見出し，この順序で後半の例を秩序立てた。彼はこの後半の順序化を前半の例に適用し，「私は思惟する，故に私はある」という純粋直観における順序を正当化した。この順序は非可逆的な順序としても推論のモデルともなる順序である。すなわち，この直観内部における厳密な順序は認識主体にとって既知から途へと進む発見的順序に繋がる。このように，セールにおいては，直観内部における厳密な順序はデカルトの学全体のモデルとなっている。
　これに対して，我々はセールの考えを構造論的には認めつつも，『規則論』における前形而上学的思想と直観の例の並びに従った上で，セールとは異なった順序をそれらの例の中に見出した。まず，我々は『規則論』において主張されている概念系列の順序によって，4つの例の順序関係を考察した。例の前半と後半は自己認識と図形の認識とに分かれており，自己の概念は図形のそれに認識の単純さの順序において先立っている。後半の幾何学的例においても，一・二次元に関する命題，二・三次元に関する命題というように単純なものから並べられている。命題内

部において限界づけられるものを先立たせる順序が見出される。すなわち，対象として主体が先立つ順番である。前半の例においても，存在と思惟との概念的な結合の順序とみなせば，存在が思惟に必要条件として先立つ順序となっている。二つの命題をつなぐ紐帯として「自己」が主体としてある。主体が先立つあり方はコギトの命題においても同じである。すべては『規則論』における概念系列の順序で説明可能なのである。以上が第一の問題に対する解答である。

　第二の問題に対しては次のように答えられる。

　「自分は存在する，自分は思惟する」と「私は思惟する，故に私は存在する」との順序関係の違いが意味するのは，単なる命題の逆転ではなく，普遍学における概念の系列を設定する方法に対して，それを基礎づける形而上学が現れたということである。換言すれば，認識主体の存在を要請として設定し，その主体の内に見出される概念系列を方法的に見る学から，認識主体の存在自体が懐疑を介して見出される学へと移行したのである。

　懐疑からコギトへの道程を考察すると，その順序は思惟から存在への順序であり，推論の非可逆的順序を表す。その後の道程に従えば，コギトが数学的認識を基礎づけるとともに，コギトが数学（論理学）的観点からも基礎づけられる公理が見出される。その公理の順序こそ『規則論』における概念系列の順序だったのである。したがって，『規則論』における方法における必然的結合の順序が形而上学においても現れていることから，純粋経験の内に見出されるコギトは数学的必然性を基づけるとともに，そのコギトは数学的必然性によっても裏付けられていることになる。形而上学は『規則論』を基礎づけるとともにそれを思想的土台としていると言えよう。

　次に，コギトの命題の吟味に入ろう。そこには，まさにこの章で見た非可逆的順序と形而上学的原理内部のあり方が確認され，コギトの命題が推論か直観かの問題に答えを出せるであろう。

第7章

ソクラテス的反転
――ドゥビトの確実性からスムの必然性へ――

序

　この章では，懐疑から「私は思惟する，それゆえ，私はある」(以下，コギト・エルゴ・スム) が導き出される過程を考察する。その過程において，前章で要となった必然性の原理が使用されていることを確認する。

　コギト・エルゴ・スムを直接経験による一つの事実確認とみなすことは，他のいかなる命題をも前提としない最初の形而上学的真理であるという意味で，デカルトの主張とも符合する[1]。この条件のみでは，「私は存在する」(以下，スム) は偶然的真理に過ぎなくなってしまう[2]。しかるに，『省察』では，「〈私はある，私は存在する〉というこの命題は，私によって言表されるたびごとに，あるいは，精神によって概念されるたびごとに，必然的に真である」[3]と書かれている。もし条件なしに，対象そのものにおいて，私が必然的存在ならば，私は神と等しくなり，デカルトの意図に反してしまう。では，この場合の必然性とはいかなるものであろうか。

---

1) Cf. MR. II, AT-VII, p. 140, 422 ; DM. IV, AT-VI, p. 32.
2) ライプニッツは，「〈私は思惟する，ゆえに，私はある〉ということは本来は思惟によって存在を証明することではない」と言っている (Cf. *Nouveaux Essais sur l'Entendement Humain*, IV7 (7), Flammarion, 1990, pp. 323–24)。
3) PM. II, AT-VII, p. 25 ; cf. 邦訳 [2] p. 38。

この問題設定のもとで注意すべきことは，コギト・エルゴ・スム，厳密にはスムという命題を対象として，この必然性が言われているということである[4]。実際，パリアントの言うように，懐疑とは精神と確実性が吟味される命題との間の関係にあり，その関係はメタ言語の性質を持っている[5]。このことを斟酌すると，命題を対象とするレベルにおいて，スムの条件と，スムを必然とするための推論規則ごときものを探求する必要がある。デカルト自身もスムが「私は思惟する」（以下，コギト）から導出された帰結のように繰り返し言うのは，この意味においてである[6]。ただし，推論形式にのみ訴える推論説は否定される。そこで，本章は，第一に，推論説の典型である三段論法説の欠陥を指摘してから，デカルトのテクストから推論規則に似たものを見出す。次に，命題を生み出す作用から，スムの条件となるコギトの確実性を取り出す。最後に，「私は疑う」（以下，ドゥビト）からコギト，それからスムへの道程を分析することで，スムが直観されるのを認めつつ，コギトの確実性からスムの必然性への移行に推論の形を与えざるを得ないことを確認する。スムの必然性は，この真理の探究の道程を抜きにしては取り出せないのである。

1 コギト・エルゴ・スム推論説

(1) 三段論法説

デカルトの時代以来，コギト・エルゴ・スムの論理的妥当性を取り出すために，「思惟するものはすべて存在する」という大前提を省略した三段論法としてコギト・エルゴ・スムを捉える説がある[7]。ところが，カントが批判したように，この大前提は思惟という性質がこの性

---

4) ほかのテクストも同様である。Cf. DM. IV, AT-VI, p. 32 ; PP. I. 7 ; RV, AT-X, p. 523.
5) Cf. J.-C. Pariente, « Problèmes logiques du *Cogito* », in *Le Discours et sa Méthode*, PUF, 1987, p. 230.
6) Cf. DM. II, AT-VI, p. 33 ; A Colvius, AT. III, p. 248（『デカルト全書簡集 4』p. 214）; MR. IV, AT-VII, p. 352 ; PP. I. 7 ; EB, AT. V, p. 147 ; RV, AT. X, p. 523.
7) 例えば，ガッサンディがそうである。Cf. MB. V, AT-VII, p. 259 ; AT. IX–1, p. 205 ; 所雄章『デカルト II』勁草書房，1971, p. 102。

質を持っている一切の存在者を必然的な存在者にしてしまうとも解される[8]。逆に，デカルト自身はコギト・エルゴ・スムを「個別的なものについて考察している」[9]と主張している。

では，大前提を「もし私が思惟するなら，私は存在する」という一人称の命題にして，仮言三段論法を作れば，デカルトのテクストにも反しないのではないか[10]。しかし，ショルツによれば，この命題の「もし」はあらゆる時間を示しており，大前提が普遍的なものには変わりはない[11]。このように，三段論法を採用する研究者は，「大前提が真であるためには，推論が正しくなければならないということを忘れている。というのは，思惟しつつ存在しないことが起こるならば，前提は誤りとなるであろうからである」[12]。すなわち，スムが真であるためには，それが三段論法の帰結であるだけでは不十分であり，三段論法の形式の正確さでは，大前提と小前提の真理は保証されないのである[13]。この三段論法の欠陥は，大前提とスムを同じ対象のレベルに置いたことに起因している。したがって，スムの命題を対象とするレベルにおいて，その命題の真理を考察すべきである。では，大前提のように対象の側に置かれず，条件から帰結の必然性が導き出されるのを許す推論規則のごときものが，デカルトのテクストの中に見出せないだろうか。

(2) コギト・エルゴ・スムのマキシム

『方法序説』には，「この〈私は思惟する，ゆえに私はある〉ということのなかに，私が真なることを言っていることを私に確信させるものは，思惟するためには存在しなくてはならないということを極めて明晰

---

8) Cf. I. Kant, *Kritik der Reinen Vernunft*, B422.
9) EB, AT. V, p. 147；cf. 邦訳［4］p. 340。
10) 『省察』では，「この上なく狡知にたけた欺瞞者が私を欺いているならば，この私がすでにあることは疑いない」(PM. II, AT. VII, p. 25；cf. 邦訳［2］p. 38) と書かれている。Cf. DM. IV, AT. VI, p. 32；RV, AT. X, p. 521；PM. II, AT. VII, p. 27；PP. I. 7.
11) Cf. H. Scholz, « Über das Cogito ergo sum », *Kant–Studien*, v. 36, 1931, p. 132；Pariente, op. cit., pp. 235–236.
12) Pariente, ibid.
13) Cf. Pariente, ibid. デカルトの三段論法に対する批判は，主に，大前提の正当性と発見の仕方を教えないことに関わるものである。Cf. MR. II, AT-VII, pp. 140–41；RV, AT-X, p. 363, 406, 439–40；DM. II, AT-VI, p. 17；A Mersenne, AT-III, pp. 339–40（『デカルト全書簡集 4』p. 312）。

に私が見て取ること以外には何もない」[14]と書かれている。また『哲学原理』によれば，コギト・エルゴ・スムの命題よりも前に「思惟するものが存在しないことはあり得ない」という命題を知っておくことを認め[15]，「思惟するものは思惟する間(あいだ)，存在しなくてはならない」[16]という命題が永遠真理（共通概念）としてあげられている。このようなマキシムをコギト・エルゴ・スムに先行させ，それに適用される推論規則のごときものとして承認することは，デカルトの全テクストの整合性を求める限り，コギト・エルゴ・スムの必然的真理の基づけとして有効である[17]。『方法序説』で言われているマキシムは，厳密には推論規則とは言えないが，『哲学原理』のマキシムと同じく，「条件的必然性の原理」を表しており，思惟している限り思惟するものが存在するのが必然であることを意味している[18]。

2 コギトを条件とするスムの必然性

しかし，条件的必然性の原理を認めるとはいえども，これだけではコギト・エルゴ・スム，正確にはスムの真理を保証しない。デカルトが条件的必然性の原理に従っているとすれば，まず，条件の真理を吟味する必要がある。というのも，「歩いているものが歩いている間(かぎり)は存在せざるを得ない」という命題は「思惟するものが思惟している間(かぎり)は存在せ

---

14) DM. IV, AT-VI, p. 33 ; cf. 邦訳［1］pp. 39–40。
15) Cf. PP. I. 10.
16) PP. I. 49 ; cf. 邦訳［3］p. 59。
17) Cf. M. Gueroult, *Descartes selon l'Orde des Raisons*, Aubier, v. 2, 1953, appendices, n. 1. ゲルーは，存在と思惟の関係を，線は直線なしにあり得るが，逆はあり得ないといった一方的な必然的関係とみなしている（Cf. op. cit., p. 309）。なお，このような規則が「誇張的懐疑」にかけられなかった理由は，哲学が説得的に語ることから逃れられない以上，対象としての数学的認識は疑えるが，懐疑を遂行していく論理（理性）は疑えないことにあると思われる。
18) Cf. Pariente, op. cit., p. 251. ここでの条件的必然性の原理とは，「あるものがある間(かぎり)，ないことはあり得ない」（J. Vuillemin, *Nécessité ou Contingence*, Minuit, 1984, p. 7）というものである。『省察』でも，この原理が使われている。例えば，「私が見ていると思惟しているのだから，…思惟しているこの私自身が何ものかでないという事態は，全くあり得ない」（MP. II, AT-VII, p. 33）などである（Cf. MP. II, AT-VII, p. 25）。

ざるを得ない」と同じく，条件的必然性の原理に属するが，この場合，「私は歩く」からもスムが導き出されるからである[19]。「私は呼吸する」からスムが帰結するためには，この前提の真理を確かめることが必要だが，「〈私は呼吸する，ゆえに私はある〉と言う場合，もし呼吸は自己の存在なしにはあり得ないということから，自己の存在を結論しようとしているなら，何も結論されない」[20]。では，自らの存在を証明するための条件とは何か。それは「〈自分が呼吸している〉という思い，もしくは思い込み (du sentiment ou de l'opinion) を自ら持っていること」[21]である。その〈自分が呼吸している〉という思い込みの内容は正しくないかもしれないが，少なくともそう私が思惟していることを疑われないのである。したがって，形而上学的確実性が問題の場合，スムよりも前に確実性が承認されるものは，思惟の産出以外にはない。すなわち，「〈私は存在する〉を帰結するために重要なことは，生み出された思惟の内容が真であるということではなく，私がこの思惟を生み出したことが真であるということである」[22]。命題の内容の真理値は不確実だが，その命題を生み出すことはその命題を疑っているがゆえに確実なのである[23]。少なくとも，条件的必然性の原理と思惟内容を生み出す思惟行為とから，スムの必然性は取り出せるのである。

3　ドゥビトからコギトの確実性へ

そもそもデカルトの懐疑に従えば，コギトの確実性に至ることを可能にするのはドゥビトであるが，どういう過程を経てドゥビトはコギトの確実性に至るのか。または，本章第1節で述べたように，懐疑の道程は「命題」と現実とを対比し，その繋がりを断ち切る過程と言えるが，いかにしてこの過程がコギトの確実性からスムの必然性へと進展してい

---

19) Cf. Pariente, op. cit., p. 252.「第三答弁」においては，「我々はいかなる動きをもその基体なしには概念し得ない」という原理が示されている (3R, AT-VII, p. 175)。
20) A Polotti, 1638. April ou Mai, AT-II, p. 37；『デカルト全書簡集2』p. 222。
21) ibid, AT-II, p. 38；『デカルト全書簡集2』p. 222。
22) Pariente, op. cit., p. 254；cf. 4R, AT-VII, p. 352.
23) Cf. Pariente, op. cit., p. 255.

(1) 懐疑過程とスレザック

スレザックは「私は疑う」という命題が懐疑から除かれることを対角線論法で演繹した[24]。まず、スレザックの議論を援用して、コギトを確証する意識と論理の問題をさらに深めて考察してみよう。

デカルト自身、懐疑について次のように言っている。

> 私の疑いと私の確実性とは同一の対象に関係していたわけではない。というのは、私の疑いは、私の外に存在する事物のみに向けられていたが、確実性のほうは、私の疑いと私自身とに関わるものだったからである。[25]

懐疑は外的世界に関わり、懐疑の確実性は私が懐疑していることに関わっているわけで、二つが同じ対象に関わっているのではない。この対象の区別を斟酌して、スレザックは次のように懐疑のモデルを命題で示す。まず、内的世界における命題を番号付けする (ex. (1) 薔薇は赤い (2) 雪は白い…)。すると、懐疑の命題 (X) は、次のように表される。

(X)　|私は (N) を疑う|〔Nは命題の番号で、| | は論者の付加〕

さらに、Xも番号を付け、いわゆる自己懐疑の命題を作ってみると、それは自分自身と等しい命題を疑うことだから、Nの番号とXの番号が等しい場合であり、次の命題 ($\overset{*}{X}$) で表せる。

($\overset{*}{X}$)　|私は ($\overset{*}{X}$) を疑う|

「〜を疑う」を「〜は偽である可能性がある」とみなしたり「〜を信

---

24) Cf. P. Slezak, « Descartes's diagonal deduction », *British Journal for the Philosophy of Science*, v. 34, 1983.
25) RV, AT-X, p. 525 ; cf. 邦訳 [4] p. 329。

第 7 章　ソクラテス的反転　　　　　　　　　211

じない」とみなしたりすれば，「(X̣) は (X̣) が偽である可能性を受け入れることを示している」。この設定を受け入れると，(X̣) が偽なら，(X̣) の否定が真であるから，私は (X̣) を疑っていないことになる。すなわち，「(X̣) を疑おうとする試みは，私が (X̣) を疑っていないという結論に直結するのである[26]。

そして，デカルトにおける (X̣) の意味は，「〈私は疑う〉ということが，まさにそれを私が疑えないほどに真であるなら，〈私は思惟する〉ということも，真である」[27]ということである。事実，強調した文はまさしく逆説的である。したがって，(X̣) が逆説的なのは，デカルトの主張とも符合しているわけである[28]。

(2) スレザックに対する批判と評価

しかし，ソレンセンによれば，この見解は問題がある。

(X̣) は

(b)　｜私は (b) が偽であると信じる｜

ということである。「もし私が (b) を信じるなら，(b) は真ではない，したがって私は (b) を信じるべきではない。他方，私が (b) は偽であると信じるなら，(b) は真であり，したがって私は (b) を信じるべきである」。すなわち，「(b) を信じないことへの反対理由は，それを信じることへの等しく強い反対理由に匹敵する」[29]。したがって，「私はこの文を疑う」を私が整合的に信じることができないことも正しく，その文につて判断は保留されることになる[30]。結局，スレザックの演繹では，コギトの絶対的な不可疑性を導き出せないのである。これは，ス

---

26)　Cf. Slezak, op. sit., p. 24.
27)　RV, AT-X, p. 521 : cf. 邦訳 [4] p. 324。傍点は引用者の付加。
28)　Cf. Slezak, op. cit., p. 25. スレザックによれば，「嘘つきの命題〈(M)｜M は偽である｜〉はそれ自体がそれ自体の領域のメンバーであるから根拠がない」(p. 31) といった構造になっているように，内省もまた同じ構造になっている。
29)　R. A. Sorensen, « Was Descartes's Cogito a diagonal deduction ? », *British Journal for the Philosophy of Science*, v. 37, 1986, p. 349.
30)　Cf. Sorensen, op. cit., p. 350.

レザックが「〜を疑う」を「〜を信じない」や「〜は偽である可能性がある」とみなしたことによる[31]。これらは同一のものではあり得ないのである。

スレザックは，懐疑の過程を，外的世界を否定していく内省が持つ論理構造として示そうとした。すなわち，思惟をその表象内容から捉えることのみではコギトの真理を導き出せないことを自覚し，自己に反射していく思惟が現実に行われているという自己指示的な思惟の構造を論理的に示そうとしたのである[32]。この意図は評価すべきであるが，彼の演繹は失敗した。このことは「コギトの出発点の不可疑性はたんなる論理分析には属さない」ことを意味していると言えよう[33]。

(3) ソクラテス的反転

しかし，ドゥビトからコギトへ至る過程には，まったく論理は含まれていないのだろうか。デカルトは，『規則論』において，次のように言っている。

> ソクラテスが，自分はすべてを疑っている，という場合にもまた，そこから，彼は少なくとも自分が疑っていることを知っている，同様に，彼はあることが真あるいは偽であり得ることを認識している，ということなどが帰結するのである。なぜなら，これらの帰結は懐疑の本性に必然的に結合しているからである。[34]

ここでも，「自分はすべてを疑っている」の「すべて」のなかに自らの命題を取り入れて，それ自身の命題を反射させることによって，現実に疑っていることの知と真偽の認識が見出されている。確かに「自分が疑う」ことが知へと反転するが，この箇所では，形而上学的原理であるスムが問題となっていない[35]。なぜなら，この箇所では，思惟と存在の

---

31) Cf. Pariente, op. cit., p. 258–59.
32) Cf. Slezak, op. cit., p. 33. なお，スレザックは「私」の遂行的な指示機能から私の存在を取り出している (p. 32)。
33) Cf. Pariente, op. cit., p. 259.
34) RG. XII, AT-X, p. 421：；cf. 邦訳［4］p. 71。
35) Cf. Alquié, *La Découverte Métaphysique de l'Homme chez Descartes*, PUF, 1950, pp.

結合が問題ではなく，懐疑と切り離せない認識，疑う限り認めなくてはならない認識が問題とされているからである。すなわち，この「ソクラテス的反転」においては，懐疑から真偽・知への一方向の「必然的結合」という論理（推論）が問題にされている。この「必然的結合」が存在に適用されれば，まさに「条件的必然性の原理」となる。そして，この空虚な原理に具体的で不可疑の条件であるコギトを入れるのは，懐疑過程におけるコギトの経験そのものであり，この懐疑からの道程を通して（2）のマキシムは取り出されるのである。このように懐疑の重要性は，『真理の探究』で，「普遍的懐疑」が「確固不動の点」とされたことに相応する[36]。

　では，懐疑と真偽・知との必然的結合は，『省察』にも見出せないだろうか。アダン・タヌリ版の区切りに従えば，「第二省察」では，第一段落に，「確実なものは何もないというこのこと自体を確実なものとして私が認識するに至るまで」[37]，第二段落には「何が真なのであろうか。おそらくは，確実なものは何もないというこのことのみであろう」[38]と書かれている。グイエが言うように，これらの文は，ほぼ「ソクラテス的反転」を表していると言える[39]。ここでも，疑うことの前提として，真偽の認識，あらゆる命題を疑おうとする意志，が読み取られる。しかし，懐疑における視点は外部に向けられているので，自分が懐疑していることが自らの命題内部に取り入れられていない。この取り入れを可能にするのは，実に「確実なものは何もない」と言表したことに目をやり，この命題そのものに疑問を投げかけることによってである。厳密に言えば，ここで「ソクラテス的反転」は完成される。第三段落のはじめの「しかし」はこの反転の印である。

　『省察』においては，『規則論』と異なり，疑うことが疑うことを知ることに反転するばかりでなく，命題そのもの，命題を産出する作用が問

76–77. 野田又夫は懐疑の逆説性を意志の面から捉えている（Cf. 野田又夫「デカルトにおける形而上学と自然学」（1949 年），『野田又夫著作集1』白水社，1981，pp. 632–33）。

36）　Cf. RV, AT. X, p. 515；；cf. 邦訳［4］p. 314。
37）　PM. II, AT-VII, p. 24；cf. 邦訳［2］p. 37。
38）　PM. II, AT-VII, p. 24；cf. 邦訳［2］pp. 37–38。
39）　H. Gouhier, « Pour une histoire des « Méditations métaphysiques » », *Études d'Histoire de la Philosophie Française*, 1976 (1951), Hidesheim, p. 13.

題となり，疑う意志としてのドゥビトから，ドゥビトをも自らのうちに取り込むコギトへと進展していく。実際，この反転の後，第三段落のはじめでは，表象された「さまざまな思惟」が見出される。そして，それを前提として自分がその「思惟の創作者」である可能性が言われ，「私は何ものかであるのではないか」が問題になっている[40]。すなわち，疑うことから思惟が現実に生み出されていることへ，さらにその産出者としての「私」へと，視点が移っているのである。

また，第三段落では，コギトは真とは表明されず，スムの条件としてのみ語られている。現実的な「思惟」は表象されず，命題を産み出し，その真偽を問うレベルにある。それゆえ，懐疑の対象はコギトではなく，スムなのである。スムも懐疑から除かれるのは，コギトが事実として認められることによって，それと同時に，スムが直観されるからである。それから，デカルトは，直観されたスムを基礎づける構造の探求に進み，スムという帰結の構造を，「私が何ものかであると私が思惟するであろう間(かぎり)は，私が無であるという事態を，しつらえることはできないであろう」[41]という「条件的必然性の原理」を適用した形でデカルトは確かめている。その後，「〈私はある，私は存在する〉というこの言明は，私によって言表されるたびごとに，あるいは，精神によって概念されるたびごとに，必然的に真である」[42]と結論されるのである。

結局，スムが必然とされるのは，すでにコギトの経験をして，それを「十分にも十二分にも」分析した後であり，この分析には「条件的必然性の原理」もしくはコギト・エルゴ・スムのマキシムが使われていた。したがって，懐疑を遂行していく事実と推理の正当性と真理の基準などを「知っている」状況なしには，コギトを端的に前提として「必然的にある私」に至ることはデカルトにおいて不可能である。コギト・エルゴ・スムは直観でもあり推論でもあり得るのである。

---

40) Cf. PM. II, AT-VII, p. 24 ; cf. 邦訳［2］p. 38。
41) PM. II, AT-VII, p. 25 ; cf. 邦訳［2］p. 38。
42) ibid.

4　ヒンティカのパフォーマンス説

　直観説を支持しつつも，スムの必然性を説明する場合，コギト・エルゴ・スムに推論を認めざるを得ないことは，直観説を擁護したヒンティカにも言える。

　「私は存在しない，かつ私は存在する」が，言葉の一般的意味で不整合である場合に，「私」が「私は存在しない」と言表することは「存在に関して不整合」（existentially inconsistent）と言われる[43]。このように，ある文が存在に関して不整合になる原因は，ある人物がその文を言表する行為，すなわち「パフォーマンス」にある[44]。すなわち，「私は存在しない」という文を私が言表する，もしくは思惟する場合にのみ，聞き手もしくは自分を説得できなくなり，逆に，その文の否定「私は存在する」は自証的になる[45]。この場合の思惟する行為というものがコギトに当たり，コギトという過程を通してスムという結果（産出）が自証的となる[46]。

　このパフォーマンス説は，たとえば，「私は約束する」という言語行為そのものがその文の指示する行為を構成するように，まさにある命題を思惟している行為そのものがその命題を真とする説である[47]。しかし，思惟していることによって，私が思惟していることを私は真とできるが，「私が自己を創造するものでない限り」，私が存在することを思惟行為によって真とすることはできないのである[48]。したがって，パフォーマンス説においても，思惟と存在を結合する何らかの規則が必要とな

---

43) Cf. J. Hintikka, « Cogito, Ergo Sum :inference or performance ? » , *Philosophical Review*, v. 71, 1962, p. 11, 14.
44) Cf. J. Hintikka, op. cit., p. 12.
45) Cf. J. Hintikka, pp. 13–15.
46) Cf. J. Hintikka, p. 16.
47) Cf. B. Williams, *Descartes: The Project of Pure Enquiry*, Penguin Books, 1978, p. 75. パフォーマンス説の解説と批判は，坂井昭宏「コギト・エルゴ・スム――英語の文献によるデカルト研究の現状」，『千葉大学教養部研究報告 A–12』1979, pp. 40–48 を参照のこと。
48) Cf. Williams, op. cit., p. 76.

り，論理もしくは推論から逃れられないのである[49]。ここでも，思惟行為が唯一の条件となって，思惟する私の存在の必然性が取り出されるのだから，その規則は「条件的必然性の原理」と言える[50]。

　確かに，パフォーマンス説は，スムを対象として，その命題を産出する過程に命題として示されないコギトを置く構造となっているので，我々の見解に近い。しかし，その思惟行為の不可疑性を厳密に考察することがなされていない。さらに，懐疑過程を重視せずに，懐疑からの道程で取り出される思惟行為の確実性と論理が見落とされているのである。

結

　したがって，直観説をとるにしても，コギト・エルゴ・スムの過程を考察する場合，論理構造から逃れられない。デカルト自身，このことを念頭に置いていたのではないだろうか。というのも，「すこぶる明晰判明に私の知得するものはすべて真である」[51]という明証性の規則は，コギト・エルゴ・スムの明晰判明さと同じものを持った命題（例えば数学的命題）を真とすることをも意味するからである。もし，コギト・エルゴ・スムが全く論理を持たず，表象された命題の妥当性をも越えたところにあるとするなら，表象された数学の命題がコギト・エルゴ・スムと同じ明晰判明さを持つとは言えない。むしろ，コギト・エルゴ・スム

　49）　ヒンティカ自身，存在に関して不整合を「私は思惟するが私は存在しない」という結合とみなすことで，推論説に譲歩した（Cf. « Cogito, ergo sum as an inference and a performance », *Philosophical Review*, v. 72, 1963）。

　50）　パリアントも，パフォーマンス説は条件的必然性の原理を言表の産出に適用されたものであるとみなしている。文に示される行為（例えば，現に歩いているものが「私は歩いていない」と言う場合の歩行）を一つの特性とみなすと，（その文は歩行に関して不整合となるように）「各々の特性はその特性に関する不整合の定義の原理となり得る」。この場合，その文において指示されている人物が存在していることは自明である。すると，この形式は「ある特性をもつものはそれを持つ限り存在せざるを得ない」という条件的必然性の原理を使用している。その特性に存在が適用され，「私は存在しない」と言表した場合，その文は存在に関して不整合になるのである。しかし，この場合，存在は特性と見なされてしまう（Cf. Pariente, op. cit., p. 245）。

　51）　PM. III, AT-VII, p. 35；邦訳［2］p. 52。

を推論の第一の範型ないしは推論が具現化したものとみなすべきである[52]。コギトがスムを命題として産出し，その妥当性を確証する段階に，論理を取り入れた方が，その論理を基礎とする数学などの命題の妥当性を復権させるのにはより説得的である。我々はこのことを考慮して，スムが必然的である根拠を，懐疑過程から見出される命題を産出するコギトの現実性と知性が持つ思惟の論理に求めたのである。コギト・エルゴ・スムは事実的で必然的な性格を持っているのである。

　最後に，マキシムの持つ意味を以上の考察を越えて再考しておこう。その意味は，コギトがスムの認識上の唯一の条件となるが，存在論的根拠はスムに依存するということである。認識の順序からすれば，スムの命題の産出はコギトによるがゆえに，コギトがスムを確証するものとして優位に立ったのである。しかるに，スムが見出されれば，作用の事実と作用者の事実は同じであることが知られる[53]。今度は逆に，コギトは作用の事実の内にしかないため，その存在論的根拠を作用主体の事実に求めることをこのマキシムは強いるのである。したがって，このマキシムは，コギト・エルゴ・スムばかりでなく，デカルトの思惟実体の概念をも基づけていると言える。このようにスムを先立たせる順序は前章で確認した順序である。

　不可疑の存在に至るには，懐疑の分析的過程を経て，コギトを条件としてスムが必然的に導き出されることを確認しなくてはならなかった。スムは方程式の解 X であり，公理がコギトのマキシムであれば，この解が見出されればコギト・エルゴ・スムという図式の方程式が正しいことが確認されるわけである。この構造は分析的方法から作られたものに他ならず，この方法が形而上学において主体として具現化したのである。

---

52) Cf. J. -M. Beyssade, *La Philosophie Première de Descartes*, 1979, Flammarion, p. 237.
53) 思惟と思惟実体の区別は「概念的区別」(distictio rationis) である (Cf. PP. I. LXII)。

第8章
エゴの持続と観念の永続

序

　前の二章で,「思惟するためには, 存在しなくてはならない」というマキシムが問題となった。発見の順序としては, 思惟から存在への順序であるが, 総合的系列の順序としては, 存在が思惟に先立つ順序であった。この章では, このマキシムが内実を伴うあり方, 自意識の経験における存在のあり方と思惟のあり方を問題とする。この場合も, 思惟の分析によって, 実体や属性や観念の本質が解かれる方法が実践されていることを確認する。

　まず問題設定として次の三点を挙げる。第一に, なぜ,「第一省察」,「第二省察」に観念 (idea) という語が現われないのか。第二に, なぜ〈コギト・エルゴ・スム〉から〈スム・レス・コギタンス〉へと至る必要があるのか。第三に, 懐疑, コギトと観念の関係はどうなっているのか。この三点を問題としたい。そして, この問題を解く導きの糸として, 時間概念を使用することにする。

1　観念と時間

(1)「観念」の二つの規定

　「観念」が『省察』で初めて出てくるのは,「第三省察」の次の箇所で

ある。

[引用Ⅰ]
以前にはおよそ確実で明瞭なものとして私が受け入れていて，後になってからそれはしかし疑わしいと思い知らされたものは，多々あるのである。それならば，どのようなものがそれであったのか。思うに，大地，天空，星辰，およびその他の私がいつも感覚によって取り込んでいたすべてのもの，がそれであった。何をしかし，それらのものについて明晰に私は知得していたか。思うに，そのような事物(もの)の観念そのもの，言うなら，思惟，が私の精神に顕在しているということを，であった。[1]

ここでは，感覚された事物の可疑性から思惟の明晰性が見出され，「事物の観念」が問題となっている。すなわち，方法の第一規則，何が明晰かが問題なのである。続く箇所は次のものであり，第二と第三の規則，分析の方法（分類と順序に関する総合）が用いられている。

[引用Ⅱ]
順序は，それよりも先に，私の思惟のすべてを一定の類〔ども〕に分類し，そしてそれらのうちのいったいいずれに真理もしくは虚偽が本来は存するかを探求すること，を要求しているように思われる。私の思惟のうちの或るものは，いわば事物(もの)の像〔ども〕であって，観念という名は本来は（proprie）それらに対してのみ当てはまる。たとえば，人間とかキマイラとか天空とか天使とか神とかを私が思惟している場合がそれである。他のものは〔実は〕しかし，或る他の形相をそのうえにもっている。たとえば，私が欲するという場合，恐れるという場合，肯定するという場合，否定するという場合，がすなわちそれであって，これらの場合には，なるほど常に何らかの事物(もの)を私の思惟の基体として私は把捉しているのではあるが，またそれらの事物(もの)の似姿以上の何ものかをも思惟によって私は

---

1) PM. III, AT-VII, p. 35 ; cf. 邦訳 [2] p. 52。

第 8 章　エゴの持続と観念の永続　　　　　　　221

保持しているのであって，これらのもののうちの或るものは意志あるいは感情と，他のものはしかし判断と，称せられているのである。[2]

　ここで，世に言うところの観念は実体的なものの像や似姿として捉えられていて，思惟作用ないし働きとしての意志や感情から区別されている。後者は，ものの似姿に加えて，そのものをも対象とする形（形相）を持っている。「第二答弁」や書簡では次のように観念は「形相」とともに定義されている。

[引用Ⅲ]
観念という名称でもって私は，任意の思惟の形相，かかる形相の直接的な知得（perceptionem）によって当の思惟そのものを私は意識するわけであるが，そういう思惟の形相を，知解する（intelligo）。[3]

　また，観念は『省察』で三つに分類され，書簡で次のように説明されている。

[引用Ⅳ]
私は「観念」という語を私たちの思惟の内にあり得るすべてのものと解しており，それを次の通り三つに区分した，ということです。三つと申しますのは，「或るものは外来的」であり，日常的に人々が太陽について持っている観念などがそれです。次いで「他のものは，作られたか，あるいは作為的」であり，その中には，天文学者たちが推論によって太陽について作った観念を含めることができます。それから，「他のものは生得的であるが，例えば，神，精神，物体，三角形の観念，また一般的には，真実で，不変の，永遠な本質を表象するすべての観念である」。[4]

2）　PM. III, AT-VII, pp. 36–37；cf. 邦訳［2］p. 54。
3）　MR. II, AT-160；cf. 邦訳［2］p. 196。
4）　A Mersenne, 16 juin 1641, AT. III, pp. 382–83；『デカルト全書簡集 4』pp. 351–52；cf. PM. III, AT-VII, pp. 37–8；邦訳，p. 55。

[引用Ⅴ]
と申しますのも，私は，表像のうちに描かれた像を単に観念という名称では呼ばないのであり，というより，身体的な表像の内にそれらの像がある限りで，私はこの名称では呼ばないのであり，しかし，どのような仕方で私たちが抱懐するにせよ，私たちが或るものを抱懐する (concevons) 時，私たちの精神の内にあるすべてのものを私は観念という名称で一般的に呼ぶのであります。[5]

　もし (Ⅱ) 以下の観念の規定に従うなら，意志や感情のようなものも「思惟の形相」である以上，観念と呼ばなくてはならない。しかし，(Ⅰ) の規定によれば，意志や感情は観念ではないようにみえる。では，デカルトは観念の規定を『省察』本文とその後の言明とで変えたのか。まず，『省察』の順序を考慮した場合，次の答えが出て来るように思える。すなわち，(Ⅰ) においては，まだデカルト本来の「観念」の規定がなされているのではなく，これからその規定を精練していく過程にあるから，(Ⅰ) は (Ⅱ) 以下の規定と異なるのは当然であり，(Ⅱ) 以下の規定がデカルト本来の観念の規定であると答えられる。しかし，(Ⅱ) では言葉の上にせよ「本来は」と言われているように[6]，(Ⅰ) も観念の本来の意味を担っているのは確かである。また，(Ⅰ) で，意志などが観念に何かの形相を足したものであることから，意志などが観念ではないということは必ずしも導き出されない。すなわち，両者の規定に共通のものもある。確かに「何を表象するか」が本来の観念の特色だとしても[7]，観念が思惟の固定的（まとまりとしての）対象としてあるということは (Ⅰ) と (Ⅱ) 以下では同じである。そして，その対象がいろいろな観念を負う基体として目の前にあるものが人間や天使などである。表象される基体がもとになり，思惟作用のあり方についての幾つかの観

---

5) A Mersenne, juillet, 1641, III, pp. 392-93：『デカルト全書簡集4』p. 366。
6) proprie の意味は，村上勝三『デカルト形而上学の成立』勁草書房，1990, pp. 195-96 を参照。
7) 村上勝三は，見定められていない思惟のはたらく姿として，「観念」，「意志」，「感情」，「判断」が大別されているとみなしている (ibid, pp. 244-45)。

念を考察することができる。事実，（Ⅰ）の後の「第三省察」において「ものの観念」が考察されるが，そのものとは神や物体的なものや私や天使などである。それから，「物体的なものの観念」に，延長，形，位置などが含まれることが見出される[8]。

　こう考えてみると，思惟作用としての「意志する」「感覚する」なども，ものである精神のあり方を表象しているものとして見た場合に限り，一つの観念とみなされるのではないか。この場合，「意志する」などの作用はもはや現に運動しているものとして捉えられているのではなく，まさに静止した精神の一様態に過ぎないのである。

　この意味で，（Ⅰ）の観念の規定は，デカルト本来の規定にそれるものではない。ただし，（Ⅰ）は，まだ外的対象から精神へと観念がいたる途上においての観念の規定であることは確かである。精神内にある観念の表象から精神の外へと向う途においてこそ，デカルト本来の客象（思念）的実在性を表す観念の規定がなされるからである。

　以上のことを踏まえると，次の観念の規定はわかりやすくなるであろう。

　［引用Ⅵ］
　観念という語は，あるいは質料的に（materialiter），知性の作用として解されることもできるのであって，この意味においては私より完全であると言われ能わぬが，あるいは思念的に（objective），そうした作用によって表象された事物（もの）と解されることもできるのであって，この事物（もの）は，知性の外に存在すると想定されてはいないのであるが，よしそうだとしてもしかし，自らの本質という視点からすれば私よりも完全なものでありうるのである。[9]

　［引用Ⅶ］
　観念は事物（もの）の本質を表象しているのであって，それに何かが付け足され，もしくはそれから何かが引き去られるとするならば，すぐに

---

8) Cf. PM. III, AT. III, p. 43；邦訳 p. 62。
9) PM, praefatio, AT-VII, p. 8；cf. 邦訳 p. 17。

も他の事物の観念になってしまうことでしょうから。[10]

　枚挙の方法によって，観念は以上のごとくまとめられるわけである。ここで，チャペルにならって[11]，観念の質料的規定を観念Мとし，客象（思念）的規定を観念Оとしてみる。観念Мは知性の作用であり，不等性はない[12]。観念Оは観念Мを前提にして，表象されたものである。しかし，両者ともまずもってあるものについて言われているように見える。すなわち，観念Мは「思惟するもの」について言われ，観念Оはあらゆる個々のものについて言われているように見える。観念Оはものの像でない以上，観念Оはものの本質に関わっていると言える。基体的なものやそのあり方を対象として示すものが観念Оと言える。

　能力の観点からすると，デカルトは精神を知性と意志に分けている[13]。(Ⅲ)より，観念は知得能力である知性の側に入れられている[14]。しかし，意志することも思惟である限りは，(Ⅲ)(Ⅴ)より，知性の知得による観念によって，いわば概念として捉えられている。観念Оはというと，それは観念Мを質料として生れる。すなわち，観念Оには，知性の内にある限りのものという限定がつくわけである。これに加えられるのが，対象を表すということである。事実，「第一答弁」では次のように言われている。

　　観念はけっして知性の外にはなく，そして観念との関係においては，「思念的にある，ということは，対象が通常知性の内にあるその仕方で知性の内にある，ということより他のことを意味するので

---

10) MR. V, AT-VII, p. 371；cf. 邦訳 p. 447。
11) Vere Chappell, The Theory of Ideas, in *Essays on Descartes' Meditations*, ed. by A. O. Rorty, University of California Press, 1986, pp. 177–98. チャペルの理論を参照したものとして次の論文がある。N. Jolley, The Light of the Soul；Theories of Ideas in Leibniz, Malebranche, and Descartes, Oxford University Press (Clarendon Press), 1990；松枝啓至『デカルトの方法』京都大学学術出版会，2011。
12) 「そうした観念がある種の思惟する様態にすぎないという限りでは，私はいかなる不等性をもそれらの観念の間に認知しないのであって，あらゆる観念は私から同じ仕方で出来すると思われる」(PM. III, AT-VII, p. 40；cf. 邦訳〔2〕p. 57；cf. PP. I. 17)。
13) Cf. PP. I. 32.
14) Cf. Chappell, op. cit., pp. 180–82；1R, AT-VII, p. 102.

はないのです。[15]

さらに,「外的命名」との関係で,デカルトは次のように言っている。

> 太陽の観念について,それが何であるかが問われ,そしてそれは知性の内に思念的にあるというかぎりでの,思惟された事物(もの)である,と答えられるとするならば,誰ひとり太陽の観念が,それのうちにその外的な命名があるというかぎりでの,太陽そのものである,と知解する者はいないでしょう。[16]

すなわち,知性の外のものについて語るのではなく,知性の内の対象の何たるかを語る場合に,観念やその完全性ないし実在性が言われている。こうして,この観念の完全性を仮定として,神の存在証明がなされるわけである。

(2) 二つの観念の時間性

以上の二つの観念の規定を時間の観点から捉え直してみる。

まず,観念Mは持続する精神の実体の様態である。精神という実体に関しては,「精神が常に思惟しているということは,精神が存在する各瞬間に思惟することが精神において現われているということである」[17]。しかし,この思惟することは瞬間(moment)ごとに一定ではなく,継起していく。そして,この瞬間を決めるものは,注意の幅であり,この瞬間は無時間的な瞬間(instant)ではなく,ある持続(運動)を含んだ一塊の思惟,一つの思惟状態である[18]。以上の規定を観念Mにおける時間性とする。

---

15) MR. I, AT-VII, p. 102 ; cf. 邦訳 [2] p. 130。
16) ibid.
17) Chappell, op. cit., p. 181.
18) J. Wahl は「〈コギト〉は瞬時(instantanée)の確実性の肯定であり,瞬時に集約される判断,推論」であると述べており(Cf. *Du rôle de l'idée de l'instant dans la philosophie de Descartes*, 1920 (1994), Descartes et Cie, p. 54), moment と instant とを区別していない。J. M. Beyssade は持続と非持続の観点から区別している(*La Philosophie première de Descartes*, Flammarion, 1979)。

次に，観念 O は観念 M に依存するが，特定の観念が常に精神に顕在するものではない。例えば，知性が太陽から蜜蠟へ視線を変えれば，知性の対象である観念も変わるし，ぼんやりしていれば観念 O は顕在化しないからである。しかし，「第一答弁」では次のように言われている。

> そしてここでは，知性の内に思念的にある，ということは，知性の作用を対象という仕方で限定する，ということではなくて，知性の対象が通常あるその仕方で知性のうちにある，ということを意味するでしょう。[19]

観念 O は対象への瞬間的な注意に関するものというより，知性の対象を示すあり方として，潜在的にしろ，或るあり方を示している。また，観念 O がものの本質を知性において表わすものである点では，ものの本質が変わらない以上，時間の流れを受けない。したがって，観念 M は思惟の持続の時間性に従い，本質を表わす観念 O は神の保証を得るまでは永遠とは言えぬまでも，瞬時（instant）に立脚しながらも，反復可能な超時間的なものと言えるであろう。

以下，以上の考察を踏まえて，懐疑から〈コギト・エルゴ・スム〉へ，それから〈スム・レス・コギタンス〉への過程を見てみる。

2 懐疑の病から〈コギト・エルゴ・スム〉の瞬間の復帰へ

(1) 懐疑における実感の喪失

懐疑において誰が語っているのか。「思惟する私」であろうか。その時代のエピステーメーを担うデカルトであろうか。おそらくどちらでもないであろう。前者は見出されていないし，後者はまだ作られてもいないからである。デリダは懐疑において狂気は排除されていないと言ったが，まっとうなことを語るものが懐疑においても語っている。しかし，それは「思惟するもの」ではない。

---

19) MR. I, AT-VII, p. 102 ; cf. 邦訳 [2] p. 130。

懐疑は,「天空, 空気, 大地, 色, 形, 音, ならびに外的なもの一切」を空虚なものとみなし, 確実なものではないとみなす。さらには, 物体的なものが存在する「場所, ならびに持続する時間」も否定する。懐疑しているという思惟の時間はあるかもしれないけれども, それは見出されていない。まだ, 自然学や数学が取り扱うものも疑われている。そうならば, 懐疑において見出される時間は, 意識における時間でも, 物体の側の存続の時間でもない。それはもはや空虚な名や記号でしかない。
　自分はものとして世界にあるのでも, 観念としてあるのでもない。このような自分はものの体系が崩壊すれば, 喪失してしまうものである。「私」は主語的な役割を果たし, 対象を表象する観念Oは, なるほど絶えず変わらずに〈私〉を表象しているようにみえる。しかし, それは〈私〉の真の存在を明かさないし, 生きられた時間におけるその同一性を直接に明かすことはない。「私」はあらゆるものから疎外されている。観念Oの実在性を語るためには, それがよってたつもの, その存在が現実感をもってわかり, 生きられた時間における連続と同一性をもつものを必要とする。逆に, その存在者の実在性とその存在者が味わう対象の実在性がなければ, デカルト形而上学構築の根拠の一つとなる, 観念Oが表わす実在性の度は語れないであろう。このことをデカルトは次のような公理として捉えている。

　　あらゆる事物(もの)の観念, 言うなら概念のうちには, 存在が含まれているのであって, それというのも, 何ものをもわれわれは, 存在するものという視点においてでなくては概念する (concipere) ことができない, からである。[20]

　空虚であるものや空虚な言葉の世界から, 存在への跳躍を行なおうとするのが, 懐疑の意味であり, その場が次に述べる〈エゴ〉である。

(2)　〈コギト・エルゴ・スム〉の実感
　以上から, 自分から疎遠なもの, 対象としてあるものに, まずその実

───────
20)　MR. II, AT-VII, p. 166; cf. 邦訳 [2] p. 202。

感の復帰をもとめるのではなく，はじめに本来は対象としてあり得ないものを実感することに，この精神病からの脱出は可能になる。もちろん，この対象としては本来あり得ないもの，すなわち，そこから対象が完全性（価値）をもつことを可能ならしめるものとは，広い意味での〈コギト〉である。

〈コギト〉の確認は「第二省察」において次のように言われている。

> しかしながら，私に私は，世界のうちには，天空も，大地も，精神も，物体も，全く何一つとしてないということを，説得したのである，が，そうとすれば，また私もないと，説得したのではなかったであろうか。いな，そうでなくて，何かを私に私が説得した（persuasi）というのであれば，確かにこの私はあった（eram）のである。しかしながら，誰かしら或る，この上なく力能もあればこの上なく狡智にもたけた欺瞞者がいて，故意に私を常に欺いている（fallit）。彼が私を欺いているならば，そうとすればこの私もまたある（sum），ということは疑うべくもないのであって，彼が力のかぎり欺こうとも，彼はしかしけっして，私が何ものかであると私の思惟しているであろうかぎりは（cogitabo），私が無である，という事態をしつらえることはできないであろう（efficiet）。かくして，すべてを十分にも十二分にも熟考したのであるから，そのきわまるところ，「われあり，われ存在す，」というこの言明は，私によって言表されるたびごとに，あるいは，精神によって概念される（concipitur）たびごとに，必然的に真である，と論定されなくてはならないのである。[21]

まず，この〈コギト・エルゴ・スム〉発見の時間性を調べてみよう。〈私はある，私は存在する〉の発見までには，過去（persuasi, eram），現在（fallit, sum），未来（cogitabo, efficiet）という時間の三層が言われている[22]。この三層における〈私〉が，ばらばらでなく，繋がりのあるもの

---

21) PM. II. AT-VII, p. 25；cf. 邦訳 [2] p. 38。
22) Cf. 財津理「懐疑と〈コギト・エルゴ・スム〉」，『中央大学文学部紀要』no. 32, 1986, pp. 39–62。

第 8 章　エゴの持続と観念の永続

として実感されることから、懐疑されていた状態からの回復はなされるのである。ここからも、〈コギト〉の確認は非持続の瞬時（instant）においてのみ成り立つという見解は取ることができない[23]。すなわち、非時間的な概念の結合が〈コギト〉の確実性を生むのではないのである。

　〈私〉はこの三層において同一であることが確認されている。しかし、その確認には、かなりの注意力、あえて疑おうとする意志の強さを必要とする。そのために、絶えず〈私はある、私は存在する〉を「必然的に真」とするためには、そのことに集中して捉え直す必要がある。そして、何回試みようとも、同じ結果として「私は存在する」が確認されることから、「必然的に真である」と言われている。論理的には、前章で確認したように、コギトのマキシム「思惟するためには、存在しなくてはならない」がこの「必然性」を支えている。しかし、最後の「度ごとに」は、何度試しても〈私はある、私は存在する〉が確認されることを示すと同時に、その必然性を取り出そうとするなら、その実践的確認を繰り返す必要もあることをも示している。したがって、完全な意味で〈私〉の存在の持続と同一性がここで捉えられたわけではない。すなわち、〈私〉の同一性は精神の集中が切れると、その時間における同一性も成り立たなくなる可能性をもっている[24]。つまり、コギトの真理性を問題にする場合に、記憶を必要としない瞬間（moment）が必要となるのである。

　次に、言葉と観念の観点から〈コギト〉を考えてみよう。

　前章で触れたが、引用文の帰結において、〈Ego sum, ego existo〉とのみ言われ、明確な形で〈コギト〉は表されていない。表明されたのは「私は存在する」であり、「私は思惟する」ではない。すなわち、思惟作用としての思惟は表象されていない。しかし、この思惟作用なくして、

---

　23)　Cf. EB, AT-V, p. 148：‹ quod cogitation etiam fiat in instant, falsum est, cum omnis action mea fiat in tempore, et ego possim dici in eadem cogitatione continuare et perseverare per aliquod tempus. ›；cf. 邦訳［4］p.342：「思惟が瞬時になされるというのは誤りです。なぜならすべて私の行為は時間おいてなされ、そして私は同じ思惟において或る時間のあいだ持続し継続すると言えるからです」。

　24)　Cf. A Mesland, 2 mai 1644, AT-IV, p. 116：『デカルト全書簡集6』p. 154：‹ la nature de l'âme est de n'être quasi qu'un moment attentive à une chose ›；「魂の本性は、同じ一つの事柄に対してはほとんど一瞬しか注意を向けない」。

「私は存在する」の実感を持つことができない。むしろ，その実感が思惟作用なのである。〈コギト〉の経験というものはあたかも「私は存在する」が先立つような経験をすることである。推論の系列ばかりではなく，体験においても〈スム〉が〈コギト〉に先立つことが確認される。これが〈もの〉として，実体としての精神としての〈エゴ〉のあり方に繋がっている。

では，「私は存在す」と表明することにおいて，「私」という観念の表象性は得られたのか。これは懐疑においては否定されていた。ということは，「私は存在する」，「存在する私」は対象化された単なる概念ではないと言うことになる。これは，「私」というものが自分と疎遠なものではなく，実感として見出されたことを示す表明である。しかも，完全に観念が表わすものとして対象化されたものではなく，「私は存在する」がそのまま思惟行為・思惟の瞬間的持続を示すものでもある。この点において，〈コギト〉をパフォーマンスとするヒンティカの見解は当っていると言える[25]。この「私は存在する」という言明はノエシスとノエマが重なり合った状態を示している。逆に，ここにおいて実感をもって現われる「私」を基にしてこそ，ノエマの復帰が可能になるのではないか。〈コギト〉は対象化を可能にするための範型とも言えよう。以上のことから，ここで言われている「私」は完全な意味において対象化された観念 O では少なくともないことになる。そもそもまだ「私」の本質もわかっていないのに，観念 O を取り扱うことはできない。では観念 M はどうだろうか。これも，まだ思惟が考察されていない以上，思惟の様態について語ることはできない。したがって，観念 M もまだ言えない。結局，ここまででは，「私」はただ実感としてあるとしか言えないものであるが，なんとしても存在するものなのである。

したがって，この段落では，「私は存在する」という状態の実感のわずかの連続性ないし同一性が言われているにすぎないか，もしくは，その言表化の確実性の連続性が言われているにすぎない。すなわち，時間的に前の「私」が後の「私」と同一であり続ける根拠がまだ見出されて

---

25) 本書前章を参照。Cf. J. Hintikka, "Cogito Ergo Sum: Inference or Performance", *The Philosophical Review*, v. 72, n. 1, 1962, pp. 3–32；小沢明也訳『現代デカルト論集Ⅱ 英米篇』，勁草書房，1996, pp. 11–53。

いない。

(3) 〈コギト・エルゴ・スム〉から〈スム・レス・コギタンス〉へ

このような議論の順序の命じることからして，次にその「私」の同一性の根拠と「私」が何であるかが探求されるべきであり，実際にそう書かれている。

> まだしかし十分に私は，今や必然的にある私，その私がいったい何者であるかを知解していはいない。[26]

その「私」の何たるかをデカルトは次のように語っている。

> 思惟することはどうなのか。ここに私は見つけだす，思惟がそれである，と。思惟のみが私から引き剥がし能わぬのである。私はある，私は存在する，これは確実である。それはしかし，いかなるかぎりにおいてであるか。思うに，私が思惟しているかぎりにおいてであるか。というのも，私が一切の思惟を止めるとしたならば，おそらくまた，その場で私はそっくりあることを罷める，ということにもなりかねないであろうから。[27]

ここで，各瞬間における私がいかなる場合に消滅するのかをデカルトは考察している。もし「私」が身体と同一だとすると，今ある身体がなくなれば，「私」も消え去ることになる。この消滅を確証できるのは，「私」ではなく，他人の視覚である。しかも，懐疑が遂行されている今，身体的な視覚は疑われている。したがって，身体のないことを「私」がないことの確証とすることは「私」にはできない。いまや必然的にある私を消滅させ得るものは，私が思惟しないことである。換言すれば，今の「私」とその後の「私」の連続性を絶対的になくすことができるのは，「私が思惟しないこと」のみである。逆に言えば，「必然的にある私」の根拠は絶えず思惟し続けていることである。したがって，〈私〉

---

26) PM. II, AT-VII, p. 25；cf. 邦訳[2] p. 38。
27) PM. II, AT-VII, p. 27；cf. 邦訳[2] pp. 40–41。

の同一性を可能にするのは，思惟のたゆまぬ連続性，いやむしろ移ろい行く思惟を統一するものを実感することであろう。事実，デカルトは，「私」が絶えず思惟とともにあり，これからもあり続けると言っている。

　というのも，疑うもの，知解するもの，欲するものがこの私であるということは，より明証的にこれを説明するようなものは何も見つからぬというほど，それほど明瞭であるからである。しかしながら，実のところ，またこの私は想像する私と同じ私でもある。というのも，私の想定したように，もしかすると想像された事物(もの)のいずれもがどれもこれもみな真ではないとするにしても，想像する力そのものはしかし実際に存在していて，私の思惟の部分をなしているからである。最後に，この私は，感覚するところの，言うならあたかも感覚を介してであるかのごとくにして物体的な事物(もの)に気がつくところの私と同じ私であり，…このように厳密な意味に解するなら，感覚するということは思惟することにほかならないのである。[28]

「私」が経験した出来事，これから経験するかもしれない出来事には，絶えずいろいろな思惟することのあり方が付随することは確かである。そのいろいろな思惟を持続においてまとめているとされるのが，「思惟するもの」，「私」という基体にほかならない。ここに，実体と属性・様態というモデルが取り出せる。事実，「第三省察」では，実体の観念が「私」から取られたものだとデカルトは言っている[29]。また，もし，瞬間，瞬間に個別的に異なった思惟作用しかないのなら，現実にあるものという実感が持てない。その実感は作用としての様態のみがあっては得られず，絶えずあり続ける属性と実体的なものをつかんではじめて，ものとしての実感は持てるものなのではないか。

---

28) PM. II, AT-VII, p. 29 ; cf. 邦訳［2］p. 43。
29) Cf. PM. III, AT-VII, pp. 44 ; cf. 邦訳［2］p. 62。

3　エゴの同一性

　ロックによれば、「自己の眼前に我々のすべての過去の行為の全系列を」持つことはできない[30]。したがって、我々の意識は中断され、過去の自己を見失うことがあり、我々は同じ思惟する存在者、すなわち、同じ実体であるかどうかという疑問が生じる[31]。このことから、ロックは実体の同一性は知り得ないとする。しかし、人格（人物）の同一性に関しては[32]、ひとが現在の行為についてと同様の意識を過去の行為について持っている、つまり、その行為を為したと記憶している、というまさにその事実によって、ひとは自分がそれを為した人格であることを確信する[33]。主観は各瞬間において成り立つが、次の瞬間に同じ主観であるどうかはわからない。このことから、その主観をとりまとめる同じ実体があることは確かめることができないことになる。

　さらに、意識も瞬間ごとに変るので、意識は人格を構成できないのではないか[34]。実際、ヒュームによれば、心は次々と継起していく「知覚の束」であり、「これらの継起する知覚に同一性を帰属させる」ことはできない[35]。

　この問題には、「現在の心的諸状態はそれに先行する諸状態と因果的に結合されており、したがってそれ自体として共時的かつ通時的統一性をもつ」と答えられる[36]。しかし、この解答には誤解される点があると思われる。すなわち、時間的に前後の心的諸状態に因果性を取り入れる

---

30)　Cf. J. Locke, *An Essay Concerning Human Underdtanding*, book. II, chap. 27, §10.
31)　Cf. ibid.
32)　人格とは自我のことで、快苦を意識できる意識し思惟するものである（Cf. op. cit., book. II, chap. 27, §9）。
33)　Cf. S. シューメーカー『自己知と自己同一性』菅・浜渦訳、勁草書房、1989、p. 77。
34)　Cf. 坂井昭宏「転生あるいは恋の逃飛行」、中森・坂井共編『美と新生』東信堂、1988、p. 293。
35)　Cf. D. Hume, *A Treatise of Human Nature*, 1739, book. I, part. 4, section. VI；坂井、前掲書、p. 293。
36)　Cf. 坂井、op. cit., p. 294。

ことは，前の「私」と後の「私」に因果性を取り入れることになりはしないだろうか。もしこのようなことが可能ならば，「私」は自らを生み出すことが可能になり，私は自己原因となってしまうことであろう。そうでなくても，心的諸状態に因果性は必ず成り立つのであろうか。数学的推論の場合は言えるかも知れないが，他の日常的なあり方において，意識の状態に因果性は必ずしもあるようには思えない。しかし，ロックもしくはシューメーカーが言う心的状態の因果性とは，意識内容の因果性ではなく，現在の意識がその前の瞬間の意識とも後の意識とも私によっては切り離せないことを言っている。したがって，今思惟していることは，過去へでも未来へでもはるか遠くへ引き延ばすことができることになる。他方，デカルトの場合も，過去の記憶は疑わしいと考える。しかし，いろいろなことを考え，想像し，感覚する〈私〉，すなわち歴史を持った「私」を対象としている。ということは，デカルトは単なる事実的でも心理的でもないところ，記憶とは別のところに〈私〉の同一性の根拠を求めたということである。

　まず，懐疑において，他人はいないとみなしているので，多重人格や転生の問題はこの議論にはあり得ない。次に，先のテクストでも，私が今あることから次の瞬間に私があることは帰結されない。それが可能なのは，次の瞬間に私が思惟することが条件となる場合である。しかし，「私は思惟するものである」ことを打ちだした時点で，「私が思惟する」ことが起こらなくなるという事態は，考えられていない。現時点で，〈私〉が思惟を生み出すことを確信することで，それが過去にも未来にも引き延ばされるのである。言い換えれば，思惟している私を今という持続において私がなきものにできないという確実性が，同じように過去においても未来においてもできなかった，できないだろうという確実性を生むのである。この「できなさ」は自らが自己原因ではないことを意味している。「私は思惟するものである」という仮定的な本質規定を「私」は作ることはできず，それを引き受けざるを得ないのである。この「私」の本質規定の議論には，論理的に飛躍があるかも知れない。なぜなら，絶えず思惟することが疑い得ないことから，思惟が〈私〉の本

質とは言えないからである[37]。ただし，この飛躍は，私の身体全体はなきものにできるが，私の思惟全体は永久になきものにしようともできないという，生への実感が可能にしたことなのかも知れない。「私」がただ継起していく思惟ではなく，思惟することをやめれば存在しなくなるものであると実感してこそ，本当に存在するものを見出したことになるのではないだろうか。この主体の存在の実感は，実体属性概念に先立って，なくてはならないだろう。「私」の分析，思惟するためには存在しなくてはならないという分析的方法の仮定によって，「私」は主体として形而上学の原理となる。

次に，先の「私は存在する」という命題とここでの「私は思惟するものである」という命題において，両者に思惟の違いはあるのか。まず，ヒンティカも指摘したように，狭い思惟（知性動詞）と広義の思惟（意識一般）との差異が見られる[38]。前者は切り詰められた懐疑の頂点ないし瞬間において見出された思惟に局限されたものであった。対象はあくまで思惟と重なった存在である。後者は，瞬間を越えた持続において成り立つもので，「私」は思惟の連続的運動において持続し，同一にとどまると実感されるものであった。対象は，私の存在を絶えず支えるものであり，私の同一性の根拠である思惟であった。これを私の本質の確認とすれば，その「私」とは観念（O + M）と言えるのではないか。というのも，「私」というもの，観念の材料としての思惟は見出され，「私」の本質も見出されているからである。

しかし，「私は思惟するものである」という規定における「私」は，まさしく「この私」であり，対象を表わすものではない。すなわち，観念Mと観念Oが重なり合っている状態が「私」なのである。つまり，「第三省察」で言われるような世界の中で他との関係で表象される「私」ではない[39]。むしろ，思惟の様態を探求する場，あらゆるものを表象する観念の場が見出されたのである。その思惟の重なるところ，ものを表

---

37) Cf. 坂井昭宏「スム・レス・コギタンス──デカルトの錯誤」，『理想』，no. 589, 1982。

38) Cf. J. Hintikka, " Cogito, ergo sum ; Inference or Perfomance? ", *The Philosopical Review*, v. 72, no. 1, 1962, pp. 27–32.

39) Cf. 村上勝三「「観念」と「意識」──『省察』から諸「答弁」への「観念」説の展開」，『文学会志』no. 34, 1983, pp. 52–53。

わす観念が自らと重なって表われる場面を,デカルトは次のように言っている。

> 私とは,断然思惟する事物(もの)でしかなく,言いかえるなら,精神であって,これを心と言っても知性と言っても理性と言ってもよいが,それらは以前にはその意味が私には識られていなかった言葉なのである。[40]

確かに,自覚のない意識も思惟である以上,心としての〈私〉ではあるが,その意識をも対象とする〈私〉,世界や学知をも対象とする〈私〉がデカルト的私であろう。

実際,この後は,〈私〉以外のものを捉える仕方の確認となる。すなわち,〈私〉とは異なる蜜蠟が取り出され,その〈私〉という場を基に,物体(世界)のいろいろなあり方が考察されることになる。自らの外にある物体も思惟化されるという意味で,「精神は物体よりよく知られる」。しかし,真に物体の本性を決めているのは持続する〈私〉ではなく,永遠なる神がそれを保証する。最後に,「私は存在する」から「私は思惟するものである」への移行には,瞬間の連続から持続の統一への移行が読み取られる。両者は,自己の思惟と存在との完全な一致という点では同じものである。ただし,「私は存在する」が思惟する作用と重なっているのに対し,「私は思惟するものである」はその各瞬間の働きの統一,場と言えよう。したがって,「私は思惟するものである」も時間性を逃れているわけではない。これは時間性を持つエゴ,もしくは思惟の自律だけでは永遠なる学知を構築できないことを意味している。実際,〈私〉の本質はまだ思惟につきるのかはわからないし,いろいろなものの本質を欺く神が瞬間ごとに変えているのかも知れない。デカルトが思惟の自律を捨て,エゴに時間性を導入したのは,観念がエゴにのみ依存するのではなく,観念が永遠なる神によって不動のものとなることに繋がっている。

---

40) PM. II, AT-VII, p. 27 ; cf. 邦訳 [2] p. 41。

結

　以上より，第一の問題については，「第一，第二省察」においては，いわゆる観念は継起する思惟と重なった状態でしか捉えられておらず，少なくとも対象として無時間的にある観念Oがまだ機能できないので，完全な意味で観念（M + O）を「理由の順序」より使用することがなかったと答えられるであろう。第二の問題については，懐疑において消失したものを取り戻す，もしくは疎外から跳躍するには，自らの思惟と存在の実感だけでは不十分で，限りない持続において自己の同一性を確保する「私」とその根拠づけを必要とするから，瞬間的持続における〈コギト・エルゴ・スム〉から持続における〈スム・レス・コギタンス〉への移行は不可欠である，と答えられる。その場合も，コギトのマキシムは非時間的なものとして機能しているが，対象としては捉えられていない。ただし，実体が属性に先立つあり方が確認されていた。第三の問題については，今までの先入見を追い払うことによって，観念は自己と重なる思惟とその場を見つけるが，観念の表象する本質の永遠性を確保するには，その時間性を持った場を越える必要があり，この後，その永遠に至る途を取ることになると答えられる。

　〈コギト・エルゴ・スム〉から〈スム・レス・コギタンス〉への移行においても，持続する存在は瞬間的で秘私的なものにとどまり，その永続性は仮説的なままである。したがって，エゴと精神の分析から観念が取り出されるが，その精神や観念もまだ仮定的なままである。すなわち，エゴにおいても，その全体の構造として，分析的方法が支柱となっている。

第Ⅲ部　結論

　『規則論』において，〈スム〉と〈コギト〉は〈エゴ〉を介して並べられていた。それは，三角形と球が線や面という「へり」を介して並べられているのと等しい。〈エゴ〉は直観される本性をつなぐ主体なのである。〈スム〉は〈コギト〉に単純性の点で先立っており，実体属性関係における実体の優位を決定するものであり，第8章の観念の客象性における第一性を示している。
　形而上学においては，方法的（分析的）懐疑の過程を経て，〈コギト〉の存在が見出される。その不可疑性は理性で捉えきれない経験に立脚しているとともに，方法を駆使して思考することによって獲得される。この思惟の不可疑性は普遍的懐疑の極点において確立される理性的な思考である。この思惟の産出に，思惟と存在という単純本性の結合，〈コギト〉のマキシムが適用されることによって〈コギト・エルゴ・スム〉は確立される。〈スム〉の必然性は思惟の自己体験の必然性であるとともに，理性的に思考している自己の推論的必然性，いわば方法の主体の必然性でもある。ただし，そのマキシムや推論の永遠性は仮定的なままである。デカルト形而上学の立論において，思考の存在が先立ちながら，それを見出し，説明する方法の知識論はなくてはならないものである。問題は知識論の絶対的真理性ないしは存在性が〈エゴ〉によっては打ち立てられない点である。
　最後に，〈スム・レス・コギタンス〉を問題にした。まず形式（知識論）的には，〈コギト〉に実体属性関係を当てはめれば，この命題は確立する。しかし，それにはコギトの経験からスムの経験に移行する際，コギトとスムの順序が逆転するかのような経験が必要になる。いわば，コギトが産出している瞬間に，スムはすでに成立しているかのような経験である。本部第6章における〈スム〉と〈コギト〉の順序は経験において繋がり，理論的にはコギトのマキシムがそれを支えていることになる。この瞬間的ながら持続的なエゴを瞬時的な非時間的なエゴに捉え直

すことを条件として，非時間的な観念の産出と観念の表象（客象）性のモデルとなる。その観念の考察においても，分類を中心とした分析の方法が使われている。したがって，エゴと方法は学を構築していくものであり，その権限ある時間性はわずかの持続に限られているのである。この点において，学構築に必要な要素はその時間性において仮定的に用いられていることになる。

第Ⅳ部
デカルト形而上学の構造

この第IV部では，デカルト形而上学の構造を方法化した理性（ないしは理性化した方法）とその確証の面から考察する。まず，意識主体説と知性実体説との論争を通覧することを通して，思惟実体の中核が知性（理性）にあり，それが方法と学問の主体であることを確かめる。形而上学における方法も分析的方法ないしは『方法序説』に述べられた方法を取り，対象も主体も知性度が極限に位置するものである。現に，『規則論』で用いられた「単純本性」と「順序」を形而上学の方法に見出すことができる。自己は存在論的経験で感得され，思惟と存在の「必然的結合」で構造的に得られた精神はそれらの概念を仮説的に用いるのである。その方法の妥当性は神の保証を待つしかない。分析的方法は第一哲学に先立ち，それを構築していく。第一哲学において得られる真なる存在は方法を基づけることになる。次に，「第四省察」の課題が知性を中心とする真偽の判断論にあることを確認する。知性が真の意味で過誤から解放されることで学問の構築が可能になり，神の保証によって知性ないし方法を学全体に及ぼすことが正しいことが立証される。最後に，「デカルトの循環」を取り上げて，形而上学の立証の基づけが精神による方法と神による存在論的保証という環の繋がりないしは循環的なものになっていることを確かめる。このことから，形而上学の立論が本書第I部から考察されてきた分析的手順を持った構造を持っていることが確認される。

第 9 章

方法と第一哲学
―― エゴの覚醒とコギトの論理構造の展開 ――

　　　　　　　　　　　　　「デカルトの〈自我〉は幾何学者である。」[1]

　本書第Ⅲ部において，〈コギト・エルゴ・スム〉が意識と推論が織りなす分析的方法によって確立され，時間概念を助けとして自意識と主体の経験を主題に，観念の問題を取り上げた。この章では，さらにデカルトの自我と形而上学との関係を方法と照らして考察することにする。

序

　デカルト研究者を霧の中へと誘い込み，そこから出られなくした問題がある。「思惟するもの」は意識主体であるのか（意識主体説），知性的実体であるのか（知性実体説），という問題である[2]。まず，その出処をラポルト，アルキエ，ゲルーの見解から割り出してみよう。
　ラポルトは方法と認識機能とを結びつけた。ラポルトによれば，デカルトの方法自体は「明証性」（経験）と「注意」（自由）を通して遂行さ

---

1) P. Valery, « Une vue de Descartes », Variétés, Pleiade, p. 839；ヴァレリー「デカルト考」野田又夫訳,〈ヴァレリー全集 9〉筑摩書房, 1973, p. 73.
2) 『デカルト『省察』の（共同作業による）批判的註解とその基本的テーマの問題論的研究』昭和 60 年度科学研究費補助金（総合研究 A）研究成果報告書　研究代表者　所雄章, 96–114 頁・『デカルトの「第五・第六省察」の批判的註解とその基本的諸テーマの問題論的研究』平成 3 年度科学研究費補助金（総合研究 A）研究成果報告書　研究代表者　所雄章 116–30 頁を参照。以下,『報告書』(1)・(2) と表記。

れるので，その認識能力においても知性作用は経験と意志作用に導かれる[3]。このことをもとに，ラポルトはデカルトの方法と認識原理から宗教的思考まで考察し，次の結論を得た。デカルト哲学に順序・法則という理性主義に特徴的な概念はなく[4]，デカルト哲学全体は完全に経験主義である[5]，という結論である。

このラポルトの経験主義を「思惟するもの」の本質に積極的に適用すると，意識主体説となる。この見解をとると，方法の核となる明証知が心理的なものに訴えるので，方法全体も心理的なものとなる[6]。したがって，方法は懐疑においても自覚の現われに過ぎない。さらに，「疑うこと」は知性作用ではなく，意志作用である[7]。それゆえ，意志を含めた意識が方法の主体であり，意志・想像・感覚作用をも含めた意識主体こそが思惟実体である。

同様に，アルキエによれば，形而上学的著作『省察』は論理法則ではなく存在論的法則に従って進展する[8]。すなわち，形而上学のみがデカルトがそれまで構築してきた学を「想像上の世界についての学」ではなく，「実在上の世界についての学」としうるのである。そして，形而上学がこれをなしうるのは，「人間の意識についての本質的な経験と不可分の発見」によってなのである[9]。アルキエにおいて，知性ではなく，論理法則をも疑うことができる自由こそ「思惟するもの」を基礎づける原理なのである[10]。

他方，知性実体説の場合，方法によって多様な意識を統合する知性的主体こそが心身分離した「思惟するもの」である。知性説の代表者はゲ

---

3) Cf. Laporte, *Le Rationalisme de Descartes*, p. 75.
4) Cf. Laporte, op. cit., p. 470.
5) Cf. Laporte, op. cit., p. 477.
6) Cf. M. Gueroult, "De la méthode prescrite par Descartes pour comprendre sa philosophie", *Archiv fur Geschichite der Philosophie*, no. 44, 1962, p. 173.
7) Cf. PP. I. 32.
8) Cf. F. Alquié, *La Découverte Métaphysique de l'Homme chez Descartes*, P. U. F., 1950, p. 186.
9) Cf. Alquié, "Experience Ontologique et Déduction Systématique dans la Constitution de la Métaphysique de Descartes" en *Cahier de Royaumont, Philosophie*, no. 2, 1957(1987(Garland Publishing)), p. 13, 31（アルキエ「デカルト形而上学の構成における存在論的経験と体系的演繹」香川知晶訳，『現代デカルト論集Ⅰ』勁草書房，1996, p. 122)。
10) Cf. Alquié, 1950, p. 199 ;『報告書』(1) p. 110。

ルーである。彼はラポルトの捨てた「順序」すなわち理性的な方法が，自然学以外にも適用可能であると見定めた。その理性的な方法の末に見出される「もっとも単純なもの」，もしくはその主体こそが「思惟するもの」であり，すなわち，それは数学的対象をも含んだ「私のすべての表象の可能性の究極条件」としての「純粋知性」なのである[11]。ゲルーにおいて，学を基づける方法の主体こそが「思惟するもの」だったのである。

　結局，「思惟するもの」の本質が意識主体か知性かという問題は，デカルトの第一哲学自体が「存在論的経験」と「体系的」方法のどちらを重視しているかという問題に還元される[12]。そもそも，この問題はデカルトの第一哲学の始りが懐疑にあることに起因する。デカルトの懐疑はあらゆるものを疑うことに意味がある。そうでなければ，懐疑の果てに見出される真理は絶対的なものではなくなるからである。他方，デカルトの懐疑は方法的順序を踏んだ「方法的」懐疑でもある。この二つのことは，我々にはジレンマに見える。というのも，懐疑が普遍的であれば，方法をも疑わざるをえないが，もし方法をも疑うなら，第一哲学は霧の中にさ迷うことになるからである。しかし実際にはデカルト自身はこれをジレンマと考えていなかった。この問題はジレンマではなく，「存在論的経験」と方法のどちらをいかなる意味でより第一なるものとみなすべきかという問題と同じなのである。したがって，方法と第一哲学における第一原理「思惟するもの」への道程との関係を調べることを通して，方法の第一性と第一哲学（存在論）の第一性の意味を解決しなければならない。こうすることで，「思惟するもの」の規定にかかる霧は消え去るだろう。

---

11) Cf. Gueroult, *Descartes selon l'Ordre de la Raison*, t. I, Aubier, 1953, p. 58–59；『報告書』(1) p. 90。

12) Cf. Alquié, 1957；鈴木泉「現代フランスにおけるデカルト研究の現状」，『哲学雑誌』111巻783号，1996, p. 140；アルキエ『デカルトにおける人間の形而上学的発見』坂井昭宏訳，木鐸社，1979, pp. 255–93, 解説；香川，前掲訳の解説, pp. 145–60。

1 第一哲学における方法

　デカルトの第一哲学の方法は数学において見たような狭義の解析的方法ではない。後者の数学的方法は順序（ordo）ばかりでなく量的な尺度（mensura）を扱う方法であり，数学は存在判断を保留にし，コギトのような真理基準を置かず，公理の客観的真理を問わない。これに対して，第一哲学の対象は量に限られないし，第一哲学は存在判断や真理基準や公理の絶対的真理を問題にするからである[13]。しかし，第一哲学も議論の順序によって成り立つ以上，その順序の方法が必要である。延長量に関わる数学的方法は図形を想像したり，感覚したりする。他方，第一哲学の方法は想像・感覚を疑うことからはじめるので，理性的順序をも考察する方法に改造されなくてはならない。デカルト自身は「古代の幾何学者ら」が知っていた「分析」という「証明の仕方」を『省察』では用いたと言っている[14]。では，第一哲学における発見の「真の途を示す」[15]分析的方法とはいかなるものか。

　すでに本書第Ⅰ部第2章で見たように，数学において，分析は方程式をたてて解くための方法である。分析は次の仮説からの推論法に近い。すなわち，後で見出される未知なるものを想定しつつ論証に用いて，その当のものが見出されてからは，その当のものを逆に論証に用いる，という方法である[16]。デカルトによれば，「古代人の分析」は「図形の考察に縛られて，想像力を大いに疲れさせ」，「近代人の代数学」（分析）は

　　13） Cf. L. J. Beck, *The Methode of Descartes*, Oxford University Press, 1952(1964), p. 288；Ch. Serrus, *La Méthode de Descartes et Son Application à la Métaphysique*, Librairie Felix Alcan, 1933, p. 118. デカルトが見出した具体的な数学的方法については，小林道夫『デカルトの自然学』岩波書店，1996，pp. 12–18；谷川多佳子『デカルト研究――理性の境界と周縁』岩波書店，1995，第一部第二章を参照。

　　14） Cf. 2R, VII, p. 156, l. 17–20；D. Garber, "Morin and The Second Objections" in *Descartes and his Contemporaries Meditations, Objections, and Replies*, edited by Roger Ariew and Majorie Grene, The University of Chicago Press, 1995.

　　15） MR. II, VII, p. 155；cf. 邦訳[2] p. 188；PP. Préface もデカルト自身も第一哲学を構築する上でまず論理学を認めている（IX–2, pp. 13–14）。

　　16） Cf. 佐々木力『近代学問理念の誕生』岩波書店，1992, p. 162。

第9章　方法と第一哲学

「或る種の規則と記号とにひどくとらわれている」[17]。すでに述べたように，デカルトは過去の「分析」の欠点を補うために新たな「分析」を必要と考え，「論理学」をも取り込んだ「精神をつちかう」[18]方法，普遍的な理性を最大限に活用する方法を作り出した[19]。換言すれば，デカルトは，感覚・想像の束縛から知性を解放することと，知性を惑わす概念から知性自体を純化することを通して，真に普遍的な方法を産み出したのである。事実，「感覚の過誤を矯正するものは知性のみであり，感覚の働きより精神の働きに信頼することから過誤が起こるのである」[20]。だからこそ，デカルトの第一哲学全体の方法と目的は端的に「精神を感覚から引き離すこと」にある[21]。理性的方法の精神は普遍（不変）なのである。

　これに対して，ギブソンは批判する。デカルトの第一哲学は実体属性などのスコラ的論理を哲学的方法に再導入したのであり，科学的な論理をとっていない，と[22]。はたして，第一哲学の方法自体もスコラ的方法であり，分析的な方法をも用いていないのであろうか。『方法序説』の方法の規則は次のようなものである[23]。

　第一規則は「明晰判明な」もののみを「判断に取り入れる」という「明証性の規則」である。第二規則は問題を解きやすいように部分に分割する規則である。『規則論』を踏まえると，まず不可疑なものを見出すための枚挙が必要で，その枚挙を通して明晰判明な単純なものが純粋な知性のみによって直観される[24]。第三規則は，問題を解きやすいよう

---

17) DM, II, AT-VI, pp. 17–18；cf. 邦訳 [1] p. 25。
18) DM, II, AT-VI, p. 18；cf. 邦訳 [1] p. 25。
19) Cf. 井上庄七・小林道夫「第2章　炉部屋での思索」，井上庄七・森田良紀編『デカルト方法序説入門』有斐閣新書，1979，p. 68。Cf. A. Robert, "Descartes et l'Analyse des Anciens", *Archives de Philosophie*, v. 13, 1937, pp. 235–41.「第二答弁」における「総合」ないし「幾何学様式」の証明法に関しては，次のものを参照のこと。P. Dear, "Mersenne's Suggestion: Cartesian Meditaion and the Mathematical Model of Knowledge in the Seventeenth Century", in *Descartes and his Contemporaries Meditations, Objections, and Replies*, edited by Roger Ariew and Majorie Grene, The University of Chicago Press, 1995。
20) MR. VI, AT-VII, p. 439；cf. 邦訳 [2] p. 500。
21) Cf. MM, Synopsis, AT-VII, p. 12；PM, Praefatio, AT-VII, p. 9.
22) Cf. B. Gibson, *The Philosophy of Descartes*, Russell & Russell, 1932(1967), p. 86.
23) Cf. DM. II, AT-VI, pp. 18–19.
24) Cf. RG. III；E. Gilson, *René Descartes Discours de la Méthode Texte et Commentaire*,

にするために，単純から複雑へという順序を見出す規則である[25]。第四規則が「枚挙の規則」と言われるもので，見落しや記憶の弱さを補うため，今までの過程が枚挙によって通覧される。ここで，手順として枚挙と言える過程が最初と最後に現われる。すなわち，導出された結論を次の原理として議論を展開していくことが可能である。

したがって，『省察』で用いた「分析」が『方法序説』の方法であることを確かめるためには，次の検討をしてみればよい。すなわち，その真理性が確証されない前提があり，後にその真理性が確証されるという分析的証明法と，『方法序説』の方法の規則とが，第一原理としてのスム・レス・コギタンス導出やそれ以後の道程にとられているかどうか，この検討である。

2 単純本性と第一哲学

懐疑が不可疑な明証知を求めるものである以上，その過程で方法の第一規則がとられていると言える。『規則論』によれば，第一規則を基にしつつ，第二の規則によって見出されるものが，問題を解くための命題の項となる「単純本性」か，その単純な結合である。この「単純本性」は普遍的なもので，ある事物のみに限定して当てはまるものではない[26]。第三規則に移ると，単純本性は，直観される「単純で容易な」「絶対的なもの」と「相対的なもの」とに分れる。後者は，絶対的なものに関係し，それから「導出され」，その本性を分有する本性である。例えば，絶対的なものと相対的なものという順番で書くと，原因と結果，一と多，普遍と個別，相等と不等，…といったものである[27]。すなわち，「直観」（intuitus）と「導出」（deductio）とが探求の原理となる。「導出」は，数学をモデルとすれば，直観されたある単位と比によって他の数を

Vrin, 1925 (1976), pp. 197–204.；小林道夫『デカルト方法序説入門』第二章 2。
25) Cf. RG. V, XIII；Gilson, op. cit., pp. 204–10.
26) Cf. RG. V, AT-X, 381.
27) Cf. RG. V, AT-X, pp. 381–82.

導き出す「思惟の運動」である[28]。すなわち，この系列は「実際に存在するものとして語るのとは異なり，我々の認識に関係付けられる」限りでの系列である[29]。単純本性は知性によって捉えられるものなので，知性主体を抜きにしてはありえない。ただし，この絶対と相対とを決めるのは心理的なものではなく，「事物の系列」である。

では，この単純本性とその系列はスコラ的なヌース（直観）の対象であろうか。トマス・アクィナスを代表させると，単純本性の認識は知性の「単純把握（simplex apprehensio）」であるようにみえる[30]。しかし，トマスにおいて，その「把握」の対象は感覚を通して抽象された「何性」であり，人間知性だけでは現実にその対象を捉えることはできない。すなわち，その「単純把握」のためには可感的なファンタスマからの抽象が必要である[31]。したがって，人間知性が捉える第一の存在とは物体的事物の本性であり，その対象を認識する作用が認識されることを通して自己が認識される。自己認識は物体認識の作用からはじまるのである[32]。このトマスの自己認識に対して，デカルトのコギトが物体の本性以前に獲得されることは周知の事実である。したがって，単純本性の認識の仕方においても自己認識に関しても，トマスとデカルトとは異なる。

次に，単純本性の系列の順序はアリストテレスにおける「説明方式において，より先なるもの」の順序に相当するようにみえる[33]。しかし，マリオンに従うと，アリストテレスにおいて，実体はあらゆる関係性を越えたものなので，実体のみが絶対性を保証するのであるが，デカルトは単純本性の「絶対的なもの」を関係性の中に入れている[34]。したがっ

---

28) Cf. RG. III, AT-X, pp. 369–70.
29) Cf. RG. XII, AT-X, p. 418；谷川, op. cit., p. 51；小林道夫『デカルトの自然学』岩波書店，1996，p. 24.
30) Cf. T. Aquinas, DV. I, A. 12. etc.；L. J. Beck, *The Methode of Descartes: A Study of the Regulae*, Oxford, 1952, p. 73；E. Gilson, Index Scolastico–Cartesien, Burt Franklin, 1912, p. 200；Toletus, De Anima, Lib. III, cap. 7, tex. 27, q. 20. フランシス・ベイコンの「単純本性」に関しては，谷川, op. cit., pp. 52–57 参照。
31) Cf. T. Aquinas, ST. I, q. 87, a. 1. etc.
32) Cf. 稲垣良典「トマスにおける存在と意識」,『科学と実在論』思索社，1980，pp. 107–08。
33) Cf. Aristoteles, *Metaphysica*, 1078a10；谷川, op. cit., p. 52.
34) Cf. J. -L. Marion, *Sur l'Ontologie Grise de Descartes*, Vrin, 1979 (81), p. 84.

て，デカルトにおける単純本性の「導出」のあり方は，アリストテレスにおける絶対的なものとしての実体の存在論とこれをもとにする推論とは異なっている[35]。では，方法における単純本性にあたるものは第一哲学に見出せるであろうか。

『規則論』における単純本性の枚挙は次の通りである。「純粋に物質的なもの」は「物体の中にしかその存在が認識されないもの，例えば，形，延長，運動，…」であり，「純粋に知性的なもの」は「いかなる物体的な像の助けもかりずに，知性によって認識されるもので」，「認識とは何か，懐疑とは何か，無知とは何か，同じく，意志活動と呼んでもよい意志の働きとは何か」であり，両者に共通のものは「物体的事物にも，精神的事物にも，無差別に帰属させうるようなもの，例えば存在，一，持続，…公理」等である[36]。

これに対して，『省察』における懐疑の過程で，次のものが枚挙されている。すなわち，「より単純でより普遍的なもの」（magis simlicia et universalia）[37]と「もっとも単純でもっとも一般的な事物」（simplicissimae et maxime generales res）[38]である。前者の例は，「物体的な本性一般，およびその延長，さらには延長する事物の形状，さらには量，…大きさ，数，…場所，…時間，およびこれに類するもの」であり[39]，後者が「数論」と「幾何学」が取り扱う事物（数とか図形）である[40]。さらに，「第二省察」における「思惟するもの」は「疑い，知解し，肯定し，否定し，意志し，意志せず，また想像もし，そして感覚するもの」と枚挙されている[41]。

---

35) デカルトが批判する三段論法が「外延論理」である，という見解に関しては本書第Ⅰ部第3章と次のものを参照のこと。E. Gilson, *René Descartes Discours de la Méthode Texte et Commentaire*, Vrin, 1925 (1976), pp. 184–85；G. Hamelin, *Le Système de Descartes*, Librairie Felix Alcan, 1911 (1987 (Garland Publishing)), p. 89；Beck, op. cit., p. 106.

36) Cf. RG. XII, AT-X, pp. 419–20；邦訳 [4] p. 69；Marion, op. cit., p. 124.

37) PM. II, AT-VII, p. 20；邦訳 [2] p. 32；J.-L. Marion, "Cartesian metaphysics and the role of the simple natures", *The Cambridge Companion to Descartes*, Cambridge University Press, p. 122.

38) ibid.；Marion, op. cit., p. 122.

39) ibid.

40) ibid.

41) PM. II, AT-VII, p. 28；cf. 邦訳 [2] p. 42。『哲学原理』でも同じような区分が為されている（Cf. PP. I. 48；Marion, op. cit., p. 121）。

第 9 章　方法と第一哲学　　　　　　　　　　　　　　251

　両者を較べると，明晰判明な原理に至るために認識の対象を分類する枚挙という作業は同じであり，その分類の仕方もその例も酷似している。懐疑が対象とする本性も主に『規則論』の「純粋に物質的な」本性であり，「像の助け」を直接的にしろ間接的にしろ借りて得られうる本性である。これに対して，「知性的な」単純本性は像をまったく必要としない。単純本性一般は知性の観点から捉えられるが，「純粋に物質的な」単純本性と共通のものには像が介入しうる。また，共通の単純本性の一つである「共通概念は，純粋知性によっても，また事物の物質的像を直観する知性によっても認識されうる」[42]。「共通の単純本性」の身分がまだ両義的である。少なくとも，物質的な本性と共通の本性が懐疑にかけられ，知性的な単純本性がエゴの規定に一致していることから，『規則論』における知性が『省察』における懐疑を乗り越えたエゴに投影され，実体をも含めた「共通本性」も純粋知性に基づくという見通しが立つ。

　単純本性とその認識との関係を見ると，『規則論』は部分的に感覚からの抽象認識をとっているように見える[43]。しかし，『規則論』の単純本性とスコラ的な単純本性は異なっていた。では，『規則論』の能力と単純本性との分類は何を意味していたのか。『規則論』は理性開発のための方法の練習として，幾何学（数学）の実践的な解き方からはじめる。その際，物体は想像上の図形と等しく，算術計算をする場合も想像によって捉えられる記号を用いざるを得ない。数学の懐疑が対象とするのは，抽象理論をもとにする数学であるとともに，実践的な数学的技術でもあったのである。後者の数学的技術を存在論的な心身分離と結合によって基礎づける途を切り開くことも，第一哲学の目的の一つであったのではないか[44]。したがって，単純本性の実戦的な獲得の仕方と第一哲

---

42) RG. XII, AT-X, pp. 419–20；cf. 邦訳［2］p. 70。

43) Cf. B. O'Neil, "Cartesian Simple Natures", *Journal of the History of Philosophy* 10 (2), 1972, pp. 133–34；Alquié, op. cit., pp. 73–74；飯田年穂「近世的レアリスムの一様相——デカルトの『規則論』をめぐって」，『明治大学教養論集　哲学』125 号，1979，pp. 96–97；小林, op. cit., I-2；G. R. Lewis, *L'Œuvre de Descartes*, Vrin, 1970, (I) p. 96；邦訳『デカルトの著作と体系』小林道夫・川添信介訳，紀伊國屋書店，1990，pp. 102–03。

44) Cf. DM. II, AT-VI, pp. 21–22.『規則論』における想像力の重要性に関しては次のものを参照のこと。D. L. Sepper, "Ingenium, Memory Art, and the Unity of Imaginative Knowing in the Early Descartes", *Essays on the Philosophy and Science of René Descartes*, edited S. Voss,

学における単純本性の成立根拠の探求とは区別しなくてはいけない。以下で見るように，第一哲学の道程において，推論や単純本性の本性の成立根拠は知性のみによってまとめられるのである。そして，その根拠は未知なるものとされつつも，その真理性とそれら単純本性の結合の必然性は議論の前提として保持されているのである。

　以上より，懐疑にかけられる対象は，スコラ的に抽象された対象であるとともに[45]，数学の問題を実際に解く場合の対象でもありえた。両者とも感覚が介入するものであり，懐疑において，この感覚を土台とする理性的な知のあり方が疑われ，純粋な知性能力が残った。知性を根拠とする単純本性のあり方と推論の確立が第一哲学の課題となる。

3　コギトの論理構造とその確証

　では，デカルトの第一哲学は彼の方法自体を懐疑の対象としなかったのであろうか。

　『哲学原理』では，コギトに先立つものとして，思惟，存在，確実性，共通概念は「自明」であり，「これらはもっとも単純な概念であり，またそれらだけでは存在しているいかなる事物に関する知識をも現前させはしないので，特に数え挙げる必要もない」と明言されている[46]。その限りでは，デカルトのいかなる著作においても，概念や公理は用いられている。それと同様に，『規則論』，『方法序説』第二部の方法は第一哲学に先行する。しかし，第一哲学において，その方法を実際に使用する主体は「思惟するもの」と見出されるし，第一哲学が究極的に問題にしたのは，それらの概念の起源やその結合の妥当性の根拠である。自らの存在を把握する思惟は知性の対象となっていないという意味では，思惟の存在は認識されていないかもしれない。しかし，自己と関係を持つ単

Oxford University Press, 1993, pp. 142–61.
　45)　トマスの抽象理論と懐疑の対応づけに関しては，本書第Ⅱ部第 5 章を参照。
　46)　Cf. PP. I. 10：邦訳［3］p. 37.「純粋に知性的な」単純本性の枚挙は『省察』や『哲学原理』のそれに一致しており，共通本性ないし共通概念，物体の性質の枚挙もしかりである（Cf. PP. I. 48)。

純本性（物体や公理や知性）の枚挙を通して，その知性把握できなかったものがコギトという知性作用であり，この知性作用が自己の存在を必然ならしめていたことが確認される。コギトの把握そのものが分析をもとにしている。たとえ，コギトが存在論的な経験をまず必要とするにしても，その経験の構造を知る主体が第一哲学を遂行することにおいて重要である。

「第二省察」では，「私とは断然，思惟するものであり，言い換えるなら，精神であって，これを心と言っても知性と言っても理性と言ってもよいが，それらは私に以前にはその意味が知られていなかった言葉である」[47]と書かれている。「精神」は「心」や「知性」をあわせもったものであるが，「その意味を知る」主体がこの言説と精神の核心をまとめあげているのである。まさしく知性は仮説的に概念や方法を探求の前提とし，自己意識という存在論的経験を自己の論理的構造として分析することを通して，その概念の意味と方法を知るのである[48]。

懐疑から明証知へ至るために分析と枚挙が用いられていることはすでに見てきたとおりである。次に単純なものから複雑なものへの順序設定が存在するかどうか，またいかなる仕方で設定されるかを調べてみよう。「第一省察」の過程においては，懐疑は日常的な経験から始まり，自然学，数学と移行しており，デカルトの言葉からして「複合されたもの」からもっとも一般的な「単純なもの」へと進んでいる。他方，エゴ内部についての議論の順序は，存在認識（スム）から本質認識（スム・レス・コギタンス）に至る[49]。すなわち，認識する順序において，エゴの存在認識はコギトを根拠としつつも，その本質認識に先立っている。すでに述べたように，単純本性の系列からいえば，「思惟は存在なしにはありえない」のだから，存在は思惟よりも単純なものと言える。スムもスム・レス・コギタンスも哲学の原理であるとするなら，いま問題にし

---

47) PM. II, AT-VII, p. 27 ; cf. 邦訳［2］p. 41。

48) ベサードによれば，コギトという第一の反省が前提している要素として，思惟や存在などの単純本性，「思惟するためには存在しなくてはならない」というような共通公理，この共通公理に存在的実在性への付着点を与える経験，が必要とされている（Cf. J.-M. Beyssade, *La Philosophie Première de Descartes*, Flammarion, 1979, p. 244）。

49) 思惟と存在との順序関係がデカルト哲学の展開を決めていることに関しては，本書第Ⅲ部第 6 章を参照。

ている順序は第一原理内部における「必然的結合」（導出）の順序ということになる。

　実際，自己意識という存在論的経験を推論で捉らえ直すと，『規則論』における単純本性の必然的結合で説明できる。例えば，必然的結合は，「一切の持続を欠いた運動も把握できないので」「運動は持続もしくは時間に結合している」[50]というように，その結合前後の「いずれも判明には把握（concipere）できない」[51]という結合である。しかるに，コギトとスムとを切り離そうとすると，そのどちらも判明に把握できない。事実，『規則論』では，「私は知解する，ゆえに私は身体と区別された精神を持つ」[52]という必然的結合の例が挙げられている。この種の推論の必然性が，《（コギト・エルゴ・）スム》から《スム・レス・コギタンス》の論理的移行を必然ならしめるのである。この移行の推論的必然性の根拠を与えるものが，『方法序説』においては「存在するためには思惟しなくてはならない」[53]という必然性を含むコギトの公理であった。

　ただし，この必然的結合が単なる概念相互の結合にあたるとすれば，その推論は形式に過ぎなくなる。デカルトはカント的な「感性」や「対象」を設定しないので，デカルトのエゴは空虚ではないのか。ラポルトによれば，必然的結合は抽象と具体との結合なので，コギトとスムの関係もしかりである。したがって，エゴの存在は具体的で個人的な存在である[54]。しかし，属性のコギトが抽象であり，その主体（実体）が具体であると決められるであろうか。もし後者が具体的なら，前者も具体的なものを示しているのではないか。むしろ，そのエゴ・スムも推論の一部であり，知性対象に過ぎないのではないか。ラポルト説を少し変える

　50）　RG. XII, AT-X, p. 421 ; cf. 邦訳［4］p. 71。コギトと「必然的結合」を結びつける見解は古くからある。Cf. J. Laporte, op. cit. ; "L'Idée de « liaison necessaire » chez Descartes", en *Travaux du IXe Congrès international de Philosophie II*, Hermaun et Cie, 1937 ; M. Gueroult, "Le Cogito et la Notion « pour penser, il faut être » en *Descartes selon l'Ordre de la Raison II*, Aubier, 1953 ; H. Gouhier, *La Pensée Métaphysique de Descartes*, Vrin, 1962 (1969) ; Beyssade, op. cit., etc. フランスにおけるコギト推論説史についての明快な解説は，財津理「懐疑と〈コギト・エルゴ・スム〉」，『中央大学文学部紀要』（哲学）no. 32, 1986 を参照のこと。

　51）　RG. XII, AT-X, p. 421 ; cf. 邦訳［4］p. 71。
　52）　RG. XII, AT-X, p. 422 ; cf. 邦訳［4］p. 72。
　53）　DM. IV, AT-VI, p. 33 ; cf. 邦訳［1］p. 40。
　54）　Cf. Laporte, op. cit., p. 97。

必要がある。確かに，エゴもコギトも普遍的懐疑という道程に見出された自己なので，その必然的結合に生きた内実を与えてくれる。本書第Ⅲ部第8章で見たように，「具体」「抽象」というよりも，実感を伴ったコギトからスムへの論理を知ることを通して，方法は空虚な仮説ではなく存在論的内実を持つ。その内実の分析を通して，コギトは個人的なものではなく普遍的妥当性を持つ推論となる。非反省的自己意識は確かに推論の内実を実際に与えるという意味では必要であるが[55]，それにとどまらず，その中に学構築の知的な主体を見出すことこそがより重要なのである。学遂行の主体は論理的自我なのである。したがって，ゲルーの言うように，エゴは学には存在しないような「具体的で」「経験的な」個人ではないとも言える[56]。コギトが自己自身にとって最も直接かつ最も普遍的でなかったら，推論は空虚になるし，学を基づけることさえできないだろう[57]。

　デカルトは，想像と感覚に助けられるような知性ではなく，純粋な知性，方法の基盤たる知性作用を見出した。だからこそ，「思惟するもの」の規定と『規則論』の「純粋に知性的な」単純本性の枚挙が重なっていたのである。そして，『省察』の規則は，エゴの存在が確定された後の「第三省察」において，「きわめて明晰判明に私が知得するものはすべて真である」[58]としてはじめて規定される。これはまさしく方法の「明証性の規則」と一致している。「明証性の規則」は懐疑の始めから仮説として想定されながら，その主体の構造が見出された後に，その実際の分析結果として打ち立てられるのである。しかし，この真の妥当性は神の保証にのみ得られる。なぜなら，その規則の真理はコギトにおいては知性内部の真理にとどまるからである。そして，知性が捉える論理や数学的知識が「学知」（scientia）となるには，精神を創造し，真理を基づける超越者（神）が必要だったからである。以上，「明証性の規則」を中心とした三つの規則，分析的方法と，懐疑から原理発見の方法が重なっ

　55）　現代フランス哲学者の内在的コギト解釈については，『報告書』(2) pp. 126–28 を参照のこと。
　56）　Cf. Gueroult, *Descartes selon l'Ordre de la Raison*, t. I, p. 58–9.
　57）　Cf. Gueroult, op. cit., p. 58.
　58）　PM. III, AT-VII, p. 35；cf. 邦訳［2］p. 52。

ていることがわかった。

　最後に，第四規則の枚挙の第一哲学への適用を見てみよう。この規則は，今までの探求で得られたものを再確認する方法である。第一から第六までの各省察の終わりとはじめはその確認にあてられている[59]。「第二省察」を例にすれば，はじめに「第一省察」の懐疑の全貌がこの枚挙によって再確認され，これが原理認識のための第一規則と第二規則の分割法に繋がる。「第二省察」の終わりでは「蜜蠟の分析」によって，「精神は物体よりも認識しやすい」という知性的な認識の順序の見直しがなされる[60]。さらに，「第三省察」の最初はまさしく「第一省察」から「第二省察」までの議論の枚挙にあてられている。得られたものの分析が新たな探求の順序を決めるからである。例えば，「私は思惟するものである」が確認されたら，それを分析して，その「思惟」の形として「観念」が見出され，因果律という仮定的な共通概念を用いることで，自分の外に何ものか（神）が存在するかどうかの探求の糸口が見出されるのである。

　したがって，仮定的に概念を設定し，その概念をものの実在的な本性として基づけるという意味で，第一哲学は方法に対して第一性を獲得するのである[61]。そして，その概念や公理の存在論的基盤は最終的には神に求めることになる。例えば，物体の概念は懐疑にかけられるが，コギト発見のための議論に必要であり，物体の本性そのものの規定は最終的に変わることはない。しかし，物体の本性はコギト発見の後に知性によってその真の妥当性が吟味され，その妥当性は神についての考察と神の保証を通してはじめて得られる。すなわち，方法に対する確証自体が仮説（分析）に則って行われているのである。

---

　59)　Cf. 佐々木周「日の始り——デカルト「第四省察」冒頭 M4, 52, 23–54, 31」『北海道教育大学紀要 A 人文科学篇』40 (1) 号，1989。
　60)　「蜜蠟の分析」における知性の役割の重要性に関しては次のものを参照のこと。持田辰郎「「蜜蠟の分析」の諸解釈について」，『名古屋学院大学論集《人文・社会科学篇》』20 巻 2 号，1984，p. 68；H. Gouhier, *La Pensée Métaphysique de Descartes*, 1962, p. 378；J.-M. Beyssade, "L'Analyse de Morceau de Cire", in *Sinnlichkeit und Vernunft*, 1976；J. P. Carriero, "The Second Meditation and the Essence of the Mind", *Essays on Descartes' Meditations*, University of California Press, 1986；『報告書』(2)，p. 120。Carriero はデカルトとアリストテレス・トマスの知性の自己認識との差異を強調している。
　61)　Cf. M. Gueroult, op. cit., t. I, p. 15（ゲルー「デカルト形而上学と理由の順序」小泉義之訳，『現代デカルト論集Ⅰ』勁草書房，1996，pp. 70–71）。

第一哲学において重要であったのは，諸数学の実践ではなく，それら全体の基づけである。方法の規則は普遍的である。想像や感覚に助けられる具体的な諸学の方法と，想像・感覚をまったく切り捨てた上に成り立つ第一哲学の方法とは，形式は同じとしても，その質が異なる。全学の基礎づけをなす主体，普遍的方法の主体とは知性ないし理性であり，そのエゴという存在を実際に見出し，その方法の存在論的な基礎づけをなすことが第一哲学の課題となる。『省察』（第一哲学）の流れと『方法序説』の方法の規則の順序とは一致している。学構築のための方法は自らの存在論的基づけをなす第一哲学も例外としなかったのであり，この循環的に見える順序こそが分析的順序だったのである。

4　精神と知性

　以上のような「思惟するもの」の内的構造の知的把握が方法の順序に従っており，『省察』の「思惟するもの」の本質規定と『規則論』の「知性的な」単純本性の例示とが一致している。したがって，「思惟するもの」の本質とは知性と規定してもよい。この見解を他のテクストと今までの研究史を振り返って再確認する。
　まず「思惟するもの」を精神と解する根拠を見てみよう。デカルトは「思惟するもの」を第一哲学の原理とし，それを「疑い，知解し，肯定し，否定し，欲し，欲せず，また想像もし，そして感覚するもの」[62]と規定する。この箇所を見ると，知解作用はあたかも精神の一作用に過ぎないようにみえる。さらに，「第二答弁」「第六答弁」を踏まえるなら，この場合の懐疑を乗り越えられる「思惟」は，論証によって獲得されない非反省的な自己意識である[63]。『哲学原理』では，精神は「思惟するもの」であり，「知解する実体」(substantia intelligens) ではない[64]。「第四省察」においては，意志と知性に関しては，有限な能力と無限な能力が対

---

[62]　PM. II, AT-VII, p. 28 ; cf. 邦訳 [2] p. 42。
[63]　Cf. MR. II. AT-VII, p. 160 ; MR. VI, AT-VII, p. 422 ;『報告書』(1)，p. 97 ;『報告書』(2)，p. 117。
[64]　Cf. PP. I. 53 ;『報告書』(1)，p. 98。

比されており，無限な意志を有限な知性の様態としてみなすことはできない[65]。また「思惟するもの」において無意識は認められない[66]。常に知性が働いていることは事実としては認め難いので，精神の本質を知性作用とみなすことは難しい[67]。このようなテクストから，デカルトの「思惟」は意識作用全般を意味し，「思惟するもの」は知性ではない，とみなす研究者は多い[68]。

　これに対して，ゲルーに代表されるように，デカルトの「思惟」を知性作用とみなす研究者もいる。テクストとしては，「第六省察」において「思惟するもの」を「知解する実体」と規定し直していることが一番にあげられる[69]。さらに，知性と意志との関係についても，「第四省察」における真偽の判断論とは別の次元に自己認識があり，意志は知性作用を含むと言えるが逆は言えないし，「学知」に絶対に必要とされる明晰判明知を得られるのは知性のみである[70]。

　またシロン宛の書簡では，「思惟するもの」に関しても，それは「知的な本性」に属すると言われている[71]。その書簡では，知性的な本性一般についての直観的な認識が徐々に獲得され，この知性的な観念は，無限の場合は神を表現し，有限の場合は天使や人間の魂の観念を表現する，と言われている。ベックに言わせれば，例えば疑うということが意味を持つなら，疑いはその条件として疑っている精神の一般的構造と疑いの対象の一般的構造を論理的に含んでいる。すなわち，有意義に疑うには，疑いの構造と対象の構造の概念を必要とせざるをえないのであり，そのような構造を捉えられる「知の主体は論理的自己」なのである[72]。

　また，デカルトの心身二元論に立脚し，人間の精神と動物とを峻別す

---

65) Cf.『報告書』(1), p. 98。
66) Cf. MR. IV, AT-VII, p. 228.
67) 『報告書』(1), p. 98。
68) ibid.
69) Cf. PM. VI, AT-VII, p. 78；『報告書』(1), p. 98；『報告書』(2), pp. 118–19, 121–22。
70) Cf.『報告書』(2), pp. 119–25。
71) Cf. A Silhon, 1637, AT-I, p. 353；『デカルト全書簡集 1』 p. 346；PM. Syn., AT-VII, p. 12.
72) Cf. Beck, op. cit., p. 115；『報告書』(1), p. 105。

るなら，動物も保持していそうな不透明な意識よりも知性作用としての思惟を人間精神の本性とする方が，デカルトの主張に適合する[73]。実際ウィルソンによれば，「思惟するもの」は純粋知性である限りにおいてのみ物体と実在的に区別される実体である[74]。テクストの上では，形而上学的に心身が区別される議論においては「精神」が「物体」に対比され，物体の存在証明においては「私」と他の諸能力を包括する知性能力が同一視されているのである[75]。確かに，両方の議論は心身（物）二元論に属するが，議論の力点の置き方は異なっている。知性が主に議論の中心をしめるのは対象の明晰判明な認識に関してなのである。したがって，「思惟するもの」が知性であることの意味，もしくは心身（物）を実在的に区別することの意味は，存在論的に精神は物体ではないということよりも，万学の主体と自然学における対象を峻別することによって，世界を誤りなく把握して「人生に有用なものすべて」[76]に関わる学を打ち立て発展させるということに存するのである。

結

最後に，デカルトの知性的エゴとカント的な超越論的主観との差異を簡単に見て，デカルトの第一哲学と方法の特殊性を確かめることにする。デカルトにおいては，想像とか感覚などの多様な作用を自発的に統一する作用，そのような経験を分析的に捉え直す知性として「思惟するもの」が見出された。他方，カントの「超越論的統覚」は直観の予件・経験に先行し，対象の表象を可能にする統一的意識であり，すべての表象に伴い，あらゆる意識において同一である表象を産み出す自己意識である[77]。カントは内的経験を基礎とする個的なエゴを認めながらも，重

---

73) Cf.『報告書』(1), p. 98。
74) Cf. M. Wilson, *Descartes*, Routledge and Kegan Paul, 1978, pp. 180–81；P. A. Kraus, "Mens Humana : Res Cogitans and The Doctorine of Faculties in Descartes' Meditationes", *International Studies in Philosophy*, 1986, v. 18, pp. 1–2.
75) Cf. PM. VI, AT-VII, pp. 78–80；Kraus, p. 14.
76) DM. I, AT-VI, p. 4；cf. 邦訳［1］p. 14。
77) Cf. Kant, *Kritik der Reinen Vernunft*, B132, etc. .

点を純粋に認識論的で先験的な非個人的主観に置いた[78]。デカルトとカント両者とも論理的自我を主張しているようにみえる。

では，両者の方法やエゴの構造に差異はないのか。まず方法に関して，カントによれば，数学の方法は「概念構成による直観的な理性使用」にあり，哲学の方法は「概念による推論的な理性使用」にある[79]。カントにおいて両者の方法は区別される。しかしデカルトにおいては，数学における感覚的で特殊な対象構成を第一哲学においては否定するだけで知的な対象構成自体は否定されず，分析的方法や方法の規則は両者に共通であった。

そしてエゴのあり方に関して，カントがデカルトを批判するのは次の点である。意識の統一に実体のカテゴリーは適用できないということである[80]。他方，デカルトは，「客観的対象」をエゴに対して措定しないし，自己の存在と本性を学的に知るために純粋悟性のカテゴリーという有限な形式のかわりに，「内的証言」[81]による無際限な「本有概念」を基にする[82]。カントが実在性を経験的直観の内容にのみ適用するのに対して，デカルトにおいて，普遍的方法の主体の実在性を与えるのがまさしく知的な思惟という内容に他ならない。すなわち，概念をあてはめる対象と実在性をめぐって，カントとデカルトとは別の立場をとっているのである。さらに，デカルトはコギトの確実性を原理として「明晰判明知」を打ち出し，その明証性をもとに論理的概念，神などの真理をエゴ内部で捉える。すなわち，デカルトは，意識を方法によって学的に捉え直すことによって，エゴの本質とエゴにそなわる本有観念とを見出すのであり，本有観念をエゴに単にあてはめるのではない。確かに，エゴの本質を明晰判明に認識するためには，思惟，実体などの本有観念を必要としなくてはならないが，その「本有性」の確証は神のあり方が認識されてから為される。事実，エゴが実体であることは観念が精練されていく神

---

78) Cf. Kant, op. cit., B404；A355；A382, etc.；ハイムゼート『カント哲学の形成と形而上学的基礎』須田朗・宮武昭訳，未来社，1981, pp. 184–85。

79) Cf. Kant, op. cit., A719.

80) Cf. Kant, op. cit., B422.

81) RV, AT-X, p. 524；cf. 邦訳 [4] p. 328。

82) Cf. RV, AT-X. pp. 524–26；cf. MR. II, AT-VII. pp. 140–41, l. 2；MR. VI, AT-VII, p. 422.

証明の過程で見出され，その実体は神の連続創造で保存される[83]。デカルトは，エゴからの実体の抽出，自己の適用の妥当性に関しても分析的論証を踏んでいるのである。いわば，デカルトの第一哲学はコギトの論理構造を方法によって確定し，その確証をエゴを越えた神へと求める「永遠の観念論」なのである[84]。エゴとその客観的論理構造を越えた神による保証なしには，その実体の構造の真理が確証されないのである。

　以上より，第一に，第一哲学の議論は分析的方法に従っている。したがって，第一哲学構築の遂行の観点から見ると，方法は第一哲学に先立つ。第二に，その第一哲学の方法の主体は，得られた不可疑の経験の構造を分析する知性である。そして，エゴが原理と確定されると，エゴの内部構造における分析的順序がそれ以後の議論の展開の原理となる。しかし，第三に，方法は神の保証を得るまでは仮定的存在に過ぎない。すなわち，その方法の存在論的基盤に「思惟するもの」という知性が見出されるが，その知性も方法と同じく，自らを客観的に基づけることはできないので，「確信」のレベルにとどまる。懐疑という方程式の解は「エゴ・コギト・エルゴ・スム」として見出されるが，その解をもとに作られる観念の方程式の解は「神」として見出されことによって，「エゴ」という解が正しいことが確証されるのである。「確信」が「学知」に至るには，知性を超え出た神の保証によってのみなされるのである[85]。方法がその究極的妥当性を神に訴えるという意味で，第一哲学は方法に先立つのである。

---

83) Cf. PM. III, AT-VII, pp. 48–52.
84) P. Lachieze–Rey, *L'Idealisme Kantien*, Vrin, 1931 (1972), p. 25.
85) 「確信」(persuasio) を仮説として「学知」(scientia) に至るデカルトの順序については，山田弘明『デカルト『省察』の研究』創文社，1994, pp. 29–32 を参照のこと。当書第一章から「仮説演繹法」(「作業仮説」) の概念を得させてもらった。

第 10 章

知性弁護論
―― 反意志主義的解釈の試み ――

　前章において，思惟実体の中核が知性にあることを確認した。この章では，その知性の妥当性を分析して問い直すという枚挙の過程を調べることによって，形而上学における学の確立を見ていく。

序

　デカルトは「第四省察」の表題を「真と偽とについて」とした。なぜ彼は結果からの神の存在証明をなした後で真と偽を論ずる必要があったのか。むしろ，「第三省察」における結果からの神の存在証明と「第五省察」における神の原因からの存在証明を直結させた方が自然な流れではないのか[1]。本章は，「第四省察」を弁神論として読んだり意志主義（自由論）的に読んだりする説ではなく，学問を構築する上で，知性の純粋化における一過程と見据えた上で，知性を誤謬から守る知性弁護の解釈を試みる。
　なるほど，我々は明らかな真理や善を理由なく拒否できる。我々は何でも選べる自由，悪や偽を選べる絶対的な自由を持っているように見える。意志は必然性ないし法則に従う必要はないので，各個人ないし各精神の固有性・主体性を最もよく示す能力である。デカルトもその自由意

---

1) Cf. G. R.–Lewis, 'Hypothèses sur l'élaboration progressive des *Méditations* de Descartes', *Archives de Philosophie*, v. 50–51, 1987, pp. 109–23：村上勝三『デカルト形而上学の成立』勁草書房，1990, pp. 236–37.

志を精神に見出した[2]。デカルトによれば，人間においては自由意志の力こそ神の似姿であり[3]，意志なしに精神も学問も成り立たない。だがその反面，自由意志だけでは学問も道徳も打ち立てることはできない。意志は知性や理性に従ってこそ，真の自発性を発揮できる。意志を真理へと自発的に向かわせる習慣の確認こそ，学問の大前提であり普遍的規則である。なぜ，デカルトはその規則を結果からの神証明の後に確立する必要があったのか。以下，デカルトの精神史ならびに真偽の仕組みの検討を通して「第四省察」において知性は意志から区別され純化され，その純化を知性の想像からの切り離しまで押し進めることによって，「第五省察」における「物質的な物の本性」と連動した神の存在証明は成り立つのがわかるであろう。まず，諸説を通覧した上でデカルトの見解を検討してみよう。

1 「第四省察」をめぐる諸見解

「第四省察」の表題が「真と偽について」である以上，何れの解釈においても「第四省察」を真偽論として解釈することに違いはない。問題は，その真偽論の中心課題は何か，その課題が『省察』の流れとデカルト哲学全体のなかでいかなる位置を占めるか，ということである。

(1) 弁神論的解釈
まず，「第四省察」を読む古典的な解釈として，弁神論的解釈がある。この解釈によれば，「第四省察」の目的とは，真で誠実な神は被造物の「私」が誤ることに責任がないことを示すことである[4]。事実，デカルトは神を誤謬の間接的原因とみなすことすら否定し，神を弁護している[5]。

---

2) Cf. Au P. Mesland, 9 fevrier 1645, AT-IV, pp. 173–75；『デカルト全書簡集 6』pp. 215–17。
3) Cf. PM. IV, AT-VII, p. 57。
4) Cf. E. Gilson, *La Liberté chez Descartes et la Théologie*, Vrin, 1913, p. 213；村上，op. cit., pp. 235–36。
5) Cf. PM. IV, AT-VII, p. 60.「神が私に現に与えてくれるのよりもいっそう大きな知解

さらに,「第三省察」との繋がりを考慮すれば,神の連続創造説による神の存在証明との繋がりが問題となる。もし神が「私」という存在を瞬間瞬間に維持しているのなら,なぜ私が誤ることを許しているのか。連続創造という第二の神の存在証明の後で,この問いを発することは意味があり,順序としても正当かもしれない。なるほど神の考察の系として弁神論があるとも言えるが,弁神論がアプリオリな神証明の前になければならない理由はない[6]。また,神を弁護することが「第四省察」の主目的であり,デカルト形而上学全体の目的や特殊性や発展を示すとは思えない。むしろ,「第四省察」において真偽論を省察している「私」の問題として捉えることによって,デカルト形而上学全体の目的や特殊性や発展が取り出されるのではないか。このことから次の自由論的解釈が生まれる。

(2) 意志主義(自由論)的解釈

神の絶対的能力や決定のみに着目する限り,人間の誤謬は説明できない。人間には神に比肩する能力があり,それは無限な意志能力(自由)である[7]。「第四省察」の主題は,「私」における無限なる自由を見出すことによって神と真偽の問題を解くことである。事実,「第四省察」ほど意志(自由)について論じた「省察」は他にない。

さらに,デカルト哲学の発展という視点から「第四省察」ないし『省察』を見た場合,意志と自由について発展と特殊性が見出される[8]。まず,「第四省察」の主題である真偽の判断論に進展が見られる。『規則

する力を,言うならいっそう大きな自然の光を与えてくれなかったからといって,私は苦情を言う何らのしかるべき理由も持ってはいない。それというのも,多くのものを知解しないということは,有限な知性の有限な知性たる所以であり,有限であることは,被造的な知性の被造的な知性たる所以であるからであって,神は私には決して何ものをも負ってはいないのだから,私は神が施してくれたものに対して感謝すべき謂われがあるが,しかし,神が与えてくれなかったものを,私は神によって奪われた,言うなら神が私から取り去ったのだと,私が考える謂われはないのである」(Cf. 邦訳 [2] p. 80)。

6) もし神が人間の犯す誤謬の原因であるなら,神は不完全者となり,最完全者という概念を中心とする「第五省察」の神証明は成立しないと答えることができる。しかし,すでに「第三省察」で神のその性質は確認されているので,この答えも不十分である。

7) Cf. PM. IV, AT-VII, p. 57.

8) Cf. F. Alquié, *La Découverte Métaphysique de L'Homme chez Descartes*, PUF, 1950, ch, XIV.

論』においては，真偽の判断は知性にその主な役割があてられていた。というのも，真なる認識は「単純本性」(natura simplex) そのものとそれらの複合の知性的直観によってなされるからである。「単純本性」自体は純粋な知性によって直観されるのだから，偽であることはない[9]。虚偽があり得るのは，知性が単純本性を複合する場合である[10]。『規則論』において，真や偽は知性に帰されるので[11]，判断論において意志は登場する余地がない。普遍学と形而上学は純粋知性のもとに統合されるのである[12]。このような『規則論』の知性主義に異変が現れる。それは1629年の形而上学的省察を経た1630年の永遠真理創造説においてである[13]。その説において，永遠真理は神の意志次第で変えられる可能性が主張され，学の基盤として神の不変的自由が置かれている。有限な人間の知性は永遠真理を決める無限な力を持たないがゆえに，学の真なる基盤を作るには不十分である。この自覚のもと『省察』(1642年)においては，真偽の判断は知性に帰されるのではなく，意志の肯定否定を加えて成立する。神の似姿としての無限なる意志を経験することによって，無限なる神をも知ることができる[14]。さらには，懐疑において数学的認識も意志によって否定され，コギトも懐疑という意志作用を通して認識されるとも言える[15]。またコギトは，無限な意志が自らを知性の有限性に限定・選択したことによって成立するとも言える[16]。意志は永遠真理に縛られることはなく，真に自由であるので，懐疑を乗り越えることができるのである。哲学の第一原理認識は知性よりも意志に依拠している。デカル

---

9) Cf. RG. XII, AT-X, p. 420；小林道夫『デカルト哲学の体系　自然学・形而上学・道徳論』勁草書房，1995，II部1章1，4章2；野田又夫「デカルトの自然学と形而上学」(1949)，『野田又夫著作集』I，白水社，1981。

10) Cf. RG. VIII, AT-X, p. 399.

11) Cf. RG. VIII, AT-X, p. 396.

12) 野田，op. cit., p. 621。

13) Cf. A Mersenne, 15 avril 1630, AT-I, pp. 145–46；『デカルト全書簡集1』pp. 135–36。A Mersenne, 27 mai 1630, AT-I, pp. 151–53；『デカルト全書簡集1』pp. 141–42。

14) Cf. PM. IV, AT-VII, p. 57；J. -L. Marion, *Sur la Théologie Blanche de Descartes*, PUF, 1981, pp. 396–411。

15) 意志の自己感得のあり方については，宮崎隆「デカルトにおけるコギトと意志——意志の使用」，『横浜国立大学人文紀要　第一類』no. 38, 1992；鈴木泉「直観・思惟・意識——デカルトにおける〈私〉のあり方」，『論集』no. 8, 東京大学，1989を参照。

16) Cf. 野田，op. cit., p. 631–32。

ト形而上学は『規則論』の知性主義から『省察』の意志主義へ移行することによって成立するというわけである。

以下, デカルト形而上学を意志主義とみなした論拠を考察し直すことにする。

(i) 『規則論』における知性主義という神話

若い頃に書かれた『規則論』においては, 認識主体そのものが不透明である[17]。認識主体と認識対象とは区別されながらも, 認識主体の本質は考察されていない。判断の主体も能力それぞれがあてがわれている。想像も判断すれば[18], 知性も判断するのである[19]。なかでも, 知性は肯定否定をすることによって判断する[20]。『規則論』において, 本来の真理は知性の内にあるとともに, 過誤も知性の内に存する[21]。過誤は知性の直観（単純本性）を越えて見定め得ない複雑なものについて判断する場合に生じるのである。しかし, 判断能力が主に知性にあるということから, 『規則論』が知性主義見解をとっていると導くことはできない。というのは, 知性が真偽を判定して誤ることがあるということは, 知性に過誤の責任を負わせることになり, 『規則論』では知性に全幅の信頼を与えていないことになるからである。事実, 『規則論』では, 知性は想像, 感覚, 記憶によって助けられることもあるということが主張されている[22]。『規則論』は意志についての叙述は少ないとしても, 真の意味で知性の純化, 知性主義に至っていない。むしろ, 『規則論』の目的は, 題名である「発想力（ingenium）を指導するための規則」,「知性が意志に何を選択しなければならないかを前もって示せるように, …理性が持っている自然の光を増す」[23]方法を提示することにある。そのためには, まず日常においてなじみ深い想像や感覚の教えるものも用いなければならないのである。『規則論』における知性は方法の途上にある知性であり, 指導中の知性である。真に純粋な知性を見出すには, 感覚, 想

---

17) Cf. J. -L. Marion, *L'Ontologie Grise de Descartes*, Vrin, 1975.
18) Cf. RG. III, AT-X, p. 368.
19) Cf. RG. XII, AT-X, p. 420.
20) ibid.
21) Cf. RG. VIII, AT-X, p. 396.
22) Cf. RG. VIII, AT-X, p. 398.
23) RG. I, AT-X, p. 361；cf. 邦訳［4］p. 13。

像，そして意志との区別を明確化しなければいけない。その明確化が果たされるのが形而上学においてである。『規則論』における意志についての記述の少なさ，知的直観の信頼性，判断能力としての知性の提示と『省察』における意志による判断論を単に比較したからといって，デカルトの精神の歩みが知性主義から意志主義への歩みであるということは言えるだろうか。『規則論』から形而上学的省察への歩みを見てみよう。

(ii) 永遠真理創造説と知性の純化

まず，『規則論』の後に打ち立てられた永遠真理創造説はどう解釈すべきか。永遠真理の目的は神の意志の不変性によって学を基づけようとした点にあるのか。確かに，神と永遠真理のあり方を見る限り，神の知性より意志に焦点が絞られている。しかし，人間においては認識能力の有限性が問題になっている[24]。永遠真理創造説は我々の知性が神のものとは全く異質なものであり有限であることを自覚させ，知性に存する単純本性の分析と結合のみでは確固たる学を構築し得ないことを気づかせたのである。というのも，単純本性の存在そのものの絶対（形而上学）的根拠が得られていないからである。このことは，知性に対する意志の優位を認めるというのではなく，『規則論』における想像・感覚に助けられる知性が行う概念操作の諸規則から知性の作用の規則のみを抽象させた。

現に，『規則論』の規則は未完にも関わらず十八規則まである細かな規則に拠っている。例えば，第十五規則は，「ほとんどの場合，これらの図形を描いて外部感覚に明示するようにして，我々の思惟がより容易に注意を保てるようにすることも有用である」[25]というものであり，外部感覚に依存した実地の方法も書かれている。

他方，既述をくり返すが，『方法序説』の第二部における四つの規則は次のようなものである。

> 第一の規則は，どのようなことでも私が真と明証的に認識しない限り決して真と受け入れないというものであった。…第二は，私が検

---

24) A Mersenne, 15 avril 1630, AT-I, pp. 145–46；『デカルト全書簡集 1』pp. 135–36；A Mersenne, 27 mai 1630, AT-I, pp. 151–52；『デカルト全書簡集 1』pp. 141–42。

25) RG. XV, AT-X, p. 453；cf. 邦訳 [4] p. 100。

第 10 章 知性弁護論

討する難しい問題の一つ一つをできるだけ多くの，しかもいっそううまく解くのに要求されるだけの小部分に分けること。第三は，最も単純で最も認識しやすい題材からはじめて，少しずつ階段を上るようにしてついには最も複雑なものまで認識するために，順序に従って私の思惟を導くこと。…最後には，あらゆる所で一つ残らず枚挙し，満遍なく見直した上で，何一つ見落としたものがないと確信するようにすることだった。[26]

　デカルトは，『規則論』の規則を単純化している。この単純化は単なる方法の要約，もしくは紙面の制約のせいであろうか。『方法序説』の規則を先の第十五規則と比べると，前者は図形や感覚に助けられる知性から思惟のみの規則を問題としている。この単純化が意味するのは，知性の対象たる概念優位の立場から知性作用そのものの規則の立場へと知性（「思惟」）が純化されたということである。方法の単純化と知性の純化を促すことを可能にした出来事とは，1629 年の形而上学的省察と 1630 年の永遠真理創造説しかない。両者は学の基礎づけが無限なる神に存することを明らかにするとともに，方法と知性を純化したのである。もし『方法序説』から過去を振り返るという年代の逆転を嫌うのなら，方法・知性の純化の途がデカルト形而上学ならびに永遠真理創造説を可能ならしめたと言ってよいであろう。事実，方法を論じた『方法序説』第二部の最後の段落には，これから「哲学の原理」を打ち立てるにあたり，「先入見」を恐れ，今までに受け入れた意見を自分の精神から根こそぎにしつつ，方法を実践し修練していこうとする意思が表明されている[27]。この純化の途は，自分の精神が受け入れてきた先入見ならびに感覚的知識を排除することによって，永遠真理に導いた形而上学に繋がるのである。神と純粋な精神（知性）の視点に立てたからこそ，数学（幾何学）を基礎とする諸学における細かな方法は捨象することができたのである。実存主義者のアルキエは永遠真理創造説をデカルト形而上学の核心とみなし，人間の自由を重要視するが，彼でさえ永遠真理創造

---
26) DM. II, AT-VI, pp. 18–19；cf. 邦訳［1］p. 26。
27) Cf. DM. II, AT-VI, p. 22.

説から人間知性の受動性の重要性を引き出している[28]。したがって，永遠真理創造説から神の意志の不変性と人間知性に対する不信のみを引き出し，デカルト形而上学を意志主義とする見解はおかしい。むしろ，永遠真理創造説の意義は，神の知性と人間の知性との断絶を確認することによって，人間の知性が見出すものの究極的保証を神に求めることにあった[29]。その保証の解決法は後年において見出される。すなわち，その解決法は神の誠実性が知性による明晰判明知を保証することにあるが，1630年の時期にはその保証法には至っていない。この時期においても人間の知性は完全には保証されたものではないのである。すなわち，人間知性に対する真の信頼を回復していく過程がデカルトの精神史の歩みと言えるのである。

では，『方法序説』の形而上学（第四部）と『省察』との間には，知性主義と意志主義との差異があると見てよいのか。この差異を考える上で，『規則論』との関係も含めて，デカルト哲学における形而上学と科学との関係が問題になる。

　(iii)　『省察』までの歩みと意志

既述のように，19世紀末に，リアールはデカルト精神史と体系を次のように説明した[30]。もし1629年に形而上学的研究が始められたとしたら，それ以前の段階でデカルトは自然学的研究に着手し，その原理をおおよそ見出していたのだから，自然学は形而上学に依存せずに見出された。他方，方法によって光学などの自然学の原理が見出されたのだから，自然学は方法に依存する[31]。デカルトの精神の歩みは，方法から自

---

28) Cf. F. Alquié, *Descartes L'Homme et L'Œuvre*, Hatier, 1956(1988), pp. 46–47（アルキエ『デカルトにおける人間の発見』坂井昭宏訳, 木鐸社, 1979, pp. 62–63）。ラポルトは神における自由（無差別性）と必然の同一性からデカルトの神を神秘的存在とみなすが（Cf. J. Laporte, "La liberté selon Descartes", *Étude d'Histoire de la Philosophie Francaise au XVII siècle*, 1951, pp. 49–51）, 坂井昭宏によれば，デカルトの神は理解可能なものである（Cf.「デカルトの弁神論（下）」,『論集』no. 12, 札幌商科大学, 1974）。

29) 永遠真理創造説におけるイデア界の破壊の形而上学的・自然学的意義については，坂井昭宏「デカルトの弁神論（上）」,『論集』no. 11, 札幌商科大学, 1973；（下）,『論集』no. 12, 札幌商科大学, 1974を参照。ただし，坂井昭宏は「デカルト哲学においては欲望に基礎を置く自由意志が神と人間との連帯の新しい絆となる」（下, p. 121）とみなしている。

30) Cf. L. Liard, *Descartes*, Librairie Germer Bailliere, 1882, pp. 108–09。

31) Cf. O. Hamlin, *Le Système de Descartes*, Alcan, 1911, p. 28；河野勝彦『デカルトと近代理性』pp. 18–19。

然学へ，自然学から形而上学へと進んでいる。事実，自然学の主要な命題は，あらゆる物体が延長であり，物質世界においてはすべてが運動である，というものであるが，『世界論』も『哲学原理』もこれらの命題を明晰判明な観念（方法）から取り出している。なるほど運動法則は神の不動性に基づくとしても，運動法則は明晰判明な観念に還元され，正当化されるのである。さらには，物質は延長しており，自然現象は運動に帰着することは神の本質からは導き出され得ない[32]。

アムランはこのリアール説に反論する。デカルトは1629年以前にも形而上学研究を行っていた。事実，『規則論』（1618–28?）は形而上学要素を多分に含んでいる。なるほど自然学研究は形而上学的研究に先行するが，その自然学は体系化されていない。事実，自然学を体系化した『世界論』は1629年の形而上学的省察より後である。それゆえ，形而上学の体系化の後に，自然学の体系化がなされるのである[33]。

これらの見解に対して，アルキエはデカルト哲学に二つの次元を見た。存在論的次元（形而上学）と仮説演繹的次元（科学）である。『規則論』におけるデカルトは科学者であり，事物の世界の究明が課題であるが，『省察』におけるデカルトは形而上学者である。両者は全く違う次元にあり，依存関係はない。科学研究から形而上学的研究への過程には断絶がある。29歳の時に50歳になったときの思想を考えていたはずもない[34]。しかし，1629年の形而上学的省察，1630年の永遠真理創造説と『世界論』，『方法序説』の形而上学と自然学の関係をいかに説明すべきだろうか。まず，1629年の形而上学的省察に関しては，その省察は1640年の『省察』と異なり，「このときのデカルト的人間は自己を意識せず，外的実在を信じ，生が実在的なものについて与える知覚の延長として科学を構成する生ける人間なのである」[35]。では，永遠真理創造説はどうか。この教義こそデカルト形而上学の神髄ではないのか。事実，アルキエにおいても，この教義は形而上学的次元における世界の非実在化

---

32) Cf. Hamlin, op. cit., pp. 25–26.
33) Cf. Hamlin, op. cit., p. 27.
34) Cf. F. Alquié, *La Découverte Métaphysique de L'Homme chez Descartes*, PUF, 1950, p. 10.
35) Alquié, op. cit., p. 83；香川知晶訳「デカルトの形而上学の構成における存在論的経験と体系的演繹」『現代デカルト論集 I』勁草書房，1996, p. 151。

を表している。この次元において，『規則論』が与える科学的必然性ないし普遍学的必然性は偶然性に貶められる[36]。永遠真理創造説の段階においても，科学の知性主義は揺るぎないのである。この科学主義は『方法序説』の形而上学にまで及んでいる。その証拠に，『方法序説』には欺く神は現れず，その懐疑は事物が存在するかどうかを疑うのではなく，事物が感覚されたとおりにあることを疑う懐疑である。『方法序説』は実体形相を基にする学問を疑っているのであり，あくまで機械論的科学を維持している[37]。このような科学主義の次元を越えるのが『省察』の形而上学である。

では，果たして『省察』と「第四省察」は『方法序説』と較べると本質の地平から実存の地平へ，科学的考察から形而上学的人間の考察へ，知性主義から意志主義へと移行したのであろうか[38]。コギトないし意識の不可疑性という存在論的経験の面からすると，その経験は1629年の省察でなされていたはずであるし，『方法序説』では確実に経験されていた。さらには，『方法序説』の叙述に拠れば，コギト・エルゴ・スムを導き出す前提として，「すべてのものは偽であると思惟しよう (voulais)」[39] と書かれており，コギトについて意志を無視したとは言えない。問題は，コギトにおける意志的経験がないということではなく，『省察』以前に形而上学における意志についての考察がそれ程ないということである。ただし，このことで知性主義から意志主義への転換とみ

---

36) Cf. Alquié, op. cit., p. 94；『現代デカルト論集I』p. 152。
37) Cf. Alquié, op. cit., pp. 146–48；『現代デカルト論集I』pp. 153–54。
38) 池辺義教も『方法序説』の懐疑・コギトと『省察』のそれとの違いを理性的なものと意志的なものとの違いと見ている (Cf.『デカルトの誤謬論』行路社，1988，pp. 51–78)。池辺に拠れば，前者においては，先入見が疑われたのであり，理性は疑われていない。すなわち，前者の懐疑は明証性の規則・方法は疑わない理性的（方法的）懐疑なのであり，後者の懐疑は理性・方法をも疑う意志的懐疑である。事実，『哲学原理』に拠れば，「我々が存在する由因が何であるにしても，それがどれほど力があり，どれほど欺瞞者であろうとも，それでもやはり，我々の内には次のような自由があることを経験する。すなわち，全く確実で堅固でないものを信ずるのを常に差し控え，決して誤謬に陥らないように用心する自由がそれである」(PP. I. 6.)。悪霊は懐疑理由というよりも「意志の化身」であり，私の存在は悪霊に欺かれないと自分の内に経験する意志によって成り立つ。「私は存在する」は知性的直観ではなく意志的直観である (Cf. 池辺，op. cit., p. 73)。この見解に対しては，意志の力が高められればられるほど，それを引き受ける知性も高められていると答えられる。
39) DM. IV, AT-VI, p. 32；cf. 邦訳 [1] p. 39。

なすことはできないであろう。

　なるほど，デカルト哲学が意志主義へと進展することによって，無限なる神やコギトは哲学の原理として見出されるように見える。しかし，デカルトにおいて，本当に意志が学の基盤としてあるのか。神の意志の無限性を強調するとしても，同様に神の知性も無限なのだから，無限を意志にのみ結びつけることはおかしい。さらに，人間の意志を神の似姿とすることは，神の無限性を理解する手だてとなるかも知れないが，「第三省察」においてすでに「無限性」は触れられていた。また，その似姿の視点だけでは，神とエゴという哲学の原理の二重性は言えても，人間の意志の無限性が学構築において第一に意義を持つことは導き出されない。神の無限性に触れるのは意志ではなく知性なのであり，意志を真理へと導く知性なしに学構築は不可能である。そもそも，学構築の基盤を問題とする『省察』の流れにおいて，意志の判断はいかなる「理由の順序」を持てるのだろうか。

（3）「理由の順序」
　『省察』の分析的順序を重視し，その順序構造にデカルト哲学の特殊性を見出した研究者に，ゲルーがいる[40]。ゲルーによれば，「第三省察」を終えたところで，客観的に妥当な認識としての学の土台の問題は神を学の第一真理とすることで解けたように見える。したがって，分析的順序に従って，神という最も単純な観念から複雑な観念へと演繹を進めることによって，確実性は広めることができる[41]。このような明証性から演繹が始まる場合に問題となるのが誤謬（偽）の問題なので，「第四省察」は誤謬の原因と仕組みを探求することになる。「第三省察」における偽とは「質料的虚偽」の議論が示すように無を有と判断することにあり，そのような判断をしかねないような本性を持つ感覚認識を学から排除することが重要であった[42]。この偽の定義と解決法は質料の観点からの定義であり，形相的な偽（意志による判断）にまで至っていない[43]。誤

---

40) Cf. M. Gueroult, *Descartes selon l'ordre des raisons*, tome. I, Aubier, 1953.
41) Cf. Gueroult, op. cit., p. 286.
42) Cf. PM. III, AT-VII, pp. 43–44.
43) Cf. PM. III, AT-VII, p. 43.

謬の原因と条件を見出して初めて，真理認識に至るのにすべきこと，避けねばならないことを知り（「第四省察」），学の途に確実に従い，外界認識について表明できるようになる（「第五省察」「第六省察」）[44]。事実,「第三省察」において感覚的認識（観念）はほんの僅かの実在性しか認められないので明晰判明な認識から排除されていたが,「第六省察」において感覚的認識は自らの限界をさらに明確化するとともにその価値・有用性を認めさせるようになり，感覚的認識の正当な肯定がなされるのである[45]。

　「第三省察」の最後で真理は神の誠実性によって確証された。しかし，神が我々を常に誤らないように創造したのなら，偽はあり得ないし，あえて真理を求める必要もなくなる。これは事実に反するし，学の可能性もなくしてしまう[46]。したがって,「第三省察」の後に真偽論が論じられるのは「理由の順序」に相応しい。「第四省察」において真理と実在性との互換性が言えてこそ，想像的認識，感覚的認識は不判明であるが全くの無ではない可能性が取り出される。この確証が言えた後でこそ，「第五省察」「第六省察」は物質的事物の本質や存在の価値を正当に対象としうるのである。

　人間にとって誤謬が起こりうるという問題と，その誤謬の事実と神の誠実性とが両立不可能であるという問題は，「認識論的-心理学的問題」と「形而上学的-神学的問題」に対応するが，後者の解決は前者のそれを強いる[47]。まず，形而上学的問題は，人間は無を分有した有限者なので誤るということから解かれる[48]。神は誤ることはないし，非存在たる偽の原因ではあり得ない。誤謬の原因は無を持つ人間の内にある。しかし，この解決法では，無の原因は無であるということしか解明されていない。このため必要とされたのが，有限な知性と無限な意志（自由意志）との協同により偽が生まれるという「認識論的-心理学的」解明である。すなわち，知性の明晰判明な認識を越えて意志が真と判断する場合に誤

---

44) Cf. Gueroult, op. cit., p. 288.
45) Cf. Gueroult, op. cit., pp. 289–90, 296–97.
46) Cf. Gueroult, op. cit., pp. 292.
47) Cf. Gueroult, op. cit., p. 297.
48) Cf. PM. IV, AT-VII, p. 54.

謬が起こる。ただし，この認識論的解明でも，問題点は残る。神は誤る可能性を持つように人間を創造したと言えるからである。この問題に対しては，神は最善者で最善のものを創造し授けたはずなのでその神に感謝すべきであり，無限なる神の意図は計り知れないがゆえに，神に不平を言うべきではない[49]，と答えられる。このように，「第四省察」は形而上学的途と認識論的途との往来から真と偽の問題を解こうと試みて，能力の点では無限な意志と有限な知性とを考察対象としている[50]。

以上のゲルーの見解は，「第四省察」が学を構築していく段階に必要であり，「第五省察」「第六省察」の前に学構築の「理由の順序」からして位置することを明らかにした。さらにこのゲルー説を進めれば，「第四省察」は意志のみを問題とするのではなく，想像，感覚にも学の場を与える可能性を開かせ，知性の役割を再確認させる省察であるとも言える。では，「第四省察」の第一の主題は真偽判断における意志優位の確認というよりも，人間に本性的にある能力についての部分的考察と，知性を誤謬（偽）の責から逃れさせることを立証することにあるのではないのだろうか。

2　能力論としての「第四省察」と意志主義神話の崩壊

(1) 問題

エゴの不完全性（神の無限性）の確認とアポステリオリな神証明の後，「第四省察」は学を実際に構築する準備として真と偽の成り立ちを求める。真を神に求め，偽を我々の問題とする。後者に求められたのが二能力の議論である。人間の能力を産み出したのは神であるが，人間の能力によって生み出したものはその能力者の責任である。神の意図は計り知れないとしても，神は与えられた能力を自由に使用することを慈悲深くも許している。ところが，自由だけでは学問を構築することはできないし，誤謬を解明することもできない。というのも，自由は学知・明晰判

---

49) Cf. PM. IV, AT-VII, p. 61.
50) Cf. Gueroult, op. cit., pp. 324–30.

明知を肯定することも否定することもできるからである[51]。自由であることは絶対的な力を持つことの証ではあるが[52]，学構築や真理に直結しない。したがって，単純に自由論として「第四省察」を読むことはできない。もし自由論を論ずるとすれば，弁神論として自由を論ずるか，真理への意志として自由を論ずるかであろう。しかし，前者の見解はすでに不十分であることがわかったし，後者は真理認識に従属した自由が問題になる。

　では，この行き過ぎた自由論を弱めて，「第四省察」を意志能力論として読むことはどうか。実際，「第一省察」の主題は懐疑であり，その疑うという作用は意志に属する。「第二省察」においては，「自らに固有な自由を使用する」ことによって，精神が存在することが見出される。「第四省察」は真偽の解明のために，そのような精神の主要な能力としての意志を考察しているように見える。しかし，このことで「第四省察」並びにデカルト形而上学は知性・理性よりも意志を優位に置いたとみなしてよいものだろうか。

(2) デカルト形而上学の原理

　1641年の『省察』の課題は，1629年の形而上学的省察と『方法序説』第四部の課題と等しく，端的に「神と人間精神とに関する問題」[53]である。1644年の『哲学原理』序文では自由論が強まるどころか[54]，第一哲学たる形而上学を説明するに当たって，意志に言及せず，知性自体，知性の対象たる概念について述べている[55]。また，意志主義者たちは哲学

　51) Cf. Au P. Mesland, 9 fevrier 1645, AT-IV, p. 173；『デカルト全書簡集6』pp. 215–16。「我々がかなり明白な根拠によって一方の側へと動かされる場合，現実的に（moraliter）言えばそれとは逆の方をとることはほとんどあり得ないとしても，絶対的には可能である」。
　52) Cf. PM. IV, AT-VII, p. 57.
　53) PM, Praefatio, AT-VII, p. 7.
　54) 『省察』における自発性の自由の強調から『哲学原理』における非決定の自由の強調に移行する関する問題は追求しない。しかし，後者の著作と同時期の手紙には，自発性の自由が強調されている（Cf. A Mesland, 2 Mai 1644, AT-IV, p. 118；『デカルト全書簡集6』pp. 156–57；山田弘明『デカルト『省察』の研究』創文社，1994, pp. 283–84）。『哲学原理』が神の自由に比肩する非決定の自由を強調したとしても，人間知性の純化の方が重要であることにかわりはない。
　55) Cf. PP, Préface, AT-IX–2, p. 14；A Mersenne, 11 novembre 1640, AT-III, p. 235；『デカルト全書簡集4』pp. 205–06。A Mersenne, 11 novembre 1640, AT-III, p. 239；『デカルト全書

第10章 知性弁護論

の第一原理について意志経験を重要視するが，デカルト自身の言は次のものである。

> すべてを疑おうとしても，自分が疑っている間は自分が存在していることを疑うことはできず，自分自身について疑うことはできないけれども他のすべてについては疑っているのだから，このように推`論している`（raisonne）`もの`が，言うなら我々の身体というものではなく，`我々の精神もしくは思惟と呼ばれるもの`である，ということを吟味することによって，このような思惟の存在ないし実在を第一原理とみなした。そして，私はこの第一原理からとても明晰に次のことを導出した。すなわち，神は存在し，神は世界に存在するあらゆるものの創作者であり，`神は全真理の源泉`なのだから，`我々の知性`（entendement）`がきわめて明晰判明に知得するものについて下す判断において我々の知性は誤り得るというような本性に我々の知性を創造しなかった`，ということである。これらが非物質的事物すなわち形而上学的事物に関して私が使用する原理のすべてである。[56]

存在者と真理の源泉ないし創造者としての神は存在し，その神が我々の知性がなす明晰判明知を確証する。このことは，1630年来の永遠真理創造説に繋がるとともに，その説をも乗り越えて，神の存在証明と神認識の意義が知性の明晰判明知の確証にあったことを裏付けている。以上の真理判断を含んだ形而上学の原理に人間の意志は直接には現れないのである[57]。さらに，これらの形而上学的原理を導き出す第一原理がある。それが思惟の存在である。思惟は感覚，想像，知性，意志をすべて含めた意味での意識である[58]。この意味で，思惟を原理とする点において，意志主義か知性主義かを決めることはできない。しかし，第一原理

簡集4』p. 209。

56) PP, Préface, AT-IX–2, pp. 9–10；cf. 邦訳[3] pp. 21–22（傍点・括弧は引用者による）。

57) PP. I. 34–42 は意志についての記述であり，特に39項は懐疑における意志の自体的経験を述べている。しかし，これらは形而上学の原理の補足に過ぎない。

58) Cf. PP. I. 9；PM. II, AT-VII, p. 28.

たる思惟するもの（精神）は「推論するもの」（理性）と言われている。形而上学の勝義の第一原理は魂をも知得する知性ないし理性である。事実，「魂は純粋な知性によってしか理解され得ない」[59]。原理認識には知性が第一に必要なのだから，形而上学の第一原理の核と言うべきものが知性であることがわかる。

以上より，完成されたデカルト形而上学全体における目的と原理を考察する限り，デカルト形而上学は意志主義というよりも知性主義に則っていることは明白である。したがって，デカルト哲学が知性主義から意志主義へと移行したというのは単なる神話に過ぎず，その神話は知性主義というロゴスによる説明に取って代わられるべきであろう。

(3)「第四省察」の意図

では，「第四省察」は真に何を目的とし，その目的が意志と知性にいかに関わるのか。『省察』の「概要」には次のように二つの課題が「第四省察」に与えられている。

> 第四省察において，我々が明晰判明に知得するものはすべて真であるということが証明されるとともに，虚偽の根拠は何に存するのかが説明される。この二つのことは，それまでに論述されたことを堅固なものとするためにも，その後に論述されることを知解するためにも，必ずや知っておかねばならないことなのである。[60]

しかし，すでに「第三省察」において，「私が明晰判明に知得するものはすべて真である」ことが「一般的規則として設定され得るように思え」[61]たのではないか。確かにそうであるが，「第四省察」ではその規則が「証明される」のである。その証明のためには，「第三省察」で得られた「神は欺瞞者ではない」という知見では十分ではない。というのも，第一に，明晰判明な知得が厳密には何に由因しているのか不明だか

---

59) A Elizabeth, 28 juin 1643, AT-III, p. 691；『デカルト全書簡集5』p. 300。形而上学的思考は純粋知性の働きによる（Cf. op. cit., p. 692；『デカルト全書簡集5』p. 301）。
60) PM, Synopsis, AT-VII, p. 15；cf. 邦訳 [2] p. 24。
61) PM. III, AT-VII, p. 35；cf. 邦訳 [2] p. 52。

第 10 章　知性弁護論

らである。第二に，引用文の第二の課題が問題となり，真と対概念である偽が何に由因しているかが不明だからである。第三には，神がこの上なく誠実で全能ならば，我々は神の創造物なのだから我々が誤るとは思えないからである。第一の答えは神と知性であり[62]，第二の答えは意志の判断を知性の明晰判明知内にとどめないからであり[63]，第三の答えは人間が誤ることを許したという神の意図が人間の知性では抱懐不可能であり，授けられた知性と意志という能力に感謝すべきであるということである[64]。第三の答えは不十分な答えであるから[65]，ますます「第四省察」の究極の課題を弁神論とみなす見解はおかしい[66]。ただし，これらの答えは「第三省察」までの「論述」を「堅固にする」。というのも，真理と私と神との関係をさらに明らかにしているからである。以上のデカルトの解答を見ても，自由・意志論は関連するが真の中心ではないことがわかる。したがって，弁神論，自由・意志論が「第四省察」の中心テーマとは言えない。では，これらの答えは「その後に論述される」「第五省察」以下にいかに関わるのか。「第四省察」のまとめは次のように書かれている。

> 今日，私は決して誤らないためには何を心がけるべきかということだけではなく，同時にまた，真理に達するためには何を実行すべきかということをも学んだ。すなわち，私が完全に知解する (intelligo) ものすべてのみに十分に注意し，かくてそれらを私がより不分明により不明瞭に把捉する他のものから選り分けるとするなら，私は真理に達することであろう。私は今後このことに入念に努力しよう。[67]

精神としての私が純粋知性による明晰判明知に同意を限るように習慣づければ，真理を逸れることはない。このことの確認が「第四省察」に

---

62)　Cf. PM. IV, AT-VII, p. 62.
63)　Cf. PM. IV, AT-VII, p. 58.
64)　Cf. PM. IV, AT-VII, pp. 60–61；PP. I. 38, 41.
65)　デカルトは世界に存する偽や悪を予定調和として解決する途も示しているが，デカルトはこの見解も不十分とみなしている（Cf. PM. IV, AT-VII, pp. 55–56）。
66)　弁神論は「第四省察」の系としては認められるだろう。
67)　PM. IV, AT-VII, p. 62；cf. 邦訳［2］p. 82。

おいて重要であった。しかし，このような誤らないという方針は「第一省察」，形而上学のはじめから採られていたのではないか。また「第四省察」までの過程と「第五省察」以降の過程はいかに違うのか。

「第五省察」の冒頭を見ると，今までは「神の属性」と「私の精神の本性」について主に考察してきたが，今後は「物質的な事物について確実なものが何か得られうるかどうかを見ること」[68]が肝心であると書かれている。「第一省察」では，端的に物質的なもののあり方が疑われたが，誠実な神の存在が証明された後には，その物質的なもののあり方を探求しなくてはならない。というのも，人生に有用な学問・科学は主に物質的なものを対象とするからである。このような物質的事物の考察においても重要なことは純粋な知性による明晰判明知に意志を従わせる習慣づけることである。精神の本性が知性と意志により成り立っていることを「第四省察」において見極めた上で，懐疑にかけられていた物質的なものの考察が「第五省察」において始められるのである[69]。したがって，「第一省察」における「精神を感覚から引き離すこと」，「第二省察」における純粋精神（知性）の発見，「第三省察」における観念を知得する知性による神の存在証明と神の保証を経て，「第四省察」は知性が現実の学の基礎を考察する上での真偽を考察するのである。「第四省察」の最大の課題は，真理探究の実践において知性内へ意志を封じ込めること，いっそう知性を純化することによって物体的本性の考察を課題とする数学や自然学を打ち立てることだったのである[70]。

「第三省察」までは知性的なものを対象とし，「第四省察」において知性と意志が分けられてよりいっそう知性に従う習慣を身につけ，「第五省察」から想像的な事物の考察が知性を土台として行われ，最後の「第六省察」において感覚から知性が判然と分けられることによって，精神と身体との区別が確証されるのである。

---

68) PM. V, AT-VII, p. 63；cf. 邦訳［2］p. 84。
69) Cf. 村上，op. cit., p. 272。
70) S. R. Bordo, *The Flight to Objectivity: Essays on Cartesianism & Culture*, Suny, 1987 は「第四省察」並びにデカルト哲学全体を文化社会的立場から知性の純化として解釈している。J. T. Tierno, *Descartes on God and Human Error*, Humanities Press, 1997 も Bordo に同意を与えている（pp. 47–48）。

結

　『方法序説』から『省察』への過程において，デカルト精神史上画期的なことが起きた。『省察』において知性が判断ないしは誤謬の責から解放されたのである[71]。「第四省察」において知性は意志と判然と区別された。実際に学を構築する場合，想像力や感覚も使用しなければならない。この場合に，いかにして知性は誤謬を免れて純化された状態を保持できるのか。このことがデカルト形而上学・学問全体の課題であり，「第四省察」の課題だったのである。「第四省察」は知性を意志から切り離し，意志を知性に従わせることによって実際の学構築の準備をした。「第五省察」は知性を想像から切り離すことによって，数学的論証・本性を知性にとどめる。「第六省察」において，知性は感覚から完全に切り離され，「私」は「知解する実体」と規定されることによって，心身二元論は完成される[72]。確かにデカルト哲学には弁神論・自由論は存在するし，「第四省察」を弁神論・意志論として読むことは間違いとは言えないが，『省察』の流れと課題を逸した解釈である。また，デカルト哲学ないしデカルトの精神史が意志に重きを置くように変遷したという見解は，故なきことではないかもしれない。しかし，『省察』において知性が過誤から逃れたこと，『省察』内部の論証の順序と課題，「第四省察」の議論を見ても，デカルトの形而上学は知性弁護論として捉えた方がより整合的なのである。方法に関しても，「第四省察」は知性を仮定的に用いた議論の結果ないしは枚挙として，デカルトの方法を遵守したものと言える。デカルト哲学が意志主義に属するというのは神話に過ぎないと言えるだろう。

　71）『方法序説』以後も知性は誤謬の原因とみなされている（Cf. A Pollot, avril ou mai 1638, AT-II, pp. 34–36）。
　72）Cf. PM. VI, AT-VII, pp. 78–80.

第 11 章

デカルトの循環
―― 失われた記憶を求めて ――

　前章ではデカルトの形而上学が知性論に基づいていることを考察したが，この章ではその基づけに発生する循環を問題にする。この循環は学を究極的に基づける際に避けられない問題であるとともに，デカルト形而上学における議論遂行の分析的方法とその存在論的基づけという第一性の二重性を明らかにするであろう。

序

　デカルトの循環は，「明証性の規則」（私が明晰判明に認識したものはすべて真である）によって神の存在と誠実性を証明し，神の存在と誠実性がその規則を基づけると定式化されるのが常である。本章はこの定式が不正確であることを示す。むしろデカルトの循環は，人間理性をもとに神の存在を論証しながら，神が人間理性の正しさを基づける，という定式こそ相応しい。この定式の循環論的誤謬が問題ではなく，なぜデカルトはこの定式が循環論ではないと考えたか，これが真の問題である。
　デカルトは真理の永遠性の根拠を神の意志的な創造に基づける「永遠真理創造説」を主張し続けた[1]。永遠真理は神が認識するが故に真なの

---

1) Cf. A Mersenne, 15 avril 1630, AT-I, pp. 145–46；『デカルト全書簡集 1』p. 135。A Mersenne, 6 mai 1630, AT-I, pp. 149–50；『デカルト全書簡集 1』pp. 139–40。A Mersenne, 27 mai 1630, AT-I, pp. 151–53；『デカルト全書簡集 1』pp. 141–42。A Mersenne. 27 mai 1638, AT-II, p. 138；『デカルト全書簡集 2』p. 243。6R, AT-VII, p. 436；『デカルト全書簡集 5』p. 37。

ではなく，神が創造したが故に真なのである。デカルトの循環も真理の基づけに関係する以上，永遠真理創造説に関わるはずである。ところが，循環の誇りを浴びた『省察』に永遠真理創造説は現われていない。なぜか。ゲルーによれば，この説は「神の理解不可能性」の系に過ぎず，『省察』は永遠真理創造説という「題材」が無くとも成り立つ「理由の順序」，認識における発見の順序で構築されているからである[2]。しかし，デカルトが自分の議論が循環ではないと考えた背後には永遠真理創造説があるのではないか。というのも，デカルト形而上学は，神の知性と人間のそれとの結びつきを通して人間が認識する真理を確証する形而上学ではなく，有限な人間と無限な神との絶対的な隔たりと，人間と神とに共通のロゴスの消滅に基づく構造を持つからである[3]。

本章は認識における発見の順序を基礎としながらも，永遠真理創造説と本質の永遠性が循環に重要な役割を担っていることを主張する。第一に，デカルト自身の循環回避説と研究者の説の齟齬を明らかにする。この齟齬は，発見の順序の誤読に起因する明証性の規則の身分の不正確さ，神の永遠なる観念が保存されている記憶としての「私の精神の宝庫」[4]を見失ったこと，論証から神へ，神から論証へという循環の輪がレベルの差でのみ避けられていることを意味する。第二に，その失われた宝庫を再発見すべく，神の存在証明における公理や本質の基づけと循環の関係を探求することによって，人間理性（論証主体）と神（創造主）との無限の断絶がデカルトをして循環を否定させしめたと同時に，その無限の断絶を論理で埋め合わせざるを得なかったところに循環が生じたと結論する。

Au P. Mesland, 2 mai 1644, AT-IV, pp. 118–19；『デカルト全書簡集 6』pp. 156–57。EB, AT-V, p. 160；邦訳 p. 361。A Arnauld, 29 juillet 1648, AT-V, pp. 223–24；『デカルト全書簡集 8』p. 79。A Morus, 5 février 1649, AT-V, pp. 272–73；『デカルト全書簡集 8』pp. 118–19。福居純『デカルト研究』創文社，1997，p. 67。

2) Cf. M. Gueroult, *Descartes selon l'ordre des raisons*, v. 1, Aubier, 1953, p. 24, 43.

3) Cf. 坂井昭宏「デカルトの弁神論（上）」，『論集』no. 11，札幌商科大学，1973；「デカルトの弁神論（下）」，同 no. 12，1974。

4) PM. V, AT-VII, p. 67；cf. 邦訳 [2] p. 88。

1　記憶説の陰り，もしくは明証性の画一性

アルノーはデカルトに次のように申し立てた。

> ひとつだけ懸念が私には残っている。すなわち，デカルトが〈我々によって明晰判明に知得される（percipiuntur）ものが真であるということは，神が存在するが故にのみ我々にとって確証されることである〉と主張するからとしても，いかにして循環は避けられているのか？　しかし，神が存在することが我々にとって確証され得る理由というのは，そのことが我々に明晰判明に知得されるということ以外にはない。それ故，神が存在することが我々にとって確証される以前に，我々によって明晰判明に知得されるものは何であれ真であるということが，我々にとって確証されなければならない。[5]

これに対して，デカルトは次のように答えた。

> 我々が実際に明晰に知得しているものと，我々が以前に明晰に知得したと思い出すものとを私は区別した。というのも，最初に神が実在することが我々にとって確証されるのは，それを証明する論拠に我々が注意しているが故にである。しかしその後は，或るものが真であると我々が確信するためには，我々がそれを明晰に知得したことを思い出すことで十分である。ただし，このことは神が存在し欺かないということを我々が知らないとしたら，不十分になるであろう。[6]

この文面からして，ジルソンは「現前の明証性」と「明証性の記憶」とを区別し，前者は神の保証を必要としないが，後者は必要とするとみ

---

5) MO. IV, AT-VII, p. 214 ; cf. 邦訳 [2] p. 260。
6) MR. IV, AT-VII, p. 246 ; cf. 邦訳 [2] p. 295。

なした[7]。実際に神の存在証明を遂行している場面では,「完全な存在者の観念」に現前の注意を向けているが故に,そういう存在は欺瞞者ではないと理解できる。その証明も明証的に為されるが故に,この証明は神の保証を必要としない。しかし,後で「完全な存在者の観念」に注意を向けずに,その結論「神は存在する」のみを取り出し,物体の存在証明をする場合は,本当は明証的ではない「過去の明証性」をもとに推論が行われるので,誠実な神の保証を必要とする。神の存在を証明するための「現前の明証性」と神が保証する「過去の明証性」とは異なるので,循環は生じない。

ドニィはジルソンの「明証性」の差異を受け入れた。「悪霊」や「欺く神」は「明証性の記憶」にのみ関わる[8]。懐疑を逃れる知とは記憶を必要としない理性知(「現前の明証知」)である。これは具体的には直観される命題や明晰判明に自明の原理から取り出される信念である[9]。無神論者も数学の公理や単純な推論は明晰に捉えられるが,長い推論を公理から直観することは無理である。こうして,形而上学における明証知の記憶の保証は数学を基づける。他方,神の保証があってはじめて外界の存在を確信できるという仕方で,形而上学は自然学を基礎づける[10]。

以上がジルソンとドニィの見解であるが,彼等に共通する考えがデカルトの明証知の記憶の保証を端的な記憶の保証と解するというものである。この見解の問題点は次の通りである。第一に,「二に三を加えるごとに誤る」と書かれているので[11],欺く神は過去の明証知ないし単なる記憶の正確さに関わるのではなく,現前の明証知に関わる。第二に,「明証性を知得したという想起が,保証を要請する」わけではなく[12],神の保証がそのような心理学的な記憶の保証を問題にするのはおかしい。事実,デカルトの「枚挙の規則」によって記憶の弱さを補うことができ

---

7) Cf. E. Gilson, *René Descartes Discours de la Méthode Texte et Commentaire*, Vrin, 1925, pp. 360–61.

8) Cf. W. Doney, "The cartesian circle", Journal of the History of Ideas, no. 3, 1955, p. 332.

9) Cf. Doney, op. cit., p. 329.

10) Cf. Doney, op. cit., p. 337.

11) Cf. PM. I, AT-VII, p. 21.

12) H. Gouhier, *La Pensée Métaphysique de Descartes*, Vrin, 1962, p. 304;佐々木周訳「いわゆる「デカルトの循環」について」,『現代デカルト論集Ⅰ』勁草書房, 1996, p. 29。

る[13]。さらに，ビュルマンは記憶が神の誠実を必要とすることに執拗に反論したが，これに対してデカルトは次のように答えている。

> 各人が正しく思い出すかどうかは，各人が自ら経験しなければならないことである。そして，もしそのことについて疑うなら，その助けとなる文字やそれに似たものが必要である。[14]

まず，感覚に依存するような記憶の信頼性に関する問題はデカルトの形而上学の意図にとって付随的なことである。さらに，記憶説は記憶と事実の関係にとらわれて，不可疑性ないし明証性と真理性の関係を軽視した[15]。これらの関係を『省察』の議論において捉えることによって循環問題を論じた見解を次の節で吟味する。

2 仮説演繹法，もしくは失われた記憶

ゲワースによれば，神の存在証明に必要な前提は明証知の心理学（主観）的確実性であり，神が保証するのはその明証知の形而上学（客観）的確実性である[16]。神の存在証明の前提と神が保証するものとは異なるので，循環は生じない。しかし，いかにして心理学的確実性から形而上学的確実性に至れるのか。ゲワースによれば，或る命題Pを疑うためにはそれを疑う理由Rが明晰判明に知得されねばならず（心理学的確実性），その理由Rを明晰判明に知得できない場合，Pは形而上学的に確実である。Pを明証知，Rを欺く神とすれば，Rが取り除かれることによってPが形而上学的に確実になる。しかし，デカルトにおいて，懐

---
13) Cf. RG. VII ; DM. VI, AT-VI, p. 19 ; Gouhier, op. cit., p. 304.
14) EB, AT-V, p. 148；邦訳［4］p. 341。
15) Cf. H. G. Frankfurt, *Demons, Dreamers, and Madmen*, Bobbs–Merrill, 1970, pp. 162–66 ; G. Dicker, *Descartes An analytical and historical introduction*, Oxford University Press, 1993, p. 133.
16) Cf. A. Gewirth, "The Cartesian Circle", *Philosophical Review*, no. 4, 1941, pp. 378–95 ; "The Cartesian Circle Reconsidered", *Journal of Philosophy*, no. 67, 1970 ; J. V. Cleve, "Foundationalism, epistemic principles, and the cartesian circle", *The Philosophical Review*, no. 88 (1), 1979, pp. 57–62.

疑理由は明晰判明に捉えられている必要はない[17]。さらに、ゲワースの「形而上学的確実性」は「欺く神」という懐疑理由の誤りが心理学的に確信される心理学的確実性にすぎないので、形而上学的確実性に結局は至れない[18]。

　クリーヴは、以上の確実性の区分と問題点を考慮して、神の存在と誠実が証明される以前において、明晰判明に知得される個々の命題は確実だが、明証知と真理との繋がり一般の規則は不確実とする[19]。神の存在証明の後において、明証知と真理とを結びつける一般的原理がはじめて確定され、明証知の真理が神の誠実を通して確証される。同時にこのことから、神の存在証明で用いられた公理は真であることが確証される[20]。

　クリーヴ説を再解釈すれば、議論は演繹的に進められ、神のあり方を演繹する前提とそれから演繹される帰結とは異なるので、循環の輪の上側（神証明までの過程）と下側（神の保証）が一直線に結びつけられ、循環は回避される。クリーヴは明証知のレベルを個々の命題からその普遍的原理へと神の存在証明の前と後でかえることで、循環を避けているのである。この区別は、まだ何等かの懐疑理由（欺く神）がある場合の（主観的な）「説得知」（persuasio）といかなる理由によっても揺り動かされないほど強固な理由（誠実な神）を持った（客観的な）「学知」（scientia）との差異に対応する[21]。さらに、自己内の明証知として仮説的にコギトの命題や因果律を用いて神の存在証明をし、その後で神の保証によって仮説を基づけることは、デカルトの分析的方法の形式に合致している。特殊なのは、方程式のなかに公理の真理性の根拠が解として用いられる

---

17) Cf. PM. II, AT-VII, p. 36 ; MO. VII, AT-VII, p. 473.

18) Cf. Cleve, op. cit., pp. 60–61. フェルドマンはゲワースの心理学的確実性を実践的確実性に置きかえたが（Fred Feldman, "Epistemic Appraisal and the Cartesian Circle", *Philosophical Studies*, no. 27, 1975 ; Cleve, op. cit., p. 61）、両者は形而上学的確実性を懐疑理由がないとみなす点で同じである（Cf. Cleve, op. cit., p. 62）。

19) Cf. Cleve, op. cit., p. 67.

20) Cf. Cleve, op. cit., p. 72 ; A. Kenny, "The cartesian circle and the eternal truth", *Journal of Philosophy*, no. 67, 1970.

21) Cf. A Regius , 24 Mai 1640, AT. III, p. 65 ;『デカルト全書簡集4』p. 63 ; Rodis-Lewis, "Note sur le « cercle » cartesien", *Archives de philosophie*, no. 42, 1979 ; 山田弘明『デカルト『省察』の研究』創文社、1994, pp. 144–45 ; 小林道夫『デカルト哲学の体系——自然学・形而上学・道徳論』勁草書房、1995, p. 183。

点である。
　クリーヴは神による記憶の保証を神の誠実による明証性の規則の原理化に読み変えた。神の存在証明は「明証性の規則」によって為されるというよりも，理性によって仮説的に為されるのである。しかし，「精神を感覚から引き離す」懐疑の意味[22]，明証知の記憶の形而上学的必要性，記憶と三つの神の存在証明との関係は不明である。神の観念が存する真理の「宝庫」の意味が失われてしまった。記憶の保証が感覚と記憶の正確さには関わらないとするなら，その保証は何を意味しているのか。

3　永遠真理創造説，もしくは本質の不変性

　問題の記憶を事実の記憶ではなく，永遠真理ないし永遠なる本質の記憶としたらどうなのか。実際，ブレイエは永遠真理創造説を踏まえて，神の誠実性が与える保証は直観された本質の永続性に関わると主張した[23]。直観対象は現在の瞬間のみに妥当し，その瞬間を越えては真ではないので，その永続性には明証性とは別の保証を必要とするからである。
　これに対して，グイエによれば，神の誠実性ではなく，神の創造の意志の不変によって，本質の永続は保証されるが，循環は明証知と神の誠実性によるその保証とで成り立つ。それ故，循環は永遠真理創造説と関係しない[24]。事実，循環が最も関係する「第五省察」において，デカルトは永遠真理創造説に触れていない[25]。
　しかし，記憶の問題は〈私〉の内における真理（本性）の不変性であり，この意味で神の誠実性に関わる。したがって，〈私〉の内にある永遠真理の不変性と記憶との関係は問える。永遠真理ないし永遠なる本質の創造のあり方は〈私〉には理解不可能なので顕在化の必要はないが，

---
22)　Cf. PM, Synopsis, AT-VII, p. 12.
23)　Cf. E. Bréhier, "La création des vérités éternelles", *Revue Philosophique*, 1937 (ii), p. 23 ; cf. Gouhier, op. cit., p. 305；邦訳 p. 31；cf. J. Etchemendy, "The cartesian circle: circulus ex tempore", *Studia Cartesiana* 2, 1981.
24)　Cf. Gouhier, ibid.
25)　Cf. Gouhier, op. cit., p. 306；邦訳 p. 32.

神は〈私〉の本性の創造主として〈私〉の認識対象の不変性に関係している。事実，デカルトは，共通概念（永遠真理）からの論証への注意とその記憶とに，創造主を結びつけている。

> 精神は何らかの共通概念を見出し，これらの概念によってさまざまな証明を構成するのであって，これらの共通概念に注意している間は，それらの証明が真であることをまったく確信する。…しかし，そのような前提に常に注意していることはできないから，自分にも最も明証的だと思われることにおいてさえ誤るような性質に創造されていないかどうか，まだ知らないことを後で思い出す時，このようなことについて自分が疑っているのは正当であること，また自分の起源の作者を知るに至る前には，どのような認識も持ちえないことに精神は気づくのである。[26]

しかし，公理（共通概念）に注意していないと，その定理は疑わしいということに過ぎないのか。問題はメモなどの感覚的な手段に訴えて記憶の弱さを補う手段ではなく[27]，見出された真理を保持する妥当性を有限知性は持っていないということである。

さらに研究者を悩まし続けたのは，知性機能も疑うような懐疑を設定しつつ，神の存在証明における議論の妥当性をも保持するという問題である。ジルソンとドニィは，「第一省察」における悪霊を「明証性の記憶」に関わらせることによって，現前の明証知と論証の遂行を保持した。しかし，欺く神の役割を引き継ぐ悪霊はその記憶というよりも，外界の存在からの抽象知である限りの「現前の明証知」の根拠に関わっている。テクストは次の通りである。

> 天空，空気，大地，色，形，音，ならびにその他の外的事物の全てが，この霊が私の信じやすい心を誑かそうとするための夢，その夢の愚弄に他ならない。[28]

---

26) PP. I. 13 ; cf. 邦訳 [3] p. 39。
27) Cf. 山田, op. cit., p. 134。
28) PM. I, AT-VII, p. 22 ; cf. 邦訳 [2] p. 35。

さらに「欺く神」なら懐疑主体の本性を創造できるので，本書第Ⅱ部第5章で述べたように，主体が現に対象としている論理法則を感覚起源の知に変更するのも可能である[29]。懐疑において問題なのは「明証性の記憶」ではなく，明証知の対象の起源の記憶である。これは真理（本質）の宝庫の記憶の消失に関係する。以下，「悪霊」が感覚の関与する本性や論理規則に関わることを前提として，真の宝庫が見出される過程が循環に関わるかどうかを神の存在証明において確かめてみよう。

4　神の存在証明，もしくは宝庫の発見

　懐疑において，概念（論理規則）は感覚がその取得に関わる限りで疑われる。他方，本書第Ⅱ部第4章で述べたように，突発的な前意識の領域では別であるが，議論を遂行する概念は表象されずにあるので，疑いようがない。それはいかに見出され，いかなる身分であるのか。
　「第二省察」において精神〈私〉の存在が見出される。その精神の認識対象として概念や公理は真理（本質）の身分を持たず，仮説的に用いられるというように有る。この仮説の表明が「第三省察」における「明証性の規則」である[30]。〈私〉が対象から注意を逸すと，その対象の本性が精神（知性）のみによって捉えられるものから感覚を介して捉えられるものに欺く神によって変えられない保証は有限知性にはない。〈私〉は議論構築のための公理が感覚の教えではなく「理性の教え」によることを絶えず確認する限りにおいて，その公理を使用できる。
　実際，『省察』の神の「第一証明」は因果律（或る観念の絶対的で「作動的かつ全体的原因」がある）を用いるが[31]，この公理はいかに検証されるのか。その公理は自らに当てはまる真の原因が見出されてこそ検証される。その原因こそ〈無限者〉であり，それのみが自らの観念の実在性

---

29)　Cf. PM. II, AT-VII, pp. 24–25.
30)　Cf. PM. III, AT-VII, p. 35.
31)　「作動的かつ全体的な原因のうちには，この原因の結果のうちにあるのと少なくとも同じだけの実在性がなけれなならない，ということは自然の光によって明瞭である」（PM. III, AT-VII, p. 40；cf. 邦訳［2］p. 58）。

を「無限」として〈私〉の内に置き得るので,無限なる神は真に第一の「作動的かつ全体的原因」となる。〈私〉が明証知を得るのは瞬間的な現前においてのみなのだから,本性一般の不変性の基準として「私」という観念をあてがうことはできない。したがって,本性が永遠に不変である範型の観念とは「無限」「永遠」の観念である。その観念が〈私〉の内にあるためには,その観念の表象する当のものが〈私〉の創造とともに自らの観念を刻印する必要がある。永遠者のみが創造主としてその観念の永遠性を保持し得る。神の観念こそが他の観念や本性の原理となり,真に永遠性と実在性を最高度に持つが故に,持続的な〈私〉の観念「以上に明晰判明」なのである[32]。神の観念から神の存在が導出されるということが仮説の因果律を検証する。ただし,その検証には知性のみによる反復的捉え直しが必要である。事実,神の第一の存在証明のまとめは次の通りである。

　　これら全てのうちには,入念に注意するものにとっては自然の光によって明瞭でないものなど,どう見てもないのである。しかし,私が注意を怠って,感覚的な事物の像によって精神の目が盲目にされている,という場合には,なぜ私よりもいっそう完全な存在者の観念は必ずや実際にいっそう完全な或る存在から出てくるのか,その理由をそのように容易に私が想起するということはない。[33]

　公理や観念のあり方から精神の注意を逸すと,それらが精神のみによってではなく,知らぬ間に感覚によって捉えられたものになるか,感覚と知性の協同によって捉えられたものかに変わるので,その内実・本性も変わり,論証は不確かなものになる可能性がある。
　以上の因果律の妥当性は論証レベルにとどまり,その論証が拠り所とする〈私〉の永続がまず保証されない以上,他の概念の妥当性とその存在の保存に進めない。それは,第二証明の「連続創造説」で検証される。無限の「神」という観念を持つ〈私〉の存在の持続から,神の存在が〈私〉の「作動的かつ全体的原因」として証明される。〈私〉は「全

---

32) Cf. PM. III, AT-VII, p. 46.
33) PM. III, AT-VII, p. 47 ; cf. 邦訳 [2] p. 65。

知なる」神により各瞬間に創造され，その本性も維持される。では，明証知の対象も存在として各瞬間に保存されるのか。神の保証は，或る時点に明晰判明に知られた本性が次の時点で入れ替わり得ないことに関わるのか。このことを検証するには，まず明証知（の対象）が〈私〉の認識対象（観念）としてだけではなく，真なる存在（本質）としてあることを確認しなくてはならない。

　まず，有限知性は瞬間的な明証性に依存する本性を持つが故に，自らの存在や本性の不変性を保証できない。さらに，神はあらゆる明証知を〈私〉に常に現前するように創造していない[34]。それなのに，我々は明証知以外の知を真とみなしていないだろうか。そのような知は神の意志によってではなく，感覚が知性に介入する場合の不判明な知であり，自分の「意志」で真とみなされた非存在である。明証知と客観的真理（本質）との連関を問うのが，「第四省察」の課題である。〈私〉は有限なために「理性の教え」に注意を向け続けることはできず，感覚的なものにも目をやってしまう。そうすることで，本当の真理が存する「神の観想」(contemplatio)[35]を離れて，意志は（神が創造したものではないという意味で）虚偽の存在を措定（創造）してしまう[36]。意志能力の出現は，誤謬説明の手段というよりも，明証知自体（知性）からその対象存在の創造・同意（意志）への移行によって理解される。事実，「第三省察」の明証性の規則が明証知を真とみなすという仮説性を含んでいたのに対して，「第四省察」の明証性の原理は「明晰判明な知得すべては疑いなく何ものか（aliquid）である」[37]と存在論的に確定して表現され，明証知と真理（存在）との結合が確認される原理なのである。ここで，クリーヴのように個々の明証知からその普遍原理への表明がなされているともに，純粋知性が明晰判明に知得するものはすべて，時間的な〈私〉の内の観念を越えて「神を創作者として」持つ本質ないし永遠真理であることの確認がなされている[38]。

---

[34]　Cf. PM. IV, AT-VII, p. 61.
[35]　PM. IV, AT-VII, p. 53；cf. 邦訳［2］p. 73。
[36]　Cf. PM. IV, AT-VII, p. 62.
[37]　ibid.；cf. 邦訳［2］p. 82。
[38]　Cf. PM. IV, AT-VII, p. 63；cf. 邦訳［2］p. 82；平松希伊子「デカルトにおける永遠真理創造説について」，『哲学研究』47巻4号（546号），京都哲学会，1982。

したがって,「第五省察」の神の存在証明は明証性の規則（原理）が用いられるばかりか,神の内におけるような「永遠性」,「不変性」のレベルでなされる[39]。事実,アプリオリな神の存在証明において「私が以前に知っていたものを思い起こすかのような」[40]「不変にして永遠なる…本性」[41]が前提とされる[42]。しかし,推論は時間的に遂行されるのに,永遠性を持てるのか。これが循環問題の核心である。神が永遠真理ないし本質の創造者であり,神の意志の不変性と誠実性を知る者のみが,明晰判明に捉えられた本性は不変であると知り得るし,その本性による論証知も帰結として永遠性を保持することも知り得る。ここに至り,今まで仮説的に提示された公理や論証知は「説得知」の領域から永遠なる「学知」の領域へと格上げされる。したがって,神による記憶の保証は知識や論証知がその座である精神において変化しうる（時間的な）ものではなく,不変（永遠）であることに関係している。無神論者には,神による記憶の保証がない以上,神の存在証明や算術計算が永遠性を持つ根拠を得られないので,その推論や帰結は直観による瞬間にとどまり,永遠なる学知ないし真理となりえない。理性知のみに注意することで神の存在を証明するのに対し,神は真理の宝庫の中身を永遠に保存する。ただし,感覚と結びついた不純な知性がその中身を取り出そうとすると,「明証性の規則」に反し,時間的なものを永遠な真理と取り間違える結果になる。神のあり方を観想することを通して,永遠なる本質（真理）ないし永遠なる論証知（帰結）の記憶を信頼することができる。この記憶こそ「私の精神の宝庫」であり,デカルトが執着した記憶なのである。

---

39) Cf. PM. V, AT-VII, pp. 68–70.
40) PM. V, AT-VII, p. 64 ; cf. 邦訳 [2] p. 85。
41) ibid.
42) アポステリオリな証明とアプリオリな証明との差異は次のものを参照のこと。M. Gueroult, "La vérité de la science et la vértité de la chose dans les preuves de l'existence de Dieu", *Descartes, Cahiers de Royaumont*, Minuit, 1957（邦訳「神の実在証明における知識の真理と事物の真理」小泉義之訳『現代デカルト論集Ｉ』勁草書房, 1996).

結

　以上より，単なる記憶説が知的経験において得られた明証知の記憶を問題にしたのに対し，本章は〈私〉が創造されると同時にあるが故に失われていた永遠なる学知・永遠真理の記憶を問題にした。有限な〈私〉が時間的な知識と論証によって神を証明し，無限な神は創造主としてその知識と論証に永遠の存在を与えるという構造を基礎にして，本章はデカルトの循環回避の意図を解釈したのである。

　さらに，本章はデカルトの記憶による循環回避説を尊重するとともに，「明証性の規則」をさらに分析してそれを仮説（仮定）とみなすことで，それを循環の入口に置かず，神の存在証明の後の「第四省察」に見出した。このことは，神の真理の宝庫を再発見し，神に真の学知の存在根拠を求めることを意味する。さらに，「悪霊」の役目が知性主体の対象の本性を感覚起源の本性に変えることと見定めて知的で実戦的な推論を保持し，神による記憶の保証を創造主による真理（本性）の永遠の保存と結びつけた。そうすることによって，論証する〈私〉の側の真理の質（明証性）とその論証のための公理を創造し，本質を変わらずに精神に保持する神の質（意志の不変性と誠実性）とが無限に離されていることが確認された。〈私〉の明証知と神の誠実性との循環を，有限理性による時間的な論証と無限の創造主によるその永遠性の保存とに本章は読み変えることによって，循環の輪を断ち切ったのである。すなわち，本章は論証過程とその基づけの切り離しによって循環を避ける説に与するが，その両者に被造物と創造主の関係を置くことによってその切り離しを無限にしているのである。これこそデカルトにおける神の超越の内実である。確かに，証明で用いられている概念・論理法則は形式的には神の保証の前後で変わりない。純粋知性の知識にのみ注意して哲学する習慣を離れて[43]，観念や公理を用いて神の存在を証明し，その神の誠実性がその観念や公理のあり方を保証するというのなら，その形式的な推

---

43) Cf. PM. IV, AT-VII, p. 62 : 村上勝三「保証された記憶と形而上学的探求——デカルト『省察』の再検討に向けて」，『哲学』45 号，日本哲学会，1995。

論は循環論を免れないだろう。ところが，神は時間的な論証を越えて創造主として論証に永遠性を与えるものである。明証知の理性的連鎖としての「知識」体系と，その体系を無限に離れてその体系に永遠の「存在」を与える神という二重化された図式をデカルトは手に入れていたからこそ，自分の議論が循環論ではないとみなしたのである。逆に言えば，永遠真理創造説における神と人間との無限の断絶を理性で埋め合わせるという論理が循環を呼んだのである。このことは方法を仮定的に用いることで，神の存在を証明し，神の存在が方法の正当性を基づけるというデカルトの分析的構造が根底にあることを意味している。

第Ⅳ部　結論

　方法は第一哲学を遂行するために必要不可欠である点で，方法は第一哲学に先立つ。方法の主体は得られた知を分析する知性であり，知を繋げる理性である。エゴの内部構造における分析的順序がそれ以後の議論の展開の原理となるが，エゴも方法も神の保証を得るまでは仮定的存在，「確信」に過ぎない。「確信」が「学知」に至るには，知性を超え出た神の保証が必要である。エゴと方法の究極的妥当性が神に存するという意味で，第一哲学は方法に先立つのである。

　そのエゴの中核の知性が誤謬の責から解放される。実際に学を構築する場合，想像力や感覚も使用しなければならないが，いかにして知性は誤謬を免れて純化された状態を保持できるのか。このことがデカルト形而上学・学問全体の課題であった。「第四省察」は知性を意志から切り離し，意志を知性に従わせることによって実際の学構築の準備をした。「第四省察」は知性を仮定的に用いた議論の結果ないしは枚挙として，デカルトの方法を遵守している。「第五省察」は知性を想像から切り離すことによって，数学的論証・本性を知性にとどめる。「第六省察」において，知性は感覚から完全に切り離され，「私」は「知解する実体」と規定されることによって，心身二元論は完成される。

　デカルト形而上学の構造は，有限な〈私〉が時間的な知識と論証によって神を証明し，無限な神は創造主としてその知識と論証に永遠の存在を与えるという構造である。「明証性の規則」を分析してそれを仮説（仮定）とみなすことで，その規則は循環の入口ではなく，神の存在証明の後の「第四省察」に見出される。神は真の学知の存在根拠なのである。懐疑は感覚起源の本性を知性主体から一掃し，神の存在証明は創造主による知的真理（本性）の永遠の保存を示すことであった。論証する〈私〉の側の真理の質（明証性）とその論証のための公理を創造し，本質を変わらずに精神に保持する神の質（意志の不変性と誠実性）とが無限に離されつつも，補完しあっている。〈私〉の明証知と神の誠実性と

の循環が，有限理性による時間的な論証と無限の創造主によるその永遠性の保存とに変わった。神は時間的な論証を越えて創造主として論証に永遠性を与える。明証知の理性的連鎖の方法と，それを無限に離れて永遠の「存在」を与える神という二重化された図式をデカルトは手に入れていたからこそ，自分の議論が循環論ではないとみなした。永遠真理創造説における神と人間との無限の断絶を理性で埋め合わせるという論理が循環を呼んだのである。これはデカルト哲学が分析的構造自体の形式を保持していることを意味している。

終 章

「欲求」（appétit）の左遷
―― 欲求の存在論と知覚の機械論 ――

　今まで，デカルト形而上学が知性主義であり，トマス的認識論からの脱却をもとに，認識論と存在論，有限と無限，人間の知性（理性）と神，という分析（仮定）的な循環の構造をしていることが確認された。この章では，心身結合を特徴づける情念においても，分析的方法と知性主義が貫かれているかを考察する。

序

　デカルトの自然観は質料形相論的自然観を覆滅したと言われる[1]。デカルトが質料形相論の否定を心身分離の立場から主張したことは明白だが，心身結合においてはどうであったのか。事実，デカルトは精神を身体の形相であるとも言っている[2]。さらに，デカルトは精神の状態を示す情念と精神の能動たる意志とをつなげてもいる[3]。では，デカルトにおける質料形相論批判は一貫していなかったのか。『情念論』は魂と身体との結合をテーマとするが，その著作においても質料形相論に沿って論は進められているのか。なぜデカルトは情念を第一に「知覚」

---

1) Cf. 所雄章『デカルト II』勁草書房，1971，p. 232。
2) Cf. Au P. Mesland, 1645 ou1646, AT-IV, p. 346；『デカルト全書簡集 6』p. 377。精神が身体の形相であることを個体性の観点から主張するものとしては，Geneviève Rodis-Lewis, *L'Indivisualité selon Descartes*, Vrin, 1950, ch. III を参照。
3) 特に「高邁」に関してそうである（Cf. PA. 152–54）。

（perception）と規定し，「欲求」（appétit）という情念の伝統的な規定を無視したのか。このことは，デカルト哲学体系の根幹に関係してはいないだろうか。以上の問題を考察していく上で，デカルトが「説教家や道徳哲学者としてではなく，ひたすら自然学者としてのみ情念を説明する」[4]と言っていることを忘れないようにしておこう。

1　デカルト周辺の情念規定とトマス・アクィナスの欲求の存在論

15世紀のオッカムによれば，本来的には，「情念は喜びと悲しみが由来する欲求能力の発現（actus）と言われる」[5]。このことから，「情念は認識に由来する欲求のあらゆる発現として認められる」[6]。すなわち，情念は認識そのものとは区別されるが，「主体として欲求能力を持ち，自らが存在する条件として現実的な認識を要する」[7]。オッカムにおいて，情念は受動的な認識を基にする魂の欲求能力の発現である。

次に，デカルト以外の17世紀の「情念」の規定を通覧してみよう[8]。

Scipion du Pleixによれば，情念は「欲求の動揺，その高揚，もしくはその変様」（l'agitation, commotion ou affection de l'appétit）[9]と規定されている。

Nicole Ceffeteauによれば，「ここで情念と名付けるものは，善悪の把握もしくはそれらの想像に起因する感覚的欲求（appétit sensitif）の運動以外の何ものでもなく，この欲求に引き続いて身体に起こる変化が生まれる」[10]。

Pierre du Moulinによれば，「情念とは感覚的欲求の高揚（une

4）　PA, préface, réponse à la seconde lettre, 14 aout 1649, AT-XI, p. 326.
5）　Cf. Leon Baudry, *Lexique Philosophique de Guillaume d'Occkham*, P. LETHIELLEUX, 1958, p. 193 ; *Expositio aurea*, fol, 73b ; *Quodlibeta septem*, II, q. 15. III S loc. cit.
6）　ibid.
7）　ibid. ; Quodl. II, q. 17.
8）　Jean Deprun, "Qu'est-ce qu'une passion de l'âme? ", *Revue Philosophique*, no. 1091, 1988, n. 4.
9）　*L'Esthetique ou Philosophie morale*, Lyon, 1620, III. X. ix, p. 137.
10）　*Tableau des Passions Humaines, de Leurs Causes et de Leurs Effets*, Paris, 1620(1664).

commotion de l'appétit sensitif) である」[11]。

　Le P. Senault によれば,「情念とは感覚的欲求 (appétit sensitif) の運動以外の何ものでもなく,その運動は…善悪について想像することによって引き起こされ,自然法則に反して身体を変化させる」[12]。

　デカルト自身が参照したと思われる Eustache de Saint-Paul によれば,「魂の情念は…身体の何かしらの非自然的変化を伴いつつ善悪を把握することに由来する感覚的欲求の運動 (motus appetitus sensitivi ex apprehensione boni vel mali cum aliqua mutatione non naturali corporis) と規定される」[13]。

　以上を総括すれば,情念とは魂が通常では起きない変化を身体にもたらす感覚的欲求と規定される。確かに情念はまず外部のもの(出来事)が作用して魂に起こる受動である。しかし,情念は魂が身体に変化を与える欲求なので,情念は魂が身体の形相であることの有力な証拠であったように思える。このことをさらに考察してみよう。

　以上の情念規定を定着させたと思われる最大の権威者は,トマス・アクィナスである。彼による情念の規定とはまさに「感覚的欲求」(appetitus sensitivi)[14]であり,その欲求の運動である。固有な意味での「受動」(passio) は,病気を受け入れ,健康を放出するというように,「受容」(receptio) だけではなく,「放出」(abjectio) を伴う[15]。物体のみがこのような質的変化を受け容れるので,その放出があるのは身体のみである。ゆえに,このような受動は魂には「自体的には」ない。情念は身体と結合した魂のみに「付帯的に」存する。情念は「もの」そのものを認識するのにとどまらず欲求することまで至るので,認識力ではなく欲求力に存するのである[16]。では,対象が身体を動かし,魂が受動し,

---

11)　*Les Elemens de la philosophie morale*, Sedan, 1624 ; P. D. Moulin. *La Philosophie Françoise. Les Éléments de la Philosophie Morale*, trad. du latin de P. D. M. , Henry Le Gras, 1638.
12)　*De l'Usage des Passions*, Paris, 1641 (Fayard, 1987). p. 52.
13)　*Summa philosohiae* …quadri partita, Paris, 1609, t. II, p. 100.
14)　ST. I–II, Q. 22, A. 3 ; DV, Q. 26, A. 3.
15)　Cf. ST. I–II, Q. 22, A. 1.
16)　Cf. DV, Q. 22, A. 1, C ; ST. I–II, Q. 22. A. 2, C ; 増田三彦「トマス・アクィナスにおける情念について」,『島根大学法文学部紀要　文学科編』11 号, 22 頁。魂が受動だけで何も失わないあり方としては, sentire と intelligere がある (Cf. ST, I–II, Q. 22, A. 1, C)。

今度は魂が身体に能動的な欲求を与えるというシェーマを基づけている原理は何か。それはまさに質料形相論である。この世界に存在する実体はすべて，本質たる形相と質料たる物質によって成り立っている。例えば，煙という物体の場合，煙の粒子という質料と上に上がろうとする（実体）形相とを持っている。「あるものが物体を生成するに当たって，それに重さと，重さに伴う運動を与えるように，能動者は第一に形相を与え，第二に形相に伴う運動を与える」[17]。ありとあらゆるものは自らに本性的にふさわしいものを「欲求」するのである。したがって，トマスの世界観は「欲求の存在論」と言えよう[18]。人間に関しては，魂が形相であり，身体が質料である。魂こそが運動の能動的原理なので，魂が受動する場合でも，結果として魂が身体に作用する情念は能動的な「欲求」と定義されるのである。このことをより詳しく見ていこう。

「情念」は「身体による受動」（passio corporalis）と「魂による受動」（passio animalis）とに分けられる。前者は，身体の受動（変様）がまた魂を受動（変様）させる場合で，例えば，手が傷ついて，魂が痛みを感じるという場合である。後者は，魂の「把捉」（apprehensio）や欲求によって，身体の変化が生じる場合で，例えば，魂が怒りを感じ，心臓が熱くなるような場合である[19]。後者が本来の「魂の情念」（passio animae）であり，情念は魂が身体を動かす能動的な欲求と規定される。「魂の欲求能力の運動が形相的であり，身体の変化は質料的なもの」であり，「情念における身体の変化は魂の欲求運動に対応している」[20]。したがって，情念は身体を能動的に動かす力に関係するのだから，魂の受動的把捉よりも能動的欲求にその根源を持っている[21]。魂の受動の場面でも，魂の形相性は揺るぎない[22]。

17) ST. I–II, Q. 26, A. 2, C：cf.『神学大全』10 巻，森啓訳，創文社，1995, p. 59。
18) Cf. 矢玉俊彦『判断と存在――トマス・アクィナス論考』晃洋書房，1998。
19) Cf. DV, Q. 26, A. 3, C.
20) Cf. 渡部菊郎『トマス・アクィナスにおける真理論』創文社，1997, p. 182；ST. I, Q. 48, A. 2.
21) Cf. ST. I–II, Q. 22, A. 2, AD3.
22) トマスは情念を説明する際に「精気」を用いてはいるが（Cf. ST. I–II, Q. 40, A. 6, C；Q. 80, A. 2, C；Q. 44, A. 1. Q. 48, A. 2, C），あくまで情念の説明の核は欲求にあり，その精気の説明が情念の説明の原理にはなっていない。さらに，情念の説明が脳と神経といった生理学的説明に結びついてはいない（Cf. ST. II–I, Q. 22–48）。

次に情念の能力を考察してみる。情念は感覚的欲求であり、その能力（基体）は「感能」(sensualitas) と呼ばれる[23]。感能または情念は欲求を基礎にして「欲情的」(concupiscibilis) と「怒情的」(irascibilis) とに大きく分れる[24]。

まず、「欲情的」なものは、みずからに適合したものを追求し、有害なものから逃れようとする能力や情念である。「欲情の能力の対象は善と悪である」[25]。この欲情的な能力を基にして「怒情的」能力が生まれる。すなわち、欲情的な能力の対象（善悪）に険しさやその対象への到達し難さが加わると、怒情的対象となる。欲情を抑えるために怒情があるとも言えるので、この二つの欲求の「戦い」により多様な情念が生み出される[26]。例えば、敵から「逃げたい」という欲情を抑えるために、敵と戦う「大胆さ」という怒情が起こる。このようにして、情念や感能に関わる魂は二つの能動的能力に分けられるのである[27]。

しかし、情念が語義的にも受動である限りは、この魂の欲求の根源には受動があるのではないか。その受動はいかなるものか。すでに述べたように、魂の受動は対象の「把握」に終わる受動ではなく、「もの」そのものへと惹かれる受動である。この惹かれる状態はそのものを欲求する力によるので、情念は欲求なのである。なるほど善（快適さ）は主体の好ましく思う善さなのであるが、魂の「観念」(intentio) にとどまるものではなく、「もの」そのもののうちにある[28]。欲求されうるものの形相が欲求するものの欲求を本性的に呼び起こすのである。この情念の受動のあり方は欲求されうるものと欲求するものとの関係にあり、魂が欲求するものであることには変わりはない。しかし、「欲情的」「怒情的」というように魂の能力の分類から情念の分類が導き出されるとすれば、もののあり方より能力の方が先立っているのではないか。

ところが、トマスにおいて、能力は対象自体のあり方によって区別される。能力が現実のものとなるには、それが作用として発揮されること

---

23) Cf. ST. I, Q. 81, A. 1. 知的欲求が意志である。
24) Cf. ST. I–II, Q. 23.
25) ST. I–II, Q. 23, A. 1, C；cf.『神学大全』10 巻 p. 15。
26) Cf. ST. 1. Q. 81, A. 2, C.
27) Cf. ST. I–II, Q. 2, A. 1, C.
28) Cf. ST. I–II, Q. 22, A. 2, C.

が必要であり，この作用や能力は対象のあり方によって分類される[29]。例えば，対象が色を持つからこそ，見る作用や視覚という能力がある。色は見ることの「始原」(principium)であり目的である[30]。人間の魂も世界全体における欲求の秩序に従わざるをえない。トマスの哲学体系はもの自体の欲求が支配する存在論なのである。情念を欲求と規定する背後には，欲求が物体から知性までを支配する存在論的体系が存していたのである。情念も自然における欲求の一部にすぎない。したがって，情念は身体の形相たる魂の欲求能力の証であるとともに，実は，情念は対象自体の善悪のあり方が如何に個々の魂の欲求を導くかで分類される[31]。すなわち，情念を能動的な「欲求」として規定することは，逆説的にも魂よりも対象自体の側に，もしくはもの全体の欲求に，哲学体系の原理が存することを意味していたのである。

2 デカルトにおける機械論的かつ記号論的な情念

ではデカルトの情念の規定はどうなのか。デカルトによれば，情念とは「精神の知覚，感覚，興奮であり (des perceptions, ou des sentiments, ou des émotions de l'âme)，これらは特に精神に関係づけられ，精気 (esprits) のある運動によって引き起こされ，維持され，強められる」[32]ものである。

情念の規定から「欲求」(appétit) が消え去り，そのかわりに中心概念として「知覚」と「精気」が挙げられている。なるほど，デカルトにおいても，情念は精神状態を表していることに変わりはない。しかし，なぜデカルトだけが「欲求」を排除したのか。この背後に，彼の哲学体系が隠されていないだろうか。

まず，デカルトが情念と欲求とをいかに分けているのか，調べてみよう。『哲学原理』では，思惟実体には知覚，意欲が，延長実体には

---

29) Cf. ST. I–II, Q. 23, A. 1, C.
30) Cf. ST. I, Q. 77, A. 3, C.
31) Cf. ST. I–II, Q. 23, A. 4, C.
32) PA. a. 27 ; cf. 邦訳 [3] p. 179。

量，延長，形などが，心身結合には「欲求」（appetitus）が関係づけられる[33]。しかし，『情念論』では，次のように書かれている。

> 感覚と呼ばれる精神の低い部分と，理性的である高い部分との間，あるいは自然的欲求と意志との間にあると通常は想像されている一切の戦いは，身体がその精気により，精神がその意志によって，同時に腺の中に引き起こそうとする運動の間の対立に存する。我々の内には唯一の精神しかなく，この精神にはいかなる部分の相違もない。感覚的であるところのものがまた理性的なのであり，精神の欲求はすべて意志なのである。[34]

欲求と意志は『哲学原理』では分けられていたのに，このテクストでは分けられていない。しかし，『哲学原理』では次のように注釈されている。

> 飢えや渇きなどといった自然的欲求は胃や喉などの神経に依存するので，食べたいという意志（食欲）や飲みたいという意志（飲欲）などとはまったく異なる。しかし，こういった意志ないし情欲はそのような自然的欲求にたいていは伴うものなので，欲求と言われるのである。[35]

あくまで精神的な意志と身体機構上の働きとは区別されている。（自然的）「欲求」とは，いわばメーターの目盛りが燃料の不足や補給を意味する場合のように，本来は或る部分の身体の或る状態が表す「記号」（胃の収縮を示す精気の運動）であり，その「食べたい」という精神的意味は副次的なものなのである。

> 例えば，足にある神経が激しく尋常でなく動かされるという場合，脊髄を経て脳の内奥の部分へと伝わっていき，そこで精神にあるも

---

33) Cf. PP. I. XLVIII；cf. PA, 24；MP. VI, AT-VII, p. 71, 75, 84；MR. IV, AT-VII, p. 234.
34) PA. a. 47；cf. 邦訳［3］p. 189。
35) PP. IV. 190；cf. 邦訳［3］pp. 147–48。

のを感覚するための記号を与えるのである。[36]

　この場合，足の「痛み」は脳（松果腺）へと至る神経内の精気の或る動きを記号として持つ意味である。人体構造と精気の運動は仮定として設定されている。精神はその記号を読み取ることで，たいていは「自然」的に「習慣」的に何かを欲したり避けたりする[37]。精神が「欲求」という意味を身体の或る状態に結びつけているわけであり，「食べたい」という「欲求」自体は精神の能動に属するのだから，欲求は精神の能動たる意志とみなすことも可能なのである。ではデカルトにおいても，情念は欲求に属さないだろうか。

　欲求と情念との区別も『哲学原理』において与えられている。感覚は外的と内的に分けられ，内的感覚は情念と自然的欲求に分けられる。「情念」（pathemata）は心臓，横隔膜へと延びる神経によって引き起こされる感覚であり，「自然的欲求」（appetitus naturalis）は喉や胃などへと延びる神経によって引き起こされる感覚である。情念と欲求は神経の繋がる器官の相違によって区別されているにすぎない[38]。また，両者とも身体のあり方を知覚することにかわりはない。しかし，『情念論』においては，デカルトは欲求と情念とを次の意味で区別した。

　　私は情念が〈特に精神に関係づけられる〉と付け加えるが，それは他の感覚から区別するためである。その或るものは，香や音や色のように外的対象に関係づけられる感覚であり，他のものは飢えや渇きや痛みのように，我々の身体に関係づけられる感覚である。また私は，情念が〈精気の或る運動によって引き起こされ，維持され，強められる〉と付け加えるが，それは情念を意志から区別するためである。[39]

---

36) Cf. PM. VI, AT-VII, p. 88.
37) Cf. PM. VI, AT-VII, p. 88. 記号と意味との必然的繋がりは「自然」によって与えられている。
38) Cf. PP. IV. 190；安藤正人「デカルトにおける意志と情念——知性的情動と内的情動をめぐって」，『現代デカルト論集 III』，1996, p. 236.
39) PA. a. 29；cf. 邦訳［3］pp. 179–80.

飢えなどの欲求は心身結合において成り立つといえども，特定の身体器官に関係づけられるものであり，その身体の或る状態が示す意味である。他方，情念は，精気の運動に強く左右される精神の或る受動状態が示す意味である。例えば，胃が収縮すること（欲求）は大抵は食べたいという精神の意欲に繋がるが，悲しいときには食べたいという意欲はわかないので，特定の身体的欲求が常に精神を特定的に揺さぶるとは限らない。「悲しみ」は或る出来事を身体器官や精気の記号化を通して知覚し，涙を流すというように精神が身体に「悲しみ」の記号を精気によって与えることで生じる。だが，「悲しみ」はあたかも身体を介さないかのように精神が或る出来事に対して意味づけを行う「習慣」によって生じる情念である。情念は精神に生じるので，情念が生じる場合には精神が必ず動かされている[40]。確かに，欲求と情念において身体機構の持つ記号を精神が読み取るという構図は同じである。しかし，情念はあたかも精気を媒介としないかのように直接に精神の内に受動的にすでに起こった状態であるのに対して，欲求は特定の身体の或るあり方を示すに過ぎないという点で，両者は異なる。

　以上，デカルトにおける「欲求」は精神にのみ関係づけられる情念よりも下位の特定の身体の或る欲求（器官運動）を表すに過ぎない[41]。「欲求」は精神が形相として成り立たない特定の身体器官の状態に左遷させられたのである。

　さらに，デカルトは情念の分類に関して欲情と怒情との二分法をとっていない[42]。このことは「欲求」の左遷と関係があるのか。スコラ的な情念の分類に対するデカルトの批判は次の通りである。彼は精神の内に部分の区別を認めないから，欲情と怒情とに精神の能力を分けることを許さない。もし分けるとするなら，精神の能力を欲望の能力や大胆の能力にも分けなくてはならなくなってしまう。したがって，欲情と怒情という区分から情念を分類することはしない[43]。では，この精神の区分の否定はいかなる意味を持つのか。デカルトにおける情念の分類法を見て

---

40) 能動と受動とが同一の事柄である点については，PA. a. 1–2 を参照。
41) Cf. PA. a. 29.
42) Cf. PA. a. 68.
43) Cf. ibid.

みよう。

　『情念論』において，心身の実在的区別が設定され[44]，その二つを結びつける仮説が提示される。その仮説とは「動物精気」の運動と神経・血管の構造[45]と熱[46]と「松果腺」[47]である。情念の原因に関しては，その「近接原因」は「精気の激動 (agitation)」であるが，その「第一原因」は「感覚の対象」である[48]。心身の実在的区別と生理学を基に，デカルトは，「感覚の対象」を探求することによって情念を分類（分析）している。さらに，その原因を決めるのに重要なのが心身結合した人間主体における「効用」(usage) である[49]。心身二元論が設定され，知覚対象とその効用かつ精気による機械論によって情念の分類が遂行されるのである。

　デカルトにおける情念として特異なものが「驚き」(admiration) である。というのも，「驚き」は善悪の判断以前に起こる情念だからである。この驚きが他の情念の基となる第一の基本情念である[50]。この驚きは善悪を対象とするのではなく，事物の認識を対象とするものであり，それゆえ純粋に知覚を基にしている[51]。知覚が欲求の知覚にせよ，情念の要なのである。しかし，「驚き」は善悪に先立つとしても，対象のあり方やその善悪で情念が分類されているならば，デカルトとそれ以前の哲学者とに差異はないのではないか。

　否。デカルトは情念を分類する基準として，なるほど主に「有益」と「有害」を用いるが，例えば有益（善）は対象の側にあるというよりも，身体と結合した精神が決める善である。対象の善は精気の運動を記号として解読することで得られるのであって，自らの本性に適合したと思われる外部のもののあり方それ自体としての善ではない[52]。すなわち，デ

---

44) Cf. PA. a. 2.
45) Cf. PA. a. 6–15.
46) Cf. PA. a. 4–5.
47) Cf. PA. a. 31–5.
48) Cf. PA. a. 51.
49) Cf. PA. a. 52.
50) Cf. PA. a. 53.
51) Cf. PA. a. 71.
52) Cf. PM. VI, AT. VII, pp. 84–85. 水腫の場合も，精神が或る精気の運動を「水を欲する」と解読すること自体に誤りはない。なお，対象が害したり，利したりすることで情念が

カルトが言う「対象」は事物そのもの，その形相のあり方をそのまま意味してない。したがって，もの自体の欲求の存在論から情念の区分がなされていない。

しかし，トマスにおいても情念（愛）における「善」は「本人にとっての快適ないし有用」[53]なのであり，トマスとデカルトとに差異はないのではないか。否。デカルトは主体が決める有用性までも，科学的すなわち機械論的かつ記号論的に分析し，説明しようとしている。事実，第一の基本的情念である「驚き」の原因・対象とは，「脳の内なる印象」と「精気の運動」であり，精気の運動とその読みとりを説明の手段とするのである。したがって，情念の規定は欲求によるものではなく（間接的には欲求が関係しているとしても），第一に機械論的知覚によるものだったことが再確認される。

「知覚の対象」とは事物そのものでも，主体の対象自体でもなく，脳内における印象や精気の運動という記号なのである[54]。「知覚の対象」や対象の善悪が対象自体から精気のあり方と運動という記号にとって代えられた点で，デカルトの情念論はそれ以前のものと際だった差異を打ち出している。このことには，目的（善）への傾き（目的因の探求）ではなく，物体の提示する記号を精神が読みとり，その記号に対する反応を身体へ送り返すという科学（機械）論重視の思想が読みとれる。デカルトの言う対象は単なる主体の対象を意味するのではなく，生理学における機械論と記号論とによってコード化されたものだったのである。

以上より，トマスにおいて，情念の中心は感覚的欲求が自らに適した対象（自然）自体へと向かうありさまに存していた。デカルトの情念論

分類されるという形式的な面では，トマスもデカルトも差異はないかもしれない（Cf. 安藤正人「情念の分析と道徳」，『デカルト読本』法政大学出版局，1998, p. 122）。本章が問題にしたかったのは，「感覚がその対象によって動かされる」(PA. a. 52) メカニズムが基盤とする哲学体系の差異である。

53) ST. II–I, Q. 26, A. 4, AD3 ; cf.『神学大全』10 巻 p. 66。

54) Cf. RG. XIV. デカルトにおいては，色も延長化されて脳に刻み込まれ，それを精神が解読する。この解読と記号については，J.-L. Marion, *Sur l'Ontologie grise de Descartes*, Vrin, 1975 ; J. Yolton, "The Semantic Relation", *Perception & Reality A History from Descartes to Kant*, Cornell University Press, 1996 ; "Perceptual cognition of body in Descartes", *Perception Acquantance from Descartes to Reid*, University of Minnesota Press, 1984（ジョン・W・ヨルトン「デカルトにおける物体の知覚認識」安藤正人訳，『現代デカルト論集 II 英米篇』勁草書房，1996, 2 章）を参照。

において重要なのは，身体と結合した精神が精気の提示する記号に対して意味づけを行うこと，知覚することなのである．また，デカルトが精神に部分がないと言う場合，それは精神が対象たる「もの」によって区分されないことを意味している．この意味で，精神はあらゆるものを対象とできる学の原理となるであろう．デカルトは仮定的に精気と脳並びに身体の構造を設定することによって，情念を規定しようとしたのである．デカルト哲学は科学的説明が不可能と思われていた対象をも科学的に分析していく知性主義の哲学なのである．

結

以上より，デカルトによる「欲求」(appétit) の左遷の背後には，質料形相論が依拠する「欲求の存在論」を解任するという体系上の目論見があったとしか言えない．デカルトは，質料形相論の象徴である「欲求」を特定の身体機構が持つ特定の状態（記号）へと左遷することで，心身二元論的体系を維持し，補強しようとした．彼は，精神を身体の能動的原理として規定するのではなく，精気の運動に対する意味づけの原理として規定するために，情念を第一に受動的な「知覚」(perception) と規定したのである[55]．

『情念論』の目的とは，情念という二元論を崩壊させる危険のあるものに対して，二元論にあくまで立脚し，精神の受動と身体の能動の生理学的メカニズムを解明すること，このことを通して精神に学の原理があることを再確認することであった[56]．これこそデカルトの知性主義の到達点であろう．逆に魂の欲求やその対象の存在論的あり方を第一に置くならば，このことは質料形相論と対象優位の認識論を基礎とすることを

---

55) このことは「第六省察」において精神を知性と規定したことに呼応している（Cf. PM. VI, AT-VII, p. 78, 79）．なお，思惟は意志なしにはありえないという立場に関しては次のものを参照．D. Kambouchner, "La liberté chez Descartes et la psychologie", *Autour de Descartes, Le Dualisme de l'Âme et du Corps*, J–L. Viellard–Baron, Vrin, 1991.

56) 『人間論』，『哲学原理』，『情念論』，1647年2月1日シャニュ宛書簡，1645年10月6日エリザベト宛書簡における叙述の差異については，安藤正人「デカルトにおける意志と情念」，『現代デカルト論集Ⅲ』勁草書房，1996, pp. 233–48 を参照．

意味しうる。このことはまた，デカルト哲学体系の要である精神を原理とする心身二元論ないし機械論的自然観に反する。デカルトは，形相たる魂から身体へという魂の能動の途から始めず，機械論的な身体機構からその記号を読みとる精神へという精神の受動の途を選んだ。この受動の途はあらゆるものを学の対象へと還元する知覚を指標にする途である。したがって，デカルトにおいて，passion の規定から appétit が消滅した所以は，その精神の受動性の強調とは逆説的にも，精神を学の原理とする心身二元論的な知性主義にあったのである。

　以上より，デカルトは，心身結合における情念の探求においても，松果腺，精気，血液循環，などの医学的な道具を仮説的に用いて，情念を分析していった。彼は晩年に至るまで同じように分析的方法を実践していたわけである。

全体の結論

　デカルトの思想という対象とそれを構成する仕組みを探求してきた。テクストを解釈することは，テクストを作り直すことに半ば等しい。ただし，テクストそれ自体は変えられない実在であり，その調査は文献学に属するものである。「序」で述べたように，対象であるテクスト自体には本来の哲学的存在はなく（「観念」「存在」「思考」「二元論」といった「共通の存在」はあるとしても），それを解釈する思考にその存在はある。デカルト哲学を，人間の発見と捉えるのか，知識論と存在論の二元性論として捉えるのか，二重の存在−神−論として捉えるのか，整合性の哲学と捉えるのか，「観念」論として捉えるのか，それは解釈者の哲学思考に基づいている。
　本書は，デカルトの分析的方法が知性（理性）に純化されていく過程を捉え，直観内部に推論の構造を見出し，その展開を確かめた。いかに現象を形や色の不確かなネガから，データ処理化して，色合いを調整し，閲覧可能なポジの形にするか，その過程それ自体をデカルトの形而上学の過程として捉えようとした。哲学の原理であるコギト・エルゴ・スム内部の構造にも，心身結合における情念の仕組みにも，その方法の適用を見た。デカルトの方法もエゴも彼の方法の純化において捉えられた知性（理性）だったのである。その方法の適用対象が精神的経験であり，感覚的経験であったわけである。「我々」が共有する理性をもとにエゴが見出させるのであり，その逆ではない。
　デカルトというと，「いくつもの部品を集めていろいろな親方たちの手で作られた作品には，ただひとりの人間が骨折って作った作品ほどの完成さがない」[57]と書いているように，ただ一人で新たな学問を構築することを自負するイメージがある。彼は「我々」の知的協力という考え方を退けたのであろうか。彼はヴィル・ブレッシュー宛の書簡で次のよ

---

57) DM. II. AT-VI, p. 11 ; cf. 邦訳 [1] p. 20。

うに書いて，人々の援助を求めている。

> …多くの人々の実験に助けられて自然の最も素晴らしいことがらを発見し，そして，明晰で確実で，証明された，通常教えられているものよりも有用である自然学を築き上げることが，私が望むところなのです。[58]

学の構築は「我々」全体の協力によって成し遂げられるのである。

デカルトの遺品の中に，「1619年1月1日」という題名がついた羊皮紙の手帳がある。そこには『パルナッスス（山）』(Parnassus) という見出しがついた18枚の数学的考察が書かれていた[59]。ベークマンがデカルトに落下問題を問うところから始まっており，数学ないしは数学的自然学（純粋数学と応用数学）の断章で構成されている[60]。これらの文章は，ベークマンと討論した問題に関するノートが中心であり，『ベークマンの日記』がその証拠である。1619年1月24日のベークマン宛の書簡の最後の言葉は次のものである。

> ご確信いただきたいのは，私はムーサ自身のことよりも，あなたのことが忘れられないであろうとのことです。というのも，ムーサこそが私とあなたとを緊密で永遠の友情の絆で結びつけたのですから。[61]

ここで，デカルトは数学に関する発想をもたらす神々がムーサとしてあらわしている，と思われる。したがって，「パルナッスス」はそのような発想や発見の知見を記したメモと言えそうである。これをもとに，デカルトは著作を出版しようとしていたのではないだろうか。

「パルナッスス」の比喩としては，パルナッスス山の頂上にいて，ムーサを束ねているのがアポロンである。その「パルナッスス」という

---

58) A Villebressieu, été 1631, AT-I, p. 216；『デカルト全書簡集1』p. 194。
59) Cf. René Descartes Œuvres Complètes, v. 1, Gallimard, 2016, p. 193.
60) Cf. ibid, pp. 198–213.
61) AT-X, p. 153；『デカルト全書簡集1』p. 5。

名は，当時，〈レットル（Lettres：知識）の共和国〉の別名であった[62]。デカルトがその名を用いたとすれば，彼は若い頃に〈レットルの共和国〉ないしは「優れたレットルの愛好者」（bonarum literarum amatores）に入ることを意図していたので，この名を選んだとは言えないであろうか。

現に，「パルナッスス」を含んだ『遺稿目録』Cの羊皮紙の手帳の一部を伝えている『思索私記』には次のような言葉がある。

> 役者たちは出番になると，恥じらいが顔に現われないよう配慮して仮面をつける。それと同じように，私も今までは自分がそこでは観客であった世界という舞台に登るときには，仮面をつけて進み出よう。[63]

> 「ポリビウス・コスモポリターヌスの数学の宝庫」，そこにおいて，この学問のあらゆる難問を解決するための真なる手段があたえられる。そして，これらの難問に関して，人間の精神によってはそれ以上のことは何も見出しえないことが証明される。…この書は全世界の学者（orbis eruditis），ことにドイツの有名なF.R.C.[64]に再び捧げられる。[65]

二つの断章から，デカルトが「ポリビウス・コスモポリターヌス」という偽名で数学に関する書物（『数学の宝庫』）を「学者」の世界に出そうという意図があったことが窺われる。この名（Polybius）は，諸

---

[62] シャプラン（Jean Chapelain, 1596–1674）も両者を同じ意味で使用している（Cf. H. ボーツ，F. ヴァケ『学問の共和国』池端次郎・田村滋男訳，知泉書館，2015, p. 13）。「思索私記」の編者注では，「パルナッスス」は「詩神ミューズの在所」「数学的な諸考察を含み」，「純知的な事物の領域に係わるもの」，「オリュンピカ」（Olympic：オリンポス山）は「超知的な事物に係わるもの」とみなしている（Cf.『デカルト著作集4』pp. 450–51）。通常，「パルナッスス」は詩，文学，学問の発祥の地を意味している。この場合のレットルは詩の知というよりも数学的内容を含んだ知を意味している。当時の法則や解法などの先取権争いも，その共同体において確定されることであろう。

[63] AT-X, p. 213；『デカルト数学・自然学論集』法政大学出版局，2018, p. 79。

[64] 〈薔薇十字団〉（Frères Rose-Croix）と思われる。これも〈レットルの共和国〉に関係している。

[65] AT-X, p. 214；『デカルト数学・自然学論集』p. 80。

説あり，当時の「ポリビウスの宝庫」という名に由来しているのかもしれないし[66]，ファウルハーバー（Faulhaber）の *Miracula Arithmetica* (1622)に登場する架空の数学者の名に由来するものかもしれない[67]。姓のCosmopolitanusは「世界市民」を意味しているのであろう。これは正しく〈レットルの共和国〉の住人の比喩として成り立つ。『数学の宝庫』が『パルナッスス』の別名か[68]，『パルナッスス』に続いて「再び」と解せば，この断章と『パルナッスス』をつなぐことができる。また，orbis eruditisはすでに見たように〈レットルの共和国〉と同じ意味である。名声とは別に，ベークマンの問いをもとに自らが見出したものを〈レットルの共和国〉に提示しようとしていたのではないだろうか。真なる知を求め，その知を知らしめ，共有することが重要であったのである。

以上の企てがいかなるものかは，次の書簡から推測できる。

> 私の企てを隠すことなく打ち明けるなら，…根本から新しい学問です。それは，連続・不連続を問わずにいかなる種類の量においても，それぞれの本性にしたがって提出されるすべての問題を一般的に解くことができるような学問です。…そうすれば，幾何学で発見すべきことはほとんど何も残らないでしょう。たしかに，この仕事は果てしのない仕事であり，一人の手におえるものではありません。[69]

恐らく，『幾何学』（1637）で展開される解析幾何学や『屈折光学』

---

66) Cf.『デカルト数学・自然学論集』p. 80. 石井はグイエと同じく，その名の歴史家と解している（石井忠厚『哲学者の誕生――デカルト初期思想の研究』東海大学出版会，1992, p. 470 ; H. Gouhier, *Les Première Pensées de Descartes*, p. 109）。*René Descartes Œuvres Complètes*, v. 1, p. 644 では，それよりも，『オデュッセイア』の登場人物の方が蓋然性が高いとみなしている。

67) Cf. *René Descartes Œuvres Complètes*, v. 1, p. 644. このように解すると，文面の「再び」はFaulhaberの *Miracula Arithmetica* に「加えて」の意味に理解できなくもない（ibid.）。

68) 田中仁彦『デカルトの旅／デカルトの夢――『方法序説』を読む』岩波書店，1989, p. 183 では，『パルナッスス』を『数学の宝庫』に相当するとし，それより前に出されたものを『オリンピカ』と解釈している。その他の可能性として，『音楽提要』に続いて『数学の宝庫』を捧げることも考えられる。

69) A Beeckman, 26 mars 1619, AT-X, pp. 156–57；『デカルト全書簡集 1』pp. 7–8.

（1637）などが以上の「企て」であろう。現に，コンパスによる方程式の解法は，『パルナッスス』と『幾何学』において似ている[70]。いま問題なのは，最後のことばであり，「この仕事は…一人の手におえるもの」ではないということである。これは，デカルトの数学も〈レットルの共和国〉に寄与するものであるとともに，その共和国を必要としているとも考えられるであろう。

　レットルの有効性に関しては，バイエが次のように書いている。

　　　デカルトは，…人生に有用なものについて明晰で確実な認識を獲得しようと望んだが，そうした希望は」レットル「によって育まれたものであった。[71]

　クリスチーナ女王がデカルトに作らせた「ストックホルム・アカデミーの企画」（1650）によれば，フランス語で書かれ（女王がアカデミー・フランセーズを念頭に置いてアカデミーを作ろうとした意を汲み取ってのことだろうか），その協会が創設されるのはスウェーデン人ためのものであり，お互いに敬意を払い，耳を傾け，研究目的が真理の探求のみにあることを明言している[72]。この企画書は，1650年2月1日に，デカルトがクリスチーナ女王に最後に謁見し提出したものであった。デカルトは2月11日に死亡することになるので，これが絶筆となった。スウェーデン人をコスモポリタンと変えれば，このことは〈レットルの共和国〉の倫理に適用できるであろう。共和国を一つにしているものとは，真理の探求に他ならないであろう。そのためには，個人の名声は取るに足ら

　70）　『デカルト数学・自然学論集』pp. 97–104, 266–71（池田真治注解）。

　71）　Adrien Baillet, *La Vies de Monsieur Descartes*, v. 1, Daniel Horthemels, 1691, p. 20. アドリアン・バイエ『デカルトの生涯』上，山田弘明・香川知晶・小沢明也・今井悠介訳，工作舎，2022，p. 127。

　72）　AT-XI, pp. 663–65；「ストックホルム・アカデミーの企画」山田弘明訳，『デカルト数学・自然学論集』pp. 237–39。会員から外国人を除外する項目があるが，それはデカルト自身がスウェーデン・アカデミーにおいて特別な存在となることを危惧してのことと思われる（Cf. A. Baillet, op. cit., p. 413；『デカルトの生涯』下，p. 501）。ただし，外国人の聴講は許されていた（同上）。バイエも，「たいていの人たちは，いわゆる名声のうちに栄誉を見出すが，彼ほどそういう栄誉を重視しなかった哲学者はいない」（A. Baillet, op. cit., v. 2, p. 465；『デカルトの生涯』下，p. 556）と述べている。

ないことである。これから〈レットルの共和国〉の舞台に上がる時点と絶筆の時点とにおいて，新たな知の発展を「我々」の間でなしえようとする意志に変わりはなかったのである。

彼が対象とする読者とは，〈レットルの共和国〉の国民であり，良識ある人々であった。事実，デカルトは『方法序説』第六部において，ガリレイの裁判を受けて自著『世界論』を出版するのを取りやめた理由を「一般の人，公衆」(le public) に向けて説明したが，その「一般の人」とは，クールセル (Étienne de Courcelles) のラテン語訳では，「レットルの共和国」(reipublicae literariae) と訳されている[73]。彼はヨーロッパの知識人に対して自分の知識を披露したのである。確かにデカルト自身は積極的にレットルの共和国に関わることを避けたと思われるが，メルセンヌを介して学者らと情報のやり取りをして，結果的に人生に役立つ新たな学問を知識人たちに伝えようとしたことも事実である。

「我々」は読者であり，作者でもある。このレベルにおいて，懐疑理由や形而上学の推論はこういった人々を納得させるものでなくてはならなかった。したがって，デカルトのエゴは，個別的で秘私的な「私」であるとともに，公共的で知性的な「私」でもなければならなかった。彼のコギトも同じで，意志を甘受する意識であるとともに，学知を構築する知性の発現であったのである。本書は後者が前者をも方法の対象とするという意味で，後者を仮定としての学の原理から神により保証される原理への途を辿った。分析的方法が自己に統合され，知性（理性）に純化していく途をデカルト形而上学とみなしたのである。

---

73) Cf. AT-VI, p. 574 ; *Renati Des Cartes Specimina seu Dissertatio de Methodo…*, Amstelodamum, Elzevirius, 1644, p. 55.

あとがき

　本書はデカルトについて今までに何かしらの形で発表してきた論考を中心として、それらに手を加えてまとめたものである。「序章」から参考にした論考を記すと次の通りである。

序章：「哲学史研究の哲学――フランスにおけるデカルト研究の場合」、『北海道哲学会会報』no. 51, 2002, 1–13 頁。

　第Ⅰ部
第 1 章・第 2 章：「デカルトにおける方法の誕生」、哲学勉強会発表原稿、2014。
第 3 章「推論と理性――デカルトの三段論法批判」、『フランス哲学・思想研究』no. 2, 1997, 84–97 頁。
　第Ⅱ部
第 4 章：「作者の発作――「第一省察」における狂気の生理学」、『埼玉大学紀要　教養学部』no. 30, 1995, 145–61 頁。
第 5 章：「精神を感覚から引き離すこと――トマスの抽象とデカルトの懐疑」、『哲学』no. 29, 北海道大学哲学会, 1993, 18–39 頁。
　第Ⅲ部
第 6 章：「『規則論』における "Ego sum" と "Ego cogito" の順序関係について」、『哲学』no. 26, 北海道大学哲学会, 1990, 1–21 頁。
第 7 章：「デカルトにおけるソクラテス的反転――ドゥビトの確実性からスムの必然性へ」、『哲学』no.42, 日本哲学会, 1992, 146–56 頁
第 8 章：「デカルトにおける命がけの飛躍――エゴの持続と観念の永続」、デカルト研究会発表原稿, 1994。
　第Ⅳ部
第 9 章：「デカルトにおける方法と第一哲学――知性の覚醒とその分析的方法

の展開」,『哲学』no. 33, 北海道大学哲学会, 1997, 1–21 頁。
第 10 章:「デカルトの「第四省察」における知性弁護論——反意志主義的新解釈の試み」,『中部哲学会会報』no.34, 2002, 103–18 頁。
第 11 章:「デカルトの循環——失われた記憶を求めて」,『中部哲学会会報』no. 30, 1998, 59–74 頁

終章:「デカルトにおける欲求（appétit）の左遷——欲求の存在論と知覚の機械論」,『フランス哲学・思想研究』no. 4, 1999, 101–15 頁。

　卒論では，伊藤勝彦先生の影響を受けて，現実世界とコギトとの接点を方法の観点から探求した。実際にはその時に指導を受けたのは河西章先生であり，自由に持論を展開するのを許してもらった。河西先生にとっては，ラポルトが指標となるデカルト研究者であった（本書の書名はラポルトの著作への敬意による）。修論はフッサール研究家の加藤精司先生に面倒を見ていただいた。修論の内容は本書の第Ⅲ部第 8 章に関わるもので，ベサードに影響を受けて，デカルト哲学が時間的な地平から非時間的な地平に移行する哲学であることを論じた。中世哲学においては，清水哲郎先生に教えを乞うた。博士課程において，図書館でデカルトに関する雑誌論文を調べていたら，当時は何者か知らなかったセールの論文に出くわした。記載された図式に惹かれて興味深い論文だと思い，それを題材に処女論文を書いた（第Ⅲ部第 6 章）。自分の研究がテクストに沿った正統なものではないことはこの論考から始まっており，テクストの構造よりも，テクストを生み出すレベルの構造が自分にとっては重要なものとなっていった。その後，一番の師となる坂井明宏先生に師事し，その後の論文のスタイルを決定づける指導を受けた。すなわち，題材に関する諸研究者の論文を調べ上げ，それらを討論形式でまとめて，自説を展開するというスタイルである。このことは論文作成の方法とテクスト解釈を超えた論法を与えてくれた。しかし，まずはデカルトのテクスト解釈を厳密に行うため，所雄章先生，次には村上勝三先生のもとで学ぶことになった。特に村上先生には哲学すること自体を学び，主に「デカルト研究会」を通して公私ともお世話になった。その会では，後に自分を『ポール・ロワイヤル論理学』と『デカルトの生涯』

の翻訳者に加えて下さった山田弘明先生もいらして，さまざまな知識を授かった．こうして研究を進めるにつれて，自分の研究が哲学である所以はどこにあるのかという疑問から，フランスのデカルト研究者たちの研究をまとめ，「哲学史研究の哲学」を書いた．この論考は宮崎隆先生・香川知晶先生の発案である「哲学勉強会」においてまずは発表した．哲学者研究の場合，対象そのものが哲学であるとも言えるので，対象の研究は自動的に哲学と言えなくもない．しかし，対象は分析されて整合的に構成されて新たに存在するのであり，このレベルにおいて哲学研究の真の意味がある．このレベルに対象の作者自身のテクストを置く必要はない．そのレベルに作者の言外の哲学ないし研究者の哲学が読み込まれるべきであろう．自分の場合は，対象の分析や研究者の分析を通して，作者の哲学を誕生させる仕組みを見出すことを方法とした．このことはデカルトの方法自体が主体として顕現する知性主義の哲学を見出すこととつながった．このように，数多くの先生方の期待を裏切って，本稿を作成するのに多くの年月をかけてしまい，大変申し訳なく思う次第である．

　最後に，知泉書館の齋藤裕之さんには本書を完成させるうえで大変にお世話になりました．深く感謝の意を表したいと存じます．

参 考 文 献

外国語文献

Agricola, R., *De invenitione dialectica libri tres cum schliis Johannis Matthaei Phirissemii* …, 1515 (Nachdruck der Ausgabe Koln 1528).
Alain, *Idées: Introduction à la Philosophie. Platon, Descartes, Hegel, Comte*, Flammarion, 1983 (Paul Hartmann, 1939).（邦訳：アラン『イデー（哲学入門）』渡辺秀訳〈アラン著作集6〉白水社，1980）
Alquié, F., *La Découverte Métaphysique de l'Homme chez Descartes*, PUF, 1950 (1966).（アルキエ「デカルトの形而上学の構成における存在論的経験と体系的演繹」香川知晶訳,『現代デカルト論集 I』勁草書房, 1996)
―――, « Psychanalyse et histoire de la philosophie », *Etudes philosophiques*, 1956.
―――, *Descartes L'Homm et l'Œuvre*, Hatier, 1957(1988).（邦訳：アルキエ『デカルトにおける人間の発見』坂井昭宏訳, 木鐸社, 1979）
―――,"Experience Ontologique et Déduction Systématique dans la Constitution de la Métaphysique de Descartes" en *Cahier de Royaumont, Philosophie*, no.2, 1957(1987(Garland Publishing)).
―――, Note sur l'interprétation de Descartes par l'ordre des raisons, *Revue Métaphysique et Morale*, 1959.
Anz, H., "Hermeneutik der Individualität. Wilhelm Diltheys hermeneutische Position und ihre Aporien", in H.Birus, *Hermeneutische Positionen*, Vandenhoeck & Ruprecht, 1982.（ハインリッヒ・アンツ「個性の解釈学――ヴィルヘルム・ディルタイの解釈学的立場とそのアポリア」三国千秋訳, ヘンドリック・ビールス編『解釈学とは何か』山本書店, 1987）
Aquinas, T., In Librum Boethii de Trinitate, V–VI. English translation:*The Division and Methods of the Sciences*, 2d.rev, ed.translation, Armand Maurer, The Pontifical Institute of Mediaeval Studies, 1958.（略号：BT）
―――, Summa Theologica.（略号：ST。訳に関しては, 創文社『神学大全』使用）
―――, In VIII Libros Physicorum Aristotelis.（略号：PA）
―――, In Libros de Anima Commentarium.（略号：AC）
―――, De Vertate.（略号：DV）
―――, In Duodesim Libros Metaphysicorum Aristotelis Expositio.（略号：MA）
―――, De Somno et Vigilia.

参考文献

Ariew, R., J. Cottingham, T. Sorell, *Backgroud Source Materials*, Cambridge University Press, 1998.
Antoine Arnauld et Pierre Nicole, *La Logique ou L'Art de Penser*, 1662 (Vrin, 1993).（アントワーヌ・アルノー, ピエール・ニコル『ポール・ロワイヤル論理学』山田弘明・小沢明也訳, 法政大学出版局, 2021）
Aristoteles,『アリストテレス全集』岩波書店, 1968-73。
───『弁論術』戸塚七郎訳, 岩波文庫, 1992。
───『心とは何か』桑子敏雄訳, 講談社学術文庫, 1999。
Ashworth, E. J., "Traditional logic" in *The Cambridge History of Renaissance Philosophy*, edited by C.B.Schmitt and Q.Skinner, Cambridge University Press, 1988 (1992).
Bacon, F., *The Works of Francis Bacon*, Faksmile-Neudruck der Ausgabe von Spedding, Ellis und Health, in 14 Bde., Friedrich Friedrich Fromman Verlag, 1961-63.（邦訳：『世界の大思想6　ベーコン』河出書房, 1966）
Baillet, A., *La Vie de Monsieur Des-cartes*, V.I, Olms, 1972 (Chez Daniel Horthemels, 1691)（邦訳：バイエ『デカルトの生涯』上・下, 山田弘明・香川知晶・小沢明也・今井悠介訳, 工作舎, 2022）
───, *La Vie de Mr.Des-Cartes, Réduite en Abregé*（邦訳：バイエ『デカルト伝』井沢義雄・井上庄七訳, 講談社, 1979。）
Baudry, L., *Lexique Philosophique de Guillaume d'Occkham*, P. LETHIELLEUX, 1958.
Beck, L. J., *The Method of Descartes*, pp.93-99, Oxford University Press, 1952.
───, *The Metaphysics of Descartes : A Study of the Meditations*, Oxford, 1965.
Belgioloso, G., "Gouhier lecteur de Descartes", *Le Regard d'Henri Gouhier*, sous la direction de D.L.-Fayette, Vrin, 1999.
Bergson, H., "Introduction à la métaphysique", *La Pensée et le Mouvant*, PUF, 1938 (1996)（邦訳：ベルクソン「形而上学入門」坂田徳男訳,〈世界の名著53〉中央公論社, 1969）
Beyssade, J.-M., « Mais quoi ce sont des fous » :Sur un passage controversé de la « Première Méditation », *Revue de Métaphysique et de Morale*, v.78, n.3（邦訳：ベサード「しかし彼らは狂っているのだ──「第一省察」の論争の的になった一節について」宮崎裕助・金田康寛訳,『知のトポス』no. 16, 新潟大学大学院現代社会文化研究科, 2021）
───,"L'Analyse de Morceau de Cire", in Sinnlichkeit und Vernunft, 1976.
───, *La Philosophie Première de Descartes*, Flammarion, 1979.（ベサード「『デカルトの第一哲学──時間と形而上学の整合性』「序文」持田辰郎訳, デカルト研究会編『現代デカルト論集Ⅰ　フランス篇』勁草書房, 1996）
Blanchet, L., *Les Antécédents Historiques du:je pense, donc je suis*, Alcan, 1920.
Bordo, S. R., *The Flight to Objectivity: Essays on Cartesianism & Culture*, Suny, 1987.
Borkenau, F., *Der Übergang vom Feudalen zum Bürgerlichen Weltbild: Studien zur Geschichite der Philosophie der Manufakturperiode*, Felix Alcan, 1934.（ボルケナウ『封建的世界像から市民的世界像へ』水田洋・他訳, みすず書房, 1965）

参考文献

Bréhier, E., "La création des vérités éternelles", *Revue Philosophique*, 1937.
Bruner, F., « Gueroult » in *la Dictionnaire des Philosophies*, directeur de la publication : D. Huisman, P.U.F, p. 1102-03.
Brunschvicg, L., *Les Étapes de la Philosophie Mathématique*, A.Blanchard, 1981.
Cardanus, H., *Ars Magna*, 1545, caput. XI ;*The Rules of Algebra(Ars Magna)*, translated by T. R. Witmer, Dover publications, Massachusetts Institute of Technology.
Carriero, J. P., "The Second Meditation and the Essence of the Mind", *Essays on Descartes'Meditations*, University of California Press, 1986.
Clavius, C., *Opera Mathematica of Christoph Clavius*, https://clavius.library.nd.edu
Cleve, J. V., "Foundationalism, epistemic principles, and the cartesian circle", *The Philosophical Review*, no. 88(1), 1979.
Coffeteau, N., *Tableau des Passions Humaines, de Leurs Causes et de Leurs Effets*, Paris, 1620 (1664).
Dassonville, M., *Pierre de La Ramée, Dialectique(1555)*, Librairie Droz, 1964.
Dear, P., "Mersenne's Suggestion: Cartesian Meditaion and the Mathematical Model of Knowledge in the Seventeenth Century", in *Descartes and his Contemporaries Meditations, Objections, and Replies*, edited by Roger Ariew and Majorie Grene, The University of Chicago Press, 1995.
Deleuze, G. & Guattari, F., *Qu'est-ce Que la Philosophie ?*, Minuit, 1991.（ドゥルーズ＝ガタリ『哲学とは何か』財津理訳, 河出書房新社, 1997）
Deprun, J., "Qu'est-ce qu'une passion de l'ame? ", *Revue Philosophique*, no.1091, 1988, n.4.
Derrida, J., "Cogito et histoire de la folie", *L'Ecriture et la difference*, Editions du Seuil, 1967.（デリダ「コギトと『狂気の歴史』」野村英夫訳,『エクリチュールと差異』上, 若桑・野村・阪上・川久保訳, 法政大学出版局, 1977）
Desan, P., *Naissance de la Methode (Machiavel, La Ramee, Bodin, Montaigne, Descartes)*, A.-G.Nizet, 1987.
Dicker, G., *Descartes An analytical and historical introduction*, Oxford University Press, 1993.
Donergan, Bernard J., *Verbum Word and Idea in Aquinas*, University of Notre Dame Press, 1967.
Doney, W., "The cartesian circle", *Journal of the History of Ideas*, no.3, 1955.
Dreyfus, G., "Martial Gueroult", *Kant Studien*, t.69/4, 1978.
Dubouclez, O., *Descrtes et La Voie de L'Analyse*, P.U.F, 2013.
Dupleix, S., *La logique ou art de discourir et raisonner*, 1607 (Fayard, 1984).
Einarson, B., "On certain mathematical terms in aristotel's logic part I. II", *American Journal of Philology* , v.LVII, 1936.
Espinas, *Descartes et la Morale*, Bossard, 1925.
Etchemendy, J., "The cartesian circle: circulus ex tempore", *Studia Cartesiana* 2, 1981.
Eustachius a Sancto Paulo, *Summa Philosophiae Quadripartita*, 1609 (Paris edition).

Feldman, F., "Epistemic Appraisal and the Cartesian Circle", *Philosophical Studies*, no.27, 1975.

Foucault, M., *Histoire de la Folie à l'Âge Classique*, Gallimard, 1972 (Plon, 1961).（フーコー『狂気の歴史――古典主義時代における』田村俶訳, 新潮社, 1975）

――――, *Les Mots et Les Choses. Une Archeologie des Sciences Humaines*, Gallimard, 1966.（フーコー『言葉と物――人文科学の考古学』渡辺一民・佐々木明訳, 新潮社, 1974）

――――, *Maladie Mentale et Psychologie*,（フーコー『精神疾患と心理学』神谷美恵子訳, みすず書房, 1970）

Frankfurt, H. G., *Demons, Dreamers, and Madmen*, Bobbs-Merrill, 1970.

Gadamer, H.-G., *Wahrheit und Methode*, Tubingen, 1960（邦訳：ガダマー『真理と方法 I――哲学的解釈学の要綱』轡田収・他訳, 法政大学出版局, 1986）

Garber, D., "Morin and The Second Objections" in *Descartes and his Contemporaries Meditations, Objections, and Replies*, edited by Roger Ariew and Majorie Grene, The University of Chicago Press, 1995.

Gaukroger, S., *Cartesian Logic An Essay on Descartes's Conception of Inference*, Clarendon Press, 1989.

Gewirth, A., "The Cartesian Circle", *Philosophical Review*, no.4, 1941; "The Cartesian Circle Reconsidered", *Journal of Philosophy*, no.67, 1970.

Gibson, B., *The Philosophy of Descartes*, Methuen, 1932.

Gilbert, N. W., *Renaissance Concepts of Method*, Columbia University Press, 1960.

Gilson, E., *Index Scolastico-Cartesien*, Burt Franklin, 1912 (Felix Alcan, 1913 (Vrin, 1979)).

――――, *La Liberté chez Descartes et La Théologie*, Vrin, 1913.

――――, *René Descartes, Discours de la Méthode, Texte et Commentaire*, Vrin, 1925.

――――, *Etudes sur le Rôle de la Pensée Médiévale dans la Formation du Système Cartésien*, Vrin, 1930.

――――, *Réalisme Thomiste et Critique de la Connaissance*, Vrin, 1939 (1983).

――――, *L'Esprit de la Philosophie Médiévale*, Vrin, 1932 (1943)（邦訳：ジルソン『中世哲学の精神』上・下, 服部英次郎訳, 筑摩書房, 1974-1975）

――――, *God and Philosophy*, New Haven, 1941.

――――, "Le Descartes de L. Levy-Bruhl", *Revue Philosophique de la France et de l'étranger*, 1957/4, vol.147.

――――, *The Unity of Philosophical Experience*, Sheed and Ward, 1938 (1955)（邦訳：ジルソン『理性の思想史――哲学的経験の一体性』三島唯義訳, 行路社, 1976）

――――, *L'Etre et l'essence*, Vrin, 1948（邦訳：ジルソン『存在と本質』安藤孝行訳, 行路社, 1981）

Giolito, C., *Histoire de la Philosophie avec Martial Gueroult*, L'Harmattan, 1999.

Glucksmann, A., *Descartes C'est la France*, Flammarion, 1987.

Gouhier, H., *La Pensée Religieuse de Descartes*, Vrin, 1924.

―――, *Essais sur Descartes*, Vrin, 1937（邦訳：グイエ『人間デカルト』中村雄二郎・原田佳彦訳，白水社，1981）

―――, *La Philosophie et son Histoire*, Vrin, 1947.

―――, « Pour une histoire des «Méditations métaphysiques » », *Etudes d'Histoire de la Philosophie Française*, 1976 (1951), Hidesheim.

―――, *Les Première Pensées de Descartes*, Vrin, 1958.

―――, *La Pensée Métaphysique de Descartes*, Vrin, 1962 (1978).

―――, *Etudes sur L'Histoire des Idées en France depuis le XVIIe Siècle*, Vrin, 1980.

Grimaldi, N., "Les dimensions de la conscience affective", in *La Passion de la Raison Hommage à Ferdinand Alquié*, PUF.

Grosholz, E. R., *Cartesian Method and the Problem of Reduction*, Oxford University Press, 1991.

Guenancia, P., "Foucault/Descartes:la question de la subjectivité", *Archives de Philosophie*, no.65(2002).

Gueroult, M., *Descartes selon l'Ordre des Raisons*, 2vol, Aubier, 1953（邦訳：ゲルー『デカルト形而上学と理由の順序』小泉義之訳，デカルト研究会編『現代デカルト論集Ⅰ　フランス篇』勁草書房，1996）

―――, *Philosophie de l'Histoire de la Philosophie*, Vrin, 1956.

―――, "La vérité de la science et la vértité de la chose dans les preuves de l'existence de Dieu", *Descartes, Cahiers de Royaumont*, Minuit, 1957（邦訳：ゲルー「神の実在証明における知識の真理と事物の真理」小泉義之訳，『現代デカルト論集Ⅰ　フランス篇』勁草書房，1996）

―――, "De la méthode prescrite par Descartes pour comprendre sa philosophie", *Archiv für Geschichite der Philosophie*, no. 44, 1962.

―――, *Dianoématique Livre II : Philosophie de L'Histoire de la Philosophie*, Aubier-Montaigne, 1979.

Hamlin, O., *Le Système de Descartes*, Felix Alcan, 1911.

Hannequin, A., "La méthode de Descartes", *Études d'histoire des sciences et d'histoire de la　philosophie*, Alcan, 1908.

Hegel, G. W. F., *Vorlesungen über die Geschihite der Philosophie*, OPP, hrsg. von Glockner, XIX（邦訳：ヘーゲル『哲学史序論――哲学と哲学史』武市健人訳，岩波書店，1967）

Hintikka, J., « Cogito, Ergo Sum :inference or performance ? », *Philosophical Review*, v.71, 1962

―――, « Cogito, ergo sum as an inference and a performance », *Philosophical Review*, v.72, 1963.

Hispanus, P., *Summulae Logicae,* 1245; B. P. Copenhaver, *Peter of Spain:Summaries of Logic, Text, Translation, Introduction, and Notes*, Oxford University Press, 2014.（山下正男『ヒスパーヌス論理学綱要――その研究と翻訳』京都大学人文科学研究所，1981）

Huisman, D. (directeur de la publication), *Dictionaire des Philosophes*, PUF.
Hume, D., *A Treatise of Human Nature*, 1739.
Jullien, V., *Descartes La Géomérie de 1637*, PUF, 1996.
Kambouchner, D., "La liberté chez Descartes et la psychologie", *Autour de Descartes, Le Dualisme de l'Âme et du Corps*, publiée par J-L.Viellard-Baron, Vrin, 1991.
Kant, I., *Kritik der Reinen Vernunft*, 1781 (1787).
Keeling, S. V., "Le réalisme de Descartes", *Reue de Métaphysique et de Morale*, (44)1937.
Kenny, "The cartesian circle and the eternal truth", *Journal of Philosophy*, no.67, 1970.
Klein, J., *Greek Matheatical thought and the origin of algebra*, translated by E.Braun, Dover Publications, Inc. 1968 (1992).
Kneale, W. and Kneale, M., *The Development of Logic*, Clarendon Press, 1962.
Kraus, P. A., "Mens Humana:Res Cogitans and The Doctorine of Faculuties in Descartes'Meditationes", *International Studies in Philosophy*, 1986, v.18.
Laberthonnière, L., *Œuvres de Laberthonnière Etudes sur Descartes*, t.II, Vrin, 1935.
Lachieze-Rey, P., *L'Idealisme kantien*, Vrin, 1931 (1972).
Larorte, J., *Le Rationalisme de Descartes*, P.U.F., 1945.
Le Blond, J.-M., *Logique et Méthode chez Aristote. Etude sur la recherche des principes dans la physique aristotélienne*, 1939, Vrin
Lefébvre, H., *Descartes, Hier*, 1947 (邦訳：ルフェーブル『デカルト』服部英次郎・青木靖三訳，岩波現代叢書，1953)
Leibniz, G. W., *Nouveaux Essais sur l'Entendement Humain*, 1704.
Leroy, M., *Le Philosophe ou Masque*, Rieder, 1929.
Rodis-Lewis, G., "Bilan de cinquante ans d'études cartésiennes", Revue Philosophique, 1951, pp.249–67.
―――, *L'Œuvre de Descartes*, Vrin, 1971. (邦訳：ロディス＝レヴィス『デカルトの著作と体系』小林道夫・川添信介訳，紀伊國屋書店，1990)
―――, 'Hypothèses sur l'élaboration progressive des *Méditations* de Descartes', *Archives de Philosophie*, 1987.
―――,"Note sur le « cercle » cartesien", *Archives de philosophie*, no.42, 1979.
―――,"L'Apport d'Etienne Gilson et de Martial Gueroult aux études sur Descartes ", *Archives de Philosophie*, vol.42, 1979.
Liard, L., *Descartes*, Librairie Germer Bailliere, 1882.
Malherbe, M., "Bacon's method of science" in *The Cambridge Companion to Bacon*, Cambridge University Press, 1996.
Marion, J.-L. et Costabel, P. , *René Descartes Règles Utiles et Claires pour la Direction de l'Ésprit en la recherche de la Vérité : Traduction selon le Lexique Cartésien, et Annotation Conceptuelle par Jean-Luc Marion Avec des Notes Mathématiques de Pierre Costabel*, Nijhoff, 1977.
―――, *Sur l'Ontologie grise de Descartes*, Vrin, 1979.
―――, « L'instauration de la rupture : Gilson à la lecture de Descartes » in *Etienne*

Gilson et Nous: La Philosophie et Son Histoire, Vrin, 1980.
―――, *Dieu Sans L'Etre*, PUF, 1982.
―――, *Sur Le Prisme Métaphysique de Descartes*, PUF, 1986.
―――, *Rédaction et Donation : Recherches sur Husserl, Heidegger et la Phénoménologie*, PUF, 1989. (邦訳：マリオン『還元と贈与――フッサール・ハイデガー現象学論攷』芦田・大井・柴崎・柴田・宮川訳, 行路社, 1994)
―――, "Quelle est la méthode dans la métaphysique ?- le rôle des natures simples dans les Méditations", *Questions Cartésiennes I*, PUF, 1991.
―――, "Cartesian metaphysics and the role of the simple natures", *The Cambridge Companion to Descartes*, Cambridge University Press, 1992.
―――, « De l'histoire de l'être à la donation du possible », in *Debat*, novembre-décembre, n. 72, 1992.
Maritain, J., *Le Songe de Descartes, suivi de quelques Essais*, Correa, 1932.
Milhaud, G., *Descartes Savant*, Librairie Felix Alcan, 1921.
Maurer, A., "A neglected thomastic text on the foundation of mathematics", *Mediaeval Studies*, XXI, 1959.
Mesnard, P., "L'esprit de la physiologie cartésienne", *Archives de Philosophie*, v.117, 1937.
Miller, L. G., "Descartes, mathematics, and god", *The Philosophical Review* (66) 1957.
Moulin, P.du, *Les Elémens de la philosophie morale*, Sedan, 1624.
Mugler, C., *Platon et la recherche mathématique de son époque*, P.H.Heitz, 1948.
Nifo, *Expositio de physico auditu*, 1552.
Occamus, G., *Expositio aurea*.
―――, *Quodlibeta* septem.
Nuland, S. B., *Doctors: The Biography of Medicine*, Knopf, 1988. (ヌーランド『医学をきづいた人々――名医の伝記と近代医学の歴史』上, 曽田能宗訳, 河出書房新社, 1991)
Olson, M. A., "Descartes' First Meditaion:Mathematics and laws of logic", *Journal of the History of Philosophy*, XXVI : 3 July 1988.
Ong, W. J., *Ramus, Method, and the Decay of Dialogue: From the Art of Discourse to the Art of Reason*, The University of Chicago Press, 1958.
O'Neil, B., "Cartesian Simple Natures", *Journal of the History of Philosophy* 10 (2):161 (1972).
Pariente, J.-C., « Problèmes logiques du *Cogito* », in *Le Discours et sa Méthode*, PUF, 1987.
Pascal, B., Pensées (邦訳：パスカル『パンセ』前田陽一・由木康訳〈世界の名著24〉, 中央公論社, 1966)
Piguet, J.-C., *L'Œuvre de Philosophie,* Edition de la Baconnière, 1960. (クロード・ピゲ『言語表現の哲学』宇波彰訳, せりか書房, 1972)
Pleix, S. du, *L'Esthétique ou Philosophie morale*, Lyon, 1620.

Poisson, N.-J., *Commentaire ou Remarques sur la méthode René Descartes. Où on établit plusieurs prinsipes généraux, nécessaires pour entendre toutes se œuvres*, Vandosme, 1670.（邦訳：N. ポワソン『デカルト『方法序説』注解』山田弘明，クレール・フォヴェルグ，今井悠介訳，知泉書館，2022）

Popkin, R. H., *The History of Scepticism from Erasmus to Descartes*, Van Gorcum & Comp. N. V., 1960.（邦訳：ポプキン『懐疑──近世哲学の源流』野田又夫・岩坪紹夫訳，紀伊國屋書店，1981）

Ramus, P., *Arithmeticae libri duo et geometriae septem et viginti*, Frncfort, apud D. Aubricos et C. Scheichium, 1569.

———, *Dialectique*, 1555, A. Welchel (Librairie Droz, 1964)

———, *Dialecticae institutiones ; Aristotelicae animadversions*, 1543, mit einer Einleitung von Wilhelm Risse. Stuttgart-Bad Cannstatt : Friedrich Frommann, 1964.

Reichmann, J., "The "Cogito" in St.Thomas : Truth in Aquinas and Descartes", *International Philosophy Quarterly*, 26, 1986.

Robert, A., "Descartes et l'Analyse des Anciens", *Archives de Philosophie*, v.13, 1937.

Robinet, *Aux Sources de l'Esprit Cartesie*n, Vrin, 1996.

Rodier, G., "Les mathématiques et la Dialectique dans le système de Platon", *Archiv für Geschichite der Philosophie* , v.XV, 1902.

Rossi, P., *Francesco Bacone Dalla Magia alla Scienza*, Laterza, 1957（邦訳：P. ロッシ『魔術から科学へ──近代思想の成立と科学的認識の成立』前田達郎訳，サイマル出版会，1970）

Schipperges, H., *Die Kranken im Mittelalter*, C. H. Beck'sche Verlagsbuchhandlung, 1990.（シッパーゲス『中世の患者』濱中淑彦監訳，人文書院，1993）

Scholz, H., « Über das Cogito ergo sum » , *Kant-Studien*, v.36, 1931.

Senault, *De l'Usage des Passions*, Paris, 1641(Fayard, 1987).

Serres, M., Un modèle mathématique du cogito , *Revue Philosophique de la France et de l'Étranger*, 1965, pp.197-205 ; M. Serres, *Hermes I La Communication*, Editions de Minuit, 1969.（邦訳：セール「デカルト──環のない鎖」，『コミュニケーション ヘルメスⅠ』豊田彰・青木研二訳，法政大学出版局，1985）

Sepper, D. L., "Ingenium, Memory Art, and the Unity of Imaginative Knowing in the Early Descartes", *Essays on the Philosophy and Science of René Descartes*, edited S.Voss, Oxford University Press, 1993.

Serrus, Ch., *La Méthode de Descartes et Son Application à la Métaphysique*, Librairie Felix Alcan, 1933.

Travaux du IXe Congrès international de Philosophie II, Hermaun et Cie, 1937.

Madame de Sevigne, *Lettres Choisies*, Ed. R. Duhene, Gallimard, 1988(premiere edition 1725).

Shoemaker, S., *Self-Knowledge and Self-Identity* , Cornell University Press, 1963.（S. シューメーカー『自己知と自己同一性』菅・浜渦訳，勁草書房，1989）

Singer, C., E. A. Underwood, *A Short History of Medicine*. 2nd edition. Clarendon Press,

Oxford, 1962.（『医学の歴史 1――古代から産業革命まで』酒井シヅ・深瀬泰旦訳，朝倉書店，1985）

Slezak, P., « Descartes's diagonal deduction », *British Journal for the Philosophy of Science*, v.34, 1983.

Smith, N. K., *New Studies in the Philosophy of Descartes,* Russel & Russel, 1952.

Smith, V. E., *St.Thomas on the Object of Geometry,* Marquette University Press, 1954.

Sorensen, R. A., « Was Descartes's Cogito a diagonal deduction ? », *British Journal for the Philosophy of Science*, v.37, 1986.

Stout, A. K., "The basis of knowledge in Descartes", *Mind* (38)1929.

Suarez, *Disputationes Metaphysicae*, Salamanca, 1597(Georg Olms Verlagsbuchhandlung Hildesheim 1965).

Tellenbach, H., *Melancholy : History of the Problem, Endogeneity, Typology Pathogenesis, Clinical Considerations,* Duquesne University Press, 1979.（H. テレンバッハ『メランコリー』木村敏訳，精興社，1978）

Tierno, J. T., *Descartes on God and Human Error*, Humanities Press, 1997.

Valery, P., « Une vue de Descartes », *Variétés*, Pleiade.

――――*Monsieur Teste*, Gallimard, 1946 (1896).

Vaulezard, *La Nouvelle Algèbre de M. Viète (1630)*: précédée de Introduction en l'art analytique, Fayard(1986).

Venise, Paul de, *Smma Philosophia Naturalis*, 1503.

Viète, F., *In Artem Analyticem Isagoge: Seorsim Excussa ab Opere Restitutae Mathematicae Analyseos, Seu Alogebra Nova*, J.Mettayer, 1591.

Vuillemin, J., *Mathématiques et Métaphysique chez Descartes*, P.U.F., 1960.

――――*Nécessité ou Contingence*, Minuit, 1984.

Wallace, W. A., *Galileo's Logic of Discovery and Proof. The Backgroud, Content and Use of His Appropriated Treatises on Aristotle's Posterior Analytics*, Kluwer, 1992.

Williams, B., *Descartes:The Project of Pure Enquiry*, Penguin Books, 1978.

Wilson, M., *Descartes*, Routledge and Kegan Paul, 1978.

Yates, Francis A., *The Art of Memory*, .The University of Chicago Press, 1966.（イェイツ『記憶術』玉泉八州男監訳，水声社，1993）

Yolton, J., "The Semantic Relation", in *Perception & Reality A History from Descartes to Kant*, Cornell University Press, 1996 ; "Perceptual cognition of body in Descartes", in *Perception Acquantance from Descartes to Reid*, University of Minnesota Press, 1984.（ジョン・W・ヨルトン「デカルトにおける物体の知覚認識」安藤正人訳，『現代デカルト論集 II 英米篇』勁草書房，1996）

Zabarella, J., *De Methodis Libri Quatuor.Liber de Regressu*, 1578, edited by Cesare Vasoli (1985).

日本語文献

麻生建『解釈学』世界書院，1985。
アリストテレス『アリストテレス全集』岩波書店，1968–73；新版 2013–。
安藤正人「情念の分析と道徳」，『デカルト読本』法政大学出版局，1998。
―――「デカルトにおける意志と情念――知性的情動と内的情動をめぐって」，『現代デカルト論集 III』勁草書房，1996。
五百旗頭博治・荒井洋一訳・解説「サン＝ヴィクトルのフーゴー　デイダスカリコン（学習論）――読解の研究について」，『中世思想原典集成 9　サン＝ヴィクトル学派』上智大学中世思想研究所，平凡社，1996。
稲垣良典『トマス・アクィナス哲学の研究』創文社，1970。
―――「全体の抽象と形相の抽象」，『哲学雑誌』73 巻，1958。
―――「トマスにおける存在と意識」，『科学と実在論』思索社，1980。
池辺義教『デカルトの誤謬論』行路社，1988。
―――「オクターヴ・アムラン」，澤瀉久敬編『現代フランス哲学』雄渾社，1968。
石井栄一『ベーコンの哲学』有信堂高文社，1982。
石井忠厚『哲学者の誕生――デカルト初期思想の研究』東海大学出版会，1992。
伊藤勝彦「コギトと狂気の歴史」『夢・狂気・愛』新曜社，1977。
井上庄七・森田良紀監修『デカルト方法序説入門』有斐閣新書，1979。
井原健一郎「いかに身体を疑うか――フーコー・デリダ論争を手掛かりに」，『フランス哲学・思想研究』no. 6，日仏哲学会，2001。
―――「理に適った懐疑と常軌を逸した懐疑――方法の懐疑の二つの顔」，『倫理学年報』no. 50，日本倫理学会，2001。
今井知正「論証と原理」，『哲学雑誌』767（95）巻，1980。
大出晁「ガリレオ・ガリレイ『論証論』抄訳・解題」，『人文論集』no. 7，創価大学人文学会，1995。
―――「ヤコブス・ザバッレラ『論証的復帰論』訳および解題」，『人文論集』no. 8，創価大学人文学会，1996。
垣田宏治「デカルトの形而上学（1）――マルシャル・ゲルー著『推論の順序によるデカルト』に沿って」，『愛知教育大学研究報告』（第一部・人文・社会科学編）no. 25，1976。
香川知晶「精神の洞見と「実体」」，『理想』no. 589［特集：デカルト］，1982。
―――「アルキエ，フェルディナン」，『フランス哲学・思想事典』弘文堂，1999。
―――「フェルディナン・アルキエ 解題・解説」，デカルト研究会編『現代デカルト論集 I　フランス篇』勁草書房，1996。
河西章「デカルトに於ける「人間の自由」について」，『北大文学部紀要』no. 5，1956。
桂寿一『デカルト哲学とその発展』東京大学出版会，1966，1982。

川添信介「ジルソン，エティエンヌ」，『フランス哲学・思想事典』弘文堂，1999。
木村敏『自己・あいだ・時間』弘文堂，1981。
———『自覚の精神病理』紀伊國屋書店，1970。
久保田静香「ラムス主義レトリックとデカルト――近世フランスにおける自由学芸改革の一側面」，『エクフラシス：ヨーロッパ文化研究』4，早稲田大学ヨーロッパ中世・ルネサンス研究所，2014。
———「ペトルス・ラムス（1515–1572）研究の現状――Walter J. Ong 以前，以後」，『エクフラシス：ヨーロッパ文化研究』v.5，早稲田大学ヨーロッパ中世・ルネサンス研究所，2015。
久保田進一「デカルトにおける「数学の懐疑」をめぐって」，『中部哲学会紀要』no. 29，1997。
小池美穂「学問間における混合――ラムスによる弁証法と数学の場合」，『慶應義塾大学日吉紀要』（フランス語フランス文学）no.65，2017。
小泉義之「マルシャル・ゲルー 解題・解説」，デカルト研究会編『現代デカルト論集 I フランス篇』勁草書房，1996。
河野勝彦『デカルトと近代理性』文理閣，1986。
———「デカルトと数学」，『デカルト読本』法政大学出版局，1998。
小林道夫「現代フランスにおけるデカルト研究の諸問題」，『理想』no. 589「特集：デカルト」，1982。
———『デカルトの自然哲学』岩波書店，1996。
———『デカルト哲学の体系――自然学・形而上学・道徳論』勁草書房，1995。
———「ヴィユマン，ジュール」，『フランス哲学・思想事典』弘文堂，1999。
———「ゲルー，マルシャル」，『フランス哲学・思想事典』弘文堂，1999。
財津理「懐疑と〈コギト・エルゴ・スム〉」，『中央大学文学部紀要』32 巻，1986。
坂井昭宏「デカルトの弁神論（上）」，『論集』11 号，札幌商科大学学会，1973。
———「デカルトの弁神論（下）」，『論集』12 号，札幌商科大学学会，1974。
———「デカルトの二元論――実体的結合の体系的一と実在的区別の論証」，『千葉大学教養部研究報告 A』no. 14 続，1981。
———「スム・レス・コギタンス――デカルトの錯誤」，『理想』no. 589「特集：デカルト」，1982。
———「転生あるいは恋の逃飛行」，中森義宗・坂井昭宏共編『美と新生』東信堂，1988。
———「コギト・エルゴ・スム――英語の文献によるデカルト研究の現状」，『千葉大学教養部研究報告 A–12』，1979。
佐々木健一「グイエ，アンリ」，『フランス哲学・思想事典』弘文堂，1999。
清水哲郎『オッカムの言語哲学』勁草書房，1990。
佐々木力「〈われ惟う，ゆえにわれあり〉の哲学はいかにして発見されたか」，『思想』no. 760，1987。
———「代数的論証法の形成」，『科学史』弘文堂，1989。
———『近代学問理念の誕生』岩波書店，1992。

―――『科学革命の歴史構造』上・下，講談社学術文庫，1995；岩波書店，1985。
―――『デカルトの数学思想』東京大学出版会，2003。
佐々木周「日の始り――デカルト「第四省察」冒頭 M4, 52, 23–54, 31」，『北海道教育大学紀要 A 人文科学篇』40 (1) 号，1989。
沢崎壮宏「デカルトにおける「方法論」と形而上学」，『哲学論叢』no.25, 1998。
清水誠「フェルディナント・アルキエ」，澤瀉久敬編『続・現代フランス哲学』，雄渾社，1970。
鈴木泉「直観・思惟・意識――デカルトにおける〈私〉のあり方」，『論集』no. 8, 東京大学大学院人文社会系研究科哲学研究室，1989。
―――「ジャン＝リュック・マリオンの思索を巡って (1)」，『愛知』no. 11, 1995。
―――「ジャン＝リュック・マリオンの思索を巡って (2)」，『愛知』no. 12, 1996。
―――「現代フランスにおけるデカルト研究の現状」，『哲学雑誌』111 巻 783 号，1996。
曽我昇平「クリストファー・クラヴィウス研究――イエズス会の『学事規定』と教科書の史的分析」愛知学院大学博士論文，2014。
竹田篤司『デカルトの青春』勁草書房，1965。
武隈良一『数学史』培風館，1959 (1974)。
田島節夫「デカルトの理性と狂気」，『哲学誌』v. 15，東京都立大学哲学会，1972。
田中仁彦『デカルトの旅／デカルトの夢――『方法序説』を読む』岩波書店，1989。
谷川多佳子『デカルト研究――理性の境界と周縁』岩波書店，1996。
―――「ベイコンとデカルトの間――scientia, experientia, naturae simplices, inductio をめぐって」，花田圭介責任編集『フランシス・ベイコン研究』お茶の水書房，1993。
千葉恵「アリストテレスの三段論法の起源 (1)」，『哲学』79 巻，三田哲学会，1984。
―――「アリストテレスの三段論法の起源 (2)」，『哲学』80 巻，三田哲学会，1985。
―――"Aristotle on Explanation: Demonstrative Science and Scientific Inquiry" Part I, 『北海道大学文学部紀要』40 ノ 1, 1991。
―――"Aristotle on Explanation: Demonstrative Science and Scientific Inquiry" Part II, 『北海道大学文学部紀要』40 ノ 2, 1991。
―――『アリストテレスと形而上学の可能性――弁証術と自然哲学の相補的展開』勁草書房，2002。
所雄章『デカルト II』勁草書房，1971。
―――『デカルト』〈人類の知的遺産 32〉講談社，1981。
―――「四〇〇年と四〇有四年と――デカルト研究の歴史を顧みて」，『思想』no. 869, 1996。
―――「デカルト『省察』の（共同作業による）批判的註解とその基本的テーマ

の問題論的研究」(63301002) 昭和60年度科学研究費補助金 (総合研究A) 研究成果報告書, 1988。
─── 「デカルトの「第五・第六省察」の批判的註解とその基本的諸テーマの問題論的研究」(02301113) 平成3年度科学研究費補助金 (総合研究A) 研究成果報告書, 1990・1991。
長倉久子『トマス・アクィナス　神秘と学知』創文社, 1996。
中村幸四郎『近世数学の歴史──微積分の形成をめぐって』日本評論社, 1980。
名須川学『デカルトにおける〈比例〉思想の研究』哲学書房, 2002。
野田又夫『デカルト』岩波新書, 1966。
─── 『野田又夫著作集』第1巻, 白水社, 1981。
箱石匡行「フーコーとデカルト──理性と狂気」,『岩手大学教育学部研究年報』v. 55 (1), 1995。
花田圭介「方法論の成立」,『岩波講座 哲学XII　科学の方法』岩波書店, 1968。
ヒッポクラテス「ヒッポクラテスの医学」大橋博司訳,『ギリシアの科学　世界の名著9』中央公論社, 1972。
平松希伊子「デカルトにおける永遠真理創造説について」,『哲学研究』546号, 京都哲学会, 1982。
福居純『デカルト研究』創文社, 1997。
プラトン『パイドロス』藤沢令夫訳,〈プラトン全集5〉岩波書店, 1974。
─── 『国家』藤沢令夫訳,〈プラトン全集11〉岩波書店, 1976。
本多英太郎「〈悪しき霊〉と狂気──デカルトの懐疑をめぐるフーコーとデリダの論争について」,『紀要　言語・文学編』no. 29, 愛知県立大学外国語学部, 1997。
前田達郎「レトリックと方法──F. ベーコンの二つの顔」, 大森荘蔵他編『新岩波講座哲学15　哲学の展開 (哲学の歴史2)』岩波書店, 1985。
増田一夫「フーコーの狂気　デリダの狂気」,『岩波講座 現代思想5　構造論革命』, 岩波書店, 1993。
増田三彦「トマス・アクィナスにおける情念について」『島根大学法文学部紀要　文学科編』11号, 1988。
宮崎隆「デカルトにおけるコギトと意志──意志の使用」『横浜国立大学人文紀要 第一類』no. 38, 1992。
─── 「ジルソンの哲学史観」, 渡辺二郎監修『西洋哲学史観と時代区分』昭和堂, 2004。
三輪正「デカルト哲学におけるレトリックとディアレクチック」,『カルテシアーナ』no. 1, 大阪大学文学部哲学哲学史第一講座, 1997。
─── 「アンリ・グーイエ」, 澤瀉久敬編『現代フランス哲学』雄渾社, 1968。
村上勝三『デカルト形而上学の成立』勁草書房, 1990。
─── 『観念と存在──デカルト研究』知泉書館, 2004。
─── 「「疑い」と「確実性」」,『理想』no. 589「特集：デカルト」, 1982。
持田辰郎「「蜜蠟の分析」の諸解釈について」,『名古屋学院大学論集　人文・社会科学篇』20巻2号, 1984。

望月太郎「デカルト『規則論』を技術の観点から読む」,『待兼山論叢』24号, 1996。
矢玉俊彦『判断と存在』晃洋書房, 1998。
山口信夫「演劇に現れたデカルト像（下）——十八世紀フランスにおけるデカルト主義の運命に関する思想的考察（3）」,『岡山大学文学部紀要』17号, 1992。
────『疎まれし者デカルト——十八世紀フランスにおけるデカルト神話の生成と展開』世界思想社, 2004。
山田弘明『デカルト『省察』の研究』創文社, 1994。
────「フランスに於けるデカルト研究の現状」,『西洋哲学史研究』no.1, 1980。
────「序文——フランスにおけるデカルト研究の歴史」, デカルト研究会編『現代デカルト論集Ⅰ　フランス篇』勁草書房, 1996。
渡部菊郎『トマス・アクィナスにおける真理論』創文社, 1997。

人名索引
(本文に掲載された外国人名のみ)

ア 行

アウグスティヌス　139, 141
アグリコラ　68
アフリカヌス　138, 139
アムラン　9, 10, 39, 271
アラン　5
アリストテレス　37, 48, 49, 51, 52,
　57–61, 63, 65, 67–74, 77, 79, 82, 94,
　98, 101–03, 115–19, 121–24, 127,
　130, 135–37, 140, 149, 166, 174, 178,
　249, 256
アルキエ　11, 16–21, 27, 29–35, 39,
　40, 42, 243–45, 269–71
アルキヌース　56
ヴァッラ　68
ヴィエタ　48, 95, 96, 98, 102
ウィリス　143
ウィルソン　259
エウスタキウス　48, 74, 75, 82, 89
エスピナス　13, 14
オッカム　74, 300
オルソン　161, 162, 166, 169, 172,
　181

カ 行

ガリレイ　66, 67, 317
ガレノス　60, 86, 138, 142, 144
カント　10, 25, 206, 254, 259, 260
キケロ　60, 71, 73
ギブソン　247
グイエ　11–13, 15–17, 20, 33, 41, 213,
　289, 315
クィントゥリアヌス　60

クラヴィウス　48, 94, 95
クリーヴ　288, 289, 293
クリスチーナ　316
クールセル　317
ゲワース　163, 165, 166, 172, 287,
　288
ゲルー　21, 22, 25–32, 34, 35, 40, 42,
　44, 45, 208, 243–56, 258, 273, 275,
　284
コペルニクス　69

サ 行

ザッキアス　143
ザバレッラ　64–67
シッパーゲス　138, 139
ジビュ　10, 14
シャンケル　103
シューメーカー　233, 234
ショルツ　207
ジルソン　6, 10–13, 16, 19, 20, 39, 41,
　76, 95, 121, 142, 163, 174–76, 285,
　286, 290
スピノザ　4, 23
スーリオ　30, 31
スレザック　210–12
セヴィニェ　3
セール　187–95, 198, 199, 201, 203
ソクラテス　55, 68, 205, 212, 213
ソレンセン　211

タ 行

チャペル　224
ディルタイ　25–27
デュプレクス　73, 84

デリダ　7, 39, 135, 149–53, 155, 156, 158, 226
ドゥザン　57
ドニィ　286, 290
トマス・アクィナス　12, 46, 48, 51, 52, 61, 84, 125, 138, 139, 169, 300–02

ハ　行

ハーヴェイ　142
パウロ（ヴェニスの）　64
パスカル　38–40, 131
パリアント　206, 216
ヒスパーヌス　60, 61, 74, 83
ヒポクラテス　136, 137, 143, 147
ヒューム　233
ビュルマン　287
ピロポノス　59
ヒンティカ　215, 216, 230, 235
ファウルハーバー　315
フィロン　60
フーコー　6, 7, 74, 77, 134–36, 143, 149–56, 158
フランクフルト　164
ブランシュヴィック　39
ブレイエ　17, 19, 289
ブレッシュー，ヴィル　312
プロクロス　57
ベイコン，フランシス　48, 51, 77–82, 90, 249
ベークマン　313, 315
ベサード　33–35, 42, 136, 253
ベック　196, 258
ベルクソン　9, 12, 13, 16, 19, 20, 30
ポワソン　100

マ　行

マリオン　12, 35–42, 46, 117, 178, 249
マルクス　5
マルブランシュ　4
ミラー　163
ミロ　39
メランヒトン　68
メルセンヌ　14, 36, 135, 317
メルロ＝ポンティ　30

ヤ　行

ユークリッド　30, 72, 94

ラ　行

ライプニッツ　4, 102, 191, 205
ラポルト　39, 196, 243–45, 254, 270
ラムス　48, 51, 67–74, 77, 81, 82, 96, 102
リアール　8, 9, 39, 270, 271
ルフェーヴル　5
ルロワ　10
レヴィ＝ブリュル　12, 13
ロッシ　72, 77

アルファベット

Aversa　77
Blanch　77
Cabero　77
Casikius　77
Ceffeteau　300
Fonseca　77
Furetière　144
Gaukroger　52, 76, 77, 117, 123
Pierre du Moulin　300, 301
Scipion du Pleix　73, 300
Senault　301
Suarez　52, 77
Toletus　77, 249

事項索引

あ 行

悪霊　141, 142, 150–53, 157, 158, 272, 286, 290, 291, 295
欺く神　18, 157, 158, 163, 172, 173, 178, 179, 236, 272, 286–88, 290, 291
アナロジー　185, 192, 197
アプリオリ　24–26, 66, 67, 111, 265, 294
医学　77, 114, 143, 144, 151, 156, 311
因果性　233, 234
永遠なる本性　172
エピステーメー　55, 155, 156, 226
驚き　308, 309
オリジナル　23–26
オルガノン　60, 61, 72, 78–81, 191

か 行

外界　164, 165, 171, 173, 175, 178, 183, 274, 286, 290
外的命名　225
カテゴリー　25, 26, 40, 54, 60, 61, 73, 74, 83, 85, 89, 115, 117, 118, 120, 168, 170, 181, 260
仮面　10, 12, 131, 132, 314
学知　28, 34, 62, 64, 84, 87, 179, 236, 255, 258, 261, 275, 288, 294, 295, 297, 317
換位　86, 88, 122
観照　53, 62
観念論　5, 22, 24, 25, 261
記憶術　68, 71, 80, 103
機械論　4, 6, 7, 14, 18, 143, 147, 149, 157, 272, 299, 304, 308, 309, 311

帰納法　48, 51, 79–82
詭弁　54, 61, 76, 91
客位語　61, 83
旧論理学　60
共通概念　170, 208, 251, 252, 256, 290
共通感覚　137, 140, 142, 146, 156, 180
共通の実在　22–27
共通本性　251, 252
共約　102, 116
拠点　54, 61, 70, 71, 83
ギリシア　68, 84, 95, 102, 113, 136, 137, 144, 157
近世　6, 44, 81, 96, 251
屈折光学　68, 147, 316
芸術　6, 15–17, 19, 30–32, 42
血液　136, 142, 144–46, 149, 311
権威　60, 63, 69–71, 81, 91, 98, 301
言明　71, 194, 214, 222, 228, 230
賢慮　72
個別　48, 61, 62, 65, 67, 80, 167, 168, 207, 232, 248, 317
構成的　24, 61, 65, 66
構造主義　29, 187
コギタンス　219, 226, 231, 235, 237, 238, 248, 253, 254
護教　13–16, 44
古代　51, 96, 99, 101, 139, 144, 246
誤謬　40, 53, 83, 88, 115, 150, 188, 263–65, 272–75, 281, 283, 293, 297
コンパス　111–13, 124, 316

さ 行

作図　60, 96, 97, 101, 104, 111

座標　　109, 110
算術　　54, 71, 72, 96, 97, 99, 102–04, 116, 122, 127, 191, 200, 251, 294
自意識　　201, 219, 243
自己指示　　212
自己原因　　37, 38, 234
次数　　48, 98, 105, 106, 109, 114, 127, 191, 198
実験　　10, 59, 80–82, 90, 313
質料的虚偽　　273
質料形相論　　299, 302, 310
思弁　　53, 67
尺度　　49, 99, 124, 191, 246
修辞学　　48, 51, 54, 58–60, 67–69, 71, 72, 81, 91
自由七科　　52, 53, 115
宗教　　5, 14, 27, 39, 79, 244
習性　　124, 125, 127
主観　　16, 25, 28, 37, 45, 233, 259, 260, 287, 288
熟慮　　64, 66, 84
条件的必然性の原理　　208, 209, 213, 214, 216
瞬時　　225, 226, 229, 238
松果腺　　144, 145, 149, 306, 308, 311
人格　　233, 234
神経　　143, 145, 302, 305, 306, 308
心理　　25, 28, 29, 39, 52, 66, 67, 77, 121, 154, 234, 244, 249, 274, 286–88
数論　　93, 96, 124, 165, 195, 196, 250
整合性　　16, 25, 33–35, 40–42, 130, 208, 312
誠実　　19, 33, 45, 157, 161, 164, 172, 179, 264, 270, 274, 279, 280, 283, 286–89, 294, 295, 297
生理学　　5, 130, 133–37, 142–44, 149, 156–58, 302, 308–10
説得　　15, 44, 49, 58, 59, 71, 72, 98, 101, 117, 156, 158, 208, 215, 228, 288, 294
創作者　　173, 214, 277, 293
想像力　　28, 54, 99, 101, 103, 141, 145, 146, 154, 162, 170, 177, 188, 246, 251, 281, 297
遡及的　　65, 66
存在論的経験　　18, 20, 41, 242, 244, 245, 253, 254, 271, 272
存在証明　　28, 33, 225, 259, 263–65, 277, 280, 284, 286–92, 294, 295, 297

た　行

ダイアローグ　　51, 82, 114
第一原理　　48, 55, 57, 59, 63, 75, 76, 102, 170, 201, 245, 248, 253, 266, 277, 278
第一性　　37, 53, 124, 125, 127, 238, 245, 256, 283
体液　　136, 137, 141–44, 146, 147
対角線論法　　210
代数　　72, 73, 97, 99, 101, 103–06, 108, 110, 114, 127, 191, 246
大前提　　65, 117, 118, 120, 122, 188, 194, 206, 207, 264
単位　　104, 105, 107, 108, 168, 248
単純把握　　76, 249
知解　　44, 53, 56, 75, 99, 111, 191, 198, 221, 225, 231, 232, 250, 254, 257, 258, 264, 265, 278, 279, 281, 297
知性説　　244
抽象理論　　140, 162, 181, 251, 252
中世　　5, 6, 12, 13, 53, 59–61, 77, 82, 102, 115, 138, 139, 156
調停　　64–67
ディアノイア　　55, 56, 59
定理　　28, 34, 72, 73, 87, 94, 96, 110, 111, 290
伝達　　79, 91, 136, 150, 193, 194
同一律　　174, 175, 180
統覚　　259
道徳　　8, 14, 62, 79, 264, 300, 309
ドゥビト　　205, 206, 209, 212, 214
怒情　　303, 307

な 行

内省　　170, 211, 212
内的証言　　260
何性　　175, 249
ヌース　　67, 125, 249

は 行

発想力　　9, 51, 78, 82, 104, 127, 267
パドワ学派　　48, 51, 64, 67, 82
パフォーマンス　　215, 216, 230
パルナッスス　　313–16
美学　　25, 31, 32, 42
必然的結合　　49, 120, 121, 163, 196, 204, 213, 242, 253–55
病理学　　10, 13, 143, 156
比例　　49, 96, 103–06, 113, 116, 117, 121, 123, 193
不可疑性　　48, 95, 168, 183, 211, 212, 216, 238, 272, 287
不整合　　215, 216
普遍学　　8, 18, 49, 99, 102, 105, 114, 125, 127, 196, 204, 266, 272
普遍数学　　19, 94, 98, 99, 102, 105, 113, 116, 127
プラトニズム　　68, 70, 72, 111, 165
分割　　54, 56–58, 60, 98, 117, 118, 247, 256
平方根　　104, 107, 108
ペリパトス派　　57, 94
弁証論　　54, 93
弁神論　　263–65, 270, 276, 279, 281, 284
弁舌　　60
弁論術　　54, 59, 61, 71, 72, 81, 91, 116

抱懐　　24, 36, 38, 222, 279
保管　　79, 91
本有観念　　177, 181, 260

ま 行

マキシム　　207, 208, 213, 214, 217, 219, 229, 237, 238
マテシス　　69
未知数　　48, 97, 110, 123, 124
蜜蠟　　180, 226, 236, 256
無意識　　20, 21, 24, 42, 258
矛盾律　　37, 120, 164, 170, 172, 174–76, 178, 180
名辞　　76, 90, 118–20
メランコリー　　134, 136, 137, 139, 141, 143, 144, 147–49, 153–55, 157
問題法　　59

や 行

有限　　18, 125, 257, 258, 260, 265, 266, 268, 274, 275, 284, 290, 291, 293, 295, 297, 298, 299
雄弁　　69, 72
様態　　36, 170, 223–25, 230, 232, 235, 257
欲情　　303, 307

ら 行

ラ・フレーシュ　　14, 95, 142
離散量　　73
離人症　　156
ルネサンス　　67, 68, 74, 77, 103
レットル　　314–17
連続量　　73

小沢明也（おざわ・としや）
1962年生。北海道大学文学研究科博士後期課程単位取得。修士（文学）。東洋大学非常勤講師。専門は中世・近世哲学。
論文：「トマス・アクィナスにおけるハビトゥス的自己認識——デカルトのコギトに抗して」、『中世思想研究』38号（中世哲学会，1996）ほか。共訳：『ポール・ロワイヤル論理学』（法政大学出版局，2021）ほか。

〔デカルトの知性主義〕　　　　　　　　　ISBN978-4-86285-427-8

2025年2月1日　第1刷印刷
2025年2月5日　第1刷発行

著　者　小　沢　明　也
発行者　小　山　光　夫
印刷者　藤　原　愛　子

発行所　〒113-0033 東京都文京区本郷 1-13-2
　　　　電話 03（3814）6161 振替 00120-6-117170
　　　　http://www.chisen.co.jp
　　　　　　　　　　　　　　　株式会社 知泉書館

Printed in Japan　　　　　　　　　　印刷・製本／藤原印刷

デカルト全書簡集 〔全8巻〕
- 第一巻 (1619-37) 山田弘明・吉田健太郎他訳　菊/450p/7000円
- 第二巻 (1637-38) 武田裕紀・小泉義之他訳　菊/414p/6000円
- 第三巻 (1638-39) 武田裕紀・香川知晶他訳　菊/384p/6000円
- 第四巻 (1640-41) 大西克智・津崎良典他訳　菊/430p/6400円
- 第五巻 (1641-43) 持田辰郎・山田弘明訳　菊/346p/6000円
- 第六巻 (1643-46) 倉田　隆・山田弘明訳　菊/434p/6000円
- 第七巻 (1646-47) 岩佐宣明・山田弘明訳　菊/408p/7000円
- 第八巻 (1648-55) 安藤正人・山田弘明他訳　菊/400p/6000円

デカルト ユトレヒト紛争書簡集 (1642-1645)
山田弘明・持田辰郎・倉田隆訳　菊/374p/6200円

デカルト小品集　「真理の探求」「ビュルマンとの対話」ほか 〔知泉学術叢書〕
山田弘明・吉田健太郎編訳　新書/372p/4000円

デカルト・エリザベト王女等の書簡集 〔知泉学術叢書〕
フーシェ・ド・カレイユ編著／山田弘明訳　新書/326p/4200円

デカルト『方法序説』注解 〔知泉学術叢書〕
N. ポワソン／山田弘明・C. フォヴェルグ・今井悠介訳　新書/312p/3600円

デカルト哲学の根本問題
山田弘明　A5/536p/8500円

デカルトと哲学書簡
山田弘明　菊/276p/5000円

デカルトと西洋近世の哲学者たち
山田弘明　A5/314p/6000円

デカルトの「観念」論　『省察』読解入門
福居　純　A5/250p/4500円

デカルトの誤謬論と自由
福居　純　四六/198p/2800円

ライプニッツ デカルト批判論集 〔知泉学術叢書〕
山田弘明・町田一編訳　新書/368p/4000円

ライプニッツのモナド論とその射程
酒井　潔　A5/406p/6000円

初期ライプニッツにおける信仰と理性　『カトリック論証』注解
町田　一訳著　菊/400p/7000円

(すべて本体価格、税別)

知られざるデカルト
所　雄章　　　　　　　　　　　　　　　　菊/312p/7000円

観念と存在　デカルト研究1
村上勝三　　　　　　　　　　　　　　　　A5/280p/4700円

数学あるいは存在の重み　デカルト研究2
村上勝三　　　　　　　　　　　　　　　　A5/326p/5500円

感覚する人とその物理学　デカルト研究3
村上勝三　　　　　　　　　　　　　　　　A5/392p/6800円

知の存在と創造性
村上勝三　　　　　　　　　　　　　　　　A5/272p/4200円

知と存在の新体系
村上勝三　　　　　　　　　　　　　　　　A5/392p/6000円

意志と自由　一つの系譜学（アウグスティヌス～モリナ&ジェズイット～デカルト）
大西克智　　　　　　　　　　　　　　　　A5/484p/6800円

懐疑主義と信仰　ボダンからヒュームまで
J. パガニーニ／津崎良典・久保田静香・武田裕紀・谷川雅子・
逸見龍生・山上浩嗣訳　谷川多佳子解説　　A5/280p/4500円

真理の探究　17世紀合理主義の射程
村上勝三編　　　　　　　　　　　　　　　A5/376p/6000円

カテナ・アウレア　マタイ福音書註解　上・下　〔知泉学術叢書〕
トマス・アクィナス／保井亮人訳　　新書/上888p・下920p/各7000円

『ガラテア書』註解　〔知泉学術叢書〕
トマス・アクィナス／磯部昭子訳　　　　　新書/380p/4500円

トマス・アクィナスの自己認識論　〔知泉学術叢書〕
F. X. ピュタラ／保井亮人訳　　　　　　　新書/614p/6500円

13世紀の自己認識論　〔知泉学術叢書〕
アクアスパルタのマテウスからフライベルクのディートリヒまで
F. X. ピュタラ／保井亮人訳　　　　　　　新書/816p/7200円

存在の一義性　ヨーロッパ中世の形而上学　〔知泉学術叢書〕
ドゥンス・スコトゥス／八木雄二訳註　　　新書/816p/7000円

（すべて本体価格，税別）

パイデイア（上・中・下） ギリシアにおける人間形成 〔知泉学術叢書〕
W. イェーガー／曽田長人訳
新書/上 864p・6500円/中 846p・6500円/下 632p・5500円

キリスト教と古典文化 〔知泉学術叢書〕
アウグストゥスからアウグスティヌスに至る思想と活動の研究
C.N. コックレン／金子晴勇訳　　　　　　　　　　　新書/928p/7200円

ヨーロッパ思想史入門　歴史を学ばない者に未来はない
金子晴勇　　　　　　　　　　　　　　　　　　　　四六/276p/2300円

「自由」の思想史　その人間学的な考察
金子晴勇　　　　　　　　　　　　　　　　　　　　四六/320p/3000円

キリスト教文化のかたち　その思想と行動様式を学ぼう
金子晴勇　　　　　　　　　　　　　　　　　　　　四六/240p/2300円

学問の共和国
H. ボーツ・F. ヴァケ／池端次郎・田村滋男訳　　　A5/304p/5000円

十九世紀フランス哲学
F. ラヴェッソン／杉山直樹・村松正隆訳　　　　　　菊/442p/6500円

非有の思惟　シェリング哲学の本質と生成
浅沼光樹　　　　　　　　　　　　　　　　　　　　A5/306p/5000円

実在論的転回と人新世　ポスト・シェリング哲学の行方
菅原　潤　　　　　　　　　　　　　　　　　　　　四六/252p/2600円

シェリング自然哲学とは何か
グラント『シェリング以後の自然哲学』によせて
松山壽一　　　　　　　　　　　　　　　　　　　　四六/232p/3200円

意識と〈我々〉　歴史の中で生成するヘーゲル『精神現象学』
飯泉佑介　　　　　　　　　　　　　　　　　　　　菊/444p/6000円

ヘーゲル『精神哲学』の基底と前哨
栗原　隆　　　　　　　　　　　　　　　　　　　　A5/378p/5400円

ヘーゲル歴史哲学の実像に迫る　新資料に基づくヘーゲル像の刷新
松田　純　　　　　　　　　　　　　　　　　　　　四六/188p/2300円

否定神学と〈形而上学の克服〉　シェリングからハイデガーへ
茂　牧人　　　　　　　　　　　　　　　　　　　　A5/290p/4500円

（すべて本体価格、税別）